广东盐业史

中山大学历史学系 广东省盐业集团有限公司 编

中山大学出版社
·广州·

版权所有　翻印必究

图书在版编目（CIP）数据

广东盐业史/中山大学历史学系，广东省盐业集团有限公司编. —广州：中山大学出版社，2022.10
ISBN 978 - 7 - 306 - 07475 - 1

Ⅰ.①广⋯　Ⅱ.①中⋯ ②广⋯　Ⅲ.①盐业史—广东　Ⅳ.①F426.82

中国版本图书馆 CIP 数据核字（2022）第 046929 号

GUANGDONG YANYE SHI

| 出　版　人：王天琪
| 策划编辑：邹岚萍
| 责任编辑：叶　枫　王延红
| 封面设计：曾　婷
| 责任校对：贾艳润
| 责任技编：靳晓虹
| 出版发行：中山大学出版社
| 电　　话：编辑部 020 - 84110283，84113349，84111997，84110779，84110776
| 发行部 020 - 84111998，84111981，84111160
| 地　　址：广州市新港西路 135 号
| 邮　　编：510275　传　真：020 - 84036565
| 网　　址：http://www.zsup.com.cn　E-mail：zdcbs@mail.sysu.edu.cn
| 印 刷 者：广州市友盛彩印有限公司
| 规　　格：787mm×1092mm　1/16　23.25 印张　523 千字
| 版次印次：2022 年 10 月第 1 版　2022 年 10 月第 1 次印刷
| 定　　价：168.00 元

如发现本书因印装质量影响阅读，请与出版社发行部联系调换

《广东盐业史》编写委员会

主　编
黄国信　温春来　吕永钟

执行主编
李晓龙

编　委（按姓氏拼音排序）
陈海立　中山大学历史学系
黄国信　中山大学历史学系
黄劲东　广东省盐业集团有限公司
黄凯凯　南昌大学历史系
李晓龙　中山大学历史学系（珠海）
吕永钟　广东省盐业集团有限公司
任建敏　中山大学历史学系
王　彬　中国社会科学院古代史研究所
温春来　中山大学历史学系
吴　梦　广东省盐业集团有限公司
徐靖捷　广东财经大学公共管理学院
许伟生　广东省盐业集团有限公司
叶锦花　北京师范大学史学研究中心

全书具体分工说明

黄国信：全书统筹；导言，第五章第二、四节，第六章第一节，结语

温春来：全书统筹、章节安排

李晓龙：全书统筹、组稿；第四章，第五章第二、三节，第六章第二、三节，第七章，第十一章第一、二节，结语，附录一

王　彬：第一章

任建敏：第二、三章，第十一章第二、三节

黄凯凯：第四章第二节、第五章第一节

徐靖捷：第五章第二、三、四节

叶锦花：第七章第一节

陈海立：第八、九章

吴　梦：第十章

叶琳琳、张文惠、廖珺霏、廖欣妍、胡剑波：全书校对

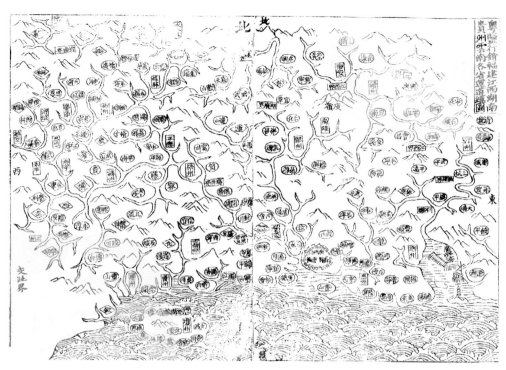

图 1 粤盐行销福建江西湖南贵州云南各省运道总图
(乾隆《两广盐法志》卷首《绘图》)

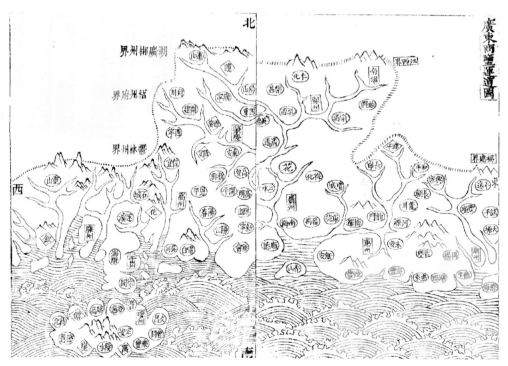

图 2 广东商盐运道图
(乾隆《两广盐法志》卷首《绘图》)

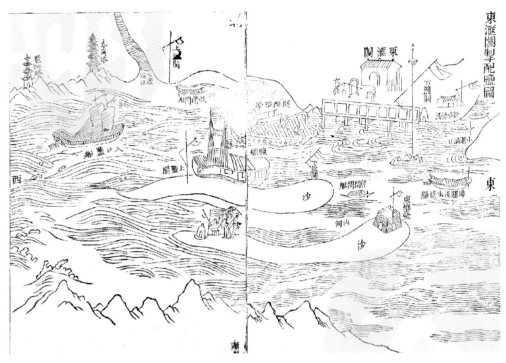

图 3 东汇关掣配盐图
(乾隆《两广盐法志》卷首《绘图》)

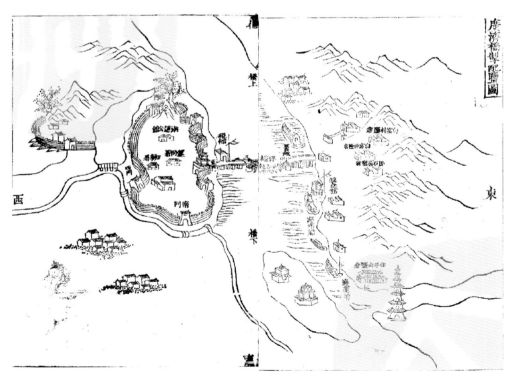

图 4 广济桥掣配盐图
(乾隆《两广盐法志》卷首《绘图》)

图 5　清朝"四方盐商辐辏之所"——广济桥（广东潮州）

图6 清朝盐商潘进家祠（广东南海）

图7 清朝盐商捐建之粤秀书院（广东广州）

图 8　盐运西因其为清代盐运司所在地而得名（广东广州）

图9 中国盐务副总稽核住宅、中国财政部两广盐务局旧址（广东广州沙面南街58号，建于清末民初）

图10 广东玉水村粤赣挑盐古道（广东梅州）

图 11 大岽明清盐铁古道线（广东韶关）

图 12 土地革命时期的"苏区盐道"——江广亭古驿道（广东龙川）

图 13 1949 年，广东省人民政府盐务局及华南盐业公司成立

图 14　1956 年 7 月 2 日，毛泽东主席暨中共中央政治局委员与出席全国盐业运销先进工作者代表会议全体代表合影

图15 2000年,广东全省碘盐覆盖率为97.76%,实现消除碘缺乏病阶段目标

图16 今日广东海盐主要生产地——徐闻盐场

图 17　雷州盐场马留工区结晶池

图 18　阳江盐场沙扒分场

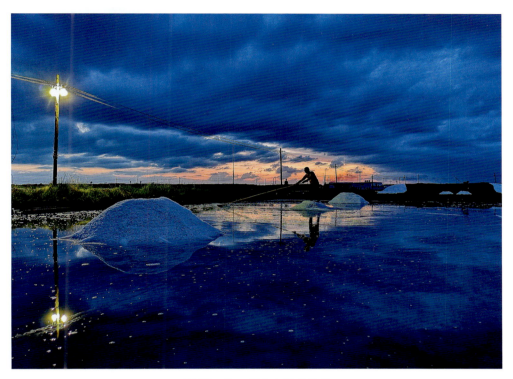

图 19　盐工赶在台风前收盐

图 20　雷州半岛生态海盐十二道古法晒制技艺被列入湛江市非物质文化遗产名录

图21　东莞中学学生在徐闻盐场了解古法制盐工艺并体验收盐

图22　徐闻盐场灯楼工区机械化收盐

图 23　广东盐业建立全国首个 GMP 食盐生产车间

图 24　广东盐业建立全国首家通过 CNAS 认可的食盐定点生产企业实验室

图 25 "粤盐"生态海盐为全国首个通过生态原产地产品保护认证的海盐产品

图 26 广东盐业开发上市多款泛盐健康产品

图27 "粤盐"生态海盐高铁品牌专列

图28 作为国家发展改革委第三批混改试点单位之一,广盐集团股份有限公司于2020年完成"混资本"阶段性目标

图29 广东盐业秉持"有盐同咸,无盐同淡"的初心使命,全力以赴确保食盐供应充足,主动担当支援抗疫一线的职责

目 录

导 言 · 1
    一、广东盐业在历史上的地位与作用 · 1
    二、本书的主要特色 · 2

第一章 先秦至唐的广东盐政与盐业经济生活 · 4
  第一节 盐政、海盐生产与广东的区域早期历史 · 4
    一、考古发现中先秦时期广东的盐业 · 4
    二、秦汉盐政与番禺盐官的设置 · 5
    三、魏晋南朝盐政与东莞司盐校尉 · 8
    四、隋唐盐政转折与岭南盐政、盐产 · 9
  第二节 盐与经济生活 · 13
    一、食盐配给与汉代边地戍卒生活 · 14
    二、汉三国时期的盐价问题 · 16
    三、走马楼吴简所见三国时期孙吴的盐业管理和运输 · 17

第二章 宋代两广盐业的生产、行销与制度调适 · 24
  第一节 以珠江三角洲为中心的盐业生产体制 · 25
    一、宋代两广盐政管理机构 · 25
    二、宋代两广盐场的变迁 · 27
  第二节 漕计在盐而已:宋代广盐产运销的变迁 · 31
    一、宋代两广的盐场产量 · 31
    二、宋代广盐销量及区域的变化 · 34
    三、南宋广盐的钞盐法与官鬻法之争 · 38
  第三节 煮海之利:宋代两广食盐的财政地位与政治价值 · 40
    一、广盐与宋代两广财政 · 41
    二、广盐与南宋广马贸易 · 43
    三、广盐贸易与宋代西南边疆政策 · 45

第三章　元代盐课司体制下两广盐业的管理及其财政意义 …… 48

第一节　元代广东、广海盐额变化与产盐重心区域的转移 …… 48
一、元代广东、广海盐额的变迁情况 …… 49
二、元代两广盐额变迁背后的产盐重心的转移 …… 54

第二节　盐课在元代两广地区的财政地位 …… 56

第三节　元末也儿吉尼的贸易海盐政策对广西财政的重要价值 …… 59

第四章　明代两广的盐场制度与盐政体制转型 …… 63

第一节　广东盐场的管理与经营 …… 63
一、明初的盐场与灶户管理 …… 63
二、天顺年间盐场栅甲制的确立 …… 68
三、盐场灶课折银 …… 73
四、场课归并州县的盐场改革 …… 77

第二节　两广盐政的管理机构与粤盐运销 …… 83
一、明代两广的盐政机构 …… 83
二、抽盐厂的设立与粤盐运销体制的变化 …… 86
三、正德查盘起解与"纳堂"体制 …… 90
四、淮盐夺粤与广西官运 …… 93

第三节　从煎到晒：技术改革、环境变迁与生产中心东移 …… 96
一、明代盐场制盐技术及其变化 …… 96
二、海洋环境变迁对盐场布局的影响 …… 102

第四节　明中后期粤东的盐场发展与桥饷体系 …… 107
一、粤东盐场的分场设栅 …… 107
二、粤东桥饷体系的发展 …… 110

第五章　清代前中期两广新盐政体制的确立 …… 112

第一节　清代两广盐业的管理机构 …… 112
一、御史巡盐与督抚兼理盐法 …… 113
二、两广盐法道的设置 …… 117
三、盐课提举司和都转运司系统 …… 119

第二节　清初尚藩前后的广东盐政体制 …… 122
一、尚藩时期广东盐法的败坏与王商经营 …… 122
二、从"课饷派诸田亩"到"量地拨引"：平藩之后的广东盐政改革
…… 126

第三节　"发帑收盐"的推行与"官运商销" …… 131
一、范时崇上疏改革盐政体制 …… 131

二、"发帑收盐"与"官运商销"格局的确立 ………………………… 133
　第四节　从"改埠归纲"到"改纲归所" ……………………………… 138
　　一、发帑收盐中的帑本亏空和盐课积欠 ………………………………… 138
　　二、"改埠归纲"的实施及其影响 ………………………………………… 141
　　三、乾隆末年珠江口盐场的裁撤 ………………………………………… 144
　　四、嘉庆年间广东的"改纲归所"的实施 ……………………………… 148

第六章　清中期粤盐运销的制度特色与盐商经营 ……………………………… 154
　第一节　"淮粤之争"与清代粤盐运销制度的特色 …………………… 154
　　一、"淮粤之争"初起湖南 ………………………………………………… 154
　　二、阮元和庆宝关于熬锅问题的进一步争论 …………………………… 157
　　三、"淮粤之争"在江西的开端 …………………………………………… 160
　第二节　盐法考成的确立与盐政运作 …………………………………… 164
　　一、清代盐法考成制度的确立 …………………………………………… 164
　　二、"改粤为淮"与"改淮复粤"：盐法考成与康熙朝地方盐政之一例
　　　　………………………………………………………………………… 167
　第三节　盐商的社会关系网络与经营策略 ……………………………… 170
　　一、李念德的盐业经营策略 ……………………………………………… 170
　　二、沟通官商：从潘进到汪兆镛的乐桂埠盐事 ………………………… 174
　　三、越华书院与盐商的文化建设 ………………………………………… 178

第七章　清末民初广东盐业的自由贸易与盐税体制改革探索 ………………… 182
　第一节　清季广东盐的专商引岸与包商承饷 …………………………… 182
　　一、盐课官督商办与盐商垄断食盐市场 ………………………………… 183
　　二、盐厘的征收及其影响 ………………………………………………… 185
　　三、新商包盐加饷：袁树勋与广东盐务整顿 …………………………… 189
　　四、督抚兼办盐务的终结：载泽主政与两广盐政公所的成立 ………… 195
　第二节　自由贸易的开展与广东盐务的双轨管理 ……………………… 197
　　一、民初盐业自由贸易的开展 …………………………………………… 197
　　二、丁恩改革与广东盐务的双轨体制 …………………………………… 200
　　三、广东军政府对盐税的接收与两广盐务稽核所的成立 ……………… 205

第八章　国民政府时期广东的盐政与盐业 ……………………………………… 209
　第一节　北伐前广东的盐业体制 ………………………………………… 209
　　一、运商体系及配盐制度 ………………………………………………… 209
　　二、宋子文及两广盐政的金融进程 ……………………………………… 215
　第二节　粤西成为产盐中心：运商体系下的食盐生产 ………………… 217

第三节　南京国民政府时期的广东盐政 ································ 223
第四节　抗日战争时期日军对盐业的掠夺和国统区的盐统制 ·············· 226
　　一、日本对广东盐业的掠夺与破坏 ···································· 226
　　二、国统区的盐统制与盐专卖 ·· 228

第九章　从国营到专营：新中国的广东盐业发展 ·················· 235

第一节　新中国成立后的盐业机构变迁 ···································· 235
　　一、"两广盐务局—盐业公司"体制（1949—1953） ··············· 235
　　二、"统一计划、统一分配"下的两种盐业管理模式（1953—1980）
　　　　··· 236
　　三、广东省盐业总公司与食盐专营制度（1980—2016） ············ 237
第二节　控制盐源：盐场土地的集体所有制和国有制改革 ················ 238
　　一、1950年盐田普查工作 ··· 238
　　二、盐田的公有制及集体所有制改革 ······························· 240
第三节　新突破：海盐生产技术变革与产业转型 ························· 242
第四节　走向安全管控：食盐加碘政策的实施 ··························· 244

第十章　盐业体制改革的广东实践：广东的盐改探索 ·············· 248

第一节　盐业体制改革方案出台 ·· 248
第二节　广东的盐改困境 ·· 250
第三节　走高质量发展道路：广东省盐业集团的改革创新 ················ 251
　　一、坚持党建引领，明确发展方向 ···································· 251
　　二、转变经营模式，激发市场活力 ···································· 251
　　三、优化内部结构，提升管理能效 ···································· 252
　　四、推动科技创新，增强核心竞争力 ································· 252
　　五、落实混合所有制改革，抢占发展先机 ···························· 253
　　六、完善食盐储备体制，保障食盐质量与供应安全 ···················· 254
　　七、改革成效显著，走在行业前列 ···································· 254

第十一章　盐史经验与粤盐文化 ································ 256

第一节　粤盐生产的运营文化 ·· 256
　　一、盐场关系网络与多样的地方社会组织 ···························· 256
　　二、盐场灵活的经营方式和盐场多元生计的发展 ······················ 259
第二节　粤盐运销管理的制度文化 ······································ 265
　　一、以盐佐治：范成大、也儿吉尼的盐政思路 ························ 265
　　二、化私为公、移课作饷：叶盛、韩雍的盐利银策略与两广盐政布局
　　　　··· 270

第三节　粤盐的物质文化与非物质文化……………………………………272
结　语　资源控制、盐政运作与广东的社会经济民生………………………………276
　　　一、粤盐治理与广东的政区演变……………………………………………276
　　　二、粤盐生产技术与区域社会组织的演变…………………………………278
　　　三、粤盐运销网络变迁与广东经济发展……………………………………280
　　　四、粤盐对财政的贡献………………………………………………………284
　　　五、粤盐产运销市场的地方行政特色………………………………………286
　　　六、盐业现代化进程与粤盐焕发生机………………………………………288

附录一　近代港澳地区的盐政与盐业状况……………………………………………292
　　　第一节　从产地到销地：港澳盐业的前世…………………………………292
　　　　　一、宋代大屿山私盐治理与盐场建置…………………………………292
　　　　　二、东莞场属盐厂：明中叶以降香港盐场的建置变迁………………294
　　　　　三、香山场澳门栅的盐田开发…………………………………………297
　　　　　四、乾隆末年珠江口盐场的裁撤………………………………………299
　　　第二节　近代港澳盐业运销制度的运作……………………………………305
　　　　　一、鸦片战争后香港的"牌照法"与盐业管理…………………………305
　　　　　二、香港的食盐运销制度………………………………………………309
　　　　　三、澳门的食盐运销制度………………………………………………310

附录二　广东盐政大事记………………………………………………………………314

参考文献…………………………………………………………………………………331

导　言

　　盐为"百味之王"，是人们日常生活中再熟悉不过的物品，也是人维持生命所不可或缺的重要物质。由于人人均需吃盐，盐利稳定且丰厚，因此自古代起，王朝国家都会建立起一套税收制度，使盐税长期以来成为王朝财政收入的主要来源之一。围绕着食盐的控制与分配，王朝国家制定了复杂的管理体系。随着地理环境的演化、食盐生产技术的改变、国家管理的深化以及社会经济的变迁，这一体系也处于不断演变之中。就此而言，广东盐业的历史深刻地折射出广东经济社会的发展变迁。

　　宋代以前，广东盐业在国家制度建设中逐渐通过从点到面的建置过程被纳入王朝税收体系，这一过程也奠定了广东政区版图的部分细节。宋代广东盐业在地方政府的主导下，逐渐扩大生产、开拓市场。明中叶以后，广东盐业走上了多元发展的道路，并主要依赖与地方商人的合作来完成盐政管理。在上述过程中，广东盐政不断创新，建立起各种有利于盐业发展和税收管理的制度模式，并与民生密切结合，形成颇具特色的盐业历史文化。在近现代以来的盐业改革中，广东盐业逐渐走向公司化和企业化，并且自2017年国务院《盐业体制改革方案》正式实施以来，进一步完善了食盐专营制度，在强品牌、增品种、提品质、优服务"三品一优"战略的指导下，探索出一条现代国企改革的新路。因此，了解广东盐业史，既可以了解广东盐业从古到今对社会经济和民生的伟大贡献和历史作用，又可以加强对广东社会经济变迁的认识，并且对于当代盐业管理和社会治理有一定的借鉴作用。

一、广东盐业在历史上的地位与作用

　　在中国传统社会，对食盐生产和供应的控制一直是国家权力体系和国家财政的重要一环。在华南等沿海地区，国家为控制当地盐业而设立的盐政机关，往往成为当地最早的国家行政机构，并由此将当地纳入国家管理体系。食盐运销则常常主动或被动地拓展广东的内部市场以及推动和周边省份的经济往来，增进彼此间的经济联系，并促进广东经济发展。

　　自秦代开始，广东成为中央王朝版图的组成部分。对秦汉王朝而言，这里既是海上对外贸易的通道，更是食盐产地。在古代社会，食盐生产主要依赖于海洋和内地为数不多的盐池、盐井。对一个王朝而言，控制一个地区的主要目的，首先就是控制那里的资源。秦汉王朝管辖广东的重要目的之一，就是控制广东沿海的盐产地。为此，汉朝很早就在番禺设置了盐官，足见盐对中国古代王朝控制地方的重要意义。

　　唐宋时期，随着经济重心的南移，南方进入快速开发时期。广东沿海的开发，仍然是从食盐生产开始着手的。尤其是随着南宋朝廷的南迁，粤盐的税收对于朝廷和地方财政都极为重要，当地盐业也得到大规模的发展。东莞、香山等地逐渐成为宋朝以来整个广东的食盐生产中心。翻开《中国历史地图集》宋代卷的广东地图，马上会发现今天珠江三角洲最密集的行政中心在当时都是盐场。今天的香港、澳门、中山、珠海、深圳、东莞等城市所管辖的地区以及广州南部地区的早期历史，几乎无一例外，都是以盐场的历史为主体展开的，不少城市都是因盐业而发展成为城市。盐业的发展带动了广东沿海地区的社会、经济、文化的发展，以及地域的开发和拓展。

明清时代，盐税是仅次于田赋的国家财政收入大宗，广东盐税常常占据全国盐税收入来源的第二位，仅次于两淮。食盐的贸易流通不仅带动了省内的区域互补与市场流通，而且盘活了广东与周边省份的经济交流，奠定了近代乃至今日广东在华南经济圈中的重要地位。广东盐业同时也是地区发展和稳定的重要财政支撑。明代中叶，著名心学家王阳明出任南赣巡抚平定当地动乱，靠的就是对广东食盐征税而筹措到的军费。民国初年，北洋政府千方百计想将广东盐税收归中央以牵制广东的地方势力，而孙中山领导下的革命政府最终便是借助盐税等税收的支持，展开北伐战争的。历史上这类故事屡见不鲜。控制食盐常常可以遏制对手或敌人。电影《闪闪的红星》中就有国民党反动派封锁工农红军食盐供应的情节。这里的食盐也是依靠广东提供的。到中华人民共和国成立后，广东盐业更是为国家的经济社会发展做出了重大贡献。

由此可见，广东的盐业史不仅反映了广东的发展史，也是国家财政、军事历史的缩影，同时还见证了沿海经济繁荣以及广东之所以成为华南经济重心的重要历史过程。

二、本书的主要特色

目前，关于广东盐业的出版物主要有《广东省志·盐业志》《中国盐业史·地方卷》以及一部简明的《广东盐业史》。《广东省志·盐业志》分门别类地整理了广东盐业发展史中的制度概况和基本数据，是研究广东盐业史的重要原始资料。但该书的写作宗旨以及作为资料的性质，决定了它并不深入讨论盐业与国家、社会、财政之间的关系，也不探讨广东盐业历史的脉络，仅适合专业人士研究以及相关部门领导了解广东盐业史。而《中国盐业史·地方卷》和《广东盐业史》虽然大体上按照时间序列分门别类地进行撰述，但一则字数太少，前者不到5万字，后者大约10万字，无法对广东盐业史展开深入的讨论；二则编者的写作风格仍然比较接近《广东省志·盐业志》，这使得这两本书仍然是资料性质的读本，并不构成有历史脉络和有解释力的广东盐业史专论，也未能展现广东盐业的历史地位与作用，更没有阐释广东盐业与广东区域社会经济发展的关系。因此，基于深入的学术研究基础，我们编写了这部《广东盐业史》，充分展现广东盐业发展的时间脉络和演变历程，从具有整体性的地区经济社会发展过程中，揭示广东盐业在其中的独特价值和意义，体现广东盐业人的创新精神和社会贡献。

本书定位为一部有解释力度并且展现广东盐业特点与文化的盐业史，旨在系统地分析、阐释广东盐业历史发展演变的历程，总结其在中国历史中的地位与价值，揭示其文化意义。具体表现在以下三个方面。

（一）体现广东盐业史的独特价值

展现广东沿海被纳入王朝体系后，作为资源的食盐对于王朝国家的独特意义和作用；唐宋时代珠江三角洲盐业生产的发展与当地聚落、城市形成的关系；明清盐场地域结构的演变与地方行政体系的变化，以及盐场的此兴彼衰与区域经济的联系等；食盐贸易体系从官专卖到官专营的转变，食盐贸易税在地方临时的非正式经费开销中的重要价值，以及对岭南市场开拓和发展的作用；近代以来食盐生产与贸易体系的演变及其意义，尤其是在军阀割据时期，盐税成为地方军费所仰赖的过程中所发生的政治与经济的相互影响；新中国盐业体制与广东盐业制度创新的贡献。

（二）把握盐业史的演变脉络

从生产的角度，展现广东盐业从以珠江三角洲为中心向以粤东、粤西为主的转型过程；展现生产技术从煎盐为主到晒盐为主的发展过程；揭示这两个转变据以发生的重大背景，即区域开发程度、制度演变和环境变迁，以及这两个转变所引发的制度和经济的变化；等等。

从运销的角度，探讨广东食盐运销中心从以广州和粤西两地为核心到"省河""潮桥"体系的形成过程；研究从官专卖到官专营再到自由贸易的过程，即研究官运官销、官运商销、商运商销、自由运销等各种贸易体制及其意义，涉及钞盐法、开中制、引岸制、就场征税、自由贸易等制度，以及王商、官商、纲商、埠商等商人。

（三）在整体史的意义上，探讨各相关问题与盐业史的关系

盐业史的问题并非单纯盐业本身的问题，它与政治、财政、市场、社会和文化等诸多方面密切关联。广东盐政的历史，实际上是一部整体史。盐政制度诸如博易场制度、余盐抽银、改埠归纲、稽核所制度等的多次改变，盐区范围从广东、广西延伸到湖南、江西的几次调整，都是当时政治、财政与社会演变的结果；盐政制度的调适与地方社会结构的演变互动，又构成广东沿海地域社会变迁的基本动力之一；同时，盐业贸易所形成的市场网络与经营文化，也是广东区域历史文化的重要组成部分。

因此，本书将把盐业史置于下列问题中展开讨论。这些相关问题包括：

（1）财政：中央与地方不断博弈下的税收制度与临时经费需求的策略等，这些因素构成广东盐业发展的重要内容之一；

（2）市场：制度变迁、交通方式、商人抉择等与商路、市场之间的互动；

（3）社会：基层行政组织、盐业组织与文化事业建设等；

（4）文化：盐业生产技术文化、盐商物质文化、新时代盐业人的精神文化，等等。

第一章　先秦至唐的广东盐政与盐业经济生活

今广东地区被纳入中国王朝国家版图始于秦朝统一中国设立南海郡。因此，广东地区食盐生产与管理制度的历史记载相对中国其他地区较晚。但是，秦汉时期确立的盐政制度与思想，仍是此后两千多年广东盐政制度的起源。本章即从先秦时代开始叙述，重点讨论秦汉至唐朝广东的盐政建置情况，以及与盐业相关的经济生活，是为广东盐业史的开端，也是后来两千多年广东盐业史展开的基础。

第一节　盐政、海盐生产与广东的区域早期历史

秦汉至隋唐时代是中国王朝国家的开端，也是广东在郡国、郡县体制下进行盐业生产、盐业管理的开端时期。与广东盐业开发息息相关的榷场、包销等采办生产方法，都是在唐后期形成的，而这个形成过程需要在秦汉魏晋南北朝8个世纪的漫长历史进程中找寻，需要在官营、私营的交替变化中审视。因此，本节以宏观的朝廷盐政为始，最终回到广东的盐业、盐官设置等问题上，揭示广东盐业在秦至唐时期的发展路径。

一、考古发现中先秦时期广东的盐业

根据考古发掘成果，华南地区最早发现的制盐痕迹见于20世纪50年代在福建出土的距今4700年的制盐陶器。学者朱去非进而猜测此时在中国东部沿海地区从山东至福建已开始煮制海盐。① 另一学者李岩则认为，华南沿海及周围诸岛的制盐可上溯至新石器晚期，并提及在广东发现过疑似制盐的遗址。珠海淇澳岛东澳湾的遗迹现象就很值得关注。② 东澳湾遗址位于珠海唐家湾镇淇澳岛东侧的东澳湾东南部，年代为青铜时代早期，1985年发掘，发掘面积140平方米。在此发现了灶坑和残窑遗迹，

---

① 朱去非：《中国海盐科技史考略》，载《盐业史研究》1994年第3期，第47—54页。
② 李岩：《广东地区盐业考古研究刍议》，见《华南考古》（一），文物出版社2004年版，第69—73页。

并出土了一批陶器和石器。陶片的热释光测试年代为距今3750年±186年。①

容达贤将深圳咸头岭遗址中散布红烧土块的特殊现象作为制盐篾盘出现的证据。②咸头岭遗址位于深圳市龙岗区大鹏镇咸头岭村，年代为新石器时代中期。1981年发现，1985年、1989年及1997年先后三次发掘，发掘面积共1241.5平方米。出土遗物有陶器、石器，陶器以夹砂陶为主，少量泥质橙黄陶和白陶，纹饰以绳纹为多，贝划纹、贝印纹次之。③

珠海宝镜湾出土一批"条形陶器"④，有学者认为其应为制盐遗物⑤。宝镜湾遗址位于珠海市高栏岛风猛鹰山西南坡，年代为新石器时代晚期至青铜时代早期。1989年发现，遗址面积约2000平方米。1997—1998年发掘500多平方米。遗址中有很多柱洞，也有少量灰坑、墓葬，出土陶器以夹砂陶为多，泥质陶很少，器类有釜、罐、钵、盘等，其中以釜类最多。宝镜湾居民以出海捕鱼及制作环、玦一类装饰品为主要生产活动。⑥

有学者指出，在华南地区有两类现象值得注意：一是遗址中发现的成片烧土，如深圳咸头岭、香港涌浪等遗址所见；二是不见烧土，但有形制特殊的炉灶，或出土陶棍一类的遗物。相比较长江三峡一带和鲁北地区，华南地区除了发现制盐遗迹或器物外，也常发现生活用具。或许是此时长江三峡和鲁北已形成规模化的制盐产业和专门的生产场地，而华南地区的制盐场所仍选择在聚落附近，规模也比较小的缘故。⑦

二、秦汉盐政与番禺盐官的设置

秦汉至隋唐时期关于广东盐业的记载较为罕见，目前能够略加管窥的内容主要是盐官设置、盐业生产的浮光掠影。

值得注意的是，盐官、盐场、盐栅与广东早期的主要聚落和行政单位密切相关。汉唐时期，随着珠江口的开发，周边地区的聚落逐渐发育起来，形成新的地方行政单位。在今天的珠江三角洲城市群中，从古代东莞发育出来的，包括中山、澳门、深

---

① 广东省地方史志编纂委员会编：《广东省志·文物志》，广东人民出版社2007年版，第115页。
② 容达贤：《古代深圳的盐业生产》，见郭祥焰主编：《深圳文史》第4辑，海天出版社2002年版，第217—225页。
③ 广东省地方史志编纂委员会编：《广东省志·文物志》，广东人民出版社2007年版，第112页。
④ 广东省文物考古研究所、珠海市博物馆编著：《珠海宝镜湾——海岛型史前文化遗址发掘报告》，科学出版社2004年版。
⑤ 李水城：《中国盐业考古20年》，见中国考古学会编：《中国考古学年鉴2017》，中国社会科学出版社2018年版，第144页。
⑥ 广东省地方史志编纂委员会编：《广东省志·文物志》，广东人民出版社2007年版，第114页。
⑦ 李水城：《中国盐业考古20年》，见中国考古学会编：《中国考古学年鉴2017》，中国社会科学出版社2018年版，第144页。

圳、香港、珠海，甚至广州的一部分。这些城市所辖地区的早期历史，很大程度上是以盐场的历史为主体的。如果按过去的历史观，把进入国家作为"文明"历史的开端的话，那么在某种意义上也可以说，这个大城市群的"文明史"，就是从盐场和盐户的历史开始的。[①]

广东的盐官设置始自西汉，最早是在元封元年（前110），南海和苍梧两郡设置了盐官，驻地分别在番禺和高要，这是华南最早设立的盐务管理机构。盐官的设置，代表了汉代盐政制度的重大转变。汉初，在黄老思想的指导之下，朝廷推行了无为而治、休养生息的政策。《史记·货殖列传》说"汉兴，海内为一，开关梁，弛山泽之禁"[②]。"弛山泽之禁"标志着西汉初期取消了秦代食盐官营的政策。这一情况到汉武帝时期发生了变化。随着武帝长期在边境展开军事活动，军费开支庞大，朝廷财用极为紧张。于是实行"盐铁官营"，其核心内容是：官府招募百姓制盐、官收、官运、官销。煮盐的场地和生产工具都由官府提供，劳动力多是"黔首"（百姓），事实上是废止了此前私营煮盐使用奴隶的情况。[③]

因应食盐官营，西汉中后期形成了盐官制度。盐官分布的记载可见于《汉书·地理志》，共计35处，分布在27个郡国，后严耕望考证增西河郡盐官和雁门郡沃阳，至37处。杨远则怀疑琅琊郡赣榆、临淮郡盐渎也当产盐，兹胪列如下（见表1-1）。

表1-1 西汉盐官地理分布

郡名	县名	今省名、市县名	资料引证
河东	安邑	山西省运城市	《汉书·地理志》安邑注
太原	晋阳	山西省太原市	《汉书·地理志》太原郡注
南郡	巫县	重庆市巫山县	《汉书·地理志》巫县注
钜鹿	堂阳	河北省新河县	《汉书·地理志》堂阳县注
勃海	章武	河北省沧县	《汉书·地理志》章武县注
千乘	—	山东省高青县	《汉书·地理志》千乘郡注
北海	都昌	山东省昌邑市	《汉书·地理志》都昌县注
	寿光	山东省寿光市	《汉书·地理志》寿光县注
东莱	曲城	山东省招远市	《汉书·地理志》曲城县注
	东牟	山东省烟台市牟平区	《汉书·地理志》东牟县注
	㡅县	山东省龙口市	《汉书·地理志》㡅县注
	昌阳	山东省威海市文登区	《汉书·地理志》昌阳县注
	当利	山东省莱州市	《汉书·地理志》当利县注

---

① 刘志伟：《珠三角盐业与城市发展（序）》，载《盐业史研究》2010年第4期，第3-4页。
② 《史记》卷一二九《货殖列传》，中华书局1962年版，第3261页。
③ 郭正忠：《中国盐业史·古代编》，人民出版社1997年版，第45页。

续表

郡名	县名	今省名、市县名	资料引证
琅琊	海曲 计斤 长广	山东省日照市 山东省胶州市 山东省莱阳市	《汉书·地理志》海曲县注 《汉书·地理志》计斤县注 《汉书·地理志》长广县注
会稽	海盐	浙江省平湖市	《汉书·地理志》海盐县注
蜀郡	临邛	四川省邛崃市	《汉书·地理志》临邛县注
犍为	南安	四川省乐山市	《汉书·地理志》南安县注
越嶲	定莋	四川凉山彝族自治州盐源县	《三国志·蜀书·张嶷传》、《元和郡县图志》卷三二嶲州昆明县（盐源县）条
益州	连然	云南省安宁市	《汉书·地理志》连然县注
巴郡	朐忍 临江	重庆市云阳县	《汉书·地理志》朐忍县注
陇西	西县	甘肃省天水市	《汉书·地理志》陇西郡注，《水经注·漾水》注引（《汉书》）《地理志》云："西县有盐官是也。"
安定	三水	宁夏回族自治区同心县	《汉书·地理志》三水县注
北地	弋居	甘肃省宁县或内蒙古自治区阿拉善左旗或宁夏回族自治区灵武市	《汉书·地理志》弋居县注
上郡	独乐 龟兹	陕西省米脂县 陕西省榆林市	《汉书·地理志》独乐县注 《汉书·地理志》龟兹县注
西河	富昌 盐官	内蒙古自治区准格尔旗 内蒙古自治区境内，具体不详	《汉书·地理志》富昌县注
朔方	沃野 朔方 广牧	内蒙古自治区巴彦淖尔市临河区 内蒙古自治区杭锦旗 内蒙古自治区杭锦旗东北什拉召	《汉书·地理志》沃野县注 《水经·河水》注引《魏土地记》，《元和郡县图志》卷四夏州朔方县条 《元和郡县图志》卷四夏州长泽县条
五原	成宜	内蒙古自治区包头市	《汉书·地理志》成宜县注
雁门	楼烦 沃阳	山西省神池县 内蒙古自治区凉城县	《汉书·地理志》楼烦县注 《汉书·地理志》沃阳县注
渔阳	泉州	天津市武清区	《汉书·地理志》泉州县注
辽西	海阳	河北省滦州市	《汉书·地理志》海阳县注
辽东	平郭	辽宁省盖州市	《汉书·地理志》平郭县注
南海	番禺	广东省广州市	《汉书·地理志》番禺县注
苍梧	高要	广东省肇庆市	《汉书·地理志》高要县注

续表

郡名	县名	今省名、市县名	资料引证
东平国	无盐	山东省东平县	《汉书·地理志》东平国注，《旧唐书·食货志》
广陵国	广陵	江苏省扬州市	《汉书·地理志》广陵国注，《后汉书·马陵传》
琅琊	赣榆	江苏省连云港市赣榆区	《水经·沭水注》
临淮	盐渎	江苏省盐城市盐都区	《旧唐书·食货志》楚州盐城，《太平寰宇记》卷一二四《淮南道·盐城监》

注：本表以《汉书·地理志》为基准，参考了郭正忠主编：《中国盐业史·古代编》，人民出版社1997年版，第31—33页；严耕望：《中国地方行政制度史——秦汉地方行政制度》，上海古籍出版社2007年版，第195—198页；杨远：《西汉盐、铁、工官的地理分布》，载《香港中文大学中国文化研究所学报》1978年第9卷上册，第219—227页。

根据杨远的总结，西汉产盐地共计45处，分布于31个郡国，其中，东莱郡的盐官设置最多，琅琊郡次之；黄河流域30处，长江流域7处，渭河、珠江流域各2处，西南地区3处，东北地区1处。西汉盐官控制区66%集中在黄河中下游，这是汉朝经济地理格局的体现。这也说明，当时广东地区的盐业经营已被纳入王朝的盐政体系之中。

从文献记载看，汉代元封元年（前110），岭南地区已出现盐官设置以及官方经营的海盐生产。而且，当地围绕盐业的生产、运输、管理，逐渐形成了一些聚落。《汉书·地理志》所载盐官分布地点，均为聚落所在，其中多为当时的产盐地，但也有非产盐地，如前举苍梧郡，即非产盐地，而是西江运盐的必经之路。从已知的考古遗址和墓葬看，自广西梧州市以下至广东的西江流域，战国至南朝的墓葬颇多，其中以德庆、肇庆与高要最为集中，说明这些地方集中了很多聚落，同时存在便利的交通线，这或许与苍梧郡盐业的管理、运输相关。①

三、魏晋南朝盐政与东莞司盐校尉

三国两晋南北朝时期，广东虽远处南方，但其盐业制度仍受到国家政策的制约。学界研究表明，三国至西晋时期，官府广泛推行军事色彩浓重的"食盐官营"政策。在南方地区，东晋中期到宋、齐、梁三朝，官府不课盐税，陈朝则因财政紧缺，重新征收盐税。在北方地区，十六国北朝时期，政权更迭频繁，因此盐政变化较多。大体

---

① 参考《中国文物地图集·广东分册》"广东省已发掘的古遗址、古墓葬"，广东省地图出版社1989年版，第23页。不过，此地图集出版较早，没有反映最近20年的考古进展。关于广东省内交通线的考证，参见侯旭东：《皇帝的无奈——西汉末年的传置开支与制度变迁》，见《文史》2015年第2辑，中华书局2015年版，第57—58页。

而言，北魏的重心在池盐，而北齐则因定都邺城而关注海盐。①

具体来说，三国时期官府对食盐的严格控制主要是应对战争需求。王脩是曹操麾下的司金中郎将，曹操在回复他陈黄白异议的教谕中，说明司金官设置之初就是应对军国费用。② 而按照《通典》所记录的曹魏官僚设置，司金中郎将之下，还有专门负责盐业的司盐都尉为第六品，司盐监丞是第八品。③ 中郎将、都尉的名称则显示出这一时期盐铁官的军事色彩。广东在三国时期归属孙吴政权，吴国的情况与魏国近似，也是用军事化的形式管理盐铁。④

到了两晋时期，从《晋官品》的记载看，司马氏政权延续了曹魏政权盐铁官的设置。同时，"凡民不得私煮盐，有犯者四岁刑，所在主吏二岁刑"这条禁令也印证了当时盐业官营的现实。⑤ 东晋至南朝关于盐政的资料较少，概括来看，当时南方政权的税收制度似乎偏重商业税，与秦汉的侧重点不同，似乎至陈朝之前，都不见"煮海盐赋"的踪迹。⑥

这一时期在广东，盐政事务上最重要的事件是三国吴甘露元年（265），孙吴政权在东莞设置了司盐都尉。三国时期，吴国采盐铁之利供应军费，因此也重视海盐，一方面恢复了西汉的盐官，另一方面于东莞增设司盐都尉。《太平寰宇记》卷一五七《岭南道一》"东莞县"条记录说："吴孙皓以甘露元年置始兴郡，以其地置司盐都尉。"⑦ 与西汉所置盐官设在番禺的情况不同，三国吴以东莞为中心管理南海地区的盐业，应该是将经济管理的重心从区域行政中心转向了生产中心，并直接促进了王朝对广东东部地区经济管理的加强。到南齐时，又置盐田郡（治所在今广西合浦县）管辖盐务。

四、隋唐盐政转折与岭南盐政、盐产

隋唐两代的盐政在中国盐业史上占有重要地位，主要是因为从后代的视角来看，唐中后期的盐铁政策改革具有转折意义，尤其在开启行盐区的历史方面，特别值得研究者注意。同时，由于产运销方式的改变，盐商势力从此兴起。广东盐政与盐业也直接受到这一转变的影响。

---

① 郭正忠主编：《中国盐业史·古代编》，人民出版社1997年版，第63-75页。齐涛：《魏晋南北朝盐政述论》，载《盐业史研究》1996年第4期，第12-18页。

② 《三国志》卷十一《魏书·王脩传》注引《魏略》，中华书局2011年版，第348页。

③ 〔唐〕杜佑：《通典》卷三六《职官·秩品》，中华书局1988年版，第992页。

④ 《水经·沔水》注引《吴记》说明孙吴时期海昌郡设有盐官县，谷水右岸马皋城就是原来司盐都尉城的城址。见〔北魏〕郦道元：《水经注校证》卷二九《沔水》，陈桥驿校证，中华书局2007年版，第686-687页。

⑤ 《太平御览》卷八六五《饮食部》"盐"条，中华书局1960年版，第3840页。

⑥ 关于南朝税制的特点参见杨联陞：《中唐以后税制与南朝税制之关系》，载《清华学报》1937年第12卷第3期，第613-618页；郭正忠主编：《中国盐业史·古代编》，人民出版社1997年版，第69-70页。

⑦ 〔宋〕乐史：《太平寰宇记》卷一五七《岭南道一》，中华书局2007年版，第3019页。

关于隋唐时代盐政的基本发展脉络，自20世纪三四十年代以来就形成了较为一致的看法。① 隋唐更替之际，国内不存在食盐的专卖税，官府在这一时期只收取一定比例的或者定额的课税。《隋书》卷二四《食货志》云：

> 开皇三年（583）正月，帝入新宫。初令军人以二十一成丁。减十二番每岁为二十日役，减调绢一匹为二丈。先是尚依周末之弊，官置酒坊收利，盐池盐井，皆禁百姓采用。至是罢酒坊，通盐池盐井与百姓共之。远近大悦。②

由此可见，隋朝开国之初，就一改北周末年的弊端，开放盐利与百姓，禁止任何人独占山泽之利。这一政策一直延续到唐代初期，《唐律疏议》在"诸占固山野陂湖之利者，杖六十"条下疏议"山泽陂湖，物产所植，所有利润，与众共之。其有占固者，杖六十。已施功取者不追"③，就表明"所有利润，与众共之"的财政原则。

第一次转折发生在唐开元元年（713），时任左拾遗的刘彤上表论盐铁，建议参照河中尹姜师度的地方经验"诏盐铁木等官收兴利"，并探讨了"古费多而货有余，今用少而财不足"的原因，可见玄宗时期国家财政之紧缺，这是盐铁重开专卖的契机。④ 但到了次年（714）十月，"姜师道除蒲州盐池外，自余处更不须巡检"，刘彤的建议并没有执行下去。⑤ 但是，安史之乱爆发后，朝廷的用度大增，情况更为严峻。陈衍德和杨权对此总结称：安史之乱使唐朝财政紧张，朝廷不得不放弃以农业为主的税源策略，发掘其他税种；战乱之后，河北、河南、河东为安禄山所占，中央财政在这些地方实际已经丧失；从天宝到乾元，唐中央政府能够控制的州减少近一半，唐代的财赋重心由北方转移到江淮，那么海盐的重要性就凸显出来了。⑥

到了唐代中后期，为应对战乱，颜真卿首先开创了官卖食盐的方法资助军费。⑦ 此后，"乾元元年，盐铁、铸钱使第五琦初变盐法，就山海井灶近利之地置监院，游民业盐者为亭户，免杂徭。盗鬻者论以法。及琦为诸州榷盐铁使，尽榷天下盐，斗加时价百钱而出之，为钱一百一十"⑧。也就是说，第五琦在颜真卿的基础上，确立了国家专卖食盐的政策，即"榷盐"。具体来说，其办法就是招募一定数量的"亭户"，免去其杂徭，他们制出的盐只能卖给朝廷设立在地方的监院，从而在生产上形成垄断。盐价由朝廷决定，并且在原价的基础上加入榷价，再卖给盐商，这样就保证了盐

---

① 关于唐代盐政的通说，参见鞠清远：《唐代财政史》，商务印书馆1940年版，第56－68页。
② 《隋书》卷二四《食货志》，中华书局1997年版，第681页。
③ 刘俊文：《唐律疏议笺解》卷二六《杂律·占山野陂湖利》，中华书局1996年版，第1824页。
④ 《旧唐书》卷四八《食货志》，中华书局1975年版，第2106－2107页。
⑤ 《旧唐书》卷四八《食货志》，中华书局1975年版，第2107页。
⑥ 陈衍德、杨权：《唐代盐政》，三秦出版社1990年版，第47－51页。
⑦ 〔唐〕殷亮：《颜鲁公行状》，见《全唐文》卷五一四，中华书局1983年版，第5223－5232页。
⑧ 《新唐书》卷五四《食货志》，中华书局1975年版，第1378页。

专卖的收入。

刘晏继任盐铁使以后，继续对盐政进行改革。他在第五琦的基础上，又将盐政分为两个部分，海盐归其自掌，池盐、井盐则归度支使管辖，并且在江淮设立了盐仓，确立就场专卖的原则。总体来看，刘晏执政期间虽然没有产生包销行岸制度，但其以盐商为中介，借助常平盐的举措，保证了财税收入，还使盐成为一种可以流通的商品，粗略的划界行盐也开始形成。这一时期盐政对国家财政产生的影响是"法益精密，官无遗利。初，岁入钱六十万贯，季年所入逾十倍，而人无厌苦。大历末，通计一岁征赋所入总一千二百万贯，而盐利且过半"①。

总体而言，在刘晏改革之后，唐至五代的盐政基本原则得以确立下来，较多的变化主要围绕朝廷如何解决与藩镇的关系、改革榷场和流通、严格分区行盐等细节展开。

在这样的背景下，唐政府在岭南地区设置了监院，其后改为巡院，负责盐务的各个方面。② 从朝廷设置该机构的本意来说，巡院的主要职责是稽查司盐。当时盐业产销的重心在场监，监察的重心在巡院，监、巡、场最初都是因应财税压力而设的。这些机构在设立之后，使长安朝廷增加了财政收入，到大历年间纾解了中晚唐长期存在的税赋困境。《新唐书·食货志》记述了这个变化：

> 自兵起，流庸未复，税赋不足供费，盐铁使刘晏以为因民所急而税之，则国足用。于是上盐法轻重之宜，以盐吏多则州县扰，出盐乡因旧监置吏，亭户粜商人，纵其所之……自淮北置巡院十三，曰扬州、陈许、汴州、庐寿、白沙、淮西、甬桥、浙西、宋州、泗州、岭南、兖郓、郑滑，捕私盐者，奸盗为之衰息。然诸道加榷盐钱，商人舟所过有税。晏奏罢州县率税，禁堰埭邀以利者。晏之始至也，盐利岁才四十万缗，至大历末，六百余万缗。天下之赋，盐利居半，宫闱服御、军饷、百官禄俸皆仰给焉。③

其中，"淮北置巡院十三"就有岭南巡院，其管辖范围就在广东。巡院的职能比场监更加广泛，除了一般的缉私以外，还要承担部分官盐及盐铁货物的贮存、转运，监督漕运沟通，维护、修缮运路的工作。④ 更为重要的是，巡院还有销售的任务，即"搜择能吏以主之，广牢盆以来商贾"⑤。也就是说，巡院还要分担一些经济职能，职能也比场监更为全面。

在一般巡院的基础上，贞元、元和年间逐渐建立起一些留后院，作为盐铁使的代表，其级别也较一般巡院为高。留后与转运使的关系是"国有移用之职曰转运使，

---

① 《旧唐书》卷一二三《刘晏传》，中华书局1975年版，第3514页。
② 广东省地方史志办公室编：《广东省志·盐业志》，广东人民出版社2006年版，第200页。
③ 《新唐书》卷五四《食货志》，中华书局1975年版，第1378页。
④ 郭正忠主编：《中国盐业史·古代编》，人民出版社1997年版，第194页。
⑤ 《旧唐书》卷四九《食货志》，中华书局1975年版，第2117页。

每岁传置货贿于京师。其大都要邑之中，则委吏以专留事"①。杜牧曾为岭南盐铁留后李鄂撰写推官制书：

> 敕。前凤翔节度副使、朝议郎、侍御史、内供奉、赐绯鱼袋李鄂等。五岭之表，地远京邑，吏以法制奉公，下以文律自持，盖亦寡矣。而盐铁榷束之籍，延袤万里，若当其才，非唯山泽之饶归于公上，亦得以远人利病闻于朝廷。今吾丞相揣摩新规，改易旧制，以鄂文学廉慎，当官挺然，尝倅贤侯，号为名士，以此委任，必有可观。蕃、瑾、嗣闵咸有才能，佐藩评刑，知己所请。各进官秩，皆为荣遇，宜思报效，无累荐延。可依前件。②

这篇敕文非常简要地描述了唐后期岭南盐政的情况及朝廷策略。在长安朝廷的眼中，岭南"地远京邑，吏以法制奉公，下以文律自持，盖亦寡矣"，地理上的遥远导致官吏贪墨非法，这是造成盐业问题的核心。而解决办法是派遣干吏，达到"山泽之饶归于公上""利病闻于朝廷"的目的，留后院的工作要点仍在监察和转运。李鄂其人，会昌初年负责安抚党项，"分三印以统之。在邠、宁、延者，以侍御史、内供奉崔君会主之；在盐、夏、长、泽者，以侍御史、内供奉李鄂主之；在灵、武、麟、胜者，以侍御史、内供奉郑贺主之，仍各赐绯鱼以重其事。久而无状，寻皆罢之"③。此后，他就主要在岭南地区供职。

至隋唐时期，传世文献对广东的关注多了起来，已亡佚的文献有《交广二州春秋》《广州记》《交广记》等，而现存辑佚刘恂撰述的《岭表录异》则描绘了岭南地区制盐的过程。《岭表录异》记载了岭南地区的经济、交通、民俗、文化等各个方面的内容。《四库全书总目》考察其书和作者刘恂其人，认为"书中云'唐乾符四年'，又云'唐昭宗即位'"，"殆成书于五代时"。④《岭表录异》说唐至五代时期的广东制盐，"将人力收聚咸沙，掘地为坑，坑口稀布竹木，铺蓬簟于其上，堆沙，潮来投沙，咸卤淋在坑内，伺候潮退，以火炬照之，气冲火灭，则取卤汁用"⑤。这段话的意思是，在海水蔓延的周边，收拢咸池沙，挖掘土地为坑，在坑口铺上容易吸收海水的物质，进而在涨潮的时候，将沙混合咸卤一同埋在坑中。等待潮水退去后，用火炬的火气冲入坑中，获得卤汁，其要点在于运用潮涨潮退的潮汐作用。南朝齐张融赴任交州时作《海赋》："……若乃漉沙构白，熬波出素。积雪中春，飞霜暑路……"⑥，简要地说明了作者所见的制盐方法，即过滤高盐分的海沙得到浓缩卤水，然后烧开翻

---

① 〔唐〕元稹：《元稹集》卷四八《制诰·李立则检校虞部员外郎知盐铁东都留后》，冀勤点校，中华书局2010年版，第606页。
② 〔唐〕杜牧撰，何锡光校注：《樊川文集校注》卷一九《李鄂除检校刑部员外郎充盐铁岭南留后郑蕃除义武军推官等制》，巴蜀书社2007年版，第1228—1230页。
③ 《旧唐书》卷一九八《西戎传·党项羌》，中华书局1975年版，第5293页。
④ 《四库全书总目提要》卷七十《史部·地理类》，河北人民出版社2000年版，第1891页。
⑤ 〔唐〕刘恂著，商璧、潘博校补：《岭表录异校补》，广西民族出版社1988年版，第205页。
⑥ 《南齐书》卷四一《张融传》，中华书局1972年版，第723页。

滚得到盐，此法与《岭表寻异》所述相近。

唐代中后期，岭南设立监院主要负责收取榷盐产品，由官府自行卖出。宝应元年（762）实行民制官收商运，唐末实行民制官收官运官销。① 同时，广东在特定时期还负有输出盐政财赋的职责。在僖宗之前，"交、广、邕南兵，旧取岭北五道米饷之，船多败没"。因此，郑畋"请以岭南盐铁委广州节度使韦荷，岁煮海取盐直四十万缗，市虔、吉米以赡安南，罢荆、洪等漕役，军食遂饶"②。也就是说，以广东地区的盐业收入交换米粮，从而避免了远距离运输的不便，达到就近供给军事的目的。

与之相比，江淮地区距离海边较远，海水煮盐的方式就略有不同，《太平寰宇记》卷一三〇《淮南道》云：

> 凡取卤煮盐，以雨晴为度。亭地干爽，先用人牛牵挟，剌刀取土，经宿铺草借地，复牵爬车，聚所刺土于草上成溜，大者高二尺，方一丈以上。锹作卤井于溜侧，多以妇人、小丁执芦箕，名之为"黄头"，歆水灌浇，盖从其轻便。食顷，则卤流入井。③

这段材料显示江淮制盐的工序有三道：其一，需要趁着亭地干爽，用人或者牛力将饱含盐分的土刮削下来；其二，把刮削松软的盐土放在草上面，形成"溜"，即有形状的土墩；其三，就是用海水浇灌"溜"，促使盐土中的盐分溶解分离出来，经过草垫的过滤汇流进井里。④

第二节　盐与经济生活

以往的汉唐盐业史叙述，受史料流传亡佚的限制，以使用传世文献为主。所幸，从 20 世纪初期居延汉简得到系统整理以来，经过 1970 年之后大量的考古发掘，新获简牍资料呈现出汉唐盐业的许多历史细节，丰富了后人对汉唐时期盐与吏民生活关系的相关认识。

同时，上述出土资料还可以与当时的广东盐业经济建立某些联系。西汉中前期以降，由于边境战争持续不断，国家建立起以解决军事需求为主导的物资流通体系，形成内郡—边郡的物资交换模式。简而言之，内郡承担了提供兵卒、财货的主要任务，边境成为消费区域。⑤ 那么，同样作为都城视野下的边境，我们可以通过考察西北戍

---

① 广东省地方史志办公室编：《广东省志·盐业志》，广东人民出版社 2006 年版，第 69 页。
② 《新唐书》卷一八五《郑畋传》，中华书局 1975 年版，第 5402 页。
③ 〔宋〕乐史：《太平寰宇记》卷一三〇《淮南道八》，中华书局 2007 年版，第 2569 页。
④ 关于岭南和江淮煮盐方法的解说，参见陈衍德、杨权：《唐代盐政》，三秦出版社 1990 年版，第 18—19 页。
⑤ ［日］渡边信一郎：《中国古代帝国的中心和周边：从财政史的观点出发》，载《台湾政治大学历史学报》2008 年第 30 期，第 257—278 页。

卒与盐的关系推测汉代广东的情况。而走马楼三国吴简则直接反映出长沙郡临湘侯国的盐业生产、交换、运输、管理，长沙郡地接南海郡，可以从此推测广东地方的盐政实施情况。

一、食盐配给与汉代边地戍卒生活

秦汉时期，戍卒从民间百姓中征调，他们在军旅中需要配给用盐，这是当时百姓日常生活的重要组成部分。据《汉书·地理志》，与今广东地域重合的苍梧、南海两郡没有设置都尉府。但是，一则据《汉书》纪、传、表及其他文献，可补充《汉书·地理志》失收都尉的情况颇多，两汉前后军事组织变化亦大；① 二则在《汉书·地理志》的记纂体系里，至少能说明位于今广西境内的郁林郡置有都尉府。那么，通过研究西北边境出土汉简中对盐的发放、收取、用途的记载，庶几可以重现盐在当时两广地区戍卒生活中的实态。考察戍卒的用盐问题，卢瑞琴、谢桂华、赵宠亮都曾做过研究。②

通过整理西北出土汉简，谢桂华指出盐在当时当地的用途主要有四：食用、祭社、俸禄、药用。关于食用和祭社，资料记载比较明确，前者是盐的主要用途，后者出现在祀具的账簿记录中。至于药用，则见于武威汉代医简的记载："治目恚方以春三月上旬治药曾青四两戎盐三两皆冶合以乳汁和盛以铜器以傅目良"，这里的盐主要指的是戎盐。③

俸禄亦可以盐发放，这一情况出现在王莽时期，据《汉书·王莽传》载：

> （天凤三年）五月，莽下吏禄制度，曰："予遭阳九之厄，百六之会，国用不足，民人骚动，自公卿以下，一月之禄十缦布二匹，或帛一匹。予每念之，未尝不戚焉。今厄会已度，府帑虽未能充，略颇稍给，其以六月朔庚寅始，赋吏禄皆如制度。"四辅公卿大夫士，下至舆僚，凡十五等。僚禄一岁六十六斛，稍以差增，上至四辅而为万斛云。④

结合出土于破城子的官吏俸钱支付记录"四月禄用盐十九斛五斗"（154·10）⑤，可

---

① 陈梦家：《西汉都尉考》，见《汉简缀述》，中华书局1980年版，第125—134页。
② 卢瑞琴：《汉代河西地区的食盐问题——居延简牍读后记》，见《简牍学研究》第2辑，甘肃人民出版社1998年版，第107—116页；谢桂华：《汉简与汉代西北屯戍盐政考述》，见《汉晋简牍论丛》，广西师范大学出版社2014年版，第200—209页。赵宠亮：《行役戍备——河西汉塞吏卒的屯戍生活》，科学出版社2012年版，第190—196页。
③ 甘肃省博物馆、武威县文化馆编：《武威汉代医简》，文物出版社1975年版，"摹本、释文、注释"第3页。
④ 《汉书》卷九九《王莽传》，中华书局1962年版，第4142页。
⑤ "三"原释作"四"，今据谢桂华的意见校改。并盐（指山西省北部所产土盐）在西北地区的用途，参见谢桂华：《汉简与汉代西北屯戍盐政考述》，见《汉晋简牍论丛》，广西师范大学出版社2014年版，第200—203页，简文引用皆采用简式。居延汉简的简号、简文参见简牍整理小组编：《居延汉简》（壹）（贰）（叁）（肆），台湾"中央研究院"历史语言研究所2014—2017年版。

知当王莽因国用不足，不得不以布或者帛支付官吏俸禄时，盐也可以发挥实物货币的效能。

关于食盐的分配和发放，谢桂华曾复原出一份完整的《建平五年十二月官吏卒廪名籍》，主要是西北戍卒领取粮食和盐的记录。从中可以分析当时的食盐配给问题。① 兹引该名籍如下：

1. 建平五年十二月官吏卒廪名籍（203.6）
2. 令史田忠　十二月食三石三斗三升少　十一月庚申自取（133.7）
3—5（缺）
6. 右吏四人　用粟十三石三斗三升少（203.10）
7. 鄣卒张竟　盐三升　十二月食三石三斗三升少　十一月庚申自取（203.14）
8. 鄣卒李就　盐三升　十二月食三石三斗三升少　十一月庚申自取（254.24）
9. 鄣卒史赐　盐三升　十二月食三石三斗三升少　十一月庚（292.1）
10. 鄣卒徐弘　盐三升　十二月食三石三斗三升少　十一月庚申自取（286.12）
11—15（缺）
16. 右鄣卒九人　用盐二斗七升　用粟卅石（286.9）
17. 逆胡隧卒张平　盐三升　十二月食（55.8）
18. □　盐三升　十二月食三石三斗三升少　十一月庚申自取（27.10）
19—20（缺）
21. 右省卒四人　盐一斗二升　用粟十三石三斗三升少（176.18+176.45）
22. 凡吏卒十七人　凡用盐三斗九升　用粟五十六石六斗六升大（254.25）
23. 建[平五]年十二月吏卒廪名籍（203.6）

"用盐三斗九升"正是其他戍卒十三人的食盐量。通过分析这份名籍，我们可以得知甲渠候官鄣的属吏令史与鄣卒、省卒一样，由候官配给"每月三石三斗三升少"的粟作为食量，但是他们不配给食盐。每名鄣卒和省卒每月配给食盐三升，这是一名戍卒一个月食盐的定量，可能也是官府对百姓用盐量的估算。

戍卒廪盐的时候，以部为单位，证据如：

建始二年八月丙辰朔　北部候长光敢言之
廪盐名籍一编敢言之（141.2）

---

① 谢桂华：《居延汉简的断简缀合和册书复原》，见《汉晋简牍论丛》，广西师范大学出版社2014年版，第74—95页。

每一部所有戍卒的食盐由候长派遣所属燧卒到候官处领取,在居延汉简里有这样一枚入符可以说明此问题:

    给鉼庭部卒卅人
   入盐八斗七升 闰月食 阳朔五年正月辛亥第卅三卒夏奇第卅四卒范客子受守阁卒意 (28.13)

通过简文,我们知道"阳朔五年"① 正月辛亥日,第卅三卒夏奇、第卅四卒范客子接受命令,领取了鉼庭部卒三十人的食盐。

  围绕供给、分配戍卒的食盐,从大司农直到郡、都尉府、候官部(候)、鄣、燧等各级机构,制作各类簿书、名籍,谢桂华对此曾加以分类总结,计有廪名籍、廪盐名籍以及领取和支出食盐的出簿、入簿等。

二、汉三国时期的盐价问题

  关于汉代的盐价问题,陈直是较早注意到的学者,他在讨论"西汉边郡的物价情况"时,引用《续汉书》"(虞)诩始到,谷石千,盐石八千,见户万三千。视事三岁,米石八十,盐石四百,流人还归,郡户数万,人足家给,一郡无事"的说法。② 这段材料说明虞诩刚刚到任的时候,"盐"和"谷"的比价是 8∶1,其主持政务三年后,米价只有原先的 8%,盐价下降 95%,此时盐谷比价是 5∶1。值得注意的是,这段材料反映的是武都郡的情况。

  此外,王仲荦在讨论《史记·货殖列传》"蘖曲盐豉千荅"的时候,按语说:斗六升曰荅,千荅二十万,一荅二百文。③ 当然,我们需要注意到,传世文献中关于盐价的问题,往往只是约略的记载。

  湖北江陵所出西汉初年的张家山汉墓竹简《算数书》中,也涉及盐价的问题:

   今有盐一石四斗五升少半升,贾取钱百五十欲石率之,为钱几何?曰:百三钱四百卅分钱九十五。(简77)④

---

① 汉成帝阳朔五年正月尚未改元鸿嘉,辛德勇注意到鸿嘉元年年号最早于六月使用,参见辛德勇:《汉宣帝地节改元事发微》,见《建元与改元:西汉新莽年号研究》,中华书局 2013 年版,第 220 页。据肩水金关汉简可见阳朔五年六月纪年,郭伟涛推定西北地区于该年六月接到改元鸿嘉的诏书,参见郭伟涛:《肩水候驻地考》,见《肩水金关汉简研究》,上海古籍出版社 2009 年版,第 112 页。
② 陈直:《汉代的米谷价及内郡边郡物价情况》,见《两汉经济史料论丛》,中华书局 2008 年版,第 300－308 页。《后汉书》卷五八《虞诩传》引《续汉书》,中华书局 1965 年版,第 1870 页。
③ 王仲荦:《〈史记·货殖列传〉物价考》,见郑宜秀整理:《金泥玉屑丛考》,中华书局 1998 年版,第 12 页。
④ 张家山二四七号汉墓竹简整理小组编著:《张家山汉墓竹简〔二四七号墓〕》(释文修订本),文物出版社 2006 年版,第 142 页。

根据题面，可以估算盐价略多于103钱，算题答案是"百三钱四百卅分钱九十五"，二者相去不远。不过，《算数书》很大程度上只是数字模拟，虽与现实生活不会过分疏离，但也未必能重合。

直到长沙走马楼三国吴简公布，汉末三国时期盐价问题的探讨方得到进一步推进：编号J22-2540的木牍，主要是审理许迪割米案的卷宗档案，但其中涉及"盐""米"比价的数据，则是第一手资料，值得重视。兹引文字如下：

> 录事掾潘琬叩头死罪白：过四年十一月七日，被督邮敕，考实吏许迪。辄与核事吏赵谭、都典掾烝若、主者史李珠，前后穷核考问。迪辞：卖官余盐四百廿六斛一斗九升八合四勺，得米二千五百六十一斛六斗九升已。二千四百卅九斛一升，付仓吏邓隆、谷荣等。余米一百一十二斛六斗八升，迪割用饮食不见。为廖直事所觉后，迪以四年六月一日，偷入所割用米毕，付仓吏黄瑛受。前录见都尉，知罪深重，诣言：不割用米。重复实核，迪故下辞，服割用米。审。前后搒押迪凡百卅下，不加五毒，据以迪今年服辞结罪，不枉考迪。乞曹重列言府。傅前解，谨下启。琬诚惶诚恐，叩头死罪死罪。
>
> 若（浓墨草书）　　　　　　　　　　　二月十九日戊戌白①

胡平生根据这枚木牍，结合走马楼其他出土资料，对盐价进行了估算。② 按照文书中"余盐四百廿六斛一斗九升八合四勺，得米二千五百六十一斛六斗九升"的说法。那么，4261.984斗盐=25616.9斗米，1斗盐=6.01056斗米，1斗米=0.16637斗盐），可知三国孙吴嘉禾年间长沙郡临湘侯国的盐米比价大概是6∶1。③

三、走马楼吴简所见三国时期孙吴的盐业管理和运输

唐代以前的传世文献侧重记录朝廷的事务，对地方的记载极少，受惠于一个多世纪以来各种资料的不断出土，以及史学研究视野的拓展，百姓生活和州郡乡里开始受到学界注意。1996年湖南长沙走马楼出土的10余万枚吴简（包括有字简8万枚），其中与盐业相关的资料很丰富。虽然这只是孙吴初年临湘侯国一地的簿籍和文书档案，时空范围有限，但是盐政在孙吴境内各地实施的状况较为接近，而长沙郡所处的荆州与广东所处的广州接壤，这使得我们借助三国吴简可以深入观察地方如何实现盐

---

① 本简编号J22-2540，出土于J22井，长25.2厘米、宽9.6厘米、厚0.6厘米，出土层位不明。图版参见长沙市文物考古研究所、中国文物研究所、北京大学历史系：《长沙走马楼二十二号井发掘报告》，见《长沙走马楼三国吴简·嘉禾吏民田家莂》，文物出版社1999年版，第34页。关于这枚木牍的著录、释文、研究状况，参见徐畅：《走马楼吴简竹木牍的刊布及相关研究述评》，见《魏晋南北朝隋唐史资料》第31辑，上海古籍出版社2015年版，第35-36页。

② 胡平生：《长沙走马楼三国孙吴简牍三文书考证》，载《文物》1999年第5期，第45-52页。

③ 王子今：《走马楼许迪案文牍所见盐米比价及相关问题》，见《长沙简牍研究》，中国社会科学出版社2017年版，第110页。

的管理、运输、出售与仓储。

关于走马楼三国吴简中的盐米问题,侯旭东曾运用早期公布的采集简资料加以总结。此后,随着《长沙走马楼三国吴简·竹简》第4、6、7、8卷的出版,我们得以了解到三国吴地盐业的更多信息。其中第8卷集中讲述许迪割用盐米案。为了便于讨论,先将除第8卷以外,第4、6、7卷中涉及"盐"的部分胪列于次[①]:

(1) 言大守丞掾前遣士谢糶償卖官盐得米二百余斛在临湘（肆·3564）

(2) ☑……潘琬等考实卖盐吏许迪敢言付（肆·3775）

(3) 其十八斛六斗乡吏雷□黄龙元年卖盐贾米（肆·4018）

(4) 其十七斛郡吏区香黄龙二年盐贾米（肆·4344）

(5) 其卅斛郡吏区香黄龙二年盐溢米（肆·4361）

(6) □□赏盐受余□□☑（肆·4582）

(7) 其二斛乡吏区香备盐溢米（肆·4959）

(8) 其二斛乡吏区香黄龙□年盐溢米（肆·5179）

(9) 其廿五斛乡吏区香黄龙□年盐溢米（肆·5262）

(10) ☑领盐米五斛☑（肆·5422）

(11) 将军司马张脩价人王慎等盐一千五百廿二斛□□二千黄龙□□（陆·2076）

(12) 其一百八十九万□千六百廿二钱雇二年所取□贾盐直（陆·2272）

(13) 其四斛黄龙元年盐贾米（陆·5522）

(14) 其一百卅五斛三斗八升郡吏雷广黄龙三年盐贾米（陆·5534）

(15) 其四斛黄龙元年盐贾米（陆·5542）

(16) 其三斛黄龙元年盐贾米（陆·5546）

(17) 其二百斛郡吏雷齐黄龙三年盐贾米（陆·5556）

(18) ……日黄龙二年盐溢米卅八斛一斗九升合吴平斛米□七百一十斛六（陆·5569）

(19) □司马邓邵嘉禾二年盐渍米卅六斛八斗（陆·6116）

(20) 其一百一十五斛盐池司马邓邵嘉禾二年钱米（柒·54）

(21) 草言吏区□起七月一日讫九月卅日卖售盐卅斛一斗事

　　　　　　□□□年十月廿三日……封（柒·1448）

(22) 南乡入盐贾米十五斛六斗（柒·2588）

(23) 模入盐贾米一百六十五斛六斗（柒·2592）

(24) □乡入盐贾米……（柒·2594）

(25) 右州中仓吏诸掾入□吏区儿盐贾米五百廿七斛八斗五升（柒·2914）

---

① 征引吴简标注卷次和整理号。《长沙长走楼吴简·竹简》第4、6、7、8卷由文物出版社分别于2011年、2017年、2013年、2015年出版。至本书出版为止,第5、9卷尚未出版,未及引用。

（26）右……吏入盐贾米□百五十六斛……（柒·2915）

（27）☑□□盐贾钱九千八百九十准入米五斛三斗Ⅸ嘉禾五年十二月十七日掾蔡忠关壄阁马统付仓吏郭勋马钦（柒·2930）

（28）从□□□□□□县吏区稠盐买米七斛……（柒·4135）

（29）□□盐贾米六斛　郡　张　壄　阁（柒·4136）

（30）草言府理出故吏吴露子男□吏番秃事　四月十三日兼□盐（？）史李珠助吏□□白（柒·4427）

（31）盐四百廿六斛一斗九升八合四勺合得米二千五百六十一斛六斗九升□☑（柒·4491）

以上31枚简按照内容可以分为三种。

第一种是某件文书的一部分，如（1）是转述卖官盐的事实，（2）是考实许迪割米案的册书。

第二种是数量最多的出入盐米记录，其中一类是对个人缴纳盐米的记录，如（27），其格式是以"入"开头，结尾是"关壄阁马统付仓吏郭勋马钦"；①还有一类是对簿书中盐米总额的小计，如（25）（26），其格式是以"右"开头的核算；还有一类是对出入米情况的分项说明，其格式往往以"其"开头。

第三种即（21）和（30）是草言简，所谓"草言"，也就是草刺类文书，它通过归纳具体的文书和签牌而成，归档的时候自成一类，单独收卷，内部以事类为中心。② 同时，这两枚草言简的内容又不相同，（30）涉及盐的只是李珠，他在本简内的职务或许与盐的工作有关。（21）则归纳了区姓吏七月至九月卖官盐的数额记录，或许其文书源头与盐米的出入账簿"一时簿"有关。

关于走马楼三国吴简所见孙吴时期的盐政，最为生动的个案保存在《长沙走马楼三国吴简》第8卷有关许迪割米案的竹简里。该案所见孙吴时期的盐政，尤其是官吏和文书运作，苏俊林曾对其做过系统梳理。简单来说，本案案情是一位名叫许迪的郡吏从事官盐的转卖、运输，并在此过程中贪墨了部分盐贾米。通过考察案件审理的相关文书，我们了解到：孙吴时期县级行政机构存在与盐业管理相关的司盐曹，司盐曹派遣典盐掾等属吏到储盐的仓受盐，后在仓所在地或其他地方的市场出售，卖官盐的形式称作"募卖"。售卖所得，可以以货币的形式交给官府，也可折算成粮米等交给仓。③ 现征引排列资料，然后在此基础上做出分析：

---

① 侯旭东对这一类简的格式有过归纳，参见《三国吴简所见盐米初探》，见北京吴简研讨班编：《吴简研究》第1辑，崇文书局2004年版，第255页。
② 沈刚：《吴简所见孙吴县级草刺类文书处置问题考论》，见《文史》2016年第1辑，中华书局2016年版，第51-68页。
③ 关于许迪割米案所见孙吴盐政，尤其是基层盐业管理机构等问题，参见苏俊林：《走馬樓呉簡から見た孫呉の塩政》，见［日］伊藤敏雄、［日］关尾史郎编：《後漢·魏晋簡牘の世界》，日本汲古书院2020年版，第99-118页。

（1）库吏许迪散用盐贾米二千五百六十一斛六斗九升……（捌·303）

（2）二月廿六日下雋大男许迪辞以嘉禾二年于溇口卖余盐四百廿（捌·3497）

（3）卖得钱米䊶物料核相应余盐四百廿六斛一斗九升八合四（捌·4012）

（4）凡盐满一石米二石䊶物直钱五千皆斩没入妻子科一条吏民坐臧入直应当死者恐猾受取一万诸盗官物直臧五万皆应（捌·4021）

（5）十一月十三日许迪后辞以黄龙三年正月廿日受曹遣于溇口受官盐一千七百（捌·4036）

（6）诸楼船都尉监运仓曹司马运盐米谷䊶物当明检迪船师作子敢有草窃别占者（捌·4037）

（7）重（？）部吏陈旷实核吏许迪辞割食所领盐（捌·4055）

（8）尚书前言长沙郡所列嘉禾二年官盐簿溇口典盐掾（捌·4061）

（9）四百廿六斛一斗九升八合四勺得米二千四百卅九斛一升不列盐米量□（捌·4063）

（10）□□月□日兼中部督邮书掾晃溇口典盐掾许迪（捌·4064）

（11）溇口典盐掾许迪前依□促考问不堪捶杖招言割用实不割（捌·4066）

（12）廖咨料溇口典盐掾许迪所领盐一千五百一十二斛七斗（捌·4069）

（13）出郡吏许迪所领三年盐贾吴平斛米一百一十二斛六斗八升擿量 嘉禾四年六月一日关墅郭嵩付仓吏黄瑛受（捌·4076）

（14）许迪卖盐四百廿六斛一斗九升八合四勺得米二千四百卅九斛（捌·4078）

（15）尚书前言长沙郡所领嘉禾二年官盐簿溇口典盐吏许迪卖盐（捌·4082）

（16）口卖盐吏典卖官盐以嘉禾元年二年卖所领盐一千七百廿四斛九斗卖得绢九十（捌·4094）

（17）一升不列盐米量设移部督军蔡规功曹隐核别处（捌·4095）

（18）正月廿日受曹遣于溇口典受官盐到嘉禾二年领受盐一千四百（捌·4097）

（19）盐一千四百卅七斛一斗一升收酒七十五斛六斗四升五合通合（捌·4102）

（20）□六勺募卖得钱米䊶物料核相应余盐四百廿六斛（捌·4119）

（21）司马运盐米谷䊶物当明检迪船师作子敢有草窃别占（捌·4120）

（22）所载盐满一石米二斛䊶物直五千皆斩没入妻子一条人年八十以（捌·4122）

（23）为仓吏典卖官盐列量数当令据实公敢前郡簿□（捌·4128）

（24）料米不见案迪仓吏典卖官盐当得九量……（捌·4153）

（25）新辄实问迪辞令更列簿其盐四斛五斗七升为米七量（捌·4155）

（26）临湘侯相管告叩头死罪白重部吏潘琬核校陆口卖盐（捌·4159）

（27）死罪々々案文书规郡……辄实问迪辞令更列簿其盐（捌·4165）

（28）廿一年中出给吏到过黄龙三年正月廿日受曹遣于湰口典受官盐一千七百廿四斛九斗皆得（捌·4177）

（29）临湘言重实核湰口典盐吏许迪割用所领米一百一十二斛六斗八升前（捌·4183）

（30）迪辞前后所卖官盐合得米二千五百六十一斛六斗九升迪□（捌·4184）

（31）□仓吏典卖官盐得钱米当九量……（捌·4185）

（32）□□募卖官盐四百廿六斛一斗九升八合四勺有前郡列簿一百一十二斛（捌·4187）

（33）已列言乞傅前解　诣司盐曹（捌·4193）

（34）核事掾赵谭这贵言辄考实大男许迪坐割用所典盐贾米一百一十二斛六斗八升……（捌·4196）

（35）临湘言部核事掾赵谭考实吏许迪坐割盗所典盐米一百（捌·4199）

（36）辞以黄龙三年正月廿日受曹遣于湰口受官盐一千四百卅（捌·4201）

（37）吏许迪以嘉禾二年中卖余盐四百廿六斛一斗九升八合四勺其（捌·4214）

（38）案迪仓吏典卖官盐当九量诡□令……（捌·4217）

（39）相应余盐四百廿六斛一斗九升八合四勺其四斛五斗七升为七（捌·4220）

（40）前部谭考实迪割盗盐米一百一十二斛六斗八升饮食不列见具服（捌·4223）

（41）□被曹敕考核大男许迪坐割□盗用所典盐贾米一百一十二斛六斗八升……（捌·4238）

（42）卅一斛六斗九升二年中入□百五十四斛九斗五升三年中入已正卖盐日有售米（捌·4252）

（43）……嘉禾六年四月廿日金曹掾□□□□□都盐食□□
　　　□盐贾□米一百一十二斛六斗八升军法草（捌·4267）

（44）直钱十六万九千廿考实具服案还盐□迪应斩没入（捌·4292）

（45）□□录事掾番琬……迪官盐以嘉禾二年……所领盐（捌·4298）

（46）合三年别卖迪前列盐贾米二千四百卅九斛一升……（捌·4305）

（47）……嘉禾四年十一月十七日兼金曹□李珠白言郡吏许迪割盗
　　　盐米一百一十二斛六斗八升结正罪法（捌·4307）

（48）录事掾番琬实核迪辞前后所卖官盐合得米二千五（捌·4318）

（49）卖盐吏许迪辞以嘉禾□年中卖盐（捌·4319）

（50）□卖官盐得米二千五百卅斛（捌·4541）

(51) □盐贾米二千一百五十□斛（捌·4576）

(52) 所雇盐贾米揄量付迪迪出米付□□□□□迪恐出米有折咸□□（捌·4636）

(53) 卖官盐得钱米二千（捌·4723）

(54) □所备□□□税盐贾米付吏区□（捌·5356）

(55) 入□□典盐掾……（捌·6028）

当事人许迪的身份，在案件审理中发生数次变化，或为吏或为大男，计有：库吏许迪（1）、下隽大男许迪（2）、吏许迪（7）、湷口典盐掾许迪（10）、湷口典盐掾许迪（11）、郡吏许迪（13）、湷口典盐吏（15）、仓吏典卖官盐（24）。造成这种分歧的原因，一方面可能是基于司法环节调取的文书而作，另一方面可能是存在一定兼任的情况。就兼任而言，典盐掾和仓吏最有可能性。掾和吏在文书书写中常有互换，"□□月□日兼中部督邮书掾晃湷口典盐掾许迪"（捌·4064）和"尚书前言长沙郡所领嘉禾二年官盐簿湷口典盐吏许迪卖盐"（捌·4082）即说明了这一点。同时，掾的工作在秦汉多是临时委派，仓吏或是他的本职；从西汉中后期开始，由于基层吏员不足，出现卒史如曹的情况；到东汉三国，大量出现给吏，曹史存在充当掾的情况。[①] 从（38）"案迪仓吏典卖官盐当九量诡□令……"（捌·4217）的记载看，则许迪是以"仓吏"的身份"典卖官盐"，成为"典盐掾"的。

根据前引简文，可以判断许迪的工作是从湷口仓领取官盐，然后募卖，获得钱米杂物，再将其纳入仓库中。首先，（31）（50）和（53）都提到"卖官盐"，这就明确了当时产盐的官营性质。其次，许迪领取官盐的地方是湷口[②]，发出命令的机构可能是司盐曹。"十一月十三日许迪后辞以黄龙三年正月廿日受曹遣于湷口受官盐一千七百"（捌·4036），这是许迪的供词，提到他曾于黄龙三年（231）接受某曹的派遣，到湷口受官盐；而"已列言乞傅前解　诣司盐曹"（捌·4193）则提示该曹或许是司盐曹。当然，也存在从其他官署或长官处接受指令募卖官盐的情况，前举"言大守丞掾前遣士谢糦偿卖官盐得米二百余斛在临湘（肆·3564）"，即以"大守丞掾"替代了"司盐曹"。

募卖的地点可以是受盐的当地，也可以另选其他地方。"二月廿六日下隽大男许迪辞以嘉禾二年于湷口卖余盐四百廿"（捌·3497）说明许迪在受盐的当地湷口卖出余盐；"司马运盐米谷杂物当明检迪船师作子敢有草窃别占"（捌·4120）透露出还存在运输盐等物品去往另一个地方交易的可能性。同时，"言大守丞掾前遣士谢糦偿卖官盐得米二百余斛在临湘"（肆·3564）则显示临湘也可以进行卖官盐

[①] 蔡万进：《卒史署曹制度》，见《尹湾汉墓简牍论考》，台湾古籍出版有限公司2002年版，第77—82页；廖伯源：《汉代郡县属吏制度补考》，见《简牍与制度——尹湾汉墓简牍官文书考证》，广西师范大学出版社2005年版，第54—55页。

[②] 杨芬推测湷口是陆水与长沙交汇之处，参见杨芬：《说长沙走马楼三国吴简中的"湷口"》，见《简帛》第13辑，上海古籍出版社2016年版，第205—212页。

的活动，浛口不是唯一受盐和交易的地点。

根据以往的研究，受盐和纳米的过程是典盐吏先从官府领取一定数量的盐，在官府的账面上留下相应的欠额，其后通过出售盐得到米，再把米运到仓中抵扣欠额。纳入仓的名目可以是盐贾米，也可以是盐贾钱。顾名思义，"盐贾米"是贩卖官盐后所得的米；①"盐贾钱"，就是卖盐所得的钱。通过前引资料来看，"盐贾米"较为常见。"☑□□盐贾钱九千八百九十准入米五斛三斗Ⅲ嘉禾五年十二月十七日掾蔡忠关壁阁马统付仓吏郭勋马钦"（柒·2930）则出现了"盐贾钱"，"盐贾钱"以"准入米"的方式交纳入仓，"钱准入米"这种形式常见于《嘉禾吏民田家莂》。② 将二者联系起来看，可知当时孙吴政权更为重视控制作为实物物资的米，这与西汉时钱被大量使用、朝廷通过钱的调配实现物资流通的情况极为不同。

---

① 盐贾米的解释有比较一致意见，相关看法参考［日］谷口建速：《長沙走馬樓吳簡の研究：倉庫関連簿よりみる孫吳政権の地方財政》，日本早稻田大学出版部2016年版，第241－244页。
② 苏俊林据《嘉禾吏民田家莂数值一览（Ⅱ）》中米折算率表推算，嘉禾四年田家莂中钱米折算率多为1600，嘉禾五年田家莂中钱米折算率多在1100～1330之间。而本简（柒·2930）的钱米折算率（钱/斛米）约为1866。那么，典盐吏在钱准入米的时候，实际的折算率较高，可以从中获利。参见苏俊林：《走馬楼吳簡から見た孫吳の塩政》，见［日］伊藤敏雄、［日］关尾史郎编：《後漢·魏晋簡牘の世界》，日本汲古书院2020年版，第105页。

第二章 宋代两广盐业的生产、行销与制度调适

南汉时期两广盐业的情况，因史料匮乏，所知不多。吴树国指出，南汉没有榷盐之禁。他引《宋会要辑稿》所载："（开宝）四年（971）四月，广南转运使王明言，本道无盐禁，许商人贩鬻，兼广州盐价甚贱，虑私贩至荆湖诸州侵夺课利，望行条约。"① 南汉降宋，事在开宝四年二月，② 因此，王明所言恰恰是南汉时期盐榷政策的反映。由此可知，南汉时期并未建立严格的食盐控制。

至于南汉时期的食盐生产场所，从文献中所知不多。《太平寰宇记》载，石康县是由南汉的常乐州及其所辖博电、零绿、盐场三县归并而来。③ 既然以"盐场"为名，可知合浦一带的食盐生产在南汉时已具有一定规模。

此外，南汉虽无榷盐之禁，但盐税在南汉的财政收入中仍占一席之地，甚至不排除南汉通过借助南岭通道，往马楚（五代十国的后期则是南唐）所辖湖南地区销售食盐获得财富的可能。1997年于印尼爪哇海西北水域发现的"印坦沉船"的船舱内，有数千件瓷器以及非陶瓷器文物。其中有94个铸有"桂阳监""盐税上色银""盐务上色银"字样的银铤，以及137枚南汉纪年的"乾亨重宝"铅钱。全洪、李颖明认为，这一沉船所出水的银铤实为南汉桂阳监所造，时间在公元951—964年间，其被转到南汉盐务或盐税官员处检验重量，并不能视为马楚政权为得到所需盐而支付南汉的银两。南汉以桂阳监所制银铤购买海外商货，因此银铤才会在印尼沉船中被发现。④ 不过，全洪否定该银铤为马楚政权为购买食盐而支付给南汉，其主要根据是随船出水的南汉铅钱，以及南汉后期有在今日湖南郴州一带设置桂阳监的历史。但南汉铅钱只能证明印坦沉船确实载有与南汉交易所获得的银钱，即使这些银铤确实是由南汉所设桂阳监为上供盐税而铸造的，也不能排除桂阳监的这笔盐税收入来源于广东经桂阳监销盐往湖南的可能性。

继南汉之后，宋元则是两广盐业的发展时期。尤其是随着南宋朝廷的南迁，由于广盐的税收对于朝廷和两广地方财政都极为重要，盐业得到大规模的发展。东莞、香

---

① 吴树国：《赋役制度与十国经济》，东北师范大学2002年硕士学位论文，第31页。
② 《宋史》卷二《太祖本纪二》，中华书局1977年版，第32页。
③ 〔宋〕乐史：《太平寰宇记》卷一六九《岭南道十三》，中华书局2007年版，第3231页。
④ 全洪、李颖明：《印坦沉船出水银铤为南汉桂阳监制造》，见陈建明主编：《湖南省博物馆馆刊》第11辑，岳麓书社2015年版，第421-426页。

山等地逐渐成为宋朝整个广东的食盐生产中心。南宋年间，环北部湾的钦、廉、雷等地盐场的产量逐步增加，由此形成了珠江三角洲东、西两侧与环北部湾两大产盐中心，从而基本奠定了广盐在宋代以后的生产、运输与销售的系统与范围。

第一节 以珠江三角洲为中心的盐业生产体制

宋代两广的盐业管理机构设置，经历了一个长期的变化过程。今广东地区的盐务管理机构比较稳定，设有广南东路茶盐司，而今广西地区的茶盐司则屡有兴废。盐业的生产机构主要是由州县管理的盐场、盐栅，其下则以灶为煎盐单位。从事盐业生产的盐户，则被称为亭户或灶户，其人丁则成为盐丁。通览两宋时期历史，两广的盐业生产以珠江三角洲为中心，形成了"茶盐司—州县—盐场—灶户"四级盐业生产体制。

一、宋代两广盐政管理机构

北宋初年，今日的广东省、广西壮族自治区、海南省及香港、澳门特别行政区所在区域同属广南路。到宋太宗至道三年（997）时，宋朝分广南路为东、西两路。大致上以梧州为界，梧州以西诸州属西路，梧州以东诸州属东路。就今天广东省的辖区而言，今天的茂名市、湛江市区域属宋代广南西路，其余各市属广南东路。由于广南东、西两路的盐业生产、运销有十分密切的关系，讨论宋代广东盐业的历史，需要把两广地区放在一起进行讨论。整体而言，由于国家与地方财政的需要，两宋数百年间，两广盐业的主管机构与生产体系及产量都有较大的发展和变化。

两广地区的盐业主管机构是广南东路、广南西路两个茶盐司。其中，东路茶盐司的设置在两宋时一直比较稳定，而西路的茶盐司则屡有兴废。一直到南宋初年的绍兴元年（1131）十二月，朝廷下令重新设置西路茶盐司，① 随后又于绍兴四年（1134）四月罢设。② 西路的盐务改隶西路的转运司主管，后改为提刑司兼管，后又于孝宗乾道四年（1168）改归转运司兼管。③ 此外，朝廷还曾经考虑过把东路与西路的盐务都从茶盐司中独立出来，设置一个涵盖两广盐区的盐事司。梁庚尧列举了几次两广盐务机构合并的情况，如乾道元年（1165）至四年将西路盐司并入东路，乾道六年（1170）时似曾由西路运判与东路提举茶盐司共管，淳熙十年（1183）两路提举盐事官共同措置盐务。到了淳熙十二年（1185）更是一度将两路盐务合并为一个盐事司。④ 这一次合并在《宋会要辑稿》中有较为详细的记载，可以从中看到两广地区盐务主管部门的变迁。淳熙十二年六月二十三日，朝廷下诏命吏部、户部长官条陈东路

---

① 《宋史》卷一八三《食货志下五》，中华书局1977年版，第4467页。
② 《宋史》卷二七《高宗本纪四》，中华书局1977年版，第510页。
③ 梁庚尧：《南宋盐榷：食盐产销与政府控制》，台湾大学出版中心2010年版，第317页。
④ 梁庚尧：《南宋盐榷：食盐产销与政府控制》，台湾大学出版中心2010年版，第318页。

与西路的盐务合并为一司的改革管理方案。吏部尚书萧燧等综合了西路安抚使詹仪之等的建议，上报了方案，其一是罢除东路提举司，改设提举广南路盐事司。该司设于西路境内邻近广东的梧州，专管两路卖盐事，其地位在两路转运判官之下。至于常平、茶事等，西路的则依旧由提刑兼管，东路的则由转运司兼管。原东路的一员盐事司干办公事、西路的一员盐事司主管官，都改为广南路提举盐事司干办公事。此外，考虑到检察不及的可能性，因此请求添置准备差遣一员。但这一次合并延续时间十分短暂，第二年三月，朝廷又任命容州知州谭惟寅担任提举广西路盐事。此举表明朝廷又恢复了广南西路独立管理该路盐务的权力。①

两广盐业的生产管理，则由州县管理的盐场、盐栅负责。整体而言，宋代两广盐的场设置有逐渐增加的趋势。如《元丰九域志》记载了北宋元丰年间两广的盐场、盐栅分布情况，由相关记载来看，广南东路有12场、3栅、3务，而广南西路则只在琼州有2场。② 此后在此基础上略有增减与变迁。总体而言，据梁庚尧统计，广南东路的场、栅有十七八处，③ 而广南西路的盐场数量要少得多，见于史籍记载的只有4处。④ 将成书于北宋元丰年间的《元丰九域志》与《宋会要辑稿》所载南宋绍兴三十二年（1162）两广盐场设置列表做对比（见表2-1），可以比较直观地看到宋代两广盐场设置情况的变迁过程。

表2-1　宋代广南东路、广南西路盐场统计

路份	州份	县份	《元丰九域志》	《宋会要辑稿》
广南东路	广州	东莞县	靖康场	靖康场
			大宁场	大宁场
			东莞场	东莞场
			海南栅	海南场
			黄田栅	广田场
			归德栅	归德场
			—	叠福场
		新会县	海晏场	海晏场
			博劳场	博劳场
			怀宁场	怀宁场
			都斛场	都斛场
			矬峒场	矬峒场
			金斗场	金斗场⑤

① 《宋会要辑稿·职官四三·提举茶盐司》，上海古籍出版社2014年版，第4132－4134页。
② 〔宋〕王存：《元丰九域志》卷九《广南路》，中华书局1984年版，第408－409、411、419、437页。
③ 梁庚尧：《南宋盐榷：食盐产销与政府控制》，台湾大学出版中心2010年版，第307页。
④ 梁庚尧：《南宋盐榷：食盐产销与政府控制》，台湾大学出版中心2010年版，第313页。
⑤ 南宋时属香山县。

续表

路份	州份	县份	《元丰九域志》	《宋会要辑稿》
广南东路	潮州	海阳县	净口务	小江场
			松口务	招收场
			三河口务	隆井场
	惠州	归善县	淡水场	淡水场
		海丰县	古龙场	古隆场
			石桥场	石桥场
	南恩州	—	—	双恩场
			—	咸水场
广南西路	琼州	琼山县	感恩场	感恩场
			英田场	英田场
	廉州	—	—	白石场
	高州	—	—	博茂场
		—	—	那陇场
	钦州	—	—	白皮场
	化州	—	—	茂晖场
		—	—	零绿场
	雷州	—	—	蚕村场

由表2-1可知，北宋时期，两广盐场已集中在位于广南东路的珠江三角洲东、西两侧。而到了南宋时期，位于广南西路的高、廉、钦、化、雷等州增置了不少盐场，使得南宋时期两广地区形成了珠江三角洲与环北部湾两大产盐中心。大体而言，广南东路的盐场、盐栅较广南西路为多，而广南东路的盐场、盐栅又以广州为集中地。南宋广南东路的沿海盐场、盐栅多沿袭自北宋而略有变迁。

二、宋代两广盐场的变迁

盐场是宋代食盐生产的主要场所。《宋史·食货志》对宋代食盐的生产有一段总述：

> 盐之类有二：引池而成者，曰颗盐，《周官》所谓盬盐也；鬻海、鬻井、鬻碱而成者，曰末盐，《周官》所谓散盐也。宋自削平诸国，天下盐利皆归县官。官鬻、通商，随州郡所宜，然亦变革不常，而尤重私贩之禁。

根据《宋史》① 及相关资料的记载可知，北宋时，食盐生产分为两大类：一类是颗粒状的，叫作颗盐，主要行盐区为河东路；另一类是粉末状的，叫作末盐，这类盐

---

① 《宋史》卷一八一《食货志下三》，中华书局1987年版，第4413页。

通过煎熬而来，又分为海盐、井盐、碱盐三种。其中，海盐行盐区包括河北东、西路，京东东、西路，淮南东、西路，荆湖南、北路，两浙路，福建路，广南东、西路，一共 12 路；碱盐则指煮碱土为盐者，其行盐区包括京西南路及北路、京畿路、永兴军路、秦凤路 5 路，井盐则分布于成都府路、利州路、梓州路、夔州路 4 路。①

大体而言，宋代海盐的行盐区最为广泛，占北宋 22 路的半数以上。到了南宋，由于北方陷入金国之手，南宋所保有的疆土，只有秦岭—淮河以南的半壁江山，除了西南的四川 4 路仍行井盐之外，其余东南地区均为海盐行盐区。以海盐为主的盐课收入在两宋一直占有重要的地位。

宋代的海盐生产技术，分为取卤和煮煎两个步骤。关于取卤的方法，据郭正忠《宋代盐业经济史》的研究，大致可以分为三大类：其一是刮咸淋卤法（包括晒沙淋卤法），其二是晒灰取卤法，其三是海潮积卤法。第一种方法主要盛行于淮河南北、浙西以及福建，第二种方法则流行于浙东，第三种方法则在两广有所推行。② 至于煮煎之法，则须铸造盐盘进行煎煮。盐盘以铁锅为主，而广南、福建等地则有以竹盘为煎锅，将牡蛎壳等烧灰涂抹。③ 至于明清时期的海盐主要生产技术"晒盐法"在宋代尚未得到推广。

虽说从理论上讲，凡是沿海之地，都能从海水之中提取食盐出来，但由于地理环境、海水咸度、制盐技术、国家政策导向等多种因素的影响，真正能够成规模进行食盐生产的沿海区域还是少数。而这些成规模生产食盐的地方，政府也要综合考虑各项利弊，才能决定是否设置官府管辖的盐场或盐栅。这是因为盐场、盐栅不仅是海盐的生产组织，还是政府主导的管理海盐生产的机构。宋代两广盐场的变迁情况，根据现有史籍可做较为简单的分析。

李焘《续资治通鉴长编》中对宋朝的盐业情况有比较全面的概括，其似乎是综合了北宋各时期的资料记载，因此是了解北宋年间两广盐业情况的重要参考。该书记载，产盐之区："广南曰广、潮、惠、廉、化、琼、崖、儋、万安九州。"④ 其后还有小注："《三朝志》潮州废于雍熙四年，《两朝志》仍有之；《两朝志》有化州，《三朝志》无之；《三朝志》又有高、窦、春、雷、融五州，《两朝志》乃无之。"⑤ 据王欣夫指出，宋朝一共四次修国史，《三朝志》记载的是北宋初期的太祖、太宗、真宗三朝，《两朝志》记载的是北宋中期的仁宗、英宗两朝，《四朝志》所记载的则为北宋后期的神宗、哲宗、徽宗、钦宗四朝，《中兴志》记载的是南宋前期的高宗、孝

---

① 综合《宋史》卷一八一《食货下三》至卷一八三《食货志下五》，中华书局 1977 年版，第 4403—4488 页。

② 郭正忠：《宋代盐业经济史》，人民出版社 1990 年版，第 4—12 页。

③ 郭正忠：《宋代盐业经济史》，人民出版社 1990 年版，第 19—20 页。

④ 〔宋〕李焘：《续资治通鉴长编》卷九七"天禧五年岁末"，中华书局 1985 年版，第 2261 页。

⑤ 〔宋〕李焘：《续资治通鉴长编》卷九七"天禧五年岁末"，中华书局 1985 年版，第 2261 页。

宗、光宗、宁宗四朝。① 综上可见，《三朝志》中提到的窦（于熙宁四年废，改为高州信宜县）、春（于熙宁六年废，改为南恩州阳春县）、融三州，都在内陆地带，并无海盐生产。不过，《宋史》《文献通考》均记载："高、窦、春、雷、融、琼、崖、儋、万安州各鬻以给本州，无定额。"② 戴裔煊把这一段记载解读为以上州县都是"各产盐自给本州"③。不过，目前没有更多的资料表明这几个内陆州县产盐的方式。而且，窦、春、融等内陆州县，很可能还是以食海盐为主，如周去非《岭外代答》描述南宋时两广的请盐之州中就有融州。④ 整体而言，以上记载并未说明广东各地食盐产量的多少。

《宋史·食货志》则对北宋两广食盐生产的情况有较为综合的记载：

> 广州东莞、静康等十三场，岁鬻二万四千余石，以给本路及西路之昭、桂州，江南之南安军。廉州白石、石康二场，岁鬻三万石，以给本州及容、白、钦、化、蒙、龚、藤、象、宜、柳、邕、浔、贵、宾、梧、横、南仪、郁林州。又高、窦、春、雷、融、琼、崖、儋、万安州各鬻以给本州，无定额。天圣以后，东、西海场十三皆领于广州，岁鬻五十一万三千六百八十六石，以给东、西二路。而琼、崖诸州，其地荒阻，卖盐不售，类抑配衙前。前后官此者，或擅增盐数，煎盐户力不给，有破产者。元丰三年，朱初平奏蠲盐之不售者，又约所卖数定为煎额，以惠远民。久之，广西漕司奏民户逋盐税，其县令监官虽已代，并住奉敕催，须足乃罢。而广东漕臣复奏岭外依六路法，以逐州管干官为盐官，提点刑狱兼提举盐事，考较赏罚如之。琼、崖等州复请赋盐于民，斤重视其户等，而民滋困矣。⑤

以上文字的史源不详，但关于高、窦诸州"各鬻以给本州"之说，显然来自《续资治通鉴长编》。整体而言，北宋时期，广东产盐区域主要集中在珠江三角洲东部地区。

南宋以后，两广盐场的设置有进一步增加的趋势。南宋两广新增的盐场主要分布于粤西南地区以及环北部湾地区。如南恩州，北宋年间并未置场。一直到了南宋初年的绍兴元年（1131）三月十五日，工部尚书上言："提举广南路茶盐公事司申：检踏委官相视到南恩州阳江县管下海陵朝林乡地名神前等处，各有盐田，咸潮阴浸，堪以置场。"由此可见，绍兴元年之前，阳江县下的海陵朝林乡就分布了一些盐田，但并没有置场，直到绍兴元年，由于食盐产量的增加，才由广南路茶盐司申请置场。其置

---

① 王欣夫：《文献学讲义》，上海古籍出版社2014年版，第43页。
② 《宋史》卷一八三《食货志下五》，中华书局1987年版，第4466页；〔元〕马端临：《文献通考》卷十五《征榷考二》，中华书局1999年版，第155页。
③ 戴裔煊：《宋代钞盐制度研究》，中华书局1981年版，第27页。
④ 〔宋〕周去非著，杨武泉校注：《岭外代答校注》卷五《财计门·广右漕计》，中华书局2006年版，第179页。
⑤ 《宋史》卷一八三《食货志下五》，中华书局1977年版，第4466—4467页。

场情况，据茶盐司报告："劝诱到民户开垦盐田计一顷二十四亩，置灶六十七眼，一年收盐纽计七十万八千四百斤，盖造到监官廨宇、专司司房、盐敖钱库各得圆备，户部计一年收净利钱一万九千二百五十贯七百七十文足。"工部查勘之后，认为这一方案可以实施，因此才在南恩州设置了盐场，大概就是《宋会要辑稿》里面出现的双恩场及咸水场。① 由上可见，盐场的设置，除了盐田之外，还需要专门生产海盐的民户、煎熬食盐所需的盐灶，还要有给场官办公用的官署、收贮盐钱的库房，等等。

至于广南西路，《续资治通鉴长编》中就已把"廉、化、琼、崖、儋、万安"六州划为产盐之州，但在《元丰九域志》中，广南西路除了琼州之外，都没有记载该州设有专门的盐场或盐栅。而前文所引《宋史》中则暗含了早在仁宗天圣年间（1023—1032）以前，广南西路廉州就有石康、白石二场了，但《元丰九域志》中没有记载，而且从上下文来看，廉州条目并无缺失。② 或许是从《宋史》记载的天圣年间到《元丰九域志》所反映的元丰八年（1085）这五六十年间，一度达到产盐量峰值的廉州的两大盐场因故被废除了。其原因可能是这一地区的产盐效率不高而运输成本较高，以及销盐市场的规模较小等多方面因素的影响。例如元丰三年（1080）十二月初二日，朝廷就留意到琼州、朱崖等处官盐很难卖出去的问题，只能下令免除负责官员"陪买"的责任。此外，海南的州军向产盐民户买盐，还存在"擅增其数"甚至不给盐本钱的现象，使得盐户往往破产逃窜，所以下令厘定向每丁收取盐斤的额数。③ 由此推测，北宋后期，两广官方管理经营的食盐产地主要分布在广南东路的珠江三角洲及粤东地区。

而到了南宋时期，随着宋室南渡，南方的开发进程加快，一度被废置的广南西路诸盐场也在这一背景下逐渐恢复，甚至创建了新盐场，其规模也较北宋前期更大。这与广南西路盐的销路因为湖南南部市场的开辟而扩展有很大的关系，后文将做进一步的阐述。仅《宋会要辑稿》所记录的，除了原有的琼州感恩场、英田场之外，廉州白石场，高州博茂场、那陇场，钦州白皮场，化州茂晖场、零绿场，雷州蚕村场等相继出现，由此呈现出广南西路所属盐场数量的高速增长。

在盐场之下，基层的食盐生产，则以"灶"为煎盐单位。从事盐业生产的盐户，则被称为亭户或灶户，其人丁则成为盐丁。正如《宋史》所称：

> 鬻海为盐，曰京东、河北、两浙、淮南、福建、广南，凡六路。其鬻盐之地曰亭场，民曰亭户，或谓之灶户。户有盐丁，岁课入官，受钱或折租赋，皆无常数，两浙又役军士定课鬻焉。诸路盐场废置，皆视其利之厚薄，价之赢缩，亦未尝有一定之制。末盐之直，斤自四十七至八钱，有二十一等。至道三年，鬻钱总一百六十三万三千余贯。④

---

① 《宋会要辑稿·食货二六·盐法五》，上海古籍出版社2014年版，第6557页。
② 〔宋〕王存：《元丰九域志》卷九《广南路》，中华书局1984年版，第436-437页。
③ 《宋会要辑稿·食货二四·盐法三》，上海古籍出版社2014年版，第6521页。
④ 《宋史》卷一八一《食货下三》，中华书局1977年版，第4426-4427页。

但是这并不一定意味着宋代两广沿海所有盐业生产者都是政府严格控制下的灶户。郭正忠认为，宋代福建、两广盐场仍然保留盐民自己煎熬的制度，他提到南宋初年广南西路盐官还会去"招置"盐户来为官府产盐，表明这些盐户有煎盐技术，而他们此前并不属于官府控制下的灶户。①

第二节 漕计在盐而已：宋代广盐产运销的变迁

盐课作为宋代两广地区最重要的大宗财政收入，一直是地方政府关注的焦点。北宋时期的广盐运销及财政分配情况，由于史料所限，难以深究。到了南宋之后，盐课在两广财政上的地位更加重要了。以广南西路为例，周去非在《岭外代答》中就强调"今日广右漕计，在盐而已"。他算了一笔账，广南西路转运司每年可以通过卖盐得钱 65.56 万缗，但每年开支则达到 73.2 万缗，缺口也是由前文提到的"存留盐本钱"来填补。② 不过，由于广南东路、广南西路在产盐区域、运销区域、运输路线上有无法分割的关联，制度稍有调整，都会影响两路各自的财政收入。自南宋开始，朝廷在两广地区推行钞盐法，以加强对两广食盐销售收入的控制。在食盐的运销较为方便、财力较为丰厚的广南东路，钞盐法的推行较为顺利；而受制颇多的广南西路，则一直在官卖与钞盐法之间不断调整。由于朝廷与地方政府在相关财政收入上的博弈，广盐的运销方式屡有变更。

一、宋代两广的盐场产量

根据前引《宋史》的记载，北宋初期两广生产食盐的规模并没有清晰的记载，只是知道广州所领十三场，每年约有 2.4 万石食盐运往广南东路诸州及广南西路的昭、桂二州。此外，廉州还有每年 3 万石食盐销往广南西路诸州。但以上数据都不包括沿海产盐诸州的产量，所以，总数应该是远高于销往内陆诸州的 5.4 万石。而仁宗天圣年间，两广食盐官额生产总额则达到 51.36 万石。

梁庚尧指出，南宋初年，广西食盐的买纳额要比北宋晚期减少很多。他根据绍兴二年（1132）就任湖南安抚使的李纲的上言进行统计，认为当时广西盐额不到 525 万斤，亦即大约 10 万石而已，而元额则高达 2100 万斤，相当于 42 万石，如今"煎造不及四分之一"。③ 李纲所提到的"元额"，可能是神宗变法之后的盐额。但这与《元丰九域志》中广南西路的盐场大量消失的观感不一致。其中的原因，限于史料，我们仍然不得而知。

---

① 郭正忠：《宋代盐业经济史》，人民出版社 1990 年版，第 128—129 页。
② 〔宋〕周去非著，杨武泉校注：《岭外代答校注》卷五《财计门·广右漕计》，中华书局 2006 年版，第 179—180 页。
③ 梁庚尧：《南宋盐榷：食盐产销与政府控制》，台湾大学出版中心 2010 年版，第 327 页。

到了南宋,相关的记载更加详尽,如《宋会要辑稿》记载了绍兴三十二年(1162)两广地区每个盐场额定的食盐产量,虽然这并不能完全对应相关盐场的真实产量,但可以作为参考,兹列表如下(见表2-2)。

表2-2 南宋绍兴三十二年广南东路、广南西路盐场盐额一览①

路份	所在州	盐场	盐额(万石)
广南东路	潮州	小江	2.7
		招收	1.8
		隆井	2.2
	广州	靖康、大宁、海南	3.4
		东莞	3.1
		香山、金斗	1.2
		广田	0.7
		归德	2.5
		叠福	1.2
		都斛	1
		矬峒	0.9
		海晏、怀宁	1.9
	惠州	石桥	6
		淡水	2
		古隆	0.7
	南恩州	双恩	0.7
		咸水	1
广南西路	廉州	白石	10
	高州	博茂	0.6
		那陇	0.2
	钦州	白皮	0.3
	化州	茂晖	7.7
		零绿	0.5
	雷州	蚕村	4
总计			56.3

由表2-2可知,绍兴三十二年(1162)时,两广额定产盐总数达到了56.3万石,相当于2815万斤。其中,广南东路盐场生产了33万石,相当于1650万斤,广南西路盐场生产了23.3万石,相当于1165万斤。两者之和超越了北宋天圣年间的水

---

① 《宋会要辑稿·食货二三·盐法二》,上海古籍出版社2014年版,第6496页。

平。梁庚尧认为这是整个南宋时期两广买纳盐额的高峰。到了孝宗淳熙初年之后，广西买纳盐额开始有所下降，绍熙之后则一减再减，这也导致了两广总盐额的下降。①

根据以上统计，绍兴三十二年时，属于广南东路的珠江三角洲地区的食盐产量达到了 16 万石，占两广地区食盐生产定额的 28.4%；粤东地区的潮州、惠州两处相加，占 27.3%；粤西地区的南恩州占 3%。而广南西路的高州、化州、雷州与位于北部湾的钦州、廉州等地相加，则占 41.3%。由此可见，珠江三角洲地区在南宋时期的食盐产量是两广地区最高的。这一方面与南宋对广州的控制力度有关；另一方面，从地理环境上说，这里因为珠江入海口的东西两岸靠近广州，可以通过珠江与广阔的两广内陆联通，而且当时珠江入海口尚未形成大片陆地，其入海口两岸的海水含盐度较高，能达到熬制食盐的要求。结合《宋会要辑稿》上述记载，可以大致了解南宋时期两广地区各盐场产量规模的地理分布。其中，粤东、粤西以及北部湾各自分布有一个产盐 5 万石以上的大盐场，而珠江三角洲的盐场产量大部分在 1 万～3 万石而已。但是论盐场设置的密集程度，仍然以珠江出海口东西两岸最为集中，广州仍然是南宋时期食盐生产定额最多的地区。

《宋会要辑稿》记载了绍兴三十二年南宋各路户口数字，其中广南东路户 513711，口 784074；广南西路户 488655，口 1341572。② 经计算可知，广南东路户均 1.53 口人，广南西路户均 2.75 口人，以一般的四口之家的常识来审视，这些户口数字，可能是一些纳税相关的统计，无关真实人口，不可取信。但在史籍中没有更确切的数字对南宋两广地区人口进行统计的情况下，我们姑且把两路的户数乘以 4 来推测绍兴三十二年两广地区官府所能控制的编户人口数量（还有相当多没有编户的羁縻州峒、瑶峒、黎峒等区域不在统计之列），大约为 400 万。以绍兴三十二年两广的盐额来计算，每年官方额收海盐为 56.3 万石，若以 1 石为 50 斤的比率③来折算，每年盐额为 2815 万斤，除周去非提到的绍兴中期之后广盐销往湖湘的 5 万箩（合 500 万斤）盐，以及用于广南西路邕州横山寨的每年 20 万斤食盐外（此外还有通过博易场进入瑶峒、黎峒、羁縻州峒的食盐数额无法确知，所以不作考虑），④ 相当于两广地区每人每年平均食盐拥有量大约只有 5.7 斤。这一数额其实并不算多，但是还要考虑到沿海诸州还有大量供本地食用但没有列入官方盐额的食盐，还有不可避免地出现的大量私盐，以及平民百姓由于盐价过高而不得不"淡食"的因素，两广的官方食盐产量仍然是供过于求的。

以广南东路的情况为例，早在北宋初期宋太宗雍熙四年（987）正月二十五日，潮州官府派人向朝廷上言："有盐六十四万余石，岁又纳三万三千石，所支不过数百

---

① 梁庚尧：《南宋盐榷：食盐产销与政府控制》，台湾大学出版中心 2010 年版，第 330 页。
② 《宋会要辑稿·食货六九·户口》，上海古籍出版社 2014 年版，第 8086 页。
③ 梁庚尧：《南宋盐榷：食盐产销与政府控制》，台湾大学出版中心 2010 年版，第 329 页。
④ 绍兴中期之后横山寨市马所用食盐数额的考证，参见任建敏：《南宋广西市马的货物流动与长程贸易》，见《"中央研究院"历史语言研究所集刊》第 87 本第 3 分册，2016 年版，第 580 页。

石，徒劳修仓盖覆，仅同无用之物。"整个潮州一年支盐不过数百石，可见当地大量人口是没有食用官盐的。结果宋太宗顺便要求广南路汇报一下存盐情况，地方上报："广南诸州凡有积盐二百三十余万石，约三十年支费方尽。又岁纳十万石。"可见当时两广产盐量远远超过了需求量，严重滞销。所以，广南路请求"其广州等处煎盐，望权罢数年"①。至于广南西路的情况，如绍兴三十年（1160）九月二日，有官员上言，指出"廉州白石场岁额卖盐六百万斤，又雷、化诸州产盐去处，岁岁般运赴白石场贮积，不知其几千万斤"，这些盐"皆系岁额之外，无所发泄"，所以，希望广西经略司与提举司能够筹划一下搬运到横山寨以备买马之用。②可见，广盐产量是相当充足的，尤其是南宋以来北部湾沿岸以及高、雷等州所增设的盐场，估计供远大于求。

至于宋代两广食盐生产的成本，相对其丰厚的利润而言，可以说是微不足道的。北宋初年，官府对两广地区的食盐收购以相当低的价格进行。郭正忠指出，在广南东路潮州、恩州（今恩平一带）的灶民煮盐，官府以110斤为1石，每石给予200文钱的工本费。这算起来一斤不到2文钱。另外，在《续资治通鉴长编》中，一位监税官的奏状提到"广州濒海煎盐户"的输官盐每斤给盐价6文。到了北宋末年，其价格仍然比淮盐、浙盐低，而与福建收购盐价相近，为每斤7文钱。南宋初期的绍兴三年（1133）提高到每斤12文，随后达到了14文，与两浙正额盐价相同。③但值得注意的是，官府交给亭户的名义上的盐价，并不一定是亭户能获得的最终价值。周去非就提到了这其中"官吏侵刻"的问题：官府原规定广南西路盐户交盐一箩（100斤），官支本钱1800文，相当于每斤18文，数额又比绍兴初年提高了。但实际上被相关官吏侵夺之后，只给到盐户两三百文，相当于每斤两三文钱而已。范成大于乾道八年（1172）出任静江府知府兼广南西路经略安抚使，改革盐法，称实支1000文（实际上能否贯彻不得而知），官府则堂而皇之地截取另外800文"存留盐本钱"。④

二、宋代广盐销量及区域的变化

广南沿海是南宋最南端的海盐产区，早自北宋以来，其所产食盐除营销于广南东路与广南西路外，已以官盐或私盐的方式销往福建、江西与湖南，至南宋依旧有这种情形。广盐在两广财政中有重要的地位。在宋代很长一段时间里，由于生产食盐的盐场主要分布在广南东路，加上具有由广州沿西江逆流而上通达沿江诸州的优越水运条件，广南西路所产食盐是很难与广东盐竞争的。因此，广南西路当局往往要与广南东路争夺广盐在广南西路境内，以及由广西销往湖南一带食盐的主导权。

---

① 《宋会要辑稿·食货二三·盐法二》，上海古籍出版社2014年版，第6499页。
② 《宋会要辑稿·食货二七·盐法六》，上海古籍出版社2014年版，第6583页。
③ 郭正忠：《宋代盐业经济史》，人民出版社1990年版，第129、228-229页。
④ 〔宋〕周去非著，杨武泉校注：《岭外代答校注》卷五《财计门·广西盐法》，中华书局2006年版，第184页。

宋代广盐的基本销售区，是广南东路、西路所统辖的诸州县。其盐利所得占官府财政收入的比例相当大，对宋朝对两广地区的控制有非常重要的作用。郭正忠在《宋代盐业经济史》中根据《宋会要辑稿》中北宋熙宁十年（1077）的官卖盐课记载对其进行了列表统计，对我们了解北宋年间两广食盐销售情况很有帮助。现根据该表稍做修改摘录，如表2-3所示。

表2-3 熙宁十年广南东路、西路诸州盐额①

东路诸州	盐额（贯）	西路诸州、军	盐额（贯）
广州	67000	邕州	6835
韶州	103290	融州	8039
循州	29504	梧州	8375
潮州	22797	龚州	5158
连州	50756	浔州	6036
贺州	71062	贵州	3134
封州	6058	宜州	14801
端州	10940	宾州	6786
新州	5552	横州	2383
康州	8244	高州	7441
南恩州	4604	雷州	3929
南雄州	72655	白州	2832
英州	30145	钦州	1760
惠州	20707	郁林州	4100
—	—	廉州	1390
—	—	琼州	9347
—	—	昌化军	1170
—	—	万安军	424
总计	503320	总计	93949

不过，如果对照北宋广南东、西路的政区数字，可以看出表2-3并非两广州县的总额，广南东路的州县数字相对完整，然而，广南西路的桂州、柳州、昭州、容州、象州、藤州、化州、朱崖军等均无盐额记录。而桂州、昭州是当时广南西路人口最多、经济最发达的地区，这一缺失显然导致了广南西路的盐额数量明显偏小。如果加上以上没有盐额记录的诸州盐额，应该会比表2-3所示盐额要多很多，但是大概不会超过20万贯。

即便如此，我们仍然可以在这些数字的基础上做进一步分析。由于广南东路诸州

---

① 郭正忠：《宋代盐业经济史》，人民出版社1990年版，第668页。

盐额相对完整，因此根据上表数字，可以制作一个更为直观的饼状图，从而大致了解当时广南东路诸州盐额的比例份额（见图2-1）。

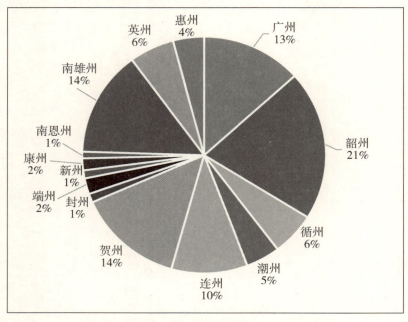

图2-1 熙宁十年广南东路诸州盐课钱比例

从图2-1可以很直观地看到广南东路诸州盐额的比例。其中，盐额销售数量最多的是位于粤北的韶州、南雄州、贺州①，再加上同样位于粤北的英州、连州，整个粤北销售盐额达到了惊人的32.8万贯，占整个广南东路盐额的65%。而作为广南东路主要产盐区之一的位于珠江三角洲的广州只占13%。另一个主要产盐区粤东的潮州、惠州，其份额之和也不过9%，加上循州，整个粤东地区也不过15%。而位于粤西的南恩州、康州、新州、端州、封州，加起来只有区区3.5万贯，只占整个广南东路盐额的7%。北宋年间粤北地区的经济水平要在珠江三角洲之上，这是学界很早之前就认识到的问题。但其盐额要比珠江三角洲高出整整5倍，这就不仅仅是经济水平差异所致了。一个原因是珠江三角洲存在大量盐场，使得当地居民获取食盐更加容易，也更加便宜，广州的食盐销售额自然相应不会太多。另一个原因是粤北处于内陆地区，与荆湖南路、江南西路交界，而湖南、江西两地在宋代都食淮盐，路途遥远，价格高昂，因此广盐经由粤北私入湖南、江西销售必然是十分有利可图的生意。

宋代史料中就留下不少关于广盐销往江西、湖南情况的记载。如《宋史》就提到北宋仁宗年间的情况，称："江、湖运盐既杂恶，官估复高，故百姓利食私盐，而并海民以鱼盐为业，用工省而得利厚。"由此产生了不少贩卖私盐的"盗贼"。如江西的虔州（今赣州）、福建的汀州，"二州民多盗贩广南盐以射"。这些人往来于广南

---

① 贺州在北宋时期原属广南东路管辖，至大观二年（1108）才划归广南西路。

东路产盐之地与贩卖到江西、福建的交通路线上，甚至"所至劫人谷帛，掠人妇女，与巡捕吏卒斗格，至杀伤吏卒"。这一问题长期存在，甚至到了庆历中，广东转运使李敷、王繇干脆直接向朝廷请求运广州盐到南雄州，直接供给江西的虔、吉诸州，还没等朝廷答复，广东就已经把 400 多万斤盐运到了南雄准备向外发卖；而江西转运司则不肯到南雄购买。其后三司户部判官周湛等八人又复请运广盐入虔州，江西也转变态度，请求自备本钱购买广盐。但发运使许元认为不可行，此举最终还是没有实行。嘉祐之后，各种要求处理闽赣粤交界地带行盐问题的方案层出不穷，但朝廷最终还是坚持虔州要食淮盐，并专门由江西组织了一支船队负责到淮南取盐。但即便如此，赣南地区广东私盐交易依然盛行，如熙宁三年（1070），江西提刑张颉就提到："虔州官盐卤湿杂恶，轻不及斤，而价至四十七钱。岭南盗贩入虔，以斤半当一斤，纯白不杂，卖钱二十，以故虔人尽食岭南盐。"到了元丰三年（1080），又有人提出要效仿湖南之法，运广盐到江西销售。朝廷派遣蹇周辅往江西进行调研，蹇周辅的回复是支持广盐入虔，并认为搬运 1000 万斤到江西虔州、南安军售卖是可行的，淮盐所缺之额则由江西其余淮盐行盐州均摊。当时以新党参政的章惇支持广盐入虔，朝廷最后任命蹇周辅"遥领提举江西、广东盐事"①。到了元丰六年（1083），蹇周辅出任户部侍郎，他更在这一基础上上奏认为，湖南的郴州、道州也邻接广南东路的韶州、连州，可以通运广盐数百万，因此请求仿效江西的成功经验，运广盐到郴、全、道三州售卖。随后朝廷也批准了这一计划。② 由此可见，《宋会要辑稿》所载熙宁十年（1077）粤北诸州盐额之所以远超广南东路其余诸州，其根本原因就在于包含了通过粤北销往江西（元丰六年之后还要加上湖南）原淮盐区的食盐份额。

至于广南西路，熙宁十年的盐课数额虽然不完整，但也可以据此稍做探讨。现根据表 2-3 制作广南西路诸州盐额的比例份额图如下（见图 2-2）。

由图 2-2 可见，广南西路盐额在诸州的分配要比广南东路更为分散。盐额较多的有位于桂西北的宜州（16%）、桂北的融州（9%）、桂东南的梧州（9%）以及位于海南岛的琼州（10%）。而位于沿海产盐区的州县盐额大部分都相对较少，如广南西路最重要的产盐地廉州只占大概 1.5%，此外，钦州、雷州、昌化军、万安军等都在 4% 以下，只有高州相对较高，达到 8%。而且，这些州县的盐课钱的金额也远远不及广南东路的州县。就连盐额最大的宜州，其盐额甚至不足元代之后划入广西的贺州的 1/5。由此可见，熙宁十年（1077）广南西路的盐额，大概还是以本路自销为主，以销往桂西的羁縻州峒，以及西南的"诸蛮"地带为辅。如元丰年间朝廷开始加以开辟荆湖南路西部的"诸蛮"地带，以及奏准邻近广西的全州等地行广盐之后，大概都对广西盐的销售增加有影响。如元丰五年（1082），荆湖路相度公事、尚书右司员外郎孙览上奏，谈到荆湖南路沅州一带招抚的"百三十余州峒，自诚州至融州融江口十程，可通广西盐，乞许入钱于诚州买钞，融江口支盐，增息一分，可省湖北

---

① 《宋史》卷一八二《食货志下四》，中华书局 1977 年版，第 4443 页。
② 《宋会要辑稿·食货二四·盐法三》，上海古籍出版社 2014 年版，第 6521 页。

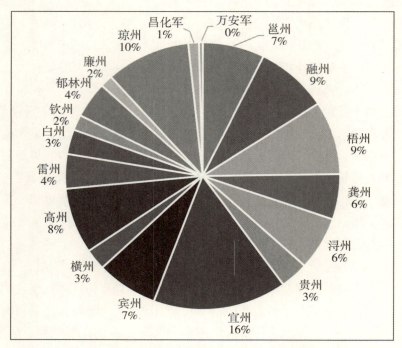

图2-2 熙宁十年广南西路诸州（不完整）盐课钱比例

岁馈诚州之费。辰、沅州准此"。朝廷对此表示赞成，于是下诏诚州令买广西盐，立蛮人地税，免租课。① 到了南宋初年，湖南爆发钟相、杨幺起义之后，淮盐不通，广西盐越境进入湖南南部售卖，广南西路的盐额才大为增加了。

三、南宋广盐的钞盐法与官鬻法之争

从南宋开始，朝廷开始在两广地区推行钞盐法，以加强对两广食盐销售收入的控制。然而，由于朝廷与地方政府在相关财政收入上的博弈，广盐的运销方式屡有变更。

广南东、西两路同属广盐区，实际上又有广东盐与广西盐的分别。南宋时期，除了某些特殊的时期，两路构成一个共同的营销区外，大部分时间广东盐只能销售于广南东路，广西盐只能销售于广南西路。而在盐法上，广南东路与广南西路所产食盐虽然同样由政府专卖，但是运销制度不尽相同。

宋代的食盐运销制度十分复杂，戴裔煊《宋代钞盐制度研究》将其分为官卖与通商两大类，在此基础上，就官、民、商在食盐的制作、征收、运输、销售四大环节中的不同作用进行了细致的分析，由此产生了收算制、分销制、扑买制、钞盐制、官般官卖制五种类型。兹将该书所述宋代食盐运销制度的类型制作示意图如下（见图2-3）。

---

① 《宋会要辑稿·食货二四·盐法三》，上海古籍出版社2014年版，第6525页。

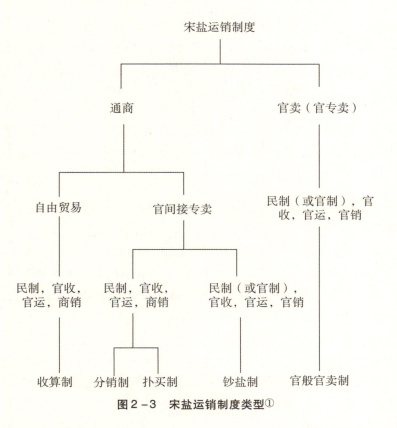

图 2-3 宋盐运销制度类型①

对宋代两广盐区而言,最为普遍的制度是官般官卖制(官鬻法)与钞盐制(钞盐法)两种。所谓官般官卖制,根据戴裔煊的论述,亦即食盐实行官运官销的制度。所谓的官运,是由"衙前"(由里正担任,两年一替,期满才可归农)充当运输官物之人。在一些地方(例如河北)又曾实行"和雇"之法,也就是由州县出钱雇请运载的车马。而在东南河流密集地区,则实行漕船运输的"纲法"。至于官销,则是在食盐运抵州县之后,置于指定仓库之中,派官监督,然后或是置官铺发卖,或是开设卖盐场,或是由铺户进行零卖。②

所谓钞盐法,则始创于宋仁宗庆历八年(1048)范祥所推行的"见钱法",最初只在位于山西的解池(所产称为"解盐")实行,其方法是在边缘地区的州、军交纳"见钱",买回盐钞,凭着盐钞到解池请盐买卖。③ 其核心就是官府不再直接参与食盐的运销过程,而是通过盐钞的发行与买卖获得食盐专卖的利润。此法逐渐推广,到了南宋已经成为应用最广泛的食盐运销制度。

关于南宋两广地区钞盐法与官鬻法的反复,其过程非常复杂。正如《宋史·食货志》所概括的:

---

① 转引自戴裔煊:《宋代钞盐制度研究》,中华书局 1981 年版,第 57 页。
② 戴裔煊:《宋代钞盐制度研究》,中华书局 1981 年版,第 59-62 页。
③ 戴裔煊:《宋代钞盐制度研究》,中华书局 1981 年版,第 68 页。

南渡，二广之盐皆属于漕司，量诸州岁用而给之盐。然广东俗富，犹可通商；广西地广莫而凋瘵，食盐有限，商贾难行。自东广而出，乘大水无滩碛，其势甚易；自西广而出，水小多滩碛，其势甚难。建炎末鬻钞，未几复止，然官般、客钞，亦屡有更革，东、西两漕，屡有分合。①

梁庚尧在《南宋盐榷：食盐产销与政府控制》中对此已经有非常详尽的考察与解释，本书不拟就此再作铺陈。可直接参考梁庚尧书中相关章节。② 而终南宋一朝的变化过程，梁庚尧概括如下：

> 广东、广西在北宋时期原本都实施食盐官卖，南宋建立以后，广东首先于建炎四年（1130）部分实施钞法，以后逐步扩大，到绍兴九年（1139）完全以钞法取代官卖，广东盐利全部收归中央，支援国防经费，终南宋时期，广东的食盐运销在制度上一直是实施钞法。广西的情况则比较复杂，从绍兴八年（1138）开始，内陆十六州改行钞法，沿海五州与海南四州军则仍然实施官卖，整体而言，钞法已成为广西食盐运销制度的主体，可是到乾道四年（1168）便因广西地方财政与盐钞发售不出等问题而复行官卖，此后广西又曾两度施行钞法，都由于相同的问题而导致官卖复行，从淳熙十六年（1189）起，官卖在广西确立其稳固的地位，朝廷终于放弃从广西收取盐利的努力，让盐利还归广西地方。不过自从乾道四年以来，广西即使实行官卖，卖盐收入也要提拨部分支援他处。③

由上文可见，大致说来，广南东路自南宋初年以来便以实施钞盐法（亦即通商法）为主，而且实施的范围不断扩大；广南西路则钞盐法与官鬻法几度反复施行，钞盐法始终无法在广南西路长期实施。由于推动全面实行钞盐法没能成功，官鬻法在广南西路最终确立了不可动摇的地位。而广南东路的销售钞盐到后来也有抑配民户而非由商人自愿请钞的倾向，亦即实质上已经不能称之为通商。这种情形正反映了南宋政府在两广地区食盐专卖制度的特殊之处。

第三节　煮海之利：宋代两广食盐的财政地位与政治价值

广盐的生产与运销，并不只是财政与民生问题，而且对两广地区的财政、经济与政治产生了十分巨大的影响。食盐专卖的收入，占据两广财政相当巨大的份额，是维

---

① 《宋史》卷一八三《食货志下五》，中华书局1977年版，第4467页。
② 梁庚尧：《南宋盐榷：食盐产销与政府控制》，台湾大学出版中心2010年版，第333—391页。
③ 梁庚尧：《南宋盐榷：食盐产销与政府控制》，台湾大学出版中心2010年版，第388—389页。

持两宋政府对两广治理的重要收入来源。不仅如此，食盐还是作为宋代朝廷处理与西南羁縻州县溪峒，以及西南诸蕃、南洋诸国贸易的一项重要资源与贸易工具，对南宋的广马贸易、博易场贸易，以及宋元时期对西南边疆地区的控制政策等都有很大的影响。

一、广盐与宋代两广财政

广盐是宋代两广地区最为重要的财政收入来源之一。如前文所述，北宋神宗熙宁十年（1077）时，广南东路的盐课总额超过 50 万贯，而没有完全统计的广南西路盐额也有 9 万多贯，两者相加接近 60 万贯。而到了南宋之后，由于北方沦陷，南宋政府更加依赖南方各路的上供来维持宋金边境的庞大驻军开支。原先在北宋年间享有大量朝廷拨付接济款的两广地区，到了南宋时则需要向朝廷上供大量经费，这些经费主要来自广盐的销售收入。南宋绍兴以后，大体上确定了广南东路岁入盐额 50 万贯、广南西路岁入盐额 40 万贯的惯例，这较之北宋熙宁年间的两广总额（不低于 60 万贯）增加不少。

以广南东路为例，南宋初年的钞盐法改革，最初就是起源于南下躲避金兵追击的隆祐皇太后为了解决随行政府机构所需财用问题，才下令榷货务官员"权行印给广南盐钞二十万贯，就本务召人入纳算请，前去本路支盐"①。实行钞盐法之后，广南东路的盐课收入继续增加。绍兴三年（1133），提举广南东路茶盐公事管因可就曾经向朝廷报告："本路产盐，广州盐仓每年课利三十万贯以上，潮州十万贯以上，惠州五万贯以上，南恩州三万贯以上。"② 以上四州盐仓的盐钞收入相加，已经在 48 万贯以上，与熙宁十年的 50 万贯左右的盐额收入相差无几。而这还是在南宋初年广盐逐渐退出江西南部淮盐区之后还能达到的水平。因此，盐钞收入成为朝廷在广南东路最为重要的一项收入来源。

此后，朝廷更是逐渐提高广南东路卖钞收入中的上供部分。如在绍兴四年（1134），有臣僚上言，指出广东每年规定上供白银对地方的财政负担较大，因为银贵钱贱，大概每银一两，需要铜钱三千多，而这批白银运到行在之后，作为官员军队的薪俸发放，则每银一两只相当于铜钱两千多而已。因此建议，由于近年来广南东路转运司改行钞盐法之后，"钞法既行，而常患乏盐"，而这笔盐钞收入，还有 1/3 是留给转运司作为本路财政经费使用的。不如把难以办纳的上供银之额与这笔转运司仍然掌控的盐钞收入的相应额度进行等值交换，这笔上供银就不需要广东转送行在，可留作本路转运司的财政收入。相应地，这笔盐钞也由行在掌控，这样商人自然而然就会把购买这批盐钞的铜钱自行输往行在，朝廷与广东当局都方便。③ 朝廷之所以逐步把广东盐钞收入收归朝廷掌控，显然就是看中了这笔经费的充裕与稳定。所以，到了

---

① 《宋会要辑稿·食货二五·盐法四》，上海古籍出版社 2014 年版，第 6553 页。
② 《宋会要辑稿·食货二六·盐法五》，上海古籍出版社 2014 年版，第 6557 页。
③ 《宋会要辑稿·食货二六·盐法五》，上海古籍出版社 2014 年版，第 6568 页。

绍兴九年（1139），广东盐钞收入就已经全部由朝廷控制了。[①]

相比于能够把所有钞盐收入都上交朝廷而仍然能维持本路财政开支的广南东路，广南西路对食盐销售收入的依赖程度更甚。北宋时，广南西路是朝廷重点支援的"老少边穷"地区，而到了南宋时，朝廷不仅断了对广南西路的财政支援，反而还要求广南西路支援朝廷的横山寨买马、鄂州大军军费等开支。周去非在《岭外代答》中就提到，自北宋仁宗皇祐年间平定侬智高之乱后，鉴于广西"土瘠民贫，并边多寇"的情况，朝廷每年"赐湖北衣绢四万二千匹，湖南䌷一万五千匹，绵一万两，广东米一万二千石，提盐司盐一千五百万斤，韶州涔水场铜五十万斤，付本路铸钱一十五万缗，总计诸处赡给广西，凡一百一十余万缗"。这笔充裕的经费，使得广南西路财政能够"常有余力"。而到了南宋之后，以上拨付大多停罢，广南西路只能"以盐自给"。由于南宋初年湖南爆发钟相、杨幺起义，广西盐得以销往湖南，一年能卖8万箩，相当于800万斤，每箩得钞钱5贯，一年可得40万贯，但这笔经费全部为朝廷所取用，其中"八万四千四百缗付广西经略司买马，三万缗应副湖北靖州，十万缗以赡鄂州大军，余悉上供"，导致广西转运司经费大窘，连维持备边防卫的经费都不够，只能通过增加诸州税米及和籴的方式应付，而这又导致民间的骚动。而钟相、杨幺起义被平定之后，淮盐恢复通湘，广盐在湖南的销路就没有那么好了，"提刑兼司，极力招诱，岁止卖及五万箩"。于是有人又建议广西再行官般官卖之法，极力请求朝廷恢复广西流通客钞，不让广东盐入广西，这又导致广东盐额大亏。到了孝宗乾道八年（1172），范成大出任静江府知府兼广西经略安抚使，又向朝廷请求恢复官般官卖。他认为："官自卖盐，不过夺商人之利以利官，而民无折米之患。往日西路卖及八万箩，今为虚数矣。只以实卖及五万箩为率，而权以广西盐价，每一斤以一百四十文足为率，岁可得七十余万缗足，计九十余万缗省，需乎其有余矣。"周去非认为范成大的这一改革成效显著，称广西"漕计优裕，实范公之力也"[②]。不过，实行官般官卖之后，地方官为了完成食盐销售任务，对民间实行强行科配的情况也就不可避免，其间虽经过张栻等官员的改革，但是问题仍然没有完全解决。[③] 到了淳熙九年（1182），在继任广西经略安抚使詹仪之的推动下，孝宗下诏检讨绍兴以来两广盐法的施行情况。派往两广察访的浙西安抚司干办公事胡庭直建议重行钞法，并提出了一揽子的解决方案。[④] 淳熙十年（1183），朝廷下诏罢广西官般官卖，重行客钞法，但客钞法重行所产生的弊端招致了更为激烈的反对意见。到了淳熙十六年（1189），朝廷终于下决心恢复广西盐的官般官卖，并不再反复重行客钞法。至此，广南西路的食

---

① 梁庚尧：《南宋盐榷：食盐产销与政府控制》，台湾大学出版中心2010年版，第388－389页。

② 〔宋〕周去非著，杨武泉校注：《岭外代答校注》卷五《财计门·广西盐法》，中华书局2006年版，第182－183页。

③ 梁庚尧：《南宋盐榷：食盐产销与政府控制》，台湾大学出版中心2010年版，第369－374页。

④ 《宋会要辑稿·食货二八·盐法七》，上海古籍出版社2014年版，第6611页。

盐运销制度才大体确定了下来，而由食盐取得的财政额度也相应较为固定。

对于地方州县的具体盐课收益，《永乐大典》收录有一部记载潮州历史的《三阳志》。有学者考证，其成书时代应该是南宋末年，其中文字出现的记载时间下限为咸淳丁卯年（1267），也就是宋度宗时期。① 因此，该志可以反映出南宋末年广南东路潮州的盐课相关收入，弥足珍贵。该志记载潮州的钞盐数额为：钞盐总额为3006箩，其中2004箩由所属三县（潮阳、海阳、揭阳）随产作七等均卖，另外1002箩则"均卖坊市公吏口食"。其所卖得银，分为三纲解发至广东提举司交纳。三纲的具体解银数字如表2-4所示。②

表2-4 南宋时期潮州盐课三纲解银数额

纲目	正钞银（两）	坊市银（两）	解发时间
第一纲	1833	760	六月
第二纲	790	421	九月
第三纲	1135（头例漕计加饶指留银）	281	正月
小计	3758	1462	—
总计	5220		—

二、广盐与南宋广马贸易

宋室南渡后，丧失绝大部分的北部疆土，同时失去通过陕西一带与西北游牧民族进行战马贸易的通道。广西作为南宋战马的重要来源地，开始受到朝廷更多的重视。南宋初年，宋朝每年可以从广西买到两三千匹广马，其规模不及川、秦两司，不过也占宋廷每年买马总额的20%左右。③ 南宋政府通过广西邕州横山寨贸易购得西南战马，其重要的经费来源就是通过广盐销售获得的财政收入。同时，广盐也是直接参与到广马贸易中的重要商品，在绍兴中期福建锦大量输入之前，还是广马贸易中最重要的商品之一。

关于广马贸易中的食盐问题，最详尽的论述可参见刘复生的研究。④ 不过，盐在广马贸易中所占份额并不是恒定不变的。事实上，广马贸易并不能用"盐马贸易"来简单概括，如果要了解南宋初期盐在广马贸易中所占份额有多少，需要做更进一步的考察。

---

① 吴榕青：《〈三阳志〉、〈三阳图志〉考辨》，载《韩山师范学院学报》1995年第1期，第66页。
② 马蓉等点校：《永乐大典方志辑佚》第4册，中华书局2004年版，第2683页。
③ 刘复生：《宋代西南地区的"盐马贸易"》，见《宋史研究论丛》第9辑，河北大学出版社2008年版，第258页。
④ 刘复生：《宋代西南地区的"盐马贸易"》，见《宋史研究论丛》第9辑，河北大学出版社2008年版，第257-270页。

宋高宗建炎（1127—1130）末至绍兴（1131—1162）初年，是南宋朝廷大规模贸易广马的探索阶段，当时广马的经费来源是相当多元和不稳定的。南宋初年盐在广马贸易中所占份额到底有多大，其关键线索在于《建炎以来系年要录》《皇宋中兴两朝圣政》等书所提到的朝廷每年拨钦州盐200万斤，与《宋会要辑稿》提举李预提请的每年拨钦州盐100万斤的分歧。据任建敏的研究推定，绍兴三年（1133）朝廷所确定下来的买马年支出，是钱27万缗，盐100万斤。① 这些盐的来源，通过梁庚尧的研究可知，绍兴初年用来市马的所谓"钦州盐"，实际上是廉州盐，这是由于朝廷对广南西路地理不了解，把廉州误作钦州。② 盐在这时的广马贸易中无疑是有一定份额的，若以李预所言盐100万斤折算钱7.5万缗来计算，盐在当时购马经费中所占比例大约为22%。

绍兴中期以后广马贸易的经费，按《建武志》中官方的算法，20万斤盐计钱3万缗，则绍兴中期以后盐在买马经费中所占比例只有12%,③ 这个比例相较绍兴三年的22%～31%又下降了超过一半。这个时候盐很显然已经不是广马贸易中的主要商品了。

不过，朝廷每年的买马数量并非一成不变，所需经费也会相应变化，由于缗钱作为经费拨付具有固定性，伸缩较大的应该是盐的数量。当绍兴三十年（1160）朝廷打算增购1000匹马时，臣僚就认为经费是很大的问题，需要增加十余万贯的开支才可以支持，因此，臣僚的建议是廉州白石场积盐"不知其几千万斤，皆系岁额之外无所发泄"，请求"广西帅司同提举盐事司相度计置，搬运于横山寨堆贮，以备博马之用，以无用为有用也"。圣旨命令广西有关方面"疾速相度措置，申尚书省"④。不过《宋会要辑稿》没有提到后续的处理。其实反推过来，廉州之所以积盐甚多，一个很重要的原因就是广马贸易的经费不再需要那么多的食盐来支持了。

除了直接使用广盐作为广马贸易的交换物资之外，还必须注意到，绍兴三年之后，政府所拨付的买马经费，还有相当大部分不是出自直接的广盐参与的广马贸易收入，而是出自广盐的销售收入。绍兴中期，广南西路买马的经费，是本路的上供钱、经制钱、盐钞钱以及盐与锦。与绍兴初年相比，主要变化是盐从100万斤减少为20

---

① 任建敏：《南宋广西市马的货物流动与长程贸易》，见《"中央研究院"历史语言研究所集刊》第87本第3分册，2016年版，第575页。

② 梁庚尧指出，钦州是南宋时的新兴产盐地，在绍兴八年（1138）时还没有被官府视为盐产地，而到绍兴十二年（1142）时，户部文件提到钦州"近来咸土生发，目今每岁买纳盐货三十余万斤"。也就是说，即使到了绍兴十二年，钦州也只能提供30余万斤的食盐，不可能在绍兴三年（1133）就向横山寨提供200万斤盐进行博马。见梁庚尧：《南宋盐榷：食盐产销与政府控制》，台湾大学出版中心2010年版，第314-315页。又，冈田宏二提到藤本光亦早已论证过钦州盐是廉州盐之误。见［日］冈田宏二：《中国华南民族社会史研究》，赵令志、李德龙译，民族出版社2002年版，第187页。

③ 任建敏：《南宋广西市马的货物流动与长程贸易》，见《"中央研究院"历史语言研究所集刊》第87本第3分册，2016年版，第580页。

④ 《宋会要辑稿·食货二七·盐法六》，上海古籍出版社2014年版，第5258页。

万斤，还取消了韶州内藏库钱的拨给，增加了本路盐钞钱。总计缗钱 20 万贯，锦 200 匹，盐 20 万斤。此外，还有 6 万多贯由静江府（今广西桂林市）上纳的折布上供钱，则随马数多寡截拨。① 可见，从绍兴中期开始，广西每年会有 20 万~26 万缗钱用于购买广马。这其中直接、间接与广盐相关的经费，包括广西转运司食盐卖钞钱 8 万贯、石康仓盐 20 万斤（折钱 3 万贯），相加为 11 万贯。而买马总开支为 20 万贯现钱与价值相当于 5 万贯的蜀锦、广盐，也就是说，食盐对广马贸易的经费贡献达到 44%，这是相当大的份额。由此可见，广盐在广马贸易中自始至终都发挥了重要的作用。

三、广盐贸易与宋代西南边疆政策

由于宋代西南边疆地区往往缺乏食盐供应，所以，宋朝在控制西南边疆地区时，往往以盐的供给作为拉拢西南溪峒土官以及化外瑶人的重要控制手段。宋朝在广南西路还开辟了专门的博易场或者运输路线，以便与西南边疆民族地区进行贸易，而食盐是其中重要的大宗贸易商品。如范成大担任静江府知府兼广西经略安抚使之后，留意到桂林周边有大量"不供征役"的"傜人"群体，他们与官府所控制的省地声息相连，"无所得食，则四出犯省地，求斗升以免死"。但在平时，他们也会设法与省民做买卖：

> 又傜人常以山货、沙板、滑石之属，窃与省民博盐米。山田易旱干，若一切闭截，无所得食，且冒死突出，为毒滋烈。沿边省民，因与交关，或侵负之与缔仇怨，则又私出相雠杀。②

由此可见，这些"傜人"在日常贸易中，是用其居住山区里面的特产，如山货（动植物之类）、沙板（木材）、滑石（矿石）等作为商品，与省民交换维持生存所必需的食盐和稻米。所以，省民与"傜人"形成了很密切的商贸关系。范成大正是看到了这一关键点，才提出了应对"傜人"问题的解决办法：

> 告谕近傜，亦视省民相团结，毋得犯法，则通其博易之路，不然绝之。彼见边民已结，形格势禁，不可轻犯，幸得通博买，有盐米之利，皆骤然听命。最后择勇敢吏，将桑江归顺五十二傜头首深入生径，罗曼等洞尤狠戾、素不宾化者，亦以近傜利害谕之，悉从。乃为置博易场二，一在义宁，一在融州之荣溪。天子诞节，首领得赴属县与犒宴。诸傜大悦，伍籍遂定，保鄣隐然。③

范成大在试图解决这些"傜人"对省地造成的威胁时，其关键举措就是将省民

---

① 《永乐大典》第 4 册卷八五〇七《南宁府二》，中华书局 1986 年版，第 3939 页。又参见马蓉等点校：《永乐大典方志辑佚》第 5 册，中华书局 2004 年版，第 2856 页。
② 〔元〕马端临：《文献通考》卷三二八《四裔考五》，中华书局 1999 年版，第 2575 页。
③ 〔元〕马端临：《文献通考》卷三二八《四裔考五》，中华书局 1999 年版，第 2575 页。

与"傜人"的贸易合法化,并置于官府的监督之下。他开设了两个博易场,让"傜人"与省民进行贸易,并把原先纠缠不清的边民、"傜人"都登记在团的名义之下,解决了此前的民、"傜"冲突的问题。

范成大此举,正是当时广南西路官员对省地以外的溪峒地区实行羁縻统治的惯用手段。董春林曾考察过宋朝如何以食盐作为重要手段在西南民族地区实行羁縻政策。食盐是溪峒居民的生活必需品,而食盐生产完全掌握在宋朝两广盐场手中,所以,宋朝能抓住食盐这一特性来达到维持区域稳定的目的。广盐与溪峒地区的贸易,经历了从北宋前期"以盐易米"到"以盐转易多物"为主要贸易方式的变迁。①

又如绍兴初年和绍兴中期,盐在广马贸易中的作用之所以会有如此剧烈的变动,其原因很可能就出在与南宋进行战马贸易的西南诸蛮对食盐的需求程度的变化上。孝宗淳熙初年先后出任邕州通判和邕州知州的吴儆的一段记录,对理解这个问题颇为重要:

> (自杞国)兵强马益蕃。每岁横山所市马二千余匹,自杞多至一千五百余匹,以是国益富,拓地数千里,雄于诸蛮。近岁稍稍侵夺大理盐池,及臣属化外诸蛮獠,至羁縻州洞境上。②

根据吴儆的记载,自杞国是广马贸易最重要的来源地,有关自杞国的兴起、地域、衰落等问题,可参见刘复生的研究。③ 在吴儆所处的时代,自杞一家的广马贸易额就占了总数的75%,正是凭借广马贸易带来的大量财富,该国能够"雄于诸蛮",并且在"近岁稍稍侵夺大理盐池"。这一点非常关键,既然作为广马贸易主要来源地的自杞已经侵夺了大理的盐池,其对广西食盐的需求自然就没有那么强烈了。所以,自杞侵夺大理盐池的时间,就成为广马贸易中食盐份额变化的一个最重要的节点了。由于"近岁"二字的影响,很多学者会据此推断应该是孝宗初年的事情。④ 但这很难解释为什么在绍兴十九年(1149)的记载中,朝廷每年所拨食盐就已经急剧降为20万斤。因此,"近岁"可能并不是近几年,而是更早便发生的事情。追溯自杞参与广马贸易开端的时间,刘复生以《建炎以来朝野杂记》绍兴三年"即邕州置司提举,于罗殿自杞大理诸蛮"的记载推断,自杞国的兴起不晚于北宋后期,在南宋初年已经有相当程度的发展。⑤ 而冈田宏二从《竹洲集》"(自

---

① 董春林:《以盐制夷:宋代西南民族地区羁縻政策管窥》,载《广西民族研究》2015年第4期,第135–142页。
② 〔宋〕吴儆:《竹洲文集》卷九《邕州化外诸国土俗记》,见四川大学古籍整理研究所编:《宋集珍本丛刊》第46册,线装书局2004年版,第543页。
③ 刘复生:《西南史地与民族——以宋代为重心的考察》,巴蜀书社2011年版,第213–226页。
④ 如刘复生就直接默认"近岁"就是孝宗淳熙年间。见刘复生:《西南史地与民族——以宋代为重心的考察》,巴蜀书社2011年版,第201页。
⑤ 刘复生:《西南史地与民族——以宋代为重心的考察》,巴蜀书社2011年版,第215–216页。

杞）本一小小聚落，只因朝廷许汝岁来市马，今三十余年"推断，从吴儆负责市马的淳熙四年（1177）上溯自杞国开始市马的时间，30年前是绍兴十七年（1147），所以冈田宏二据此认为其开始于绍兴初期。① 二人所依据的材料和解读稍有出入，但都可以印证自杞在绍兴初已经参与了广马贸易，所以，绍兴初的100万斤盐同样也是面向自杞进行博易的，这时自杞肯定还需要广西盐，所以才有如此大量的盐的交易。不过，《中兴小纪》所记载的绍兴十九年陈璙《贡马须知》的经费数字显示盐额大幅降低，表明自杞已经有较为充足的食盐来源，不用再依赖广马贸易输入食盐了。由此看来，广马所用食盐数量的大幅减少，是发生在绍兴三年至绍兴十九年之间。在这段时间里，应该是自杞国因为广马贸易而富强起来，进而能够与大理国抗衡，侵夺其盐池。

由广马贸易参与的各方来看，该贸易是以静江府与邕州横山寨为中心，由多方支撑起来的广泛的贸易，它的贸易内容不仅仅是西南诸蕃和宋朝交换战马，还有连接起金、银、盐以及锦彩等大宗商品的长程贸易网络。在这个贸易网络中，负责买马的经略司、买马司，静江、邕州等与买马关系密切的地方政府，负责在博易场参与博易的边吏，作为招马官的田州、富州等土酋，希望在宜州开场而分一杯羹的南丹州土酋，作为蛮马来源的大理、罗殿、自杞等国商人，在博易场参与买卖的店户、溪峒官、效用乃至一般百姓，从事私锦、水银走私贸易的兴安商人等，都可以占据一席之地，获得实际利益。因此，广马贸易并非局促在南宋西南边缘的双边贸易，而是一个把广西、湖南、福建、长江沿线以及云贵乃至南中国海等经济区联系起来的多重贸易网络。②

宋朝正是通过综合运用博易场以及广马、广盐等大宗商品贸易，在不投入过多的财力与军力的前提下，保证了西南边疆地区的长期稳定。因此，两广食盐在宋朝的西南边疆政策中有着举足轻重的作用。

---

① ［日］冈田宏二：《中国华南民族社会史研究》，赵令志、李德龙译，民族出版社2002年版，第233页。

② 参见任建敏：《南宋广西市马的货物流动与长程贸易》，见《"中央研究院"历史语言研究所集刊》第87本第3分册，2016年版，第592－604页。

第三章 元代盐课司体制下两广盐业的管理及其财政意义

元代是中国唯一一个自始至终坚持以纸钞为本位货币的朝代，这在全世界农业社会中也是非常独特的一例。学界对元代财政与货币的研究一直保持着浓厚兴趣，相关研究成果非常多。① 由于材料的局限，大部分研究只能就元代的财政与货币问题进行整体性讨论，但是对食盐在元朝财政中所占的分量和地位，只有一些基本的梳理和估计，尤其是对两广地区的财政与两广盐业的关系，还需要进行更细致和深入的研究。本章将就元代广盐的基本情况及其在财政上所发挥的作用进行考察。

第一节 元代广东、广海盐额变化与产盐重心区域的转移

南宋时作为广西最主要财政收入的盐课，在元代并未留下多少记录。李治安指出，各地转运盐使司是隶属各处行省管辖的，不过具体到各处盐使司与行省统辖关系又有不同。如两淮、两浙转运盐使司一直由河南、江浙行省管辖，与宣慰司基本没有联系。但两广的情况有所不同。据《元史》记载，元世祖至元十三年（1276），元朝才从广州煎办盐课。至元十六年（1279），广东盐课提举司隶属于江西盐铁茶都转运司，到了至元二十二年（1285）才并入广东道宣慰司。大德四年（1300），改设广东盐课提举司。其官署有提举一员，从五品；同提举一员，从六品；副提举一员，从七品。② 因此，广东盐课提举司是在至元二十二年归广东宣慰司具体掌管，其上级则为江西行省。而广海盐课提举司虽然没有相关材料，但李治安推测其应该归海北海南道宣慰司具体掌管，其上级则为湖广行省。③ 因此，原来在宋朝时关系比较密切的两广盐课，在元朝时分属江西、湖广两大行省管辖。

---

① 相关研究成果的综述可参见［日］高桥弘臣：《宋金元货币史研究——元朝货币政策之形成过程》，林松涛译，上海古籍出版社2010年版，第3－9页。
② 《元史》卷九一《百官志七》，中华书局1976年版，第2314页。
③ 李治安：《行省制度研究》，南开大学出版社2000年版，第336－337页。李治安举出了一位海北海南道宣慰司都元帅罗璧"治盐法"的史料。

一、元代广东、广海盐额的变迁情况

广东、广海两处盐课提举司在元朝的盐额屡有变更，其梗概可以参考《元史·食货志二》的相关记载：

> 广东之盐：至元十三年，克广州，因宋之旧，立提举司，从实办课。十六年，立江西盐铁茶都转运司，所辖盐使司六，各场立管勾。是年，办盐六百二十一引。二十二年，分江西盐隶广东宣慰司，岁办一万八百二十五引。二十三年，并广东盐司及市舶提举司为广东盐课市舶提举司，每岁办盐一万一千七百二十五引。大德四年，增至正余盐二万一千九百八十二引。十年，又增至三万引。十一年，三万五千五百引。至大元年，又增余盐一万五千引。延祐二年，岁煎五万五百引。五年，又增至五万五百五十二引。所隶之场凡十有三。

> 广海之盐：至元十三年（1276），初立广海盐课提举司，办盐二万四千引。三十年（1293），又立广西石康盐课提举司。大德十年（1306），增一万一千引。至大元年（1308），又增余盐一万五千引。延祐二年（1315），正余盐通为五万一百六十五引。①

以上记载大体上概括了元代中前期广东、广海盐课提举司盐额的变化过程，不过大德《南海志》记载称广东盐额增加到3万引，是在大德六年（1302），而非《元史》所说的大德十年（1306）。②考虑到大德《南海志》的成书时间在大德八年（1304）左右，所以其记载应该更确切，因此应该以大德六年为准。

以上《元史·食货志二》记载的最大缺失是对元仁宗延祐以后两广盐额的情况并无提及，不过，《元史·食货志五》对此有所补充。据《元史·食货志五》载，元顺帝至元二年（1336），御史台准江南诸道行御史台咨备监察御史韩承务上疏：

> 广东道所管盐课提举司，自至元十六年为始，止办盐额六百二十一引，自后累增至三万五千五百引，延祐间又增余盐，通正额计五万五百五十二引。灶户窘于工程，官民迫于催督，呻吟愁苦，已逾十年。泰定间，蒙宪台及奉使宣抚，交章敷陈，减免余盐一万五千引。元统元年，都省以支持不敷，权将已减余盐，依旧煎办，今已三载，未蒙住罢。窃意议者，必谓广东控制海道，连接诸蕃，船商辏集，民物富庶，易以办纳，是盖未能深知彼中事宜。本道所辖七路八州，平土绝少，加以岚瘴毒疠，其民刀耕火种，巢颠穴岸，崎岖辛苦，贫穷之家，经岁淡食，额外办盐，卖将谁售。所谓富庶者，不过城郭商贾与舶船交易者数家而已。灶户盐丁十逃三四，官吏畏罪，止将见存人户，勒令带煎。又有大可虑者，本道

---

① 《元史》卷九四《食货志二》，中华书局1976年版，第2392页。
② 大德《南海志》卷六《税赋·盐课》，见《广东历代方志集成·广州府部》第1册，岭南美术出版社2007年版，第7页。

密迩蛮獠，民俗顽恶，诚恐有司责办太严，敛怨生事，所系非轻。如蒙捐此微利，以示大信，疲民幸甚。①

韩承务的这一说法，可以与《元史·食货志二》相参照，由此可知，在至大元年到延祐五年（1308—1318）屡次增额至 5.0552 万引后，一直到了泰定年间，才由广东道廉访司及奉使宣抚一同上奏，得以减免余盐 1.5 万引。然而不到 10 年，到了元顺帝继位之初的元统元年（1333），都省就以财政困难为由，恢复了已减免的余盐盐额。韩承务起初之所以把减免的余盐加回去，是由于当政者认为广东作为元朝海外贸易的重镇，"船商辏集，民物富庶"，所以其盐课是很容易办足的。然而韩承务认为这种说法并不切实，由于广东道宣慰司所辖七路八州均少平地，居民生产也往往是以刀耕火种为多，消费不起大量的食盐。如果增加额办盐课，大部分老百姓根本买不起，只有城郭内的商人和经营船舶贸易的人家才有足够的财力。加上当前在盐场办盐的灶户、盐丁逃亡很多，如果有司督责太紧，很可能会导致灶户不堪重负而生事，到时候问题就更大了。最终，韩承务的这一奏陈让朝廷下诏："自元统三年为始，广东提举司所办余盐，量减五千引"。② 也就是说，朝廷免除了元统三年〔同年十月改元至元元年〕以来广东盐课提举司 5000 引的余盐。其后直到元朝灭亡，是不是还有进一步的蠲免，则不得而知。

大概是因为看到朝廷对广东盐额进行了蠲免的效果，不久之后，管辖广海盐课提举司的湖广行省也在（后）至元五年（1339）三月向朝廷上奏说："广海盐课提举司额盐三万五千一百六十五引，余盐一万五千引。近因黎贼为害，民不聊生，正额积亏四万余引，卧收在库。若复添办余盐，困苦未苏，恐致不安。事关利害，如蒙怜悯，闻奏除免，庶期元额可办，不致遗患边民。"对此，户部议认为："上项余盐，若全恢办，缘非元额，兼以本司僻在海隅，所辖灶民，累遭劫掠，死亡逃窜，民物凋敝，拟于一万五千引内，量减五千引，以舒民力。"最终朝廷批准了户部的建议。③ 不过，明代万历年间成书的《粤大记》除了转引《元史》上述说法之外，对这段历史还有另一种说法，称："元统五年，免广海添办盐课一万五千引，止办原额。"④ 然而，元统年号只沿用了三年，根本不存在"元统五年"的说法，所以《粤大记》很可能是误把"至元"写成了"元统"。至于到底是免除了全部的 15000 引，还是只免除了其中 5000 引，从《元史》《粤大记》所载湖广行省、户部所奏与诏书原文来看，应该是湖广行省希望全免这 15000 引，户部则只允许免掉其中的 5000 引，最终得以施行的是户部的提议。所以显然（后）至元五年实际上只免除了广海盐课司 5000 引余盐之额。

综合以上记载，可以把元代两广盐额的官定数量变迁列表如下（见表3 – 1）。

---

① 《元史》卷九七《食货志五》，中华书局 1976 年版，第 2501 – 2502 页。
② 《元史》卷九七《食货志五》，中华书局 1976 年版，第 2502 页。
③ 《元史》卷九七《食货志五》，中华书局 1976 年版，第 2502 页。
④ 万历《粤大记》卷三一《政事类·盐法》，《广东历代方志集成·省部》第 26 册，岭南美术出版社 2006 年版，第 511 页。

表 3-1 元代两广盐额定额变化

时间	广东盐课提举司（引）	广海盐课提举司（引）	广东盐额占两广总盐额比例（%）
至元十三年	—	24000	—
至元十六年	621	24000	2.6
至元二十二年	10825	24000	31
至元二十三年	11725	24000	32.8
至元三十年	21575	24000	47.3
大德四年	21982	24000	47.8
大德六年	30000	24000	55.6
大德十年	30000	35000	46
大德十一年	35500	35000	50.4
至大元年	50500	50000	50.2
延祐二年	50500	50165	50.2
延祐五年	55052	—	—
泰定年间	40052	—	—
元统元年	55052	—	—
元统三年	50052	—	—
（后）至元五年	—	45165	—

由于广东、广海两盐课提举司的盐额记录年份并不一致，所以表 3-1 中有很多缺漏。如将表 3-1 的数据以柱状图形式展现，附上趋势线，则更加直观（见图 3-1）。

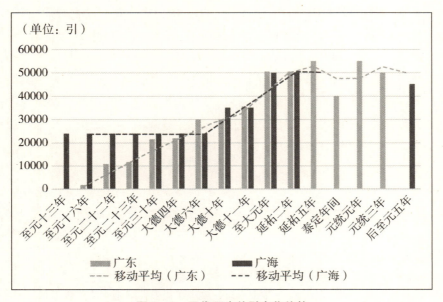

图 3-1 元代两广盐引变化趋势

由上可见，广东盐课提举司在元初的盐额是非常少的，在至元十六年只有区区的600多引，几乎可以忽略不计。而与此同时，仅仅广海盐课提举司在至元十三年的盐额就已经达到了2.4万引，几乎是三年后广东盐课提举司盐额的40倍。由于广东沿海是南宋末年宋元大军交战的主要战场，所以当时广东盐场遭受的打击无疑要比广西严重得多，因此，这一时期两广地区食盐供应估计主要依靠的是广西沿岸的盐场。广东的盐场盐额在元初经历了一个逐渐恢复的过程，直到至元二十二年（1285）才恢复至1万引出头，在至元二十三年（1286）再增加了差不多1万引，相当于翻了一番，在大德六年（1302）又增加了将近1万引。一直到元中期的元武宗至大元年（1308），两盐课提举司的盐额才基本持平。此后，广东盐额仍有小量增加，超过了广海盐课提举司的盐额。

广东盐额的增加，还可以通过《永乐大典》所录明初潮州府《图经志》的相关记载来进一步印证。这部成书于明初的潮州府《图经志》记载了潮州所属三盐场的"额办盐"之数，以及洪武九年（1376）裁减之数。① 由此来推断，这些"额办盐"之数，估计是洪武初年继承元末盐额的数字而来（见表3-2）。

表3-2 元代至明初潮州府三盐场盐额

单位：引

盐场	大德《南海志》盐额数	《图经志》额办盐引数	洪武九年数
小江场	7824	9695	6463
招收场	2086	2571	1714
隆井场	1648	2067	1378

比较可见，潮州府《图经志》中的额办盐引数，比大德《南海志》所载盐引数增加了23%～25%，其增加幅度可以说是非常一致的。由此也可以进一步印证元代中期到元代后期广东盐课逐渐上升的趋势。

盐引的增减之所以重要，是因为盐引的收入直接关系到政府从食盐中获得收入的多少。元代是中国唯一一个自始至终坚持以纸钞为本位货币的朝代，这在全世界农业社会中也是非常独特的一例。而元代的盐引同样也是以纸钞来定价的。元代盐引的价值屡有变化，据《元史》记载："至元十三年既取宋，而江南之盐所入尤广，每引改为中统钞九贯。二十六年，增为五十贯。元贞丙申（二年，1296），每引又增为六十五贯。至大己酉（二年，1309）至延祐乙卯（二年），七年之间，累增为一百五十贯。"② 此后从延祐到至顺年间，钞值没有大幅度的波动。③ 虽然按照元朝财政登记的

---

① 马蓉等点校：《永乐大典方志辑佚》第4册，中华书局2004年版，第2616页。
② 《元史》卷九四《食货志二》，中华书局1976年版，第2386年。
③ 白寿彝总主编，陈得芝主编：《中国通史》第八卷《中古时代·元时期（上）》，上海人民出版社1989年版，第903页。

惯例，元朝在中统、至元、至大、至正等年间都发行过新的钞种，但是在元朝的民间交易以及官府的财政登记中，都是以中统钞为计算根据的。① 所以以上盐引钞值的变化，都是基于中统钞来衡量的。由上比率可以推算出不同时期两广盐额的钞值（见表3-3）。

表3-3 元代两广盐引、钞值

时间	广东盐课提举司盐引数	钞值（贯）	广海盐课提举司盐引数	钞值（贯）
至元十三年	—	—	24000	216000
至元十六年	621	5589	24000	216000
至元二十二年	10825	97425	24000	216000
至元二十三年	11725	105525	24000	216000
至元三十年	21575	1078750	24000	1200000
大德四年	21982	1428830	24000	1560000
大德六年	30000	1950000	24000	1560000
大德十年	30000	1950000	35000	2275000
大德十一年	35500	2307500	35000	2275000
至大元年	50500	3282500	50000	3250000
延祐二年	50500	7575000	50165	7524750
延祐五年	55052	8257800	—	—
泰定年间	40052	6007800	—	—
元统元年	55052	—	—	—
元统三年	50052	—	—	—
（后）至元五年	—	—	45165	—

由表3-3可见，除元初广东有过短暂的盐引数字太低的情况外，有元一代，两广盐引的数额虽然是逐步增加，但是增加的幅度只在1～4倍。从整体来说，在元朝稳定统治的时期，盐的供求变化并不太大，对老百姓的价值变化应该也不会特别明显，因此盐引钞值可以成为一个很好的参照样本，用来衡量元朝纸钞的价值变化。由上可见，元代的纸钞贬值的速度确实相当快。尤其是在元世祖至元二十六年（1289）前后，以及武宗至大年间到仁宗延祐初年，这两个时期盐引钞价都迅速增长，而这两个时期的剧烈变化，恰恰与当时的钞法改革有关。至元二十四年（1287）三月，朝廷下令"更造至元宝钞，颁行天下，中统钞通行如故。以至元宝钞一贯文当中统交钞五贯文"②。而元武宗至大二年（1309）九月，朝廷下诏规定："至大银钞一两，准

---

① 参见彭信威：《中国货币史》，上海人民出版社1958年版，第412页。
② 《元史》卷十四《世祖本纪十一》，中华书局1976年版，第297页。

至元钞五贯、白银一两、赤金一钱。"①因此，在元代纸钞不断贬值的情况下，广东、广海的盐课收入随着盐引价格的上升而继续增加。②

二、元代两广盐额变迁背后的产盐重心的转移

北宋两广的食盐生产，以珠江三角洲为中心，到了南宋，则产生了珠江三角洲与北部湾两个中心区域。这一趋势延续至元代。宋末元初发生于广东沿海的宋元海战，对广东盐业生产的影响是非常巨大的，即使元朝顺利建立了对广东的统治、逐步恢复广东盐业的生产，随着珠江三角洲的土地开发以及地理环境的变迁，珠江三角洲地区的食盐生产呈现逐渐萎缩的趋势，粤东、粤西的盐业所占份额则进一步上升。

据大德《南海志》对广东盐场变迁的记载："宋设立盐场一十七处，自归附后起废合并不一。至元三十年止设一十四处。初定额办盐贰万壹阡伍百柒拾伍引贰百斤，大德六年添办盐捌阡肆百贰拾肆引贰百斤，通以三万引为额。每引给工本壹拾两与灶户煎办（每一引官价定十五两）。提举官置司，广州本路所管者，靖康、香山、东莞、归德、黄田、海晏、矬峒七场而已。其隆井、招收、小江三场隶潮州路，淡水、石桥二场隶惠州路，双恩、咸水二场隶南恩州，以其盐场皆属提举司，故并录于此。"③大德《南海志》中还有非常详细的各场盐额的定额数字，据此列表如下（见表3-4）。

表3-4 元代广东地区盐场盐额

单位：引

路、州	大德《南海志》所载盐场	大德《南海志》所载盐额	《三阳图志》所载盐额	备注
广州路	靖康场	2058	—	—
	归德场	2058	—	—
	东莞场	412	—	—
	黄田场	582	—	—
	海晏场	961	—	属无工本盐
	矬峒场	585	—	属无工本盐
	香山场	1784	—	—

---

① 《元史》卷二三《武宗本纪二》，中华书局1976年版，第515页。
② 按：元世祖中统、至元年间分别发行了中统钞及至元钞，至元钞1两等于中统钞5贯，但元朝财政及民间物价都以中统钞为计算单位。
③ 大德《南海志》卷六《税赋·盐课》，见《广东历代方志集成·广州府部》第1册，岭南美术出版社2007年版，第7页。

续表

路、州	大德《南海志》所载盐场	大德《南海志》所载盐额	《三阳图志》所载盐额	备注
潮州路	小江场	7824	7824	—
潮州路	招收场	2086	2086	—
潮州路	隆井场	1648	1686	—
惠州路	淡水场	1902	—	—
惠州路	石桥场	3981	—	—
南恩州	双恩场	2058	—	—
南恩州	咸水场	2061	—	—
合计		30000		

按元朝规定，每引盐重 400 斤。① 因此，以上 14 处盐场额定生产盐引折合食盐为 1200 万斤。与南宋绍兴三十二年（1162）广南东路的 33 万石（相当于 1650 万斤）盐额相比，减少超过 1/4。但大德《南海志》所载为大德六年（1302）的广东盐额，此后还在继续增加，元仁宗延祐年间、元顺帝初年，广东额定盐引为 55052 引，相当于 2200 万斤食盐。而前文已述，两宋广东产盐有记录的峰值产生于绍兴三十二年（33 万石，即 1650 万斤）。也就是说，元仁宗延祐年间至元顺帝初年，广东生产的盐额比两宋峰值还要多出 1/3，即 550 万斤。

尤其值得注意的是两广沿海各地区食盐生产份额比例的变化。以大德《南海志》中大德六年的广东盐额为例，位于珠江三角洲的 7 处盐场所生产的食盐只有 8440 引，即 42.2 万斤，占广东盐额的 28%，占同期两广总盐额的 15.6%，占这两项的比例明显缩小。而位于粤东的潮州、惠州二路，则达到了 17441 引，相当于 87.2 万斤，占广东盐额的 58.1%，占同期两广总盐额的 32.3%；位于粤西的南恩州则为 4119 引，相当于 20.6 万斤，占广东盐额的 13.7%，占同期两广总盐额的 7.6%。此外，同期广海盐课提举司所辖盐场的产量则占两广总盐额的 44.4%。而且，元代广海盐课提举司的盐额在大德六年后还在持续增加，元武宗到仁宗年间，广西盐额达 55000 引，与同期广东相近，比南宋绍兴三十二年的峰值 23.3 万石（相当于 1165 万斤）多出 1035 万石，增幅为 88.8%。现将南宋绍兴三十二年与大德六年的盐额数字列表进行比较（见表 3-5），从中可以很清楚地看到这 140 年间两广不同地区产盐份额的变化。

---

① 《元史》卷九四《食货志二》，中华书局 1976 年版，第 2386 页。

表3-5 南宋与元代两广各区域盐额比例变化

单位:%

年代	珠江三角洲	粤东	粤西（广东所辖）	粤西（广西所辖）及北部湾
南宋绍兴三十二年	30	28	3	36
元大德六年	15.6	32.3	7.6	44.4
元大德十一年	50		50	

据以上考察可见，元代广东官方规定的食盐产量，经历了由低到高的变化，并在元代中期超过了绍兴三十二年的宋代最高水平。而且产盐区域的产量也呈现出明显的变化，珠江三角洲的份额大为减少，粤东、粤西两翼则逐渐增加。其中增加较多的，是粤东的潮、惠两路，以及海南海北道宣慰司所辖的高、雷、钦、廉等路。

第二节 盐课在元代两广地区的财政地位

由于文献不足，广东、广海的盐课收入是如何在江西、湖广两行省与广东、海北两宣慰司之间进行分配的，我们并不清楚。但其中有一个关键变化是，宋代的广南西路，在元代分属广西两江道、海南海北道两个宣慰司，所以广西两江道宣慰司大概无法再从广海盐课中获得直接的财政收益。这一变化影响十分巨大，失去盐利的广西两江道，其财政收入只能以一般性的田赋与商税为主。

以大德《南海志》所载元成宗大德年间广州一路的赋税财政比例来看，其赋税主要由税粮、盐课、商税、酒课四大部分组成（见表3-6）。①

表3-6 大德《南海志》所载元代广州路各项赋税科目数额

类别	科目	数额
税粮	田钱	175 贯
	正耗米	12434 石
	税户丁米	14539 石
	客户正耗米	4703 石
盐课	总办客旅盐	8909 引
	散办盐	21191 引
商税	商税	2601 定

---

① 大德《南海志》卷六《税赋·盐课》，见《广东历代方志集成·广州府部》第1册，岭南美术出版社2007年版，第3-10页。

续表

类别	科目	数额
酒课	酒课	3202 定
	醋课	56 定
	醛课	2 定

由于盐课包括了广州以外的粤东、粤西盐场的收入,实际上珠江三角洲的盐课引额应为 8440 引,按照元贞二年(1296)所定盐额钞价计算,相当于 54.86 万贯,其数字比商税、酒课都要高得多。由于没有当时广东米价的记录,所以不清楚与税粮的比重高低。但毫无疑问,即使是在大德年间珠江三角洲地区的食盐生产开始衰退,盐课的收入对广州地区财政收入的贡献仍然相当大。

至于田赋、商税等更低的粤东、粤西地区而言,盐课所占的比重无疑只会更高。如《永乐大典》所录明初潮州府《图经志》关于元代潮州的赋税记载也可以作为一个可供探讨的个案。兹将相关数据列表如下(见表 3-7)。①

表 3-7 潮州府《图经志》所载元代潮州路各项赋税科目数额

类别	数额(引)	金额(锭)	占比(%)
盐课	11558	25736	91.4
酒课	—	2222	7.9
茶课	—	189	6.7
总计	—	28147	100

由于没有元代潮州田赋的记录,所以不能据以判断盐课与田赋的比例高低。但由上可见,在潮州路的盐、酒、茶三大税课之中,盐课占了绝对多数,达 25736 锭,相当于 128.68 万贯中统钞,占比也超过了 90%。可见在沿海地区,盐课收入的份额在各项税收之中所占的比例是非常之高的。

至于元代广西地区,尤其是广海盐课提举司所辖沿岸州县的财政状况,由于史料阙如,我们难以掌握具体的情况。此外,元代广西的田赋与商税的总额和具体组成都没有文献留存。不过,从零星的材料来看,元代从广西征收到的赋税似乎比宋代要少很多,而且需要从湖广行省调拨钱粮补充。以广西的首府静江路为例。根据明景泰年间重刻洪武《桂林郡志》的记载,元代在桂林所征收的田赋要远远少于宋代。南宋时桂林的各项夏秋税、折谷米、正丁米超过 6 万石,而元代属湖广行省广西两江道宣慰司的静江路所收田赋大概为 6239 石。② 此外,还可以参考静江路所辖义宁县的粮额数字:据道光《义宁县志》记载,元代义宁全县粮额也只有 448 石,约为全路总

---

① 马蓉等点校:《永乐大典方志辑佚》第 4 册,中华书局 2004 年版,第 2616 页。
② 《桂林郡志》的原文是"六十二百三十九石三升九勺七抄八撮",这里的"六十"应该是"六千"的讹写。

额的 7%。① 而明代中期义宁县占桂林府（除去元代时尚未划入桂林府的全州、灌阳，以及加上弘治时从桂林府划归平乐府的修仁、荔浦）份额也是将近 7%，所以元代静江路的粮额数字应该是可信的。将静江路的田赋与《元史·食货志》的田赋数字做比较：元代桂林所属的湖广行省粮额为 84 万石，只占"天下岁入粮数"的 7%，而桂林的数字，又只占湖广行省的 0.7%，虽然元代湖广行省包括了明代的湖广大部、广西全部以及广东西部的高、雷、廉、琼四府，但桂林所占比例似乎还是太小，按照明朝的粮额来计算，广西桂林府在并入全州之前，其粮额占湖广、广西及广东四府总数的 3.5%。② 另一方面，南宋时桂林的各项夏税钱、都税务钱等超过 4 万贯。而元代在桂林所收商、酒、醋、茶、铁等税课约为 5000 锭，折合中统钞 25 万贯，较宋代的数字大很多，不过元代纸钞的购买力随时间的推移贬值很快，而《桂林郡志》的记载又没有说明具体时间，从《元史·食货志》对商税的记录来看，从元世祖至元七年（1270）到元文宗天历（1328—1330）之际的"天下总入之数"，已经"盖不啻百倍"。按天历时湖广行省所收商税约为 6.9 万锭计，如果参照桂林占湖广行省的田赋比例，天历时桂林所收商税应该只有大约 500 锭。因此，《桂林郡志》中的元代静江路赋税记录应该在天历以后，从课税的膨胀速度来推算，《桂林郡志》记载的很有可能已是元顺帝时期的数字了。另一方面，《桂林郡志》还记录了当时属湖广行省湖南道宣慰司全州路的灌阳县的元代赋税，灌阳作为元代所定的"下县"，一年所征正耗米就达到 4200 余石，相当于整个静江路的 2/3，而商、酒、醋、矿冶课约为 250 锭，折合中统钞 1.25 万贯。③ 对比元代静江路与灌阳县的赋税数字，可见元代在湖南和广西所实行的赋税政策是有很大差异的，元政府在桂林所征收的商税较重，而田赋较轻，而在灌阳县则维持了较大数额的田赋征收，这表明元政府对桂林土地赋税的征收能力似乎较为薄弱。作为广西两江道宣慰司驻所的桂林尚且如此，广西其他各州县的情况大概也差不了太多。④ 即使是总量并不大的田赋与商税收入，也并不是都存留作为广西的地方财政开支。李治安指出，元代沿用了宋代的财政政策，对路府州县的财赋支用有严格管制，即使是暂时存放在路府的钱谷，地方官也不能擅自动用。因而地方日

---

① 道光《义宁县志》卷一《田赋》，台湾成文出版社 1975 年版，第 18 页。

② 宣德《桂林郡志》卷二《税赋》，见《国家图书馆藏地方志珍本丛刊》第 753 册，天津古籍出版社 2016 年版，第 449 – 451 页。元代数字参见《元史》卷九三《食货志一》，中华书局 1976 年版，第 2360 – 2361 页。明朝数字参照万历《明会典》卷二四《户部十一·会计》，中华书局 1989 年版，第 162 – 163 页；嘉靖《广西通志》卷十九《田赋》，广西人民出版社 2018 年版，第 240 页；嘉靖《广东通志初稿》卷二三《田赋》，见《广东历代方志集成·省部》第 1 册，岭南美术出版社 2006 年版，第 409 – 410 页。

③ 宣德《桂林郡志》卷十九《灌阳千户所》，见《国家图书馆藏地方志珍本丛刊》第 754 册，天津古籍出版社 2016 年版，第 44 页。

④ 广西其他州县的宋元赋税数字存世不多。《永乐大典》记载，宋代横州所领二县税粮及免役米合约 3870 石，又有税钱、免役钱约 4700 贯，而元代税粮约为 1120 石，诸色课程计中统钞约 1280 锭，折钞 6.4 万贯。这一赋税结构与静江路相似，而与灌阳不同。见马蓉等点校：《永乐大典方志辑佚》第 5 册，中华书局 2004 年版，第 2949 – 2950 页。

常办公经费往往不足,公共设施兴修的费用筹措工作十分棘手。一方面失去了海北盐作为财政收入来源,另一方面田赋与商税的总收入也较宋代时大为减少,因此,元代广西两江道的财政收入并不充裕。

第三节 元末也儿吉尼的贸易海盐政策对广西财政的重要价值

宋元两广盐业支撑了这一地区重要的财政来源,而元末秩序大乱之下的两广政局,也与盐业、盐枭关系密切。元末著名的群雄力量之一——东莞何真的崛起,就借助了大量盐枭的力量。而广西在乱世之下保持政局稳定,也与元末广西实际主政者也儿吉尼采取了"贸易海盐"的办法有很密切的关系。

关于元末何真家族的情况及其与盐场的关系,学界已有较充分的研究。如汤开建主要根据何真之子何崇祖所作《庐江郡何氏家记》,揭示了元末东莞各处土豪的崛起,其中相当一部分是以东莞各处盐场为其根据地的。① 段雪玉更是进一步梳理了元末明初广东乡豪势力的统治基础,她指出:"元末广东群雄竞起,东莞境内势力最强的乡豪们占据了四大盐场和盐栅,他们不仅控制食盐生产和运销,也控制这些地区的盐民。何真的崛起,与控制东莞、惠州地区的盐场密不可分。"②

至于元末广西实际主政者也儿吉尼与元末广西盐政的关系,学界相关的研究则较为薄弱,只有任建敏对这一问题有专门的讨论。③ 任建敏指出,在也儿吉尼采取的财政措施中,重修灵渠是其中比较重要的一项。灵渠历来是沟通两广地区与长江流域的重要水路通道。自秦代开凿灵渠以来,历代不乏修渠之事。但与唐宋时期多次重修灵渠的记录相比,在也儿吉尼莅任广西之前,元代只有至元十三年(1276)元军攻克静江城后,由荆湖行省平章政事阿里海牙命人"闸全之湘水三十六所,以通递舟"④。除此以外,元代文献中就没有关于灵渠修缮的记载。而到了也儿吉尼主政时,在四方多事、湖南路绝的情况之下,当地还要动用力量重修灵渠,就显得耐人寻味了。

关于重修灵渠的缘由,在至正十五年(1355)进士补化所作《重修灵渠记》中有较为详细的记载。据补化的说法,元代时灵渠仍然是很重要的往来交通要道,又称元代

---

① 汤开建:《元明之际广东政局演变与东莞何氏家族》,载《中国史研究》2001 年第 1 期,第 103 - 121 页。
② 段雪玉:《乡豪、盐官与地方政治:〈庐江郡何氏家记〉所见元末明初的广东社会》,载《盐业史研究》2010 年第 4 期,第 15 - 24 页。
③ 任建敏:《元末广西的财政能力与钞法流通》,载《中国社会经济史研究》2017 年第 4 期,第 46 - 56 页。
④ 灵渠所在的兴安县与全州接壤,全州的湘水没有陡门的记载,而唐宋以来灵渠就有三十六陡门的说法,所以这里的"全之湘水三十六所"应该是指灵渠。参见〔元〕姚燧:《湖广行省左丞相神道碑》,见〔元〕苏天爵编:《元文类》卷五九,商务印书馆 1936 年版,第 856 页。

时灵渠之利已超过了前代，但从元代广西的经济状况来看，这个说法有溢美之嫌。不过补化提到的"渠久缺滞"倒是道出了当时灵渠功能废弛的真实情形。至正十二年（1352），春水冲垮堤岸之后，船只通行和灌溉就更为艰难了。这时刚好遇到红巾军起义，也儿吉尼派遣军队前往湖南驰援，灵渠是其必经之路。由于军情紧急，当地官府役民稍加障塞，但每官运一艘船仍然需要役使周边数十户人，不久灵渠又坏。也儿吉尼计划重修灵渠，这一笔经费的来源，据黄裳所作碑记提到，是也儿吉尼"发近岁给禄秩钱五千缗，付有司具木竹金石土谷募工佣力"①。此外，补化则称此役"凡用中统褚币一千余定"。黄裳所说与补化提到的这笔开支应该是同一回事，但按1锭等于50贯的换算率，二者记载差距达到10倍，这与至正十年（1350）变更钞法有关。此次重修灵渠从至正十四年（1354）九月经始，到至正十五年（1355）正月完工。在红巾军占领湖广大部、两地交通阻梗的情况下还要花大力气重修灵渠，证明维持通过灵渠与湖南的交通对广西很有必要，关键就是将其作为将两广海盐运往湖南销售以换取大量财政收入的要道。

至正二十一年（1361）全州清湘县丞杨舜民所作桂林修城《碑阴记》，道出了这其中的关键：

> 至正十有一年，监宪伊勒济呼乜儿吉尼公宪副是邦。明年，淮右盗起，湖广不守，贼遂入湖南，衡、永皆警，岭海震动。公谕众曰："八桂根本，一十六州，国保于民，民保于城。"乃议建筑城池，以为设险守国之要。遂捐俸于官，贸易海醎，积以岁月，息倍至万，经制之费，皆出于此。以至正十六年冬十月甲子鸠工，军民就役者五千余人。②

从上述说法来看，至正十二年（1352）红巾军进入湖南之后，也儿吉尼就开始筹划修筑桂林城池，而经费就是来自捐俸贸易海盐所得。也儿吉尼贸易海盐政策出台的具体时间不详，不过大概要到至正十四年（1354）以后。因为至正十二年也儿吉尼派兵驰援湖南时发现灵渠艰涩，有意重修，但是由于"官帑复空"，直到两年后才得以动工。③可见至正十四年以前广西的地方财政是很紧张的。当也儿吉尼认识到海北盐贸易的巨大价值之后，广西官方介入了这一利润丰厚的海盐贸易，通过"定贸易海北盐规"，掌握销往湖南食盐的主导权。而要将海北盐运往湖南，灵渠是最便捷

---

① 〔元〕黄裳：《灵济庙记》，见〔清〕汪森编：《粤西文载校点》第3册卷三八，黄盛陆等校点，广西人民出版社1990年版，第132－133页。

② 〔元〕杨舜民：《碑阴记》，见杜海军辑校：《桂林石刻总集辑校》上册，中华书局2013年版，第408页。按杜海军注释，至正十六年在雍正《广西通志》作十二年，在《粤西文载》《粤西金石略》《桂林石刻》诸书均作十六年，而《中国西南地区历代石刻汇编》所收拓片虽然模糊不清，但辨析起来，似"六"而不似"二"。而且《碑阴记》又提到"肇基于至正丙申之冬"，丙申即至正十六年。

③ 〔元〕补化：《重修灵渠记》，载宣德《桂林郡志》卷二七《文》，见《国家图书馆藏地方志珍本丛刊》第754册，天津古籍出版社2016年版，第445－450页。

且最有效的交通要道。以重修灵渠及静江城为契机，也儿吉尼制定了海北盐销往湖南的贸易规则，禁止私盐越境销售到湖南，而由广西当局直接控制这宗获利巨大的贸易，同时通过盐利保证了广西钞法的继续通行。当时的静江路儒学提举刘三吾提到也儿吉尼"禁商贩之越境，而钞法以行"①，说的大概就是这么一回事。于是，由广西地方当局主导的海北盐重新进入湖南市场，这才有了"运转输息至百倍"的可能。

由此可见，重修灵渠对当时的广西和湖南两地而言意义是非常重大的。首先是保证从广西输出海盐到湖南获取盐利以充实广西财政，其次是从粮食产量充足的湖南输入粮食满足土地贫瘠的广西的需求。补化说，修渠"不惟惠周于广右而复功被于湖南"，正是道出了重修灵渠的意义所在。也儿吉尼此举不仅解决了元末广西的财政困难，而且这一方法也被后世官员所效仿。明隆庆五年（1571），广西巡抚都御史殷正茂平定古田之乱后，在面临增置武备的经费困难时，"因查《通志》城池款下开载，至正十有一年监宪也儿吉尼宪副是邦，乃议建筑城池以为设险守国之要，遂捐俸于官，贸易海盐，积以岁月，息倍巨万，经费之制，皆出于此"。殷正茂通过密访，得知"湖广衡、永例食广盐，尽由广西省城转行"。最后殷正茂向朝廷请求"仿元也儿吉尼故事"，以广西之盐运至湖广衡、永二府发卖，以所获盐利充广西军饷。可见，从广西运往湖南一带的私盐生意在当时是一直存在的，只是也儿吉尼及殷正茂能够通过种种手段，将这一私盐贸易收归广西官方来经营。②

为什么也儿吉尼时期海北盐的贸易能获利巨大呢？海北指的是雷州、钦州、廉州一带，宋时隶属广南西路，但元时划设为海北海南道宣慰司，治所在雷州。也就是说，治所位于静江的广西两江道宣慰司并无权力管理海北盐政，海北海南道宣慰司只需向湖广行省负责。但是海北盐从宋代开始就是广西食盐的主要来源，不仅是南宋时广马贸易的重要交换物资，而且是广西地方经费和广马贸易本钱的主要来源。此时也儿吉尼采取的方法，就是和海北道那边做盐的生意。按也儿吉尼重修静江城所用将近1万引计，根据危素的记录，静江修城始于至正十六年（1356）十月，落成于二十年（1360）八月，历时将近4年时间，所以一年大概需要海北盐2500引，而且这一引数可能只是也儿吉尼每年从海北交易盐引的一部分而已。

总而言之，也儿吉尼治理广西财政的关键，就是要把每年2500引甚至更多的额外盐引销售出去。这些额外的盐引销售到了什么地方，从"贸易"二字可以看出一点端倪，这些额外的盐大概是销售到广西境外去的，最有可能的是贸易到与广西接壤的湖南南部地区。至正十一年（1351）八月，徐寿辉、邹普胜自蕲州起兵，号红巾军，短短数月之内，攻陷武昌、岳州等湖广行省腹地的大部分城池，一直打到江西行省的江州、袁

---

① 〔元〕刘三吾：《重修桂林府学碑记》，见〔清〕汪森编：《粤西文载校点》第二册卷二六，黄盛陆等校点，广西人民出版社1990年版，第276页。

② 参见《明穆宗实录》卷五七，隆庆五年五月丁卯条，中华书局2016年版，第1400页；万历《广西通志》卷二〇《财赋志·盐法》，见《明代方志选》（六），台湾学生书局1965年版，第390页，及同书卷三九《艺文志五》所殷正茂《议□盐疏》，第818页。

州等地。至正十二年（1352）初兵锋直逼衡州等地。在这种情况下，湖南，尤其是南部衡湘一带的淮盐供应很可能已经被切断，因此，海北盐越界销往湖南的现象就多了起来。

也儿吉尼主政广西期间，由于贸易海盐带来的丰厚收益，素来以贫瘠著称的广西倒是兴修了不少公共工程，这在元末的动荡局势下显得尤其不容易。在危素碑记中提到的，有修孔庙、作通济桥、筑灵渠、修静江城池等事，见诸地方志和碑刻记载的还有舜庙、平乐府学等处。从这些工程的修筑可以看到也儿吉尼治下广西地方的财政力量与工程动员能力。至正十六年（1356）重修静江城动工之时，也儿吉尼已经通过重修灵渠、制定"贸易海北盐规"掌握了广西当时最重要的财政来源。灵渠的重修工程于至正十五年（1355）正月完工，而静江城的重修随即就于至正十六年（1356）冬展开，所依赖的经费正是出自贸易海北盐的收入，两者之间显然存在着密切联系。①

重修静江城所需的经费中，通过卖盐获得的收入有多少呢？按危素的说法是"为钞八百"，"运转输息至百倍，积万余引以给其役"。而按杨舜民的说法则是"积以岁月，息倍至万，经制之费，皆出于此"。杨舜民的"息倍至万"无疑是夸张了。但是根据两篇文字所提供的信息仍然可以做进一步的计算。根据危素得到的信息，重修静江城所需的经费，是也儿吉尼用节省下来的岁禄秩之入，合钞八百，这"八百"的单位显然是锭而非贯，按至正十年（1350）变更钞法以后广西廉访副使岁禄为中统钞五百锭来计算，八百锭为也儿吉尼1.6年的岁禄。② 以1锭等于50缗计算，相当于中统钞4万缗，这个数字以元末的货币情形来看，其实并不多。按杨舜民《碑阴记》的记载，修城所耗为"缗钱三十九万一千七百有奇"。这里的缗钱并不是铜钱，而应该是指发行之初就明确为"以中统交钞一贯文权省铜钱一千文"的至正钞，是以铜钱为计算单位的纸钞。③ 这从发给修城工人的工钱也可以得到佐证。如杨舜民记载"日给盐折钱一百文，廪米三升"，而危素则称为"钞一百文，粟三升"。可见支付给工人的也不是铜钱，而是纸钞。由于至正钞1贯折至元钞2两，而至元钞1两又折中统钞5贯，所以至正钞39.17万缗，折中统钞391.7万缗，差不多是也儿吉尼所出岁禄的100倍。因此危素"运转输息至百倍"的说法看来并不夸张。

最终，花费浩大修建的静江新城成效也很显著，在元亡之际明军势如破竹的情况下，也儿吉尼坐镇的静江城居然抗衡杨璟、朱亮祖两路明军长达三个月，才被攻破，④ 这在明朝灭元战争中也是相当罕见的一例。

---

① 〔元〕危素：《新城记》，载宣德《桂林郡志》卷二七《文》，见《国家图书馆藏地方志珍本丛刊》第754册，天津古籍出版社2016年版，第434—440页。

② 〔元〕刘孟琛等：《南台备要》，见王晓欣点校：《宪台通纪：外三种》，浙江古籍出版社2002年，第220页。

③ 《元史》卷四二《顺帝本纪五》，中华书局1976年版，第889页。

④ 〔明〕徐尊生：《赵元隆墓志铭》，见嘉靖《广西通志》卷三八《艺文》，广西人民出版社2018年版，第458页。按墓志铭记载，洪武元年（1368）三月明军已围静江城，六月明军由西门破城。

第四章 明代两广的盐场制度与盐政体制转型

明代广东盐场的制度实践，与前朝制度和地方社会秩序密切相关，也由此在长期的地方制度实践中形成具有地方特色的管理模式。而与食盐生产相关的运销制度也在明前期逐渐发生变化，从最初的广东盐例不出境销售，到天顺以后，广东盐逐渐形成以广西、湖南南部、江西南部为核心的粤盐销售区域。

在明代的盐政制度中，盐业生产尤为重要。官府控制下的盐场是盐业开中顺利进行的保障，对盐业生产的管理是明代盐业政策的重要组成部分。为了推动开中法的实施，明王朝通过加强盐场的制度建设，实现对食盐出产的控制。洪武初年由中书省职掌盐务，洪武十三年（1380）以后，盐务归入户部。宣德十年（1435）以后，逐渐确立由户部的山东清吏司主管盐课税。广东盐场虽然不像两淮等地区那样在开中法中有着极为重要的地位，但同样被置于两个提举司的管辖之下。明初，广东盐业分立广东、海北二盐课提举司，于洪武二年（1369）设立，下辖29个盐场。

第一节 广东盐场的管理与经营

明代政府将盐场最重要的生产人群编入专门的户籍，称为灶户，与民户分开，归盐运司管理。但是具体的管理方式也并不像我们想象的那么简单，这个制度的确立过程比较漫长，其间又不断地和地方文化传统相互融合，在实践中予以完善。

洪武二十五年（1392）以前，广东盐场主要以地方名士充当百夫长、讥察、从事等职，协助管理盐场事务，洪武二十五年以后再次正式设置盐场盐课司大使管理盐场。在灶户盐课方面，洪武二年（1369）颁布的盐课额基本沿袭了元代的旧额，将其与灶户户额挂钩则要到洪武二十三年（1390）以后，并在洪武二十六年（1393）的《诸司职掌》中明确规定下来，但其办法主要是按户计课。

一、明初的盐场与灶户管理

明代设置"灶户"作为专门从事盐业生产、提供盐课收入的差役户，"以籍为定"，"世守其业"。明初在全国推行"配户当差"的括户制度，濒海产盐者则被定为灶籍。灶籍的人户即灶户。灶户的户役即为朝廷煎办盐课，朝廷为保障足够的盐课供应而通过盐场对灶户进行管制。

洪武二年（1369），"令凡军、民、医、匠、阴阳诸色户，许以原报抄籍为定，不许妄行变乱，违者治罪，仍从原籍"①。广东沿海灶籍，也是在州县里甲赋役制度的推行过程中逐渐完成的。刘志伟指出，广东里甲赋役制度包含两个过程：洪武四年（1371）在地方推行户帖，对户籍进行整顿；洪武十四年（1381）又建立黄册里甲制度，通过编制里甲将人户纳入政府户籍之中。②嘉靖十四年（1535），广东巡抚戴璟在回溯制度时称："我朝洪武初取岭表，又明年，诏定天下版籍，凡民有色役者，令以色役占籍。十家为甲，十甲为图，图积为里，里积为县。"③ 这段话揭示了明王朝在成立之初把地方社会纳入国家控制体系的重要措施。这个过程自然也包括将灶户纳入里甲之内。编于洪武二十六年（1393）的《诸司职掌》则明确道明了这一点，据载："凡各处有司，十年一造黄册，分豁上中下三等人户，仍开军、民、灶、匠等籍。除排年里甲依次充当外，其大小杂泛差役，各照所分上中下三等人户点差。"④ 伴随着户帖和里甲制的推行，灶户也与其他人户一样，确立灶籍，编入黄册，纳粮当差。

地方上对灶户从事盐业生产进行管理的机构就是盐场。编审灶户、设置盐场的目的是办纳盐课。灶户生产盐斤，上交给盐场，即为盐课。一般认为，朝廷对灶户征收的盐课，是以官拨田土、编入灶籍的民户事产作为依据，同时对编有粮差的田土，即役的部分折收丁盐。⑤

明代的盐政管理，在中央由户部职掌，各地视各产区盐的地位设有都转运盐使司和盐课提举司，其下又设有分司和盐课司等。全国各盐区的建置时间并不一致。早在明朝成立前，元至正二十一年（1361），朱元璋"始议立盐法，置局设官以掌之"⑥。至正二十六年（1366），置两淮都运转盐运司，辖29处盐场。⑦ 至正二十七年（1367），"置两浙都转盐运司于杭州，下设三十六场盐课司"⑧。洪武二年（1369）正月，置长芦、河东都转盐运司，广东、海北盐课提举司。十一月，又设山东、福建都转盐使司。⑨

洪武二十六年（1393），户部规定天下盐课产区的专管官员盐运司、提举司，每

---

① 万历《明会典》卷十九《户部六·户口一》，中华书局1989年版，第129页。
② 刘志伟：《在国家与社会之间——明清广东地区里甲赋役制度与乡村社会》，中国人民大学出版社2010年版，第29—37页。
③ 嘉靖《广东通志初稿》卷二二《户口》，见《广东历代方志集成·省部》第1册，岭南美术出版社2006年版，第411页。
④ 《诸司职掌·户部·赋役》，见《玄览堂丛书初辑》第12册，台湾正中书局1981年版，第184页。又参见［日］藤井宏：《明代灶田考》，见《小野武夫博士还历纪念论文集：东洋农业经济史研究》，日本评论社1948年版，第37—64页。
⑤ 刘淼：《明代盐业经济研究》，汕头大学出版社1996年版，第130页。
⑥ 《明太祖实录》卷九，辛丑年正月甲申条，中华书局2016年版，第111页。
⑦ 《明太祖实录》卷十九，丙午年二月己巳条，中华书局2016年版，第262页。
⑧ 《明太祖实录》卷二二，吴元年二月癸丑条，中华书局2016年版，第318—319页。
⑨ 《明太祖实录》卷三八，洪武二年正月戊申条，中华书局2016年版，第770页。

年需将前一年所办盐课，具结印信，奏缴户部，由户科保管，若有伪造亏损，照数赔偿。① 景泰三年（1452），又令广东等盐课提举司把一年业绩、岁办盐课、积存盐利等，悉数造册报部。② 弘治二年（1489），又命广东提举司等于次年六月以前，将一年营运盐销的情形，造册两本，一本送户科注销，一本送户部查考。③

据《明史》称，明初"广东盐行广州、肇庆、惠州、韶州、南雄、潮州六府。海北盐行广东之雷州、高州、廉州、琼州四府，湖广之桂阳、郴二州，广西之桂林、柳州、梧州、浔州、庆远、南宁、平乐、太平、思明、镇安十府，田、龙、泗城、奉议、利五州"④。明代两广地区的盐政机构主要包括广东盐课提举司和海北盐课提举司。对产盐者及其生产场所的管辖是明代盐政的一项重要内容，朝廷专置盐场，并设盐课司专管。广东盐课提举司设在广州府，下辖14处盐场，包括广州府的靖康、归德、东莞、黄田、香山、矬峒、双恩、海晏八场，惠州府的咸水、淡水、石桥三场，潮州府的隆井、小江和招收三场。海北盐课提举司设在廉州府，下辖15处盐场，包括廉州府的白沙、白石、西盐白皮、官寨丹兜四场，雷州府的蚕村调楼、武郎、东海三场，高州府的博茂、茂晖两场，琼州府的大小英感恩、三村马袅、陈村乐会、博顿兰馨、新安和临川六场。

盐场、盐课司的建置并不与盐运司、提举司同步。在广东，明初最早的盐场长官称百夫长。隆庆《潮阳县志》概述了明洪武年间广东盐场设官的过程，其云：

> 邑之盐场二，其一曰招收场盐课司者，基在大栅，原设大使一人，攒典一人，总催七人，盐课凡七千七十引有奇。初，场本故元招收管勾司也。国朝洪武二年改作招收场，设百夫长督办盐课，后坐生事掣革，至二十五年始设流官印记，更今名。⑤

招收场位于广东省东部的潮阳县内，元朝在这里设招收管勾司。洪武二年（1369），随着广东盐课提举司的设置，招收管勾司改为招收场，改设百夫长"督办盐课"，后来不知因何故而"坐生事掣革"，迨至洪武二十五年（1392）"始设流官印记"，并改名"招收场盐课司"。以百夫长管理盐场并非广东独有，如嘉靖《两淮盐法志》载："洪武初，罢管勾，立百夫长。二十五年，复罢百夫长而立大使、副使，率团总督盐课，乃置司以居之。"⑥ 可见洪武年间盐场官员经历了从沿袭元朝旧制，到设百夫长，再到设场大使的过程。在百夫长署理场事的时期，在盐场应该尚未建立

---

① 〔明〕陈仁锡：《皇明世法录》卷二八《盐法》，台湾学生书局1965年版，第45页。
② 万历《明会典》卷三四《户部二十一·课程三·盐法三》，中华书局1989年版，第240页。
③ 万历《明会典》卷三四《户部二十一·课程三·盐法三》，中华书局1989年版，第237页。
④ 《明史》卷八〇《食货志四》，中华书局1974年版，第1934页。
⑤ 隆庆《潮阳县志》卷九《官署志》，见《广东历代方志集成·潮州府部》第13册，岭南美术出版社2009年版，第91页。
⑥ 嘉靖《两淮盐法志》卷二《秩官志》，见《四库全书存目丛书》史部第274册，齐鲁书社1996年版，第177–178页。

官署,只有到设立大使时,才"置司以居之"。《明史·职官志》中也将百夫长列为盐场官员之一,称:"盐场设司令从七品,司丞从八品,百夫长省注。"① 这些百夫长来自盐场内部,是从"灶户内选众所推举者"②,他们在盐场建置之初,在地方上发挥很重要的作用。从一些民间文献中可以发现,似乎百夫长还有三年任期的规定,如香山盐场《延陵吴氏族谱》便称百夫长吴用宜"是选为香山场百夫长,三年课案清白,无毫发之累"③。

前引招收场的例子中提到,盐场到洪武二十五年(1392)才设置流官,意即,在此之前,盐场可能是由地方的土官来管辖的。换句话说,百夫长是从盐场中拣贤任用,其任用"听布政司注授"④,这可以从后来的族谱等文献中得到印证。据香山盐场《延陵吴氏族谱》记载:

> 用宜公,字永积,旧谱叙公禀性聪敏洞达,时务家计日兴,增置产业。明洪武初年,朝廷罢除盐场官职,仍于灶户内选众所推服者,充百夫长,以署场事。公首领,是选为香山场百夫长。三年课案清白,无毫发之累,此可见其能事焉。生元年月日,卒明洪武年月日,葬月大埔乙辛向。⑤

香山盐场位于珠江三角洲西部。明代广州府一带主要包括今天的珠江三角洲地区,是明代广东主要的产盐区,包括靖康、归德、东莞、黄田、香山、矬峒、海晏七个盐场,产量占广东盐课提举司的盐课总量的六成以上。⑥ 而且广州府是中央王朝在岭南建立统治和教化较早的地区,盐场制度也自然最先在这里推行。延陵吴氏先祖用宜公的事迹表明,洪武初,朝廷罢除了元朝盐场旧官制,"于灶户内选众所推服者,充百夫长,以署场事"。百夫长选自灶户内部,盐场通过灶户内"众所推服者"来实现对盐场的管理。百夫长有三年的任期规定。

以上是广东盐课提举司的情况,而广东地区的另一盐课司——海北盐课提举司也有类似的情况。海北提举司建置于洪武二年,提举司公署也从雷州府迁于廉州府石康县西,成化年间又迁至府城内。⑦ 当时海北司的盐场建置情形并不见于文献记载,唯有正德《琼台志》描绘了洪武年间盐场受地方动乱影响的情况,据称:"本县太平都

---

① 《明史》卷七五《职官志四》,中华书局1974年版,第1847—1848页。
② 〔清〕吴天炳编:香山《延陵吴氏族谱》,道光二十二年(1842)刻本(今藏广东省立中山图书馆),第40—41页。
③ 〔清〕吴天炳编:香山《延陵吴氏族谱》,道光二十二年(1842)刻本(今藏广东省立中山图书馆),第40—41页。
④ 《明太祖实录》卷一一三,洪武十年六月乙卯条,中华书局2016年版,第1863页。
⑤ 〔清〕吴天炳编:香山《延陵吴氏族谱》,道光二十二年(1842)刻本(今藏广东省立中山图书馆),第40—41页。
⑥ 嘉靖《广州志》卷十七《贡赋》,见《广东历代方志集成·广州府部》第1册,岭南美术出版社2007年版,第351页。并参见下文表4—1的相关统计数据。
⑦ 〔清〕顾祖禹:《读史方舆纪要》卷一〇四《广东五》,中华书局2019年版,第4487页。

二图陈村乐会场灶户，坐落符村、麻白二廒，洪武十四年开设，十五年土民王官政作耗，二廒灶丁，大军剿灭无遗，缺引无征。"①

明初的粤西并不安宁。"洪武二年，元南建州知州王官字廷金，结万州王贤保作乱"②。至弘治十四年（1501），尚有"儋贼符南蛇作乱"③。这些动乱对于盐场的正常运作影响甚大。陈村乐会场符村、麻白二廒，就是在洪武十五年的王官政作耗中受到重创，"缺引无征"，直到正统八年（1443），"始奉勘合，每盐大引折米一石，小引折米五斗，不拘父子，每丁岁办课米一石五斗五升"。④ 盐场的灶丁和办课额在洪武年间也并不固定。如大小英感恩场，"（洪武）原额六百四十四丁。永乐间，客人吴皮洪首出演顺都二图私煎，净民黄钦等一百九十四丁"，办盐正丁增至838丁。⑤

更多的说法认为海北提举司下设盐场的时间是在洪武二十五年。如正德《琼台志》就质疑洪武十四年的说法，称："诸场俱称洪武二十四五年开设，而此独以为十四年，不能无疑，姑录俟考云。"⑥而这一说法与招收场的建置时间是一致的。

在此之前，海北诸盐场更多的是由地方自主管理的。我们可以发现，在修建海北盐场衙署时，主持修建的人基本上都不是盐场行政长官，而是"灶老"。灶老是地方盐业生产的基层管理者。盐场中像灶老之类的小头目是宋代盐场灶甲制的产物，也有灶首、灶甲头、甲头等名称。郭正忠指出，灶甲制的头目，往往具有双重或多重的复杂身份。他们对上可以代表亭户，对下又代表盐场官吏。⑦ 结合灶老的姓氏和地域情况来看，灶老在明初盐场行政中扮演着重要的角色。而且从正德《琼台志》中看，灶老的姓氏大多是盐场当地的大族。材料显示，最早要到永乐以后，盐场大使才在盐场行政中有所作为。

随着洪武二十五年（1392）地方盐场盐课司的建置，盐场灶户的办课量也随之确立。明初的制度规定，灶户办课，或按户办课，或按丁办课，称之为"全课"。盐场盐丁日办盐3斤，夜办盐4两，一年可办1186斤4两，每200斤折为1小引，可得5引185斤，再加上每引征耗盐5斤，共计30斤，每年1盐丁共征全课6引15

---

① 〔明〕唐胄纂：《正德琼台志》卷十四《盐场》，彭静中点校，海南出版社2006年版，第327页。结合道光《琼州府志》卷十四补充修改。
② 〔明〕唐胄纂：《正德琼台志》卷二一《平乱》，彭静中点校，海南出版社2006年版，第462页。
③ 〔明〕唐胄纂：《正德琼台志》卷四一《纪异》，彭静中点校，海南出版社2006年版，第851页。
④ 〔明〕唐胄纂：《正德琼台志》卷十四《盐场》，彭静中点校，海南出版社2006年版，第327页。
⑤ 〔明〕唐胄纂：《正德琼台志》卷十四《盐场》，彭静中点校，海南出版社2006年版，第326页。
⑥ 〔明〕唐胄纂：《正德琼台志》卷十四《盐场》，彭静中点校，海南出版社2006年版，第327页。
⑦ 郭正忠编：《中国盐业史·古代编》，人民出版社1997年版，第259页。

斤。① 实际上，洪武二年（1369）广东盐场的办课额，主要是依照元代旧额。刘淼也提醒我们，明代可能完全保留了元代的盐课定额。② 而到洪武二十六年（1393）前后，广东在地方户籍编审、盐场建制基本完善，以及朝廷要求重新勘定盐课额的情况下，才真正确立了广东盐场灶户的盐课额。而其计算方式主要采用的是按户计课。据洪武二十六年《诸司职掌》称：广东盐课提举司，岁"办盐四万六千八百五十五引一百斤零"③。这个数据与洪武二年"广东提举司所属十四场，岁办盐四万四千六百三十一引有奇"④ 略有不同。并且洪武二十六年的办课额也一直保持到弘治以后，如《古今鹾略》便称"弘治间，广东与旧额同"。⑤

二、天顺年间盐场栅甲制的确立

天顺前后，广东盐场的场课征收陷入了困境。林希元指出："洪武、正统年间，两经强寇苏有兴（卿）、黄萧养之乱，灶丁消耗，遗下盐课无人办纳。"⑥《香山县志》也称："正统间，被寇苏有卿、黄萧养劫杀盐场灶丁，时盐道吴廷举奏奉勘合，查民户煎食盐者拨补灶丁，仅凑盐排二十户，灶甲数十户，分上、下栅。"⑦

苏有卿和黄萧养两次动乱分别发生于洪武和正统年间，尤其是黄萧养之乱，影响波及整个珠江三角洲地区。这次叛乱"是广东社会从'一向妥安'到'寇贼四起'的重要转折点"⑧，对滨海盐场同样影响深远。黄萧养叛乱虽迅速被官军平定，但之后东南海患寇乱四起，动乱不断。如天顺六年（1462），则有"土孽黄涵聚恶少二百余，剽窃邻境博罗"⑨。关于动乱对盐场造成的影响，我们还可以通过香山《延陵吴氏族谱》中了解一些，据称："谱叙我祖葬大迳山地，离山场村不远，先世聚族于斯。明正统间，经苏有卿、黄萧养寇劫，盐场芟夷庐舍，残害灶丁，近场一带居民四

---

① 万历《广东通志》卷七《藩省志七》，见《广东历代方志集成·省部》第5册，岭南美术出版社2007年版，第183页。

② 刘淼：《明朝灶户的户役》，载《盐业史研究》1992年第2期，第17—25页。

③ 《诸司职掌·户部·盐法》，见《玄览堂丛书初辑》第12册，台湾正中书局1981年版，第227页。

④ 《明太祖实录》卷三八，洪武二年正月戊申条，中华书局2016年版，第770页。

⑤ 〔明〕汪砢玉：《古今鹾略》卷四《会计》，见《续修四库全书》第839册，上海古籍出版社1995年版，第33页。

⑥ 〔明〕林希元：《陈民便以答明诏疏》，见〔明〕陈子龙辑：《明经世文编》卷一六三，中华书局1962年版，第1641页。

⑦ 光绪《香山县志》卷三《新图》，见《广东历代方志集成·广州府部》第36册，岭南美术出版社2007年版，第206页。

⑧ 刘志伟：《在国家与社会之间——明清广东地区里甲赋役制度与乡村社会》，中国人民大学出版社2010年版，第76页；[英]科大卫：《皇帝和祖宗——华南的国家与宗族》，卜永坚译，江苏人民出版社2009年版，第95—109页。

⑨ 崇祯《东莞县志》卷四《官师志》，见《广东历代方志集成·广州府部》第22册，岭南美术出版社2007年版，第177页。

散奔逃,我四房散居各乡多以此。"① 这些史料无意中透露出此时盐场场课办纳出现了问题。《香山县志》就指出,香山盐场要从民户中"拨补灶丁",而且"仅凑盐排二十户,灶甲数十户"②。另一方面,如表4-1所示,我们通过对比明初的盐场场课额和天顺年间实行栅甲制之后的部分盐场场课额,就会发现,天顺编造盐册时制定的场课额较明初还略少。明初的场课额相对来说应该是偏小的,而随着社会经济的恢复,人口的繁衍,产盐量很快就超过了明初的定额。地方官也了解到这一点,所以景泰五年(1454),曾"令广东盐课司,灶户有私煎余盐者,送本司,每引官给米四斗"③。但天顺年间的统计数据尚不如明初,这充分反映了自洪武以来地方盐政官员在盐场场课征收的困境。

表4-1 明初与天顺年间靖康等盐场场课额对比

盐场	明初盐课额	天顺盐课额
靖康场	2976引192斤10两3钱6分	—
归德场	4209引8斤10两	4095引87斤6两
香山场	1491引98斤12两	—
东莞场	1135引121斤	1126引138斤2两
黄田场	738引266斤8两	738引226斤8两

数字出处:嘉靖《广州志》卷十七;天顺《东莞县志》卷三。

有意思的是,据说正统年间,位于广东西部和海南的海北盐课提举司所属新安等盐场,"自永乐至今,积盐甚多,无商中贩"④。同一时期,广东中部的香山等盐场声称自己产盐(即场课)不足,而海北提举司却称积盐太多,没有商人买运。也就是说,在天顺前后,市场上对场盐是有不少需求的,但文献却显示当时盐场灶户逃亡,场课无征。此时盐场场课交纳的还是本色盐。因此产生疑问:既然市场上对盐有很大的需求量,那么为什么盐场却声称由于灶户逃亡,食盐产量不足呢?从市场的角度看,除非广东西部等地的交通条件恶劣至极,否则这种迥异情形的出现可能蕴藏着更复杂的因素。

如果我们了解当时广东盐业的流通状况,就会明白出现这种现象的原因。一个众所周知的事实是,明代中叶国内盐场普遍出现余盐,即于盐场规定的正课额之外存在大量盐斤。这些余盐很多由于得不到盐场的及时收购,从而变成了私盐。而且随着湖广等地市场上对食盐需求量极大,透私、漏私的行为也日渐猖獗,如两广巡抚叶盛所

---

① 〔清〕吴天炳编:香山《延陵吴氏族谱》卷一,道光二十二年(1842)刻本(今藏广东省立中山图书馆),第40页。
② 康熙《香山县志》卷三《盐法》,见《广东历代方志集成·广州府部》第34册,岭南美术出版社2007年版,第206页。
③ 道光《广东通志》卷一六五《经政略八·盐法》,见《广东历代方志集成·省部》第18册,岭南美术出版社2007年版,第2702页。
④ 《明英宗实录》卷七九,正统六年五月己酉条,中华书局2016年版,第1565页。

揭露的："奸贪暴横军民丘瑜、李迣等，每盐一引索银四分，公然卖放越过南安地方。"私盐盛行的后果是导致盐场正课的壅滞。与此同时，随着镇压大藤峡之乱的军费开支增加，天顺二年（1458）叶盛奏准将商人越界南安府贩盐的行为合法化，"令见在支盐客商人等，今后支出官盐有愿装往江西南安、赣州并广西梧州等地方发卖者，先将盐数备开，状赴布政司报名，每盐一引定于沿河缺粮仓分纳米若干，取获实收至日，布政司给与印信文凭付照，听其过境发卖"①。天顺五年（1461），又改定为广东盐愿装往梧州发卖者，"每引定于梧州府仓加纳米二斗"，往江西南安、赣州二府，"每引于南雄府仓加纳米一斗"。② 除此之外，还有大量"湖广之民私贩场盐与商人交易者，皆无征"③。也就是说，市场上对于私盐、余盐有极大的需求，盐场出现场课不足的真相可能在于灶户通过声称正课不足，而私下将原本应作正课交纳的盐当成余盐转卖给商人。长此以往，越来越多的正课被转化成为余盐，最终导致场课大量无征，并在天顺前后达到顶峰。场课无征也意味着商人到盐场无法支取足够的食盐。明王朝对盐场的管控，是通过商人纳粮于边关换取盐引，然后用盐引到盐场支盐，再到指定地区发卖的形式维持的。支取食盐是商人开中的动力，一旦支盐不足，商人自然也就不愿意运输米粮，进而影响到开中法的推行，最终影响国家的财政收入。

在天顺前后，广东盐场的"无征"问题已经影响到地方盐政的正常运作。正是在这样的历史背景下，广东盐政开始推行造盐册、编栅甲的政策。广东盐场"栅"的组织架构的出现，是在天顺六年（1462）盐册攒造的同时形成的。当时，地方经历动乱之后盐场场课交纳不足，急需整编盐场赋役。随着黄萧养之乱给盐场带来的巨大破坏，盐场的丁产由此也变得混乱不清，这与何思赞所讲的福建盐场"今因倭患之后，辄以为辞，一概告减（盐额）"④ 的道理是一样的。从这点出发，设立盐册和栅甲的目的都是完纳场课。

在此之前，据说明初香山盐场的基层单位是"图"，并且分为灶排、灶甲，每图的规模在 100 户左右。类似的表述还可以见于正德《琼台志》，据载："《会同志》册称，本县太平都二图陈村乐会场灶户，坐落符村、麻白二廒，洪武十四年开设，十五年土民王官政作耗，二廒灶丁，大军剿灭无遗，缺引无征。"⑤ 在叙述中，陈村乐会盐场灶户是放在限定词"本县太平都二图"之后的。"图"是明代里甲赋役的单位。据嘉靖《香山县志》记载："里甲之制，洪武十四年始诏天下编赋役黄册，以一百一

---

① 〔明〕叶盛：《叶文庄公奏疏·两广奏草》卷八《巡抚等事疏》，见《四库全书存目丛书》史部第 58 册，齐鲁书社 1996 年版，第 586 页。

② 〔明〕叶盛：《叶文庄公奏疏·两广奏草》卷十《措置军饷疏》，见《四库全书存目丛书》史部第 58 册，齐鲁书社 1996 年版，第 602 页。

③ 嘉靖《广东通志初稿》卷二九《盐法》，见《广东历代方志集成·省部》第 1 册，岭南美术出版社 2007 年版，第 502 页。

④ 〔明〕林烃等：《福建运司志》卷六《经制》，见《玄览堂丛书初辑》第 11 册，台湾正中书局 1981 年版，第 265 页。

⑤ 〔明〕唐胄纂：《正德琼台志》卷十四《盐场》，彭静中点校，海南出版社 2006 年版，第 327 页。

十户为一里，同一格眼谓之一图，推丁粮多者一人为长。"① 编于洪武二十六年（1393）的《诸司职掌》则明确道明了这一点，据载："凡各处有司，十年一造黄册，分豁上、中、下三等人户，仍开军、民、灶、匠等籍。除排年里甲依次充当外，其大小杂泛差役，各照所分上、中、下三等人户点差。"② 可见，伴随着户帖和里甲制的推行，灶户也与其他人户一样，确立灶籍，编入黄册，纳粮当差。这在前述盐册的攒造过程中也得到证实。珠江三角洲的盐场家族还流传着"以盐田报灶籍"的说法。《香山翠微韦氏族谱》称，里长慕皋公"置产业二顷余，明洪武〔十〕四年，初造黄册，随田立灶籍"③。香山山场村《吴氏族谱》载："四世祖东塘……公乃丙四公之子也，讳福到，号东塘，因洪武定天下而后承纳税盐，是为灶户。"④

栅甲或许是在编造盐册的同时进行编排而成的，二者相互配合，形成了天顺年间广东盐场一次重要的场课整合改革，并由此确立起一套场课征收的新制度。栅甲制具体是如何运作的呢？我们可以从地方文献中得到更多的了解。灶户陈湘舟在《上两广盐运司庞老恩师书》中回顾栅甲制时称："东莞靖康一场，内分六栅，每栅内分十甲。"⑤ 结合以上的分析，栅甲制即在盐场之下设栅，栅的数量并不固定，每栅内分十甲，栅设栅长。每甲又设有排户一户，称为"盐排""灶排"，一般的盐户则被称为灶甲。如《香山县志》称："盐排二十户，灶甲数十户，分上、下栅。"⑥ 万历四十三年（1615）的《但侯德政碑记》的落款则为"盐场灶排二十八户"⑦。这"二十户"或"二十八户"的信息，我们可以在《香山翠微韦氏族谱》收录的《十排考》中找到更加具体的对应，据载：

> 明洪武初，于下恭常地方设立盐场，灶排二十户，灶甲数十户，分为上、下二栅，名曰香山场。详令筑漏煮盐，上供国课，下通民用，其利甚溥。二十户者，上栅一甲郭振开，二甲黄万寿，三甲杨先义，四甲谭彦成，五甲韦万祥，六甲容绍基，七甲吴仲贤，八甲容天德，九甲杨素略，十甲鲍文珍；下栅一甲徐法义，二甲刘廷琚，三甲谭本源，四甲林仲五，五甲吴在德，六甲鲍祖标，七甲张

---

① 嘉靖《香山县志》卷二《民物志》，见《广东历代方志集成·广州府部》第34册，岭南美术出版社2007年版，第26页。
② 《诸司职掌·户部·赋役》，见《玄览堂丛书初辑》第12册，台湾正中书局1981年版，第184页。又参见〔日〕藤井宏：《明代灶田考》，见《小野武夫博士还历纪念论文集：东洋农业经济史研究》，日本评论社1948年版，第37—64页。
③ 《香山翠微韦氏族谱》卷一，光绪戊申（1908）刊印本。
④ 香山山场《吴氏族谱》，不分卷，第2页，今藏广东省立中山图书馆。
⑤ 〔明〕陈湘舟：《上两广盐运使司庞老恩师书》，见东莞《凤冈陈氏族谱》卷十一，同治八年（1869）刻本，第58页。
⑥ 光绪《香山县志》卷三《新图》，见《广东历代方志集成·广州府部》第36册，岭南美术出版社2007年版，第206页。
⑦ 光绪《香山县志》卷六《建置》，见《广东历代方志集成·广州府部》第36册，岭南美术出版社2007年版，第86页。

开胜，八甲黄永泰，九甲吴奥载，十甲卢民庶。①

《十排考》再次证实了一栅十甲的说法，并且表明每甲设有灶排一户。栅长是栅甲制中最重要的角色。天顺《东莞县志》称："洪武初，场官曰提领，后改曰大使，吏一名，曰攒典，率栅长以督盐丁办纳盐课。"②可见，栅长的主要职责在于督促办课。除了"督"，更重要的是，栅长一旦督办不力，即栅内出现场课缺征或者灶户逃亡，还要"代赔"。陈履在《上司蒉陈公祖书》中称："灶甲逃亡，则责赔栅长代赔"，③《但侯德政碑记》中提到灶民"故绝而悬其丁于户长、排年者"④。陈湘舟也称："其人已死，其户已绝而丁悬册籍，则追比同栅同甲。"⑤而且，"盐场栅甲轮充见役催征，亦周而复始"⑥。李待问《罢采珠池盐铁澳税疏》中更是直接指出盐场的纳课对象就是灶排，据称："靖康、归德、东莞、香山四场盐课输自灶排，递年皆由场官征收，解司并解。"⑦从这些文献记载中可以看出，盐场场课输纳很大程度上依赖于栅长、灶排这些角色，他们的职责可能不仅仅是催征场课，"代赔"机制将场课输纳的责任完全包纳给了栅长们，栅甲制的赋税工具的性质十分明显。据说，成化年间东莞归德场的陈富斌"魁一里，长一册（栅），役徭繁且重也，人鲜能偿，公酢应忧忧，全无艰窘"⑧。由此可见，天顺年间的栅甲编排主要是对赋役的调整，而伴随着整合赋役的盐册编攒，同时确立一套以栅长为轴的场课包纳机制。

广东地区推行的这种盐场制度，还与当时该地区的产盐技术有密切的关联。与两淮地区普遍采用盘铁煎盐不同，华南地区煮盐的工具并非盘铁，而是竹盘。这种竹盘的历史由来已久，据《广州记》记载："东官郡煮盐，织竹为釜，以牡蛎屑泥之，蛸用七夕一易。"⑨据称，这种以竹子为原材料的盐盘，成本低，取材制作便利，而且不易为官府控制，所以灶户喜用竹盘而不愿使用受到官府严格控制的盘铁。⑩如万历《新会县志》便称："竹釜蛎涂，转久弥密，此煎法也，功倍于晒，视淮浙煮而用铁

---

① 《香山翠微韦氏族谱》卷十二，光绪戊申（1908）刊印本，第 21－22 页。
② 天顺《东莞县志》卷三《合属衙门·盐场》，见《广东历代方志集成·广州府部》第 22 册，岭南美术出版社 2007 年版，第 33 页。
③ 〔明〕陈履：《悬榻斋集》卷三《上司蒉陈公祖书》，广东教育出版社 2005 年版，第 532 页。
④ 道光《香山县志》卷五《金石》，见《广东历代方志集成·广州府部》第 35 册，岭南美术出版社 2007 年版，第 456 页。
⑤ 〔明〕陈湘舟：《上两广盐运使司庞老恩师书》，见东莞《凤冈陈氏族谱》卷十一，同治八年（1869）刻本，第 59 页。
⑥ 〔明〕陈履：《悬榻斋集》卷三《上司蒉陈公祖书》，广东教育出版社 2005 年版，第 532 页。
⑦ 康熙《南海县志》卷十四《艺文志》，见《广东历代方志集成·广州府部》第 11 册，岭南美术出版社 2007 年版，第 285 页。
⑧ 《松岗燕川陈氏九世祖处士静处公墓志铭》（成化二十一年），见萧国健、沈思合编：《深圳碑刻集》，香港显朝书室 2003 年版，第 2 页。
⑨ 转引自《永乐大典》第 7 册卷一四九一二《釜·竹釜》，中华书局 1986 年版，第 670 页。
⑩ 郭正忠编：《中国盐业史·古代编》，第 508 页。又参见嘉靖《香山县志》卷二《民物志》。

者尤便。"① 因此，盐场对于广东灶户的管理，便不大可能照搬淮浙的"聚团公煎"。而建立在对灶户课额基础上的"栅甲"适时而生，通过彼此的约束、节制来保障盐课。类似的方法也见于其他盐区，如团灶制度在福建盐区便演变成为"仓埕"制度。②

三、盐场灶课折银

盐场灶户最初是直接向盐场交纳实物盐作为灶课的。但在成化以后，这种做法开始发生改变，最主要的转变就是灶户的场课开始折色，从起初的灶课折米，到最终普遍实行灶课折银。也就是说，盐场灶户不再需要向地方盐场缴纳实物盐，而是用白银代替。

关于广东的场课折银，《广东通志初稿》称："后以海道多风涛，又仓盐黑恶，商人就贩者少，乃令盐丁计引输银。"③即是说，盐丁"计引输银"是因为"商人就贩者少"，也即由于商人不贩卖食盐。正德三年（1508）广东副使吴廷举则称："靖康、博茂等二十三场生、熟盐场分引盐，自景泰、天顺、成化年间，或因流贼劫害，或因灶户逃亡，或因害商害人，或因仓库倒塌，近年只是验引收银，类解广东布政使。"④ 按这种说法，场课折银从实物转向"验引收银"的原因，除了灶户逃亡外，还与商人有关。商人在支盐的过程中，逐渐获得更多的选择支取何处盐场食盐的权利，这使得部分盐场生产的食盐无商支取。在这种情况下，为了平衡国家的财政税收，通过折色的方式来调整各个盐场之间面临的问题就成为盐场改革的主要内容。

一般认为，场课在折银之前，经历过一个折色的阶段，而这主要发生在海北盐课司下属的琼州府盐场。在明初的制度规定中，海北盐课司的灶户需要自行将所产盐货运送至廉州府上纳。洪武十年（1377），儋州大丰仓副使李德新建言："琼州府军饷每岁俱于广东漕运，经涉海洋，往来艰险，宜以盐引发下琼州府，转发儋、万、崖三州，召商以米，于海南各仓中纳，付与盐引，就场支给，庶免漕运之劳。"户部因此拟定："琼州府每引米二石，儋州米一石八斗，万州米一石五斗。"⑤ 正统六年（1441），广东按察司佥事彭琉上陈改革琼州府盐法，称：

> 广东琼州府，海外极边，控制诸番，诚为要地。粮饷之积，不可不备。而其所属新安等盐场，自永乐至今，积盐甚多，无商中贩。请敕廷臣熟议，令彼灶丁

---

① 万历《新会县志》卷二《食货》，见《广东历代方志集成·广州府部》第 37 册，岭南美术出版社 2007 年版，第 83 页。

② 叶锦花：《亦商亦盗：灶户管理模式转变与明中期泉州沿海地方动乱》，载《学术研究》2014 年第 5 期，第 107-155、160 页。

③ 嘉靖《广东通志初稿》卷二九《盐法》，见《广东历代方志集成·省部》第 1 册，岭南美术出版社 2006 年版，第 502 页。

④ 〔明〕吴廷举：《处置广东盐法疏》，载〔明〕朱廷立：《盐政志》卷七《疏议下》，见《四库全书存目丛书》史部第 273 册，齐鲁书社 1997 年版，第 293-294 页。

⑤ 《明太祖实录》卷一一五，洪武十年九月庚午条，中华书局 2016 年版，第 1887 页。

暂停煎办，听本处军民每盐一引，于所属州县仓纳米五斗，以近就近，支作户口食盐。俟其尽绝，仍旧煎办。庶官民两利，边储有积。①

据称，自永乐至正统，琼州府一带盐场，"积盐甚多，无商中贩"。专管盐法的广东按察司佥事彭硫针对琼州府开中不前的情况，提出了暂停食盐生产，并于该府辖境内，由本地军民到所属州县仓纳米换盐的建议。也许是彭硫的建言得到了朝廷的允许，次年，即正统七年（1442），琼州府内的盐场在知府程莹的主持下进行了制度改革。据称：海北提举司"每岁运赴海北新村盐仓上纳。正统七年，知府程莹奏准每盐一引折米一石，共米六千二百五十三石七斗八升一合二勺五抄，就在本府上仓。弘治间，每米一石，例折银三钱，共银一千八百七十六两一钱三分四厘三毫七丝五忽，赴本府广盈仓投纳，支给军饷"②。

关于程莹的改革，万历《琼州府志》总结称：程莹"奏六场盐引折米纳仓，俱便民"③。即琼州府盐场盐课改在本府盐仓上纳，不再由海北提举司负责征收，而且交纳的不是本色盐，而是折色米。这次改革实际上是将盐场负责的盐课征收事务转交给了地方州县。这种变化很大程度上是由市场造成的，而带来的结果就是海北盐场逐步退出华南的盐业市场。此后的盐场，诚如万历《儋州志》所载："儋（州）固海南一荒州也。旧有兰馨一场，岁征盐课四百，皆据册报之丁认米，即据分认之米榷课，于中有煎煮而纳课者，有耕耘而纳课者，有挑担而纳课者。原无坐落沙田，只是浮派岁额。"④ 这种趋势演变的结果是，广东终于在弘治四年（1491）实行了盐场灶课折银。嘉靖《广东通志初稿》称："令盐丁计引输银"，"生盐一引折银一钱七分，熟盐一引银二钱三分"⑤。

灶课折银之后不久，官府进而"盐町悉罢与民自鬻"，⑥ 而万历《粤大记》也称：广东盐课提举司"其盐听灶户自卖。弘治四年奏行"⑦。即在弘治四年灶课全面折银之后，场盐直接开放给市场，灶户可以自由支配自己出产的盐货。不过，此时灶户也并非如前人研究所认为的可以无限制地、随意地销售盐斤，而是不再需要亲身运盐至盐仓，但也只允许在盐场范围内进行交易。正德五年（1510）的地方法令也说得很

---

① 《明英宗实录》卷七九，正统六年五月己酉条，中华书局 2016 年版，第 1565 页。

② 〔明〕唐胄纂：《正德琼台志》卷十四《盐场》，彭静中点校，海南出版社 2006 年版，第 326 页。

③ 万历《琼州府志》卷九《秩官志》，见《广东历代方志集成·琼州府部》第 2 册，岭南美术出版社 2009 年版，第 299 页。

④ 万历《儋州志》天集《食货志·盐课》，见《广东历代方志集成·琼州府部》第 18 册，岭南美术出版社 2009 年版，第 365 页。

⑤ 嘉靖《广东通志初稿》卷二九《盐法》，见《广东历代方志集成·省部》第 1 册，岭南美术出版社 2006 年版，第 502 页。

⑥ 嘉靖《广东通志初稿》卷二九《盐法》，见《广东历代方志集成·省部》第 1 册，岭南美术出版社 2006 年版，第 502 页。

⑦ 万历《粤大记》卷三一《政事类·盐法》，见《广东历代方志集成·省部》第 26 册，岭南美术出版社 2006 年版，第 513 页。

清楚：余盐"照旧例许令本处贸易"①。场课折银是从余盐出现私卖到官府允许余盐买卖而将场课转嫁给商人的结果，它所反映的是地方政府以获得更多收入为目的而对盐场实行的改革，与之并行的是食盐运销中对正余盐搭配制度的放宽，尤其是对允许余盐"自首"，实际上默许了私盐的贸易。正德十二年（1517），丁致祥便称广东"自成化以来亦不缴引目，盖私盐无禁，引目不行"②。

普遍实现灶课折银不仅改变了盐场上盐货的交易方式，也影响了盐户的生计经营。灶课折银最重要的意义在于，盐场灶户参与食盐运销从此取得了合法性，这对盐场社会的影响是极其深远的。盐场灶户有着地利人和的优势，因此控制盐场、成为盐商也是顺理成章的事情。而且，这样的例子并不少见。在粤东海丰县的石桥盐场，有一个被当地誉为"吴半县"的灶户。而种种迹象表明，这个吴半县就是身兼盐商的灶户。

"吴半县"即石桥场灶户吴坦夫，据说他拥有近千户灶丁，垄断了石桥场盐的生产和销售，独家承担了政府的税收，因此有了"吴半县"的说法。③ 石桥场位于广东东南部的海丰县，属惠州府。石桥场的所在，据嘉靖《惠州府志》记载："隶提举司之署曰石桥场盐课司，元时名勾管司，洪武改设在坊廓都，去县二百里，深广各三十丈。"④ 据称"石桥场原额人户九百三十九户，人丁三千九百零二丁。"⑤

作为滨海县份，盐业经济是明代海丰县的主要产业。邑人黄绅《石桥场新筑土城记》中载：

> 海丰为邑，广袤数百里，皆溯海而居，民间擅鱼盐之利藉以温饱。石桥场设于碣石卫西门之外，尤称富饶，自国初以来，民不识兵，歌舞相闻，去邑治百四十里而遥，固县令所不加意之地也。嘉靖壬子，海寇炽，标掠其地，官寺、民舍一时俱烬，赴斗而死与被执而俘者，不可胜数，幸而存者，固有固志，转徙相望者，仅百余户尔。⑥

黄绅声称海丰县百姓"擅鱼盐之利，藉以温饱"，鱼盐是地方百姓的主要生计来源。其中提到石桥场"尤称富饶"，自"国初以来，民不识兵，歌舞相闻"。

---

① 康熙《新安县志》卷六《田赋志·盐课》，见《广东历代方志集成·广州府部》第26册，岭南美术出版社2007年版，第73页。
② 《明武宗实录》卷一四七，正德十二年三月庚子条，中华书局2016年版，第2878页。
③ 叶良方：《石桥场春秋》，见《陆丰文史》第9辑，广东省陆丰市政协文史资料研究委员会2000年版，第66-67页。
④ 嘉靖二十一年《惠州府志》卷六《公署志》，见《广东历代方志集成·惠州府部》第1册，岭南美术出版社2007年版，第185页。
⑤ 嘉靖《广东通志初稿》卷二九《盐法》，见《广东历代方志集成·省部》第1册，岭南美术出版社2006年版，第503页。
⑥ 乾隆《陆丰县志》卷十二《艺文》，见《广东历代方志集成·惠州府部》第13册，岭南美术出版社2007年版，第161页。

吴坦夫就是这样一个盐场的灶户。吴坦夫号兴梅，海丰县金锡都淘河乡人。吴坦夫所在的金锡都，"山海各半，田园饶裕"，是海丰县重要的海产和海贸的场所。况且吴坦夫的资产范围并不仅限于金锡都，根据海丰《吴氏族谱》的描述：

> （吴坦夫）占有兴贤、杨安、石塘、金锡、坊廊、石帆各都属的田地、山塘20多万亩，等于全县的二分之一，每年收租谷22万石，占有杨安、金锡都渔港和鱼塭数十口，拥有盐灶千户，海上大商海船百艘，年缴纳田赋折色白银约14万两，占海丰县年纳粮赋一半还多，时人谓之吴半县。①

身为灶户的吴坦夫，除了拥有大量盐田等资产外，还控制了当地的运输交通线。据县志中对当地交通的描述：

> 县东一里为龙津水源，出银瓶山，南流至小金笼山下，左合赤岸水，又西南右合大小液水，是为三江赤岸，去县十里。发源一自掘龙径，一自激石溪，合流于青湖，歧流于新漕。新漕在县东南二十五里，闽广盐贩多此泊舟。上五里有乡，曰宋溪头，有岭曰宋师岭，阶级犹存，盖宋舟师于此凿漕筑山，因以开通水道者也。②

据说吴坦夫就是通过垄断这条把东、西溪连接起来的水道，从而垄断海丰金锡都、杨安都的港口，并以100多艘大海船从事海洋贸易，当然也包括盐的贸易，积累了巨量的财富，闻名粤东一带。在海丰县城的东南方向原有两条互不相通的河流，称为东溪和西溪。赤岸水（今称黄江）穿过可北平原经陶河镇的大小屿村分流，其中一条往东折入高螺湾出海口，是为东溪；东溪从陶河港口至大德港止，全长约30公里。另一条支流往西拐弯，经鹿境山流入长沙湾三江出海口，是为西溪，全长约20公里。上引文献中提到的"宋溪"，就是凿通了东西两溪的联通线。嘉靖《海丰志》载："斯邑之膏腴也，南出长沙，通于岛夷，东出大陂，通于闽粤。"③宋溪的开凿，连接了东部的高螺湾和西部的长沙湾。"原来距海丰县城遥远的碣石、甲子门港等东南部船只，也可以利用这条水道从长沙湾向西南抵达鲘门港。或者经鹿境畲港向北溯丽江而上县城，甚至可以将鱼盐等海产品运至海丰北部的南岭山区，回程将杉木、茶叶等山货运到大德、鲘门等沿海港口。"④

这些个案告诉我们，明中叶的盐场制度改革，实际上将盐场灶户的地区交易扩大

---

① 海丰《吴氏族谱》，转引自黄超：《中华人民共和国建国前海丰历代经济简况》，见《海丰文史》第8辑，政协广东省海丰县委员会文史资料研究委员会1991年版，第23页。
② 同治《海丰县志》卷上《山川》，见《广东历代方志集成·惠州府部》第12册，岭南美术出版社2007年版，第340—341页。
③ 嘉靖《海丰县志》上卷《封域》，见《明清海丰县志：校注本》，方志出版社2019年版，第57页。
④ 叶良方：《古代汕尾的黄金水道》，载《汕头日报》2018年1月14日第7版。

为跨地区的贸易市场，从而为盐场富灶积累了巨富。而另一部分灶户则在这一过程中变成了富灶的佣工，在此后的华南盐业市场变迁中，这一部分灶户逐渐成为富灶转移赋役的对象，即文献中提到的"灶户或人丁百余，田业数顷，名盐只纳三四引，或人只一二家，无宿粟，盐课反纳四五引"的局面的形成。

四、场课归并州县的盐场改革

正德以后，朝廷对广东地方余盐盐利的干预，促使盐场管理的重心转向限制余盐私卖、主抓场课无征，引致盐场与州县赋役矛盾的激化，御史解冕及其继任者先后推行的余丁佥补、以田报丁和重编盐册等措施，使得盐场实现课盐分离，进而又促成州县取代盐场，成为管理场课征收的重要机构。

盐场是产生余盐盐利的根源，无征则是余盐有利可图所导致的结果。如何应对旷日持久的场课无征成了广东盐政和盐场的难题。据称广东盐课中的"无征"是盐场由于"灶丁消耗"而留下的"无人办纳"的场课。广东按察司佥事林希元认为，盐场无征是由于洪武、正统年间的苏有兴、黄萧养动乱而造成的，当时广东盐场的无征灶丁达到28403丁，盐课28403引。① 正德年间，由于朝廷疏通盐法，并且下决心打击私盐，派往广东整理盐法的解冕出手整顿自首盐斤，收紧了成、弘以来宽松的盐业市场环境，并革除商引，禁止盐商下场支盐，着手治理盐场的场课无征问题。

为了解决无征问题，解冕及其继任者一面将无征停征、蠲免，一面设法用盐场已有的"资源"——多余人丁、多占田地，来填补无征的缺额。正德四年（1509），解冕奏请朝廷，将"现在有征盐课，宽减十分之二，其先逃续逃无征盐课，节行停征"②。停征并不等于免征，而是通过佥补方式来对付。先是"议准广东沿海军民蛋户赖私煎盐勣为生，许令尽数报官，于附近场分减半纳课，以补无征之数"③。正德十二年（1517），户部署郎中丁致祥"自广东还"，奏称："广东盐场岁办额课与诸司职掌所载不同，恐有那移迁就，乘机埋没之弊，宜令巡盐御史按查修举，或灶丁缺者，量为佥补。"④ 主管盐政的广东按察司佥事吴廷举提出灶户"每户除民田一百亩不当差役"，"多余人丁佥补逃亡灶丁，多余田土扣算纳银"。⑤ 这也即其他文献提到

---

① 〔明〕林希元：《陈民便以答明诏疏》，见〔明〕陈子龙辑：《明经世文编》卷一六三，中华书局1962年版，第1641页。
② 〔明〕林希元：《清查灶丁疏》，载乾隆《廉州府志》卷二〇上《艺文上》，见《广东历代方志集成·廉州府部》第2册，岭南美术出版社2009年版，第392页。
③ 〔明〕汪砢玉：《古今蹉略》卷五《政令》，见《续修四库全书》第839册，上海古籍出版社1995年版，第83页。
④ 《明武宗实录》卷一四七，正德十二年三月庚子条，中华书局2016年版，第2878—2879页。
⑤ 《正德初盐法佥事吴廷举查复优免例》，该文献见于万历《琼州府志》卷五《赋役志·盐课》（《广东历代方志集成·琼州府部》第2册，岭南美术出版社2009年版，第115页），并据康熙《琼山县志》卷二《建置志》（《广东历代方志集成·琼州府部》第9册，岭南美术出版社2009年版，第532页）补全。

的"三丁贴一","灶户一丁办盐,准户下二丁帮贴,其余金补逃故"。① 如果这些措施能顺利落实的话,无征就有望被置换成有征,即用余盐去补充无征的缺额,一举两得。

但这一政策严重损害了盐场富户的既得利益。对于解冕的改革,盐场地方人士是不满的。东莞人陈士俊评价称:"御史解冕来按吾广之盐,峻令连坐,至有破无辜之家者,其于法意,谓之何哉?"对于盐场丁课"无征"而盐税日繁,陈士俊则持赞同态度:"迨我朝一本致堂之意以立法,善无不尽,法久而敝,故丁课日损,而商税日繁,变而通之,将不在人乎?"② 陈士俊代表的是盐场灶户的立场,他的说法也坐实了灶户参与盐业贸易的可能。

嘉靖三年(1524),广东盐课提举司"因两广都御史督责"③,又提出将原本已经停征的"逃亡盐课","通行追比,以副奏限"。④ 这一下子激化了灶户的抗拒情绪。据说,"灶户之家,富丁多者尚可支援,家贫丁少者难于赔纳,因之逃亡,是以现在灶丁又十去二三"⑤。归德场灶户文宣更是以"赔贩无征不前,具本奏行"。为此,广东盐法佥事陈大珊请准先除去无征,再令盐场"各甲尽报老幼丁口",并"以田报丁","每田一顷额报丁三丁造册"。接任的盐法佥事李默继续推行,并定"各场每丁办盐四百斤"⑥。

以田报丁改变了明初以来"盐课论丁,丁多则课多"⑦ 的做法。据张岳《答盐道李古冲》中称:"责丁于田,其初只欲抑大户之诡税者。"⑧ 何谓诡税,据戴璟称:

> 今灶户俱云灶田无差分,外又除民田一百亩,而有司编差不拘有无纳盐,但是灶田悉置不问,仍免民田百亩。原其所由,盖虽有照丁免田之例,而不行照田责丁之法,以致富豪灶户不行报丁纳盐,夤缘影射。靖康等场灶户有田二十余顷

---

① 〔明〕林希元:《陈民便以答明诏疏》,见〔明〕陈子龙辑:《明经世文编》卷一六三,中华书局1962年版,第1642-1643页。

② 〔明〕陈士俊:《东莞场志序》,载崇祯《东莞县志》卷六《艺文志》,见《广东历代方志集成·广州府部》第22册,岭南美术出版社2007年版,第313页。

③ 〔明〕林希元:《陈民便以答明诏疏》,见〔明〕陈子龙辑:《明经世文编》卷一六三,中华书局1962年版,第1641页。

④ 〔明〕林希元:《清查灶丁疏》,载乾隆《廉州府志》卷二〇上《艺文上》,见《广东历代方志集成·廉州府部》第2册,岭南美术出版社2009年版,第392页。

⑤ 〔明〕林希元:《清查灶丁疏》,载乾隆《廉州府志》卷二〇上《艺文上》,见《广东历代方志集成·廉州府部》第2册,岭南美术出版社2009年版,第392页。

⑥ 〔明〕陈志敬:《请省赋敛以苏盐丁疏》,载崇祯《东莞县志》卷六《艺文志》,见《广东历代方志集成·广州府部》第22册,岭南美术出版社2007年版,第260-261页。

⑦ 嘉靖《广东通志初稿》卷二九《盐法》,见《广东历代方志集成·省部》第1册,岭南美术出版社2006年版,第502页。

⑧ 〔明〕张岳:《小山类稿》卷七《答盐道李古冲》,见《四库全书》第1272册,上海古籍出版社1987年版,第368页。

者，户内办盐止二三丁，折小引五六引。①

"以田报丁"使得拥有大量田地而只有少量丁课的盐场家族的利益受到损害。在东莞等盐场有编量经历的张岳便指出："以田办盐，如民田之以亩科税。此法若行，则小民之有引无业者，稍可轻减，而大户之白地煎盐而无课者，必多方沮挠之。"② 广东南海人霍韬也认为，盐场"富民、豪民挟海负险，多招贫民，广占卤地"③。

作为靖康盐场最大家族的凤冈陈氏，其成员之一、当时致仕在家的前广西兵备副使陈志敬，于嘉靖十二年（1533）上书朝廷，替盐场灶户陈述"困苦"，指责恢复无征带来的种种危害，控诉陈大珊等提出的"以田报丁"的做法，"有甚于永州之蛇"，致"保守身家者，则典妻卖子，无知犯法者，则抛弃妻儿，甚如王秀山、许折桂流动劫乡村，杀伤官军"。他称："靖康、归德二场，……今自办四百斤，又无赡灶之丁，有违旧制之例矣，此苛政之法也。"④ 鉴于陈志敬在朝野间的地位和关系网络，他的抗议最终让"以田报丁"搁浅。无征难题依旧存在。

虽然余丁金补和以田报丁相继失败，但地方盐官并未就此放弃。嘉靖十八年（1539），此前曾提议"豁无征盐课，重造册籍"⑤ 的林希元由钦州知州升任广东佥事，开始按照他之前的提议推行改革。林希元认为，盐场灶户按册办课，以册额为准，因此只有重新清查，编造盐册，才能弥补无征的缺额，所谓"广东盐课，虽因灶丁之消耗，原额已损于旧，迩来生齿渐繁，食盐渐广，各处所入军饷银两，已百十倍于初，彼消此长，盖亦互补也"。林希元冀望"将先年盐册，重新改造。灶丁已故年久者通行开除，新生续长者逐一清查，收入及灶田旧管新收开除，与民间黄册一般编造"，同时还要"十年一次更造，永为定规"。⑥

但与林希元的预期相反，再造盐册似乎不但没有解决无征的问题，反而激起灶户更大的不满。据康熙《新安县志》称："嘉靖二十一年，再造盐册，始改无征为有征，照额追征，灶民受困矣。"⑦ 香山盐场立于万历四十三年（1615）的《但侯德政碑记》描述了当时盐场的情形："灶民有一口而匀纳一丁二丁以至三四丁者，有故绝

---

① 嘉靖《广东通志初稿》卷二九《盐法》，见《广东历代方志集成·省部》第1册，岭南美术出版社2006年版，第506页。

② 〔明〕张岳：《小山类稿》卷七《答盐道李古冲》，见《四库全书》第1272册，上海古籍出版社1987年版，第369页。

③ 〔明〕张萱：《西园闻见录》卷三五，见《续修四库全书》第1169册，上海古籍出版社1995年版，第80页。

④ 〔明〕陈志敬：《请省赋敛以苏盐丁疏》，载崇祯《东莞县志》卷六《艺文志》，见《广东历代方志集成·广州府部》第22册，岭南美术出版社2007年版，第261页。

⑤ 嘉靖《广东通志初稿》卷二九《盐法》，见《广东历代方志集成·省部》第1册，岭南美术出版社2006年版，第502页。

⑥ 〔明〕林希元：《陈民便以答明诏疏》，见〔明〕陈子龙辑：《明经世文编》卷一六三，中华书局1962年版，第1642页。

⑦ 康熙《新安县志》卷六《田赋志·盐课》，见《广东历代方志集成·广州府部》第26册，岭南美术出版社2007年版，第73页。

而悬其丁于户长排年者,即青衿隶名士籍而不免输将。斯民供设艰于蚊负,由是多易子拆骨,逃散四方,避亡军伍,琐尾流离,靡所不至。"由此碑所述可见,此后的盐册并未真的按照林氏所设想的"新生续长者,逐一清查收入"进行。而香山知县但侯(但启元)即使想要"纾困救毙",也并非从清查盐册入手,而是"手自会计,将升科粮银四十五两有奇,通请于上官以抵补丁课",才得以"豁免九十七丁"。①

弘治以后盐政衰败的真相是由于灶户纳盐的持续不足,影响到了王朝的财政收入。这是朝廷允许余盐自主出售的必然结果,盐利以另外一种税收的形式汇入地方军饷。正德以后的国家财政紧张,御史解冕及其继任者试图通过处理场课无征问题,打击私盐,以增加盐课收入。然而他解决无征问题的初衷却没有在他的继任者那里得到延续,更何况盐场的既得利益者并不愿意看到这些改革措施真的实行。而嘉靖以后两淮余盐政策实施后对广盐越境的制度挤压,使得广东盐的市场规模被迫缩减。在以田报丁和重造盐册等措施的实施过程中,应对无征逐渐变成解决场课缺征,与此同时,州县与盐场的矛盾愈演愈烈。

在应对无征的过程中,盐场灶户利用明初制度设计中盐场与州县的户籍和赋役交织不清的漏洞以规避盐场赋役,却加剧了盐场与州县之间的矛盾,由此将解决无征问题变成了处理盐场与州县的赋役纠纷问题。

虽然盐场与州县的行政在制度规定上有明确的界限,但在实际运作中,灶户由于田土的赋役问题,却常常混淆于盐场与州县之间。首先,明初编排户籍时,盐场灶户被依法登记在州县黄册之中,编入州县都里,在州县承担里甲正役。其次,明初建置盐场,灶户原有的民田地也随之流入盐场,这些田地称为"灶田"或"赡盐田土"②。在明代,纳粮当差是所有在籍人户的义务,灶户也不例外。③况且赡盐田土本是民田,也须在州县承担赋役。④藤井宏将灶户的这种既身隶盐场又在州县当差的性质称为"灶户的两栖性"⑤。灶户的田粮与差役的课征,成了州县与盐场这两个不同行政组织之间的最大矛盾,但同时也成为灶户用于规避赋役的重要手段。

明朝建立以来,由于灶户全力办盐纳课,生计别无所出,朝廷对于灶户常常有优

---

① 道光《香山县志》卷五《金石》,见《广东历代方志集成·广州府部》第35册,岭南美术出版社2007年版,第456页。

② 参见王毓铨:《明朝徭役的审编与土地》,载《历史研究》1988年第1期,第162—180页;刘淼:《明朝灶户的户役》,载《盐业史研究》1992年第2期,第17—25页;刘淼:《明朝灶丁免田制考》,见《文史》第39辑,中华书局1994年版,第165—179页。

③ 王毓铨:《明朝徭役的审编与土地》,载《历史研究》1988年第1期,第162—180页。

④ 刘淼:《明代盐业经济研究》,汕头大学出版社1996年版,第142—143页。

⑤ [日]藤井宏:《明代灶田考》,见《小野武夫博士还历纪念论文集:东洋农业经济史研究》,日本评论社1948年版,第37—65页。

恤的政策。① 如自洪武二十七年（1394）起，盐场就一直强调"优免盐丁杂泛差役"。② 灶户的两栖性，使得灶户可以将州县的田地规避入盐场，以此获得相应的优免。为了节制灶户的民田诡寄灶田，弘治二年（1489），朝廷开始推行免田法（实为限田），③ "令灶户除全课二十丁、三十丁以上，通户优免逋欠，若殷实灶户，止当灶丁数名，亦止照见当丁数贴丁，此外多余丁田，俱发有司当差"④。对灶户的优免做了数量上的限制。

　　天顺到弘治间，广东盐场产盐有利可图，尤其是在余盐允许自由售卖给来场的盐商时，灶户可能就会利用其两栖性，将灶田诡寄成民田。这样一来，灶户在盐场登记的正课就减少了，部分正课被暗地里转成可以私卖的余盐。林希元就敏锐地指出："盐册自天顺六年编造，至今六十余年，不行改造。灶丁在册，已故年久者，未与开豁，新生续长者，未及收入。灶丁按册办课，灶户或人丁百余，田业数顷，名盐只纳三四引，或人只一二家，无宿粟，盐课反纳四五引，苦乐不均。"⑤ 盐册本为征收盐课而立，但历年久远而不曾编造，以致灶户有机可乘。

　　场课缺征问题一直难以解决的原因就在于民、灶之间的隐弊、诡寄，民田、灶田之间的界限难以划清。为了限制殷实灶户广占田地而少纳盐课，官府想方设法通过一些措施来遏制他们。如前文的"以田报丁"，即通过限制免田的额度、范围，来制止灶户的兼并。但这些措施的效果并不明显，其中一个原因是民灶田的问题不仅仅关系盐场，还牵涉州县的赋役。明初的制度规定，盐场不隶属于州县管理，而是与州县并列的地方基层行政机构，⑥ 盐场虽在州县地域范围之内，行政上却是独立的。⑦ "民、灶各不相关，县、场各自为政"⑧，灶户只"听场官征解，州县不得侵越及佥派差役"⑨；除犯人命重案，其他诉讼州县并不能参与，而须由巡抚等中央监察官员管理

---

① 参见陈诗启：《明代的灶户和盐的生产》，载《厦门大学学报》（社会科学版）1957年第1期，第153-180页；李珂：《明代盐政经济的剥削机制及其形式上的演变》，载《历史档案》2005年第3期，第44-52页。
② 万历《明会典》卷三四《户部二十一·课程三·盐法三》，中华书局1989年版，第243页。
③ 参见刘淼：《明朝灶丁免田制考》，见《文史》第39辑，中华书局1994年版，第165-179页。
④ 万历《明会典》卷三四《户部二十一·课程三·盐法三》，中华书局1989年版，第243页。
⑤〔明〕林希元：《陈民便以答明诏疏》，见〔明〕陈子龙辑：《明经世文编》卷一六三，中华书局1962年版，第1643页。
⑥ 参见徐泓：《明代后期盐业生产组织与生产形态的变迁》，见《沈刚伯先生八秩荣庆论文集》，台湾联经出版事业公司1972年版，第389-432页；徐靖捷：《盐场与州县——明代中后期泰州灶户的赋役管理》，载《历史人类学学刊》2012年第2期，第63-88页。
⑦ 参见徐泓：《明代的盐务行政机构》，载《台湾大学历史学系学报》1990年第15期，第197-206页。
⑧〔明〕杨鹤：《酌议天赐场事宜疏》，载万历《重修两浙鹾志》卷二一《奏议下》，见《四库全书存目丛书》第274册，齐鲁书社1996年版，第798页。
⑨ 嘉庆《长芦盐法志》附编《援证六下·历代职官考》，见《续修四库全书》第840册，上海古籍出版社1995年版，第524页。

受理，或运司、分司官问断，"不许府州县衙门一概滥受，以致事体纷更，有违定制"①。

盐场与州县的这种错综复杂的行政关系，让赋役的难题一直难以得到有效解决。若要解决盐场与州县的这种关系所带来的赋役纠纷问题，最有效的办法也许是将灶户的赋役归于一处管理。明中叶以来的一系列改革为此提供了基础。这个基础就是场课折银和场盐"听灶户自卖"所导致的课、盐分离。场课用银两结算，与实际产盐并不挂钩。对于灶户来说，在盐场办课需要交纳的是银两，所产盐货则是用于在盐场内交易以换取银两。所以与场课有关的实际上是灶户的丁数和田数。而明中叶的灶户实质上只是一个赋役单位。以田报丁和重造盐册的真实目的也在于清查并确认灶户的丁田数。至于盐场的实际产量是多少，官方并不关心也不认为重要。盐场的课盐分离，既是盐场制度因应开中法变化而促成的，更是盐场人群活动的过程中各种赋役流动的结果。

这种种诉求终于促成嘉靖三十一年（1552）的改革，据万历《粤大记》记载：

> 先年，俱系提举司经自催征，因与各场隔远，中多拖欠。自嘉靖三十年为始，行各附近县分掌印官，将各辖地方场分课银督征，务在年终完足，及将二十九年以前拖欠之数，立法带征。嘉靖三十一年正月内，盐法佥事李万实呈行。②

盐法佥事李万实将盐课催征不前、中多拖欠的原因归结于提举司与盐场疏远，因而从嘉靖三十年（1551）起，改令盐场附近县分掌印官负责督征盐场课银。

场课归并州县征收之后，盐场官员实际上只剩下监督职能。因为朝廷仍需要盐场提供的食盐来盘活税收，同时限制灶户贩私，与朝廷争利，所以盐场一直以来的职能之一就是"督盐丁办纳盐课"。③ 嘉靖《香山县志》称，香山盐场课大使"掌盐丁煎盐、课引之事"④。在某些盐场，这种监督职能开始变得不太重要，也因而出现将盐场官员裁汰的做法。万历末年，香山盐场因为"场灶无盐"，纳课尚需"往别场买盐运回"⑤，自身基本不能进行食盐生产，场官的存在已是多余。因此，天启五年（1625），盐场经奏准"裁汰场官，盐课并县征解"⑥。这也充分证明，在盐课银归州

---

① 嘉靖《两淮盐法志》卷四《法制一》，见《北京图书馆古籍珍本丛刊》，书目文献出版社1988年版，第22页。

② 万历《粤大记》卷三一《政事类·盐法》，见《广东历代方志集成·省部》第26册，岭南美术出版社2006年版，第513页。

③ 天顺《东莞县志》卷三《合属衙门·盐场》，见《广东历代方志集成·广州府部》第22册，岭南美术出版社2007年版，第33页。

④ 嘉靖《香山县志》卷五《官师志》，见《广东历代方志集成·广州府部》第34册，岭南美术出版社2007年版，第66页。

⑤ 康熙《香山县志》卷三《食货》，见《广东历代方志集成·广州府部》第34册，岭南美术出版社2007年版，第206页。

⑥ 康熙《香山县志》卷三《食货》，见《广东历代方志集成·广州府部》第34册，岭南美术出版社2007年版，第206页。

县督征以后，场官的任务在于督促生产，对于不事生产的盐场，可将场官裁汰。

第二节 两广盐政的管理机构与粤盐运销

明代前中期的食盐制度中最为重要的是作为官卖法的户口食盐法和作为通商法的开中法。① 二者的结合和演变，对华南盐业市场格局产生了重要的影响。相较于其他盐区，两广自明初以来，并未派遣专门的盐政官员，而是委任官员巡守广东盐政，但因巡守官员另有本职，只是身兼盐务，乃至盐课逋负数万金。② 随后，户部革去巡守官员，添设按察使佥事一员，专理盐政。③ 加之余盐的发展和私盐的盛行，广东的食盐开中在天顺以后开始进行大幅度的调整，抽盐厂制度开始改变粤盐的运销体制。

一、明代两广的盐政机构

明代地方盐业的管理机构，一般包括巡盐御史、盐法道和盐课提举司系统。明洪武二年（1369），"置广东、海北盐课提举司"④，作为两广盐区最高专门盐务行政机构。建文元年（1399）二月，一度"改广东盐课提举司为广东都转运盐运使司，海北盐课提举司为海北分司"⑤，永乐初年规复洪武旧制。广东盐课提举司官署设在广州府城内，辖小江、石桥、东莞等14个盐场。海北盐课提举司官署设在廉州府城内，辖博茂、新安、武郎等15个盐场。其官制为：设提举一人，官从五品；同提举一人，从六品；副提举无定员，从七品。其属有吏目一人，从九品，库大使、副使各一人，盐仓大使、副使各一人，各盐场盐课司大使、副使各一人。仅从官员品秩来看，盐课提举司提举大体相当于地方有司的知府。⑥

广东、海北盐课提举司之职掌"一如都转运司"，是两广盐区最高级别的盐政管理专门机构。但是，提举司对盐区的控制程度实际上十分有限，部分原因是因行政人员不足，制度性成因则是行开中法造成的结果：大部分食盐由开中商人负责转运，运司或提举司只需将征自灶户的实物盐课支付给商人即可，无须统筹管理食盐专卖的全部过程，因此提举司系统实际上是一个单纯的生产管理机构。明中叶以后，随着朝廷频繁差遣御史巡盐和令布按司官（盐法道）"清理盐法"，提举司系统遂成为盐法道

---

① ［日］寺田隆信：《山西商人研究》，张正明等译，山西人民出版社1986年版，第77页。
② 《明孝宗实录》卷七一，弘治六年正月乙亥条，中华书局2016年版，第1332 - 1333页。
③ 嘉靖《广东通志》卷二六《民物志七·盐法》，见《广东历代方志集成·省部》第3册，岭南美术出版社2007年版，第669页。
④ 道光《广东通志》卷十八《职官表九》，见《广东历代方志集成·省部》第14册，岭南美术出版社2007年版，第329页。
⑤ 道光《广东通志》卷一八七《前事略七》，见《广东历代方志集成·省部》第18册，岭南美术出版社2007年版，第3115页。
⑥ 刘淼：《明代盐业经济研究》，汕头大学出版社1996年版，第13 - 14页。

属下的生产管理单位。

　　明中叶开中法败坏之后，盐运司体系无法全力承担起"清理盐法"的重任。为此，朝廷开始频繁派遣寄衔于中央部院的各类兼差、专差御史（如巡盐御史、部院、督抚等）清理盐法，还令省级政府及其派出机构（布政使参政、参议和按察司副使、佥事）督令所属府、州、县各级衙门介入地方盐务管理事宜，此后逐渐形成"专职官"与"兼管官"的分野。至明代后期，盐运司已不再是盐区的最高行政机关，其上层是朝廷派遣的各类兼差、专差御史和省级政府派出的机构盐法道，盐运使及其属官需"共奉巡盐御史或盐法道臣之政令"①。在这一新体制下，盐运司系统成为单纯的生产管理单位，与作为疏销管理单位的府州县政府共同成为巡盐御史和盐法道的下层机构。明代后期确立的地方盐政管理新体制，致使专业化程度较低的生产管理以及分散于府县的疏销责任集中到省级层面，地方盐政管理呈现一定程度的集中化趋势，以期尽可能满足政府日益扩张的财政需求。②

　　一般认为，御史巡盐始设于明太祖时期，成为定制大致在正统年间。③ 两广盐区专差御史巡盐的设立晚于两淮、长芦等产盐区，大约出现在正德年间。正德四年（1509），有"广东巡盐御史解冕，奏将见在有征盐课宽减二分"④ 的记载。十六年（1521），改"命巡按广东御史兼管盐法，赐之敕"⑤。嘉靖二年（1523），又"命广东清军御史兼理盐法"⑥；三十一年（1552）改令"巡按御史兼理"；三十三年（1554），户部主事钱嘉猷疏请"立巡盐之职"，"于闽、广共设巡盐御史"，但未得允准。至万历三年（1575），广东盐法改归两广总督兼理，总督加"带管盐法"衔，全称为"总督两广军务兼理粮饷带管盐法巡抚广东地方"⑦。

　　盐法道之职，是广东地区管理盐法事宜的重要行政机构。明代的"道"是介于府州县与布、按二司之间的重要地方机构，道之长官为布、按二司佐贰，正式官衔为布政司参政（从三品）、参议（从四品）或按察司副使（正四品）、佥事（正五品），掌管盐法事务的布按佐贰官，明代史料中称之为"某处盐法道参政/参议/副使/佥事"。由于盐运司等地方盐务机构无力统筹管理食盐专卖的全过程，明代中叶以后，创设盐法道成为朝廷解决开中法败坏后盐课无征、管理失控等问题的重要手段，从而改变原来盐区体制之下分散的盐政管理办法。各省盐法道创设后不断介入食盐的生产、运销各环节，最终凌驾于原有的运司与提举司系统之上。⑧ 由于明代两广盐法道

---

① 《明史》卷七五《职官志四》，中华书局1974年版，第1847页。
② 黄凯凯：《明代"盐法道"建置考论》，载《中国历史地理论丛》2018年第4期。
③ 刘淼：《明代盐业经济研究》，汕头大学出版社1996年版，第21页。
④ 〔明〕林希元：《陈民便以答明诏疏》，见〔明〕陈子龙辑：《明经世文编》卷一六三，中华书局1962年版，第1641页。
⑤ 《明世宗实录》卷三，正德十六年六月丙午条，中华书局2016年版，第149页。
⑥ 《明世宗实录》卷二十三，嘉靖二年二月戊戌条，中华书局2016年版，第676页。
⑦ 《明史》卷七三《职官志二》，中华书局1974年版，第1774页。
⑧ 黄凯凯：《明代"盐法道"建置考论》，载《中国历史地理论丛》2018年第4期，第132-141页。

的设置时间早于御史、督抚巡盐，其一度成为两广盐区的最高盐政管理机构。

明代两广盐区所设之盐法道，虽寄衔于广东或广西按察司佐贰官，但所巡之地乃是整个粤盐销区。如景泰五年（1454），广西按察司副使甘泽"奉命巡两广并湖广衡州府盐"①；七年（1456）"令广西按察司各道分巡官兼催督各该盐课司盐课"②。弘治六年（1493）"添设广东按察司佥事一员专理盐法"③，广东盐法道至是定设。嘉靖朝以后，广东盐法道与其他专务道之间，出现频繁互兼、分合不定的情况。如嘉靖元年（1522）"设屯田盐法道于郡西武安街"④，盐法与屯田并为"屯盐道"；三十三年（1554）"裁省广东盐法道佥事"⑤，但四十一年（1562）又有朱天球"补广东屯盐佥事"⑥的记载。隆庆四年（1570）"从广东抚按官议，裁革屯盐佥事，并其事于清军副使"⑦，屯盐道又与清军道互兼。万历年间，盐法道又与屯田、水利归并为一道，由按察司副使或佥事专管。⑧

明景泰年间，带管两广盐法的广西按察司各道分巡官最重要的职责是清理盐课，但因朝廷并未详文规定催督盐课的具体手段，其实质不过是将两广地区盐法事务临时委托给分巡官，以便利用一切手段保证盐课征收，因此这一职权的涵盖面过于宽泛。成化以后，随着各地盐道相继成型，关于其职权的规定亦渐渐明晰。如成化四年（1468）户部奏准监管盐法之道员的诸项职责，包括稽查灶户"隐射额课"、私卖余盐以及运司、提举司官吏派引"多不以序"的弊病。⑨此后，两广盐法道在食盐生产环节的影响力不断增强，但还没有涉及销售环节的具体监管规定。

嘉靖朝以后，查验商引、疏销官盐渐渐成为两广盐法道的一项重要职权。隆庆二年（1568），总理盐法都御史庞尚鹏疏请由盐道负责督饬所属府州县官员稽查本地水商的姓名籍贯及其具体的售盐事宜。⑩随后，朝廷开始铸给关防、颁给敕书，包括两广盐法道在内的各地盐道之职权开始有了正式而明确的规定，据万历《明会典》载："（隆庆）六年，题准行各省盐法道专管验引、稽拨事宜，一切囤积、夹带、私卖之

---

① 《明英宗实录·景泰附》卷二四三，景泰五年七月壬子条，中华书局2016年版，第5281页。
② 万历《明会典》卷三三《户部二十·课程二·盐法二》，中华书局1989年版，第636－637页。
③ 万历《明会典》卷三三《户部二十·课程二·盐法二》，中华书局1989年版，第637页。
④ 道光《广东通志》卷一二九《建置略五》，见《广东历代方志集成·省部》第17册，岭南美术出版社2008年版，第2239页。
⑤ 《明世宗实录》卷四〇九，嘉靖三十三年四月丙申条，中华书局2016年版，第7141页。
⑥ 〔明〕蔡献臣：《清白堂稿》卷十三《明南京工部尚书赠太子少保澹庵朱公传》，厦门市图书馆校注，厦门大学出版社2012年版，第677页。
⑦ 《明穆宗实录》卷四四，隆庆四年四月己亥条，中华书局2016年版，第1101页。
⑧ 《明神宗实录》卷一九三，万历十五年十二月壬戌条，中华书局2016年版，第3626页；卷三〇六，万历二十五年正月癸丑条，第5727页。
⑨ 《明宪宗实录》卷五一，成化四年二月丙辰条，中华书局2016年版，第1045－1049页。
⑩ 〔明〕庞尚鹏：《清理盐法疏》，见〔明〕陈子龙辑：《明经世文编》卷三五八，中华书局1962年版，第3851页。

弊，严行禁治。"① 所谓"验引"，即查验商人盐引，确保商人行盐以引为凭，"不许盐、引相离，违者同私盐追断"。所谓"稽拨"，即稽查私贩、分拨盐引。稽查私贩囊括商私、灶私等几乎所有种类，分拨盐引则是调剂各地引目分配不均的重要手段。其他由盐道负责禁治的"囤积、夹带、私卖"之弊，皆为阻滞有明一代盐法之痼疾。可见，两广盐法道从最初笼统、临时性地"督理盐课"，到此时已经全面介入食盐专卖的产、运、销诸环节。

盐道职权不断扩张的同时，原有地方盐务机构的权力却在不断萎缩，并最终沦为盐道的属官。明代盐运使秩从三品，而盐道品级视其寄衔在从三品至正五品之间，官品本以运使为高。但是，运司系统与产销区所在的地方政府又无统辖关系，故为地方官所轻，仅就州县官对待运使的态度便可见一斑："夫运使为三品之官，体统亦綦重矣，乃州县因无统辖，每以白眼褪之，稽查勾摄，置若罔闻，文移牌票，尽同故纸。"② 而盐道乃省级政府派出之巡盐官，对所属府县有"按视"之责，故盐政管理效率远较运司为高。

至隆庆朝正式规定盐道职权后，运使实际已成为盐道之下属。《万历野获编》"方印分司"条载："今运司下夷于州郡，为二司属官，以知府劣考者为之，其诸僚则俱赀郎杂流、潦倒不堪者充之，盐政因之大坏"③；又同书"盐运使"条载："自隆庆初始罢大臣不遣，归重巡盐御史及盐法道，于是运使之权日轻、体日削，且铨地以处知府之下考者，胄子乙科往往得之"④。所以，当时正途出身的士人皆不屑于任职运使，认为"为此一官，品级虽尊，事任虽重，而廷见盐法等道则与知府等"⑤。运使尚且如此，运司之属官并提举司官自不待言，最终其与府县政府一并成为盐道的下层机构。

二、抽盐厂的设立与粤盐运销体制的变化

明初，明王朝为筹备边储，通过用官府控制的"官盐"将内地所产的粮食与边军所需的军饷联结起来，"招商输边而与之盐"，这就是明代的开中法。商人把粮饷运到边境，官府根据商人所运粮食的多少给予相应数量的盐引，商人凭此盐引赴指定的盐场支盐，并运到指定的地区销售。明初开中法之下的盐业运销，就是政府用一种管制物资的经营权来确保边饷物资的有效供应。

明中叶，广东产盐中心所在的珠江三角洲已经得到充分开发，人口和经济的繁荣程度已经众所周知。而盐产方面，暂不论盐业技术是否有所改良，就盐丁人口而言，

---

① 万历《明会典》卷三四《户部二十一·课程三·盐法三》，中华书局1989年版，第633页。
② 〔明〕毕自严：《度支奏议·山东司》卷三《覆长芦盐院条陈盐法疏》，上海古籍出版社2008年版，第643—644页。
③ 〔明〕沈德符：《万历野获编》卷二二《司道·方印分司》，中华书局1959年版，第565—567页。
④ 〔明〕沈德符：《万历野获编》卷二二《司道·盐运使》，中华书局1959年版，第573页。
⑤ 《明熹宗实录》卷三一，天启三年二月庚午条，中华书局2016年版，第1568—1569页。

就可能翻了几番。黄仁宇曾估算过，17世纪之交两淮地区的盐产量是洪武时期的3～4倍。① 而广东盐场场课自洪武二十六年（1393）确立以后，一直到弘治年间，官方登记的办课额都没有明显的增加。② 由此盐场必然产生大量余盐。如何消耗余盐的问题最初是抛给地方政府的。盐场起初想通过尽买余盐用以补充官盐。但余永哲指出，天顺、成化年间，"明政府因财力有限，无法再收买余盐"，导致私盐盛行。③

景泰年间，广西大藤峡地区发生"瑶乱"，地方军饷再次告急。"瑶乱"愈演愈烈，据称，到天顺初，"两广用兵"，"时州县残破，帑藏殚虚"。④ 为处理广西的地方动乱，朝廷设立两广总督，并将其逐渐从临时性差遣变成常设性的职位，将两广军事归于一处。⑤

正统以后，"私贩场盐与商人交易"⑥ 已经影响到地方盐政的正常运作。天顺二年（1458），叶盛巡抚两广，剿平动乱需要大笔军饷，而他发现巡捕人员竟有勒索客商之情节："如近日事发奸贪暴横军民丘瑜、李逵等，每盐一引索银四分，公然卖放越过南安地方。"这促使他开始设法将原海北和两淮的盐销区变成运销广东盐，将原本的客商贿赂行为制度化、合法化。叶盛题请：

> 照得旧例……广东盐课司止于本境行盐，而客商中到引盐堆积较多，难以发卖，动经岁月，亏费财本，因此不顾身家，故违禁例，黉夜驮载，北过南雄梅岭，西过梧州发卖……今若听其越境，则有碍盐法而利独归于商人，若禁其越境则久滞盐商而利又归于奸捕。查照广东地方多事，边仓急缺粮饷……令见在支盐客商人等，今后支出官盐有愿装往江西南安、赣州并广西梧州等府地方发卖者，先将盐数备开状赴布政司报名，每盐一引定于沿河缺粮仓分纳米若干，取获实收至日，布政司给与印信文凭付照，听其过境发卖。⑦

这虽是权宜之策，但按照后任巡抚陈金的说法，"商人支领官盐有限，收买私盐数多，私盐之利远过官盐数倍"。地方大员深知当时盐业开中的问题，虽"知商贩私

---

① [美] 黄仁宇：《十六世纪明代中国之财政与税收》，阿风等译，生活·读书·新知三联书店2001年版，第259页。
② [明] 汪砢玉：《古今鹾略》卷四《会计》，见《续修四库全书》第839册，上海古籍出版社1995年版，第33页。
③ 参见余永哲：《明代广东盐业生产和盐课折银》，载《中国社会经济史研究》1992年第1期，第22-27页。
④ 道光《广东通志》卷一六五《经政略八·盐法》，见《广东历代方志集成·省部》第18册，岭南美术出版社2008年版，第2702页。
⑤ 麦思杰：《"瑶乱"与明代广西销盐制度变迁》，载《广西民族研究》2008年第2期，第125-132页。
⑥ 嘉靖《广东通志初稿》卷二九《盐法》，见《广东历代方志集成·省部》第1册，岭南美术出版社2006年版，第502页。
⑦ [明] 叶盛：《叶文庄公奏疏·两广奏草》卷八《巡抚等事疏》，见《四库全书存目丛书》史部第58册，齐鲁书社1996年版，第586页。

盐数多"，但强调"势难尽革，法难尽行"，实际上更可能是出于"地方连年用兵，钱粮无从出办"，为了剿平动乱，需要大笔军饷，而私盐正好可以转化来补充军饷。①把军饷与余盐的问题结合起来解决是明中期两广地方政府的创见。也就是说，两广地方政府将原本偷偷进入淮盐和海北盐行销区的私盐市场开放出来，以在官府纳米的形式，将之转化为地方收入。由此，洪武以来所确立的"境"也开始被打破。叶盛尝到开放市场所带来的甜头，紧接着联手户部郎中陈俊将跨境卖盐制度化。天顺五年（1461），叶盛以"海北地方连年不宁，江西南、赣二府去淮泄远"为由，继续执行广东盐纳米跨境销售的政策，其称：

> 会同户部郎中陈俊议得，梧州以西地方又系海北盐课司行盐，南雄以北江西南安等府系两淮行盐，今海北地方连年不宁，江西南、赣二府去淮沥远，溪河滩险，盐商少到，军民食盐全仰给于广东。合暂令广东见支官盐客商，有愿装往梧州等府发卖者，每引定于梧州府仓加纳米二斗，装往江西南、赣二府发卖者，每引于南雄府仓加纳米一斗，以助军饷。候地方宁妥，军饷足用之日，照旧施行。②

这则材料首先描述了当时两广盐业市场所发生的变化：梧州以西的海北行盐地方和南雄以北淮盐地方，合法的开中盐商很少经营到此，实际上军民的食盐都来自广东盐。鉴于既有的市场格局，叶盛进而奏请广东合法盐商所支取的官盐，可以在加纳米之后，合法进入梧州以西、南雄以北等地销售。广东盐加纳米而后出境这种适应新的市场格局的行为终于在"以助军饷"的名义下得到合法化。该政策虽有"候地方宁妥，军饷足用之日，照旧施行"的规定，但事实上长期并未改变。

天顺年间，广东食盐运销发生两个重大变化：一是再次将"止在本境发售"的广东盐场的盐运销到本境以外的广西梧州、江西赣州等地；二是广东盐的开中盐商，除了须按照原先规定纳粮米外，又需额外负担一笔军饷。

据《明武宗实录》记载："成化初，都御史韩雍于肇庆、梧州、清远、南雄立抽盐厂，又于惠、潮、东莞、广州、新会、顺德盐船经过之处，设法查盘，每官盐一引抽银五分，许带余盐四引，每引抽银一钱，名为便宜盐利银，以备军饷。"③

叶盛利用地方军需之名改变原两广盐分销的既有布局，后任都御史韩雍则进一步将其制度化，还将余盐纳入抽银行列，拓展了广东盐的合法销盐量。弘治二年（1489），都御史秦纮又奏准盐商许带余盐四引增加到六引，"仍照前例抽收"，"此外又有余盐，准令自首，每引纳银二钱"。"自首"盐斤的许可，意味着地方盐政对余

---

① 〔明〕陈金：《复旧规以益军饷疏》，见《苍梧总督军门志》卷二三《奏议一》，全国图书馆文献缩微复制中心1991年版，第248页。
② 〔明〕叶盛：《叶文庄公奏疏·两广奏草》卷十《措置军饷疏》，见《四库全书存目丛书》史部第58册，齐鲁书社1996年版，第602页。
③ 《明武宗实录》卷一四七，正德十二年三月庚子条，中华书局2016年版，第2878页。

盐已经极为宽松，商人只要愿意纳银便无贩私盐之忧。此后，"两广用兵全资盐利"，"相沿行之三四十年，商贾通融，府库充实，地方逐年用兵、剿贼、买粮、赏功等项，甚为有赖"。① 余盐抽银的方式，既消除了余盐带来的私盐隐患，又有助于增加地方军饷。余盐抽银还转化了私盐，开拓了广东盐业市场，间接拉动了对盐场盐产量的需求，盐场产盐变得有利可图，也由此推动盐场的生产发展，进而影响盐场的相关管理政策，尤其是推动盐场的场课折银的实施。

天顺年间粤盐运销体制的变化，是对开中法的一种重大调整。明代中后期的运销模式多发轫于此。万历年间，两广总督刘尧诲在《议疏通韶连盐法疏》中曾总结过两广盐法的情况：

> 广东东、西二路所产生、熟二盐，向系各处水商往场收买，运至省河，赴盐课提举司每引纳军饷银九钱，仍听商人各照引目行盐地方转运发卖，一至南雄度岭以达于吉安，一自梧州如桂林至全州以达于衡、永，二路商盐，皆出境发卖者。一自韶州至乐昌县平石村，一自连州至星子白牛桥，二路商盐皆本境发卖者。南、梧二路向来通行江楚，似矣。②

虽然刘尧诲讨论的是万历前后的情况，但也充分显示了明代中期两广盐业的运销状况，即广东东、西二路的盐都主要从广州省河出发，通过珠江水系运往南雄、梧州、韶州等地。

从纳米跨境销售到抽盐厂的设立，实际上是默许了广东盐侵占海北盐的市场。梧州以西地区原本是海北盐的销售区，但在抽盐制度运行之后，广东盐迅速占领了该地区的市场。自首盐斤的宽松政策，对于盐的产地来源并无严格限定，政策上只允许广东盐的市场开拓，但海北盐也完全可以通过市场进入广西、湖南等地。而最终的结果却显示，在余盐开放的政策下，海北盐场最终走向衰落。原因可能在于海北盐在此之前就已经失去了湖、广的市场，余盐抽银的改革不过是顺应了市场流动的方向而已。

海北行盐市场的流失，也导致了海北盐场的衰退。弘治年间，海北15场登记的产量除掉折色部分，只有本色盐13380多引，比洪武的数据减少了一半多。③ 万历《儋州志》描述兰馨盐场的情形称："岁征盐课四百，皆据册报之丁认米，即据分认之米榷课，于中有煎煮而纳课者，有耕耘而纳课者，有挑担而纳课者。"④ 盐场维持运作的意义只在于交纳有限的课额，而交纳方式也有很多种，并不仅仅是煎煮盐斤。万历二十五年（1597），鉴于海北提举司衙门"吏目闭门静坐"，"止管饷银一百七八

---

① 〔明〕陈金：《复旧规以益军饷疏》，见《苍梧总督军门志》卷二三《奏议一》，全国图书馆文献缩微复制中心1991年版，第248—249页。
② 〔明〕刘尧诲：《议疏通韶连盐法疏》，载万历《粤大记》卷三一《政事类·盐法》，见《广东历代方志集成·省部》第26册，岭南美术出版社2006年版，第882页。
③ 万历《大明会典》卷三三《户部二十·课程二·盐法二》，中华书局1989年版，第234页。
④ 万历《儋州志》天集《食货志·盐课》，见《广东历代方志集成·琼州府部》第18册，岭南美术出版社2009年版，第365页。

十两"，经两广总督陈大科奏准，海北盐课提举司被裁撤，盐务归入地方州县。① 实质上，海北盐政的衰落并不完全等于当地盐业生产的衰落，而更多的可能是反映其在两广盐税中所占比重的减少。

天顺朝以后地方政府的余盐抽银改革，从根本上看是顺应市场流动的结果，是在市场与既定盐业布局不协调的状况下推动的盐政制度改革。从实现税收之目的出发，并与地方的军饷需求结合的地方盐政运作，针对的是盐场余盐的问题，最终导向了更符合市场流动变化的制度改革。

三、正德查盘起解与"纳堂"体制

正德年间，由于朝廷疏通盐法并且下决心打击私盐，派往广东整理盐法的解冕出手整顿自首盐斤，收紧了成化、弘治朝以来宽松的盐业市场环境，并革除商引，禁止盐商下场支盐，着手治理盐场的场课无征问题。这些问题虽与余盐的存在分不开，但也与自首盐斤导致的盐利从中央流入地方不无关系。最终也由此引发了盐业市场格局和盐场社会在明中叶以后发生新的转型。

抽盐厂政策在正德年间发生了较大的调整。正德元年（1506），刚即位的皇帝朱厚照就指出，"盐法一坏于盐徒之私贩，再坏于势要之占种，芦荡或强夺于土豪，额课多侵欺于奸灶"②，并命朝廷派员展开清理。正德二年（1507），司礼少监常霖会科道奉命"查盘两广岁报底册"，"将各司府所贮银两、货物解京，其梧州盐粮军赏银两量留三分之一，余亦解京"。③ 后经总督两广军务右都御史陈金"乞各量存十五以备有警支用"，朝廷最后准许将梧州盐粮银 40.7 万、广东广丰库银 37.4 万中的 50 万解京，"其余留备军需之用"，并强调"自后凡新旧收支数目，每年终备细开奏以闻"。④ 这是朝廷第一次将两广余盐抽银所得解送北京。正德四年（1509），朝廷又下令"禁私贩夹带"⑤。随后解冕莅任广东，提出将正盐许带余盐量限定为三引，"但有挟带多余盐斤，尽割入官，不准自首"，结果导致"近日（商）人不争附，较之往年军饷渐减"。⑥ 正德年间的改革，推翻了弘治年间秦纮推行的盐商只要交足罚银，携带私盐不受限制的政策。

在地方的多方交涉之下，正德十一年（1516），经户部主事庄襈奏准，朝廷下令将广东盐饷一半解京，留一半"以备军门应用"⑦。正盐夹带余盐的配额也最终固定

---

① 〔明〕陈大科：《请裁革北盐课提举疏》，载万历《粤大记》卷三一《政事类·盐法》，见《广东历代方志集成·省部》第 26 册，岭南美术出版社 2006 年版，第 518 页。
② 《明武宗实录》卷十三，正德元年五月甲辰条，中华书局 2016 年版，第 424 页。
③ 《明武宗实录》卷三二，正德二年十一月丙寅条，中华书局 2016 年版，第 798 页。
④ 《明武宗实录》卷三二，正德二年十一月丙寅条，中华书局 2016 年版，第 799 页。
⑤ 《明武宗实录》卷五五，正德四年闰九月丁丑条，中华书局 2016 年版，第 1241 页。
⑥ 〔明〕陈金：《复旧规以益军饷疏》，见《苍梧总督军门志》卷二三《奏议一》，全国图书馆文献缩微复制中心 1991 年版，第 249—250 页。
⑦ 嘉靖《广东通志初稿》卷二九《盐法》，见《广东历代方志集成·省部》第 1 册，岭南美术出版社 2006 年版，第 504 页。

为"止准六引,余者尽数没官"①,"抽税银一分二厘",但同时规定"岁留二分供军饷,以八分解户部"。② 也就是说,余盐抽银的大部分收入是要解送到户部,地方存留数额相比过去已经锐减。

这一制度的调整,对于两广的财政是一次大的冲击。在没有办法通过对余盐征收罚银来增加地方财政收入的情况下,总督陈金曾试图通过增加正引的销量来解决财政危机,其最重要的举措就是试图打通西江流域的运盐通道,控制大藤峡地区。③ 据说,"自正德二年查盘起解之后,库藏遂无余积,凡以举动辄就告乏"④。在运销渠道,商人"无利则散"⑤;在盐场,早先投入盐司的民户、灶户也"仍旧逃归本籍"⑥。

派往广东整理盐法的解冕,除了整顿余盐抽银政策之外,还开始处理盐场的"无征"问题。盐场是产生余盐的根源,场课无征是余盐有利可图导致的结果。在余盐抽银政策下,盐场大量的正课被灶户私下转化成为余盐,由此导致盐场出现大量的无征场课。为此,正德四年(1509),解冕以"商引之价太重,奏革商引,仍行官引",并禁止盐商下场买盐,新添"水客"名目,负责从盐场买盐运至广州省河盐仓,等候盐商支盐。从此广东"卖盐有水客,有商人"。与行商引时期不同,广东盐业形成了水客和商人这一新的供销渠道。"水客者,在场收买盐斤到省货卖之人,即居货之贾。商人者,就与水客接买,前往行盐地方发卖之人,即固为行货之商。"⑦

水客就是从盐场买盐运到省城,转卖于盐商的商人。水客运盐需要交纳"水客盐价"。水客买盐,"以一万斤为率,青生盐照旧纳军饷银八钱,白生盐银九钱,东路熟盐照旧纳军饷银一两,西路熟盐银一两二钱,随其报买盐数多寡,折算预纳完足,给限往场收买,依期回销"⑧。

盐商则领户部引目,于省河向水客收购食盐,掣验无误后运往指定州县销售。据嘉靖《广东通志初稿》记载,商人行盐仍可正盐一引带余盐六引,余盐纳银与此前

---

① 《明武宗实录》卷一四七,正德十二年三月庚子条,中华书局2016年版,第2878页。
② 《明世宗实录》卷五四三,嘉靖四十四年二月丁丑条,中华书局2016年版,第8774页。
③ 参见麦思杰:《"瑶乱"与明代广西销盐制度变迁》,载《广西民族研究》2008年第2期,第125—132页。
④ 〔明〕陈金:《复旧规以益军饷疏》,见《苍梧总督军门志》卷二三《奏议一》,全国图书馆文献缩微复制中心1991年版,第250页。
⑤ 〔明〕陈金:《复旧规以益军饷疏》,见《苍梧总督军门志》卷二三《奏议一》,全国图书馆文献缩微复制中心1991年版,第249页。
⑥ 〔明〕林希元:《陈民便以答明诏疏》,见〔明〕陈子龙辑:《明经世文编》卷一六三,中华书局1962年版,第1642页。
⑦ 嘉靖《广东通志初稿》卷二九《盐法》,见《广东历代方志集成·省部》第1册,岭南美术出版社2006年版,第504页。又参见黄国信:《明清两广盐区的食盐专卖与盐商》,载《盐业史研究》1999年第4期,第3—10页。
⑧ 万历《粤大记》卷三一《政事类·盐法》,见《广东历代方志集成·省部》第26册,岭南美术出版社2006年版,第513页。

的抽盐厂制度不同，所纳银两"在于行盐地方府县上纳"，谓之纳堂。① 官府将广东盐业运销划分成了几个区域，盐商须在对应地区纳堂，据称：

> 盐至连州、阳山、英德、翁源、清远等处发卖，于清远县纳堂；至乐昌、曲江、乳源、仁化、始兴等处发卖，于韶州府纳堂；至高要、高明、德庆、封川、开建、泷水等处发卖，于肇庆府纳堂；四会、怀集等处发卖，于四会县纳堂；阳春县属发卖，于该县纳堂；至广城并南海、番禺、从化、三水、顺德、新会、增城、龙门、东莞等处发卖，于广州府纳堂；在归善、博罗、河源、龙川、和平等处发卖，于惠州府纳堂；至南雄河下并往江西南安、赣州发卖，于南雄府纳堂；至梧州河并往广西各府，湖广衡、永、浔、南、柳、庆等处发卖，于梧州府纳堂。每买正盐一引，许带余盐六引，每引二包，重二百五十斤，共一十四包，计正、余盐一千七百五十斤。正盐于提举司纳引价银一钱，纸价银三厘，军饷银九钱。余盐六引，于纳堂官司每引纳银一钱五分，共银九钱。②

上述材料描述了明中后期纳堂体制的情况。盐商行盐有引价、纸价，还有余盐银。官引 1 引收引价银 1 钱、纸价银 3 厘、军饷银 9 钱，在提举司处交纳。而纳堂所纳的是余盐银，共计 9 钱。与设抽盐厂余盐抽银的方式不同，明代中后期的余盐纳银方式是通过府县纳堂的形式收取。纳堂府县包括韶州府、肇庆府、四会县、阳春县、广州府、惠州府、南雄府、梧州府等。所纳余盐银又通过府县，"使其径解军门"③。

值得注意的是，上述纳堂体制所指定的纳堂地点并没有潮州府。粤东的潮州等府，实则是在纳堂体制之外，逐渐以潮桥为核心形成一个运销的副中心。据称：

> 广商从盐法道领引，到招收等场照引几道买盐若干，由海运至南雄，逾岭接卖南商。从西关而下，直抵三姑滩，谓之南盐。桥商领给军门大票，到东界等场买盐，听管桥官掣秤上桥，领户部引目，至三河接卖汀商。逾岭过赣州、袁、临等府，瑞金、会昌、石城等七县，从东关而下，谓之汀盐。二路合卖。④

这是一则谈论万历时期粤盐运销情况的材料，所以有广商与桥商的区分，而其实在正德以前实行的是"二路合卖"，即没有商人的区分。它讨论了潮州盐场的食盐销路。一条线路是盐法道领引，到招收等场运盐，海运经广州到南雄，逾岭接卖于南商。另一条路线是领给军门大票，从东界小江场运盐，沿韩江至潮桥"掣秤上桥"，

---

① 嘉靖《广东通志初稿》卷二九《盐法》，见《广东历代方志集成·省部》第 1 册，岭南美术出版社 2006 年版，第 504 页。

② 万历《粤大记》卷三一《政事类·盐法》，见《广东历代方志集成·省部》第 26 册，岭南美术出版社 2006 年版，第 513-514 页。

③ 嘉靖《广东通志初稿》卷二九《盐法》，见《广东历代方志集成·省部》第 1 册，岭南美术出版社 2006 年版，第 504 页。

④ 顺治《潮州府志》卷二《赋役部·盐政考》，见《广东历代方志集成·潮州府部》第 1 册，岭南美术出版社 2007 年版，第 202 页。

而后用户部引目，至三河接卖汀商。至"嘉靖十六年以后，奉抚按檄委佐贰官一员，或以别府佐贰，两季终乃得代，其盐利银两增减无常，专备军饷"①。专置佐贰官管理榷盐厂的做法，充分说明嘉靖朝以后桥盐对两广盐税收入的重要性。

四、淮盐夺粤与广西官运

正德年间的盐政变革，成为广东盐业制度演变的重要转折点。此后，两广盐利为朝廷所觊觎，地方无利可图，由此引发了嘉靖以后朝廷对粤盐运销制度的调整。

据东莞盐商陈一教于万历二年（1572）所撰《复通盐路疏》记载：

> 臣惟往年广盐，一由广西以达湖广，一由南雄以达江西。在广西则系民商贸易，价值与时低昂，未有官府抑勒如今日者。在江西则袁、临、吉三郡，皆食广盐，未有淮盐多端挽夺如今日者。彼此贪夺，日控日深，间阎膏血，日朘月削，边海不得聊生，贫民易以生乱，事势之危莫甚今日。②

陈一教为广州府东莞县人，"长有智略，以盐策起家"③。在其叙述中，由广西以达湖广和由南雄以达江西似乎是广盐的两条重要的行销路线。但"今日"则广西"官府抑勒"，江西则"淮盐多端挽夺"，即原销粤盐的江西袁州、临江、吉安三府改销淮盐，而广西食盐则由民商贸易改为官运。以致"在灶户则煮海无益，徒坐困于饥寒，在商民则生理无路，而待毙于旦夕"。江西三郡则因嘉靖年间严嵩当权，"不由复议，径夺袁、临二郡，以惠淮商"。陈一教称，原系行销粤盐的江西南安、赣州、吉安、袁州、临江五府"额消二十万引，今为淮商阻塞，……失去一十二万有奇"④。

"淮盐挽夺"指的是嘉靖四十年（1561）前后，都御史鄢懋卿为整顿盐法，提出将湖广衡、永二府改食淮盐。⑤而提督两广军务兼理巡抚吴桂芳并不同意鄢懋卿的这项改革，他认为，"其衡、永二府之民，安食广盐百有余载，亦以彼地小陆近便，盐货阜通之易也。夫何迩年以来，议将衡、永地方改食淮盐，……淮之官直其来有限，而广之私贩遂致盛行，徒减两广之军需，何益两淮之岁课？"因此"乞将衡、永二府

---

① 嘉靖《潮州府志》卷二《建置志》，见《广东历代方志集成·潮州府部》第1册，岭南美术出版社2007年版，第27页。
② 〔明〕陈一教：《复通盐路疏》，载崇祯《东莞县志》卷六《艺文志》，见《广东历代方志集成·广州府部》第22册，岭南美术出版社2007年版，第270页。
③ 崇祯《东莞县志》卷五《人物传》，见《广东历代方志集成·广州府部》第22册，岭南美术出版社2007年版，第225页。
④ 〔明〕陈一教：《复通盐路疏》，载崇祯《东莞县志》卷六《艺文志》，见《广东历代方志集成·广州府部》第22册，岭南美术出版社2007年版，第270页。
⑤ 〔明〕吴桂芳：《议复衡永行盐地方疏》，载万历《粤大记》卷三一《政事类·盐法》，见《广东历代方志集成·省部》第26册，岭南美术出版社2006年版，第515页。

照旧通食广盐"。①

嘉靖四十四年（1565），嘉靖帝曾下诏"湖广衡州府、江西吉安府仍行广盐"②。但直至万历二年（1574），陈一教仍上书"请止官运与复行临、吉两府修引"。另据彭釪《粤东盐政议》云："隆万以来，西省专衡、永之利，而禁韶盐不输平石，连盐不输白牛，东人饷亏，楚人艰食，此往往宜通者也。"③ 彭釪，番禺人，晚明隆武乙酉举人，其文所叙当是明末清初的事情，则当时衡、永两府的盐利仍然归广西官运。

广西官运指的是隆庆五年（1571）以后，将原本设抽盐厂榷盐的商运法改为"遣官买运广盐"、官运官销。隆庆五年，原本一直通过开中，由商人运销的广西等地的食盐，经两广总督殷正茂奏请，为应付平复古田之乱后的善后事宜，以图长治久安，"出官帑万金，市苍梧，广商上桂林鬻其息，资成兵饷"④，又"令官出资本，岁买盐船三百艘"⑤。据《明穆宗实录》记载：

> （隆庆五年五月）丁卯，巡抚广西都御史殷正茂以古田既平，欲修举盐法，以足兵食，乃疏言："贩盐在广西，出盐在广东，行盐在湖广衡、永。诚令官出资本，岁买盐三百艘，逐时估消息，收其奇赢，可以不烦朝廷，不用民力，而广西岁饷数万金充然有余。且十年之后，舳舻交通，货物充牣，广西遂为富藩矣。"因条上八事：一议法守，一明赏罚，一计工本，一造官船，一谨防范，一限时月，一禁私贩，一明职掌，一谨始事。户部是其议，请饬正茂及时修举，兼行两广提督、湖广巡抚及各巡按御史协心共济，所议船只，或酌量兴造，或暂雇民船，俟通行更议。有固尽事宜及掣肘不便者，令各讲求长策，以图永久。上是之。⑥

殷正茂的"修举盐法"，实际上使得身为巡抚的他可以更为有效地掌握广东盐利。从此，广东盐运销广西、湖南的方式大体上均采用这种官运官销的办法。万历二

---

① 〔明〕吴桂芳：《议复衡永行盐地方疏》，载万历《粤大记》卷三一《政事类·盐法》，见《广东历代方志集成·省部》第26册，岭南美术出版社2006年版，第516页。
② 《明世宗实录》卷五四三，嘉靖四十四年二月丁丑条，中华书局2016年版，第8773页。
③ 〔清〕彭釪：《粤东盐政议》，载〔清〕贺长龄、〔清〕魏源辑：《皇朝经世文编》卷五〇《户政二十五·盐课下》，见《魏源全集》第15册，岳麓书社2004年版，第765页。
④ 万历《广东通志》卷七《藩省志七》，见《广东历代方志集成·省部》第5册，岭南美术出版社2007年版，第185页。
⑤ 〔明〕杨芳：《盐法议》，载雍正《广西通志》卷一〇二《艺文志》，见《中国地方志集成·省志辑·广西》第3册，凤凰出版社2010年版，第244页。
⑥ 《明穆宗实录》卷五七，隆庆五年五月丁卯条，中华书局2016年版，第1400页。

年（1572）又定"遣官买运广盐"①；万历八年（1578）"著为定例"。②

广西官运盐斤最初只供广西一省，后湖南桂阳州、衡州、永州悉买食西盐。万历十一年（1581），又将"韶、连二路引盐拆行三千六百道"纳入广西官运。③ 之后，广西官运粤盐转销广西、湖南衡永地区的做法并无太大变动，一直维持到明末清初。④ 乾隆《梧州府志》称，殷正茂"委官运盐之议，以其息充军饷，综理详密，军需赖以不匮。终明之世，增损其法而行之，卒莫能易"。⑤

陈一教指出，万历二年时广西销盐"失去一万四千有奇"，连州、韶州"失去一万二千有奇"，合计较原来的 4 万余引减少了 2.6 万引。据《广西盐法志》载，隆庆年间，"每岁广东买盐七千五百引"，"每引重一千七百五十斤"，官运盐船 300 艘，"每船一只装盐三百五十包"⑥，每包重 125 斤，合计共 1312.5 万斤。至万历八年（1578），"广西每年于广东运盐五万四千四百五十四包"，且"每发官盐一包，许搭商引一包同卖"⑦。按每包 125 斤计⑧，合共约 680.7 万斤，加上商引则总计 1361.3 万斤。万历《明会典》登记的嘉靖年间广东盐课总计才 67149 引，约合 1343 万斤，万历年间则更少了，仅有 936.4 万斤。

我们还可以将当时各地的盐销量情况进行大致的比较，如万历《广东通志》所载：

> 今盐法道揭报，商人若告承广、南、韶、惠、肇庆五府大小埠共五十一所，定周年引二万八十四道，……若南雄往江西、梧州入广西，商人告承散拆盐引岁约三万四千道。⑨

万历年间，广东盐场的盐产量，计生盐 30229 引，熟盐 34601 引，合计 64830

---

① 万历《广东通志》卷七《藩省志七》，见《广东历代方志集成·省部》第 5 册，岭南美术出版社 2007 年版，第 185 页。
② 〔明〕黄佐：《广西盐法志》，见〔清〕汪森编：《粤西文载校点》第 2 册卷十六，黄盛陆等校点，广西人民出版社 1990 年版，第 19 页。
③ 《明神宗实录》卷一四〇，万历十一年八月癸酉条，中华书局 2016 年版，第 2618 页。
④ 参见黄国信：《区与界——清代湘粤赣界邻地区食盐专卖研究》，生活·读书·新知三联书店 2006 年版，第 48－57 页。
⑤ 乾隆《梧州府志》卷十五《名宦志》，见《中国地方志集成·广西府县志辑》第 43 册，凤凰出版社 2014 年版，第 303 页。
⑥ 〔明〕黄佐：《广西盐法志》，见〔清〕汪森编：《粤西文载校点》第 2 册卷十六，黄盛陆等校点，广西人民出版社 1990 年版，第 20 页。
⑦ 〔明〕黄佐：《广西盐法志》，见〔清〕汪森编：《粤西文载校点》第 2 册卷十六，黄盛陆等校点，广西人民出版社 1990 年版，第 19 页。
⑧ 规定益以成色，每包加耗 5 斤，实重 130 斤。
⑨ 万历《广东通志》卷七《藩省志七》，见《广东历代方志集成·省部》第 5 册，岭南美术出版社 2007 年版，第 184 页。

引。① 当然，这里的盐引数是官方登记的课额，并不等于实际的销量。如材料所示，销往广东境内广州等五府的仅占31%，而销往江西、广西的则占52%，剩下的17%系潮州地区的潮盐，销往潮州府及福建南部汀州府一带。以上两种计算结果都表明，江西、广西的盐销量至少占去广东盐课提举司销量的大半以上。

这两处行销粤盐地区盐销量的变化情况，反映了原粤商行盐地广西、湖南和江西部分地区这几处重要市场的丧失，严重打击了广东盐商的贸易。广东盐商对此怨声载道。据称："曩时贩商俱粤东富家子，而韶（州）、连（州）诸邑，楚商私贩往往相属。自行官盐，商利渐杀，私贩重绳，商人造为浮言以挥当道。"② 大片食盐市场的丧失，以致广东盐商纷纷失业。正如陈一教称："臣见载盐之船千艘，若无用而停泊于内河，驾船之夫数万人，皆无靠而流离于外海。"③

食盐销路的阻隔，盐商贸易的衰退，必然也影响到盐场产盐的积极性。原本在1引正盐带6引余盐的高利润诱导之下，广东盐业生产颇具积极性。如今市场萧条，盐业生产自然也不景气。不仅灶户逃亡日益严重，原来投入盐司的民户、疍户也"仍旧逃归本籍，此项名盐亦在盐司，累及见在灶户"④。

第三节 从煎到晒：技术改革、环境 变迁与生产中心东移

盐场灶户赖以生计的食盐，是一种与生态环境息息相关的自然资源。随着沿海地区的开发，海水变淡等问题严重影响了盐场的生产技术、生产成本和生产规模，也造成沿海盐场的不均衡发展格局。在环境和技术的综合作用下，明代广东盐业生产中心从珠江三角洲加速向粤东的惠州、潮州一带转移。

一、明代盐场制盐技术及其变化

明代海盐的生产技术，分为煎盐和晒盐两种，前期以煎盐为主，晒盐则在明代后期得到发展。制盐一般要经过四道工序，即：晒灰取卤、淋卤、试卤和煎晒成盐。煎法在明代很长时间里居于主体地位，卤水的浓度决定了煎盐的时间长短、所需燃料的

---

① 万历《广东通志》卷七《藩省志七》，见《广东历代方志集成·省部》第5册，岭南美术出版社2007年版，第183页。
② 〔明〕黄佐：《广西盐法志》，见〔清〕汪森编：《粤西文载校点》第2册卷十六，黄盛陆等校点，广西人民出版社1990年版，第20页。
③ 〔明〕陈一教：《复通盐路疏》，载崇祯《东莞县志》卷六《艺文志》，见《广东历代方志集成·广州府部》第22册，岭南美术出版社2007年版，第270页。
④ 〔明〕林希元：《陈民便以答明诏疏》，见〔明〕陈子龙辑：《明经世文编》卷一六三，中华书局1962年版，第1642页。

多寡以及成盐的斤数。① 海洋环境对盐业生产的影响主要体现在海水的含盐度与盐的产出之间的关系。简单地说，沿海盐场的生产就是将海水蒸发而得到盐，海水含盐度决定了生产技术和生产成本。

在传统社会，卤水成盐的途径一般有两种，即煎盐法和晒盐法。煎煮所得到的食盐称为熟盐，通过曝晒得到的食盐则称为生盐。煎盐法是明代中期以前广东各盐场普遍采用的制盐法。国内其他盐场煎盐一般用盘铁锅鏊，广东灶户煎盐则多用篾盘，广东称之为"盐盘"。宋应星《天工开物》称："南海有编竹为者，将竹编成阔丈深尺，糊以蜃灰，附于釜背，火燃薪底，滚沸延及成盐，亦名盐盘。"这种"编竹加蛎灰为焉"的盐盘，具有成本低、取材制作便利，且不易为官府所控制等优点。

据道光《两广盐法志》记载："上川司系产熟盐，并无盐池，每灶一座，建茅寮一间，寮内作灶一座，用牛二，铁锅三口，挖卤池一口，积贮卤水。沙田之傍，设埠一条，长一丈一二尺，深阔俱一尺二寸，埠底用竹木镶成。"② 其生产过程大致可以归纳为：①耙晒②沥卤③贮卤水④试卤⑤煎煮成盐。③ 首先是耙晒，乾隆《两广盐法志》称归德、靖康二盐场"盐田全在内港之中，多淡少咸"，"当三、四、五、六、七月，雨水长晴，虽竭力耙晒，不能成卤"。④ 耙晒即是在沙田中多次"放水晒田"，用二牛耙沙，使沙"饱吸盐分"。其次是沥卤，又称"收沙上埠"，取得盐卤。此埠与前晒盐之盐埠不同，"用木制成日形，底编以竹，经纬如筛眼样，置沙于中，灌水沥卤"，亦即香山场所称"归埠以水淋沙滴卤"。经过水淋，"沙面盐分即融解于水，由埠底流出埠外，即为卤水"⑤。其后，贮藏盐卤于盐池，"挖卤池一口，积贮卤水"。贮藏卤水的目的是进行试卤，同时也是等待官方定时开煎。试卤则是检验盐卤的浓度，目的是保证盐卤的浓度达到煎煮的要求，从而降低生产成本。最后是买办柴薪，将盐卤置于锅内，架灶煎煮成盐。灶置寮中，或用铁锅，或用竹锅。据乾隆《两广盐法志》记载：靖康等场，"所用竹锅，以薄篾编成，锅口阔六七尺，或八九尺不等，以黄泥炼坚，架垒作灶"⑥。建茅寮的目的是"以避风雨"，一般"每灶一间，并建茅寮一间"⑦。"每灶一座，需用铁锅三口"。盐寮，即"晒丁暂避风雨，收藏器具，看守盐

---

① 刘淼：《明代海盐制法考》，载《盐业史研究》1988年第4期，第58—72页。
② 道光《两广盐法志》卷二三《场灶一》，见于浩辑：《稀见明清经济史料丛刊》第1辑第42册，国家图书馆出版社2008年版，第237页。
③ 刘淼将制盐过程概括为晒灰取卤、淋卤、试卤和煎晒成盐四道工序，本节为将制盐过程和生产工具结合起来，故改为五道工序，实与刘淼所述过程相同。参见刘淼：《明代盐业经济研究》，汕头大学出版社1996年版，第23页。
④ 乾隆《两广盐法志》卷十八《场灶下》，见于浩辑：《稀见明清经济史料丛刊》第1辑第37册，国家图书馆出版社2008年版，第498—499页。
⑤ 邹琳编：《粤鹾纪实》第三编《场产》，华泰印制有限公司1922年版，第37页。
⑥ 乾隆《两广盐法志》卷十八《场灶下》，见于浩辑：《稀见明清经济史料丛刊》第1辑第37册，国家图书馆出版社2008年版，第499页。
⑦ 邹琳编：《粤鹾纪实》第三编《场产》，华泰印制有限公司1922年版，第27页。

斤之所"①。盐寮所收藏的器具，包括灶一座，牛二头，铁锅三口，卤池一口。

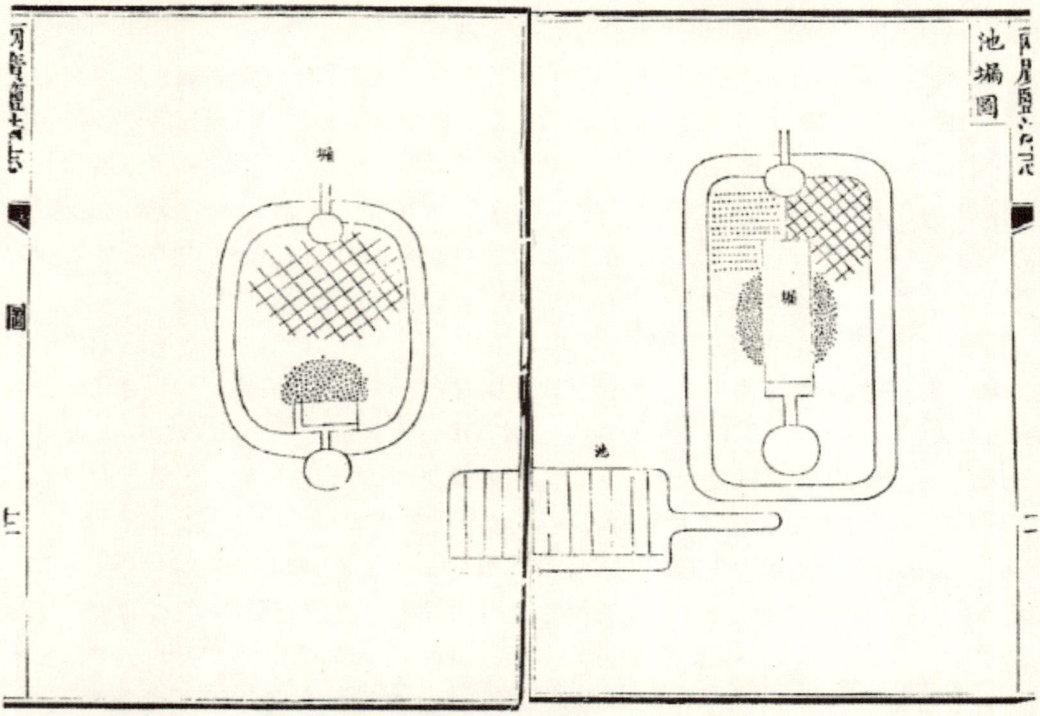

图 4-1 池塴（乾隆《两广盐法志》绘图）

煎盐法中"煎煮成盐"之前的其他工序，其生产场所往往相对比较分散，也没有固定时间，尤其某些沙田与盐场的距离并不近，甚至有些地方会在沙田旁边做塴一条，如前述上川司。又如海矬场，"沙田之傍设塴一条，一丈一二尺，深阔俱一尺二寸，塴傍塴底用竹木镶成……缘沙田零星，离灶颇远，挑沙维艰，故就田设塴"。（见图 4-1）就田设塴，完成沥卤后，用肩挑、牛拉等办法将卤水运至盐寮贮存。盐寮、盐灶则非一般盐丁所能拥有。笔者在东莞访谈时了解到，过去盐灶多为大地主所有，盐民只能从事晒沙淋卤的工序，之后将盐卤卖给拥有盐灶的大户人家进行熬盐。茅寮是大户人家的盐灶所在，盐民晒沙得盐卤之后，运到盐寮的卤池内，再由这些大户人家雇人进行煎烧成盐。（见图 4-2）盐寮现今仍存在于当地的某些地名中。盐场食盐的生产实际主要掌握在这些拥有盐灶的大户人家手里，他们通过对灶、锅的管理，便能掌握盐场生产的情况。盐法志中对煎盐场的登记即以盐灶、盐锅的数量为主，如东莞场"熟盐沙田六百六十七塴，竹锅二十六口，铁锅三百二十二口"，香山场"盐田一十三顷九十九亩三分，塴八百二十口"，海矬场"通计沙田寮灶六百三十五座，系产熟盐，并无晒池"。

晒盐法生产方式最晚在元末就已经在福建盐区形成规模。晒盐大体分为两个阶

---

① 邹琳编：《粤鹾纪实》第三编《场产》，华泰印制有限公司 1922 年版，第 24 页。

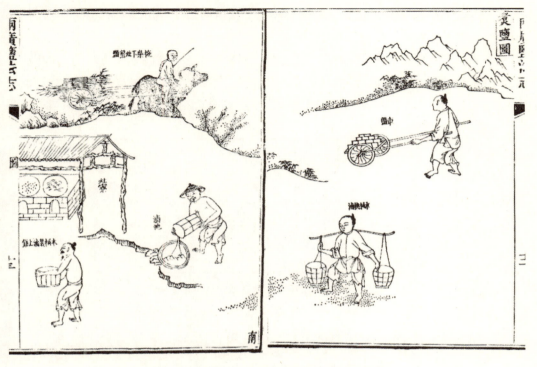

图 4-2 煮盐（乾隆《两广盐法志》绘图）

段：第一阶段是采用盐卤晒盐，制作盐卤的方法与煎盐相同，仍是刮土淋卤。第二阶段则直接用海水灌注卤池，分层曝晒取卤，然后引入晒盐池成盐。这种技术主要见于明嘉靖年间淮北、长芦和山东等盐场，在广东得到普遍采用要到明中叶前后。①

晒盐法可分为晒水法和晒沙法，"晒盐之场所谓之盐埕"②。晒水法即是对海水反复提纯的过程：于蓄水池中屯蓄海水，转入晒水池中曝水，后再转入咸水田，渐成卤液，最后将卤液引入盐池曝晒成盐。晒水的盐田规模可以为20～50亩不等，一般在盐田中开辟6～7个蒸发池、2个结晶池，另外还有卤缸、池埝、滩地等用地。③（见图4-3）海潮被吸纳进入水塘后，经过6～7级的汲扬，得到浓度非常高的卤水，然后在结晶池中暴晒成盐，收纳入仓。这个过程的生产要素包括蓄水池、晒水池、咸水田和盐池。蓄水池又称水塘，一般为最高的水池，它的作用在于潮涨之时屯蓄海水，"开闸引水入围，再启分闸听细流由支沟入池"，海水入蓄水池后开始蒸发。晒水池为第二水池，从蓄水池引入蒸发到一定浓度的咸水，继续蒸发，使之凝结。咸水田，即盐池，为第三水池，

---

① 参见郑志章：《板晒海盐技术的发明与传播》，载《中国社会经济史研究》1984年第3期，第122页；白广美：《中国古代海盐生产考》，载《盐业史研究》1988年第1期，第49-63页；刘淼：《明代海盐制法考》，载《盐业史研究》1988年第4期，第58-72页；张荣生：《从煮海熬波到风吹日晒——淮南盐区制盐科技史话》，载《苏盐科技》1995年第3期，第4-7页。

② 陈祖同：《乌石盐场纪略》，见《国家图书馆藏民国税收税务档案史料汇编》第31册，全国图书馆文献缩微复制中心2008年版，第15036页。

③ 广东省地方史志办公室编：《广东省志·盐业志》，广东人民出版社2006年版，第78页。

以泥为底,"自晒水池引水入田,经风日吹曝,暂成卤液",即"至卤浓至起首结卤之点,然后放入盐池"。石仔田又称正盐池,"池底砌以碎石,辗至坚实,使水不渗漏,故有是名","每埕分十二坵,每三坵为一角,向例每坵面积丁方四丈二尺"。正盐池从咸水田导入卤液,"曝之成颗粒"。晒盐的过程,天气是最关键的因素,"当天气晴和时,在晨间放卤液入田,傍晚即可收盐,设遇暴雨袭至则全功因之尽弃"。①(见图4-4)

图4-3 海丰梅花点盐田单埕结构平面图
(资料来源:《广东省志·盐业志》,第79页)

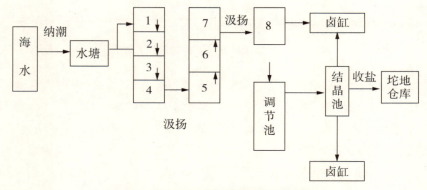

图4-4 晒水盐田生产工艺流程简图
(资料来源:《广东省志·盐业志》,第79页)

晒沙法取卤的过程与煎盐法类似,即:放水晒田,收沙上埕,沥卤于池,最后曝晒成盐。(见图4-5)潮汕一带将晒沙盐田称为"砂埕",一个埕是一个生产单位,若干埕合成一围,若干围合成一栅,若干栅为一厂(或称场)。其结构分为晒沙蒸发区(沙幅、沙幅沟、埕床、埕头水堀等)和结晶区(制卤池、结晶池、卤缸、输回卤沟、排淡沟等)两部分。②(见图4-6、图4-7)东莞场"生盐沙田一千一百零五埕,池五千七百二十口……生盐之法,先将沙田用牛犁转咸水泡浸数日,放水晒田数日,复用牛将沙耙匀晒干,收沙上埕,沥卤于池,曝晒一二日可成生盐"。池"用白石

---

① 以上参见陈祖同:《乌石盐场纪略》,见《国家图书馆藏民国税收税务档案史料汇编》第31册,全国图书馆文献缩微复制中心2008年版,第15036-15037页;邹琳编:《粤鹾纪实》第三编《场产》,华泰印制有限公司1922年版,第35-37页。
② 广东省地方史志办公室编:《广东省志·盐业志》,广东人民出版社2006年版,第78页。

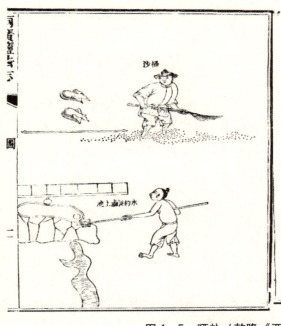
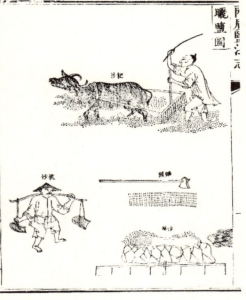

图 4-5 晒盐（乾隆《两广盐法志》绘图）

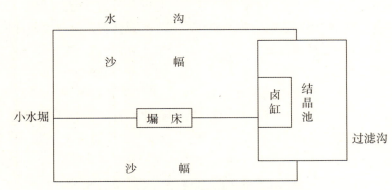

图 4-6 晒沙盐田单埔结构平面图

（资料来源：《广东省志·盐业志》，第 79 页）

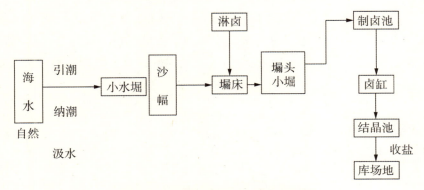

图 4-7 晒沙盐田生产工艺流程简图

（资料来源：《广东省志·盐业志》，第 79 页）

子砌成，周围用泥土作塍"。"收沙上塥"的办法与煎盐法相同。如淡水场"盐塥八百八十三口，池一万四千四百六十六格"，"每遇晴汛，各晒丁在田将沙耙松，用沟水泼咸晒干，复晒二三日，置诸塥中，用枓汲沟水淋塥，流在卤缸，又在卤缸汲卤，流在池格，滩晒成盐"。招收场"河东各栅分为青蓝、隶头、葛园三厂催收，列栅二十四座，晒埕八百二十九塥，每栅各筑围堡，边岸设立涵洞、斗口，疏通潮水，以备出纳收塞"。隆井场"盐埕六百五十塥五分，盐塥用竹簟片作底，晒盐池格用碎石铺坭，砌筑坚固"。得到卤水之后，即于天气晴朗之日，置卤水于晒盐池格中曝晒成盐。①

二、海洋环境变迁对盐场布局的影响

归德、靖康盐场位于珠江入海口东岸，在宋元至明初，该地区的食盐产量在广东盐产总量中占据很大的比例。因其靠近省城广州，又有珠江的水路之便，一直为广东重要的食盐出产地和供应地。但明初以来，由于珠江三角洲沙田的开发，沿海地区海水的含盐度逐渐降低。海水含盐度低会降低单位海水的盐产量，从而直接影响到盐场的盐业生产效益。明中叶以后，由于咸淡水分界线的南移，归德等场的盐业生产受到严重影响，不仅产量日少，而且生产成本也逐渐增加。

咸淡水分界线的南移，是明初以来珠江三角洲沙田大量开发的结果。珠江三角洲沙田的开发最早可以追溯到宋代，但大规模的开发要到明代以后。沙田开发与宋室南渡后引起的对南方粮食的需求量增加有关。"长江下游城市，创造出一个食米市场，把僻处南方的广西的食米也抽了过来。一方面，食米沿西江而下，出口到福建和浙江沿岸；另一方面，食盐则从广州沿西江而上，进入广西。这个交易模式从此稳定运行，直至市场转移导致成本出现变化为止。"广州也由此成为一个重要的米粮市场，在珠江三角洲河岸筑堤造田就十分有利可图。② 明王朝建立之后，官府便在这一地区收编军民、推行屯田政策，至明代中期，沙田开发的规模和速度呈现了前所未有的增长。屯军开垦的土地，大多就是在宋元以后西江、北江河口伸出的山丘之外冲积而成的新生沙坦，由此开始了珠江三角洲新沙田区大规模开垦的过程。珠江三角洲的发育过程，总体上以由西北向东南推进的模式为主，沙坦的具体形成，大多是以在海中形成的无数个沙洲逐渐向外扩张的方式进行的。③ 明代以后的沙田"天然积成者少，大部分是人工造成"，即用人工"种芦积泥成田"或者修筑拦沙堤等方式加速泥沙的沉积，并修筑水利设施使其成为可耕地。④ 人工围堤的扩建，使得海湾慢慢变窄变浅，

---

① 以上参见乾隆《两广盐法志》卷十八《场灶下》，见于浩辑：《稀见明清经济史料丛刊》第1辑第37册，国家图书馆出版社2008年版，第497－514页；邹琳编：《粤鹾纪实》第三编《场产》，华泰印制有限公司1922年版，第37－38页。

② [英]科大卫：《皇帝和祖宗——华南的国家与宗族》，卜永坚译，江苏人民出版社2009年版，第63－64页。

③ 刘志伟：《地域空间中的国家秩序——珠江三角洲"沙田—民田"格局的形成》，载《清史研究》1999年第2期，第14－24页。

④ 参见谭棣华：《清代珠江三角洲的沙田》，广东人民出版社1993年版，第5－28页。

潮汐涌流入江的潮水减少，使珠江腹地的涨潮低落，咸淡水交界线往外推移。①

在中山大学地理系、中国科学院南海海洋研究所等机构指导编写的《珠江三角洲农业志（初稿）》中，曾如此评价明代珠江三角洲的发育和开发："在明代短短的两三百年中，西、北江三角洲前缘已经推展到磨刀门口附近，沿海的黄杨山、竹篙岭、五桂山和南沙等岛屿，已与三角洲相接，使原来三角洲的范围比前扩大了接近一倍。"就归德等盐场地区而言，东江"带下的泥沙更向下游堆积，使东江三角洲的沙坦前缘又推移到漳澎一线以下，清初时，其沙淤范围已近今貌"。② 东江三角洲下游地区的海面因此受到影响，据嘉庆《东莞县志》称："近日沙田涨淤，汀流渐浅，咸潮渐低，兼以输船往来，搅使惊窜，滋生卵育栖托无由，不惟海错日稀，即江鱼亦鲜少矣，此亦可以观世变也。"③ 这种情况并非到清嘉庆时候才出现，早在明中叶已经初见端倪。

海界线的变化情况很难从史料中得到精确的信息，但通过观察不同历史时期蚝的生长区域的变化，可以考证咸淡水交界线的移动情况。蚝，又称牡蛎，是一种对海水环境要求很高的贝类。古代广东海边贝类养殖业比较发达，其中东莞、新安一带的养蚝业颇有声名。如《蛎蜅考》称："沿海之氓，田少海多，往往藉海为生"④，"水淡则蚝死，然太咸则蚝瘦，大约淡水多处蚝易生，咸水多处蚝易肥"⑤。沙田的开发、珠江口河道的改变和河水流量的变动，改变了河水的盐度，就会破坏蚝的生长环境。《元一统志》称："蚝，东莞八都靖康所产，其处有蚝田，生咸水中。"此时蚝的生长地点应该尚在靖康盐场一带。到了明末清初，屈大均称："东莞、新安有蚝田，与龙穴洲相近。"⑥ 龙穴洲即今广州市南沙区龙穴岛，位于合澜海中，明清时期先后属东莞县、新安县（今深圳市和香港特别行政区）管辖，与今深圳市宝安区沙井街道（当时为归德场署所在地）隔海相望。可见，此时海水逆流已经退到了归德盐场一带。

珠江口的盐场都属于熟盐场，熟盐场不仅对海水含盐浓度有要求，还需要大量柴薪才能完成生产。明中期以后，随着燃料需求量的增大，珠江三角洲业已出现燃料紧缺、薪价高涨的问题。⑦ 明代广东盐场并不像淮浙盐区一带，灶户煎盐有拨给草荡或

---

① 参见林汀水：《略论珠江三角洲变迁的特点》，载《厦门大学学报》（哲学社会科学版）1993年第3期，第102—107页；冼剑民、王丽娃：《明清珠江三角洲的围海造田与生态环境的变迁》，载《学术论坛》2005年第1期，第123—127页。
② 《珠江三角洲农业志（初稿）》第1册，佛山地区革命委员会《珠江三角洲农业志》编写组1976年版，第96页。
③ 嘉庆《东莞县志》卷十五，见《广东历代方志集成·广州府部》第23册，岭南美术出版社2007年版，第473页。
④ 民国《霞浦县志》卷十八《蛎业》，见《中国地方志集成·福建府县志辑》第13册，上海书店出版社2012年版，第171页。
⑤ 道光《香山县志》卷二《舆地下》，见《广东历代方志集成·广州府部》第35册，岭南美术出版社2007年版，第309页。
⑥ 〔清〕屈大均：《广东新语》卷二三《介语·蚝》，中华书局1985年版，第576页。
⑦ 参见陈嫦娥：《明清珠江三角洲燃料问题研究》，暨南大学2011年硕士学位论文。

由水乡灶户供应柴薪，广东灶户煎盐全凭自己采办柴薪。①归德等场背靠大岭山、大茅山，历来煎盐柴薪自备，亲往这两处取材。但明代以来，大岭山、大茅山等地逐渐伐木造田，开垦成良田，树木日益见少。据说，大岭山中大塘村杨姓于明初来到这里，经过多年的经营，成为大岭山的农业"岭主"，拥有众多佃户，逐渐形成杨、黄、刘、叶、戴、祝六姓居民分散居住的社区。到清初，归德等场附近柴薪已经是"本处无可樵采，须船往新宁等处采买回场供灶"②。盐场附近海水含盐度的下降，影响了一生产单位食盐的产出量，而由于潮汐时间逐渐缩短，可以进行盐业生产的时间也较前大大缩短。如今盐场周边的柴薪日益减少，而柴薪价格又日益高涨，这一切购买柴薪和运输的费用又要灶户一身承担，无疑更加重了归德等场产盐的成本。

相比东莞的归德等场，珠江口西岸的香山场受到沙田开发的影响更甚，"其东南浮生，尽被邻邑豪宦高筑基坐，障隔海潮，内引溪水灌田，以致盐无收，岁徒赔课"③。至万历年间，香山"苗田多而斥卤少，盐之地日削，丁额犹循旧版，以故逃亡故绝者多，虚丁赔课为累甚大"④。由于人工行为推动珠江三角洲的堆积、推移，"斥卤尽变禾田"，许多盐田成陆变成农田，该地盐业经济由盛转衰。⑤香山场到万历末年已是"场灶无盐"，更于天启五年（1625）"裁汰场官，场课并县征解"⑥。

柴薪紧缺是明中叶以后东南沿海盐场共同面临的问题。据《福建盐法志》卷二记载："（乾隆四十三年，煎盐）较晒盐又多柴薪之费，计煎盐一担，需柴四五担，从前每担只需钱三十余文，近年每担需钱九十至百余文。"晒盐法直接将卤水曝晒成盐，无需柴薪，可以减去柴薪的成本支出。它不仅节省燃料，而且成盐快，产量也高："潮入晒之，潮再至，已成盐矣"；"自辰逮申，不烦铛鬶之力，即可扫盐"；"一夫之力，一日亦可得二百斤"。⑦崇祯三年（1630），徐光启见晒盐多利，

---

① 参见刘淼：《明代盐业土地关系研究》，载《盐业史研究》1990年第2期，第25–45页。
② 乾隆《两广盐法志》卷十八《场灶下》，见于浩辑：《稀见明清经济史料丛刊》第1辑第37册，国家图书馆出版社2008年版，第498–499页。
③ 光绪《香山县志》卷七《经政·盐法》，见《广东历代方志集成·广州府部》第36册，岭南美术出版社2007年版，第112页。
④ 康熙《香山县志》卷五《宦迹》，见《广东历代方志集成·广州府部》第34册，第227–228页。
⑤ 参见张建军：《珠海地区盐业的变迁及相关历史地理问题》，见中山大学岭南考古研究中心编：《岭南考古研究》，岭南美术出版社2003年版，第233页；张建军：《历史上香山场的盐业经济及其变迁》，见中山市地方志办公室、珠海市地方志办公室、澳门历史文物关注协会编：《香山设县850年》，广东人民出版社2003年版，第113–119页；梁振兴、温立平：《三灶岛简史》，见《珠海文史》第5辑，珠海市政协文史资料委员会1987年版，第63–73页。
⑥ 光绪《香山县志》卷七《经政·盐法》，见《广东历代方志集成·广州府部》第36册，岭南美术出版社2007年版，第112页。
⑦ 参见〔清〕郭柏苍辑：《海错百一录》卷四《记盐》，光绪刻本，第9页；〔明〕汪砢玉：《古今鹾略》卷一《生息》，见《续修四库全书》第839册，上海古籍出版社1995年版，第11页；嘉靖《香山县志》卷二《民物志》，见《广东历代方志集成·广州府部》第34册，岭南美术出版社2007年版，第28页。

也力主废煎改晒。①

广东许多盐场在明中期也开始广泛改用晒盐法。资料表明，清中期广东盐课提举司辖下24个场栅，除广州府的上川、归靖、香山、海矬四场仍用煎盐法外，肇庆、惠州、高州、潮州四府的19个场栅和广州府的东莞场均已采用晒盐法。②嘉靖《广东通志初稿》卷二九登记了广东各盐场原额盐课和嘉靖朝有征和无征盐斤数。透过这些数据，我们可以发现，惠州、潮州二府盐场日渐发展。珠三角自西向东沿海的双恩场至东莞场一线盐课额逐渐缩减，而广东东部的淡水、小江等盐场盐课额则逐渐提高。以惠州府盐场为例，随着盐场生产的扩大逐渐分化出新的盐场，淡水场分成淡水、大洲、碧甲、坎下、白沙等场栅，石桥场分成石桥、小靖二场。③万历年间惠州府归善县还在平海所创建了淡水场大使官署，协助管理盐务。康熙朝的吴震方指出惠州府"淡水场之沙田地塭产盐甚多"。④嘉靖年间广东盐课提举司所辖十四盐场年产盐额如表4-2所示。

表4-2 嘉靖年间广东盐课提举司所辖十四盐场年产盐额统计

盐场		年产盐额（小引）	折为斤数	百分比（%）	折银（两）	百分比（%）
熟盐场	靖康	5952.192	1190592	6.69	1151.846	7.14
	归德	8418.008	1629608	9.15	1599.072	9.92
	东莞	2271.121	454321	2.55	485.528	3.01
	黄田	1477.066	295466	1.66	288.482	1.79
	香山	2981.098	596298	3.35	567.374	3.52
	矬峒	4280.197	964197	5.42	956.175	5.93
	海晏	9560.014	1912014	10.74	1775.312	11.01
	双恩	7013.086	1402686	7.88	1469.066	9.2
	咸水	3999.192	799992	4.49	776.154	4.81

---

① 〔明〕徐光启：《钦奉明旨条划屯田疏》〔〔清〕李杕编：《增订徐文定公集》卷二，徐家汇天主堂藏书楼民国二十二年（1933）版，第45—46页〕中称明代长芦、福建、广东均采用晒法。又参见郑志章：《板晒海盐技术的发明与传播》，载《中国社会经济史研究》1984年第3期，第122页；白广美：《中国古代海盐生产考》，载《盐业史研究》1988年第1期，第49—63页；见刘淼：《明代海盐制法考》，载《盐业史研究》1988年第4期，第58—72页；张荣生：《从煮海熬波到风吹日晒——淮南盐区制盐科技史话》，载《苏盐科技》1995年第3期，第4—7页。

② 参见道光《两广盐法志》卷四《六省行盐表》，见于浩辑：《稀见明清经济史料丛刊》第1辑第39册，国家图书馆出版社2008年版，第493—494页。

③ 乾隆《两广盐法志》外志卷三《备考下》，见于浩辑：《稀见明清经济史料丛刊》第1辑第38册，国家图书馆出版社2008年版，第420—433页。

④ 〔清〕吴震方：《岭南杂记》卷上，商务印书馆1936年版，第10页。

续表

盐场		年产盐额（小引）	折为斤数	百分比（%）	折银（两）	百分比（%）
生盐场	淡水	6246.040	1249240	7.02	1229.306	7.63
	石桥	10493.015	2098615	11.79	1713.822	10.63
	隆井	5608.160	1121760	6.30	914.436	5.67
	招收	5143.122	1028722	5.78	750.849	4.66
	小江	15298.178	3059778	17.19	2444.226	15.16
合计		88740.49	17803289	100	16121.648	100

资料来源：嘉靖《广东通志》卷二六《民物志七·盐法》，见《广东历代方志集成·省部》第3册，岭南美术出版社2006年版，第670－671页；郑俊彬：《明代广东沿海经济发展之研究》，台湾花木兰文化出版社2012年版，第106页。

但是，晒盐法对卤水的浓度有一定要求，即间接受限于海洋环境。珠江口的归德、靖康两盐场，因为受到海水含盐度的限制而无法完成技术改良，仍旧采用煎盐法，使得其在食盐市场中也逐渐失去了竞争优势，而广东东部盐场则在这次机遇中崛起。据乾隆《两广盐法志》记载，归靖场①"海水在虎门口外，二盐田全在内港之中，多淡少咸"，"三、四、五、六、七月，雨水连绵，虽竭力耙晒，不能成卤，惟正、二、八、九、十、十一二月，天汛长晴，卤水厚重，各灶勤煎，始能足额"。②此时的归德、靖康盐场，已是"多淡少咸"，每年三月至七月已"不能成卤"，煎盐的时间唯有一二月及八至十二月，天晴时分竭力煎煮才能有所获。③通过比较当时关于盐业生产的文献记载，也可以进一步得到佐证。嘉靖年间陈志敬在描述靖康盐场的食盐生产情况时提到："盐丁以期岁之苦"，"四季如常，无时休息"；春夏间，"修基围以防潮水"，"修地以待淋卤"，"修井以积卤"，后"采柴"，"朋合五六家，共以竹织锅，轮流煎盐"，这是采用煎盐法；秋冬间，"朝日扬水晒沙，晚则以人牛耙碎，晴明八九日一收淋卤，遇阴雨则半月之余，沙淡转散于田，仍前耙晒"，这是采用晒盐法。④但至明末清初，屈大均称："熟盐产归德等场，成于火煎。"⑤归德场位于靖康场东南边，比靖康场更靠近大海，此时也只能采用煎盐法。

除了盐业技术的革新，明中期以后广东沿海海路交通的发展，也为惠州、潮州一

---

① 乾隆年间，归德场与靖康场合并，称归靖场。
② 乾隆《两广盐法志》卷十八《场灶下》，见于浩辑：《稀见明清经济史料丛刊》第1辑第37册，国家图书馆出版社2008年版，第498－499页。
③ 笔者在东莞市虎门镇、长安镇一带进行访谈的过程中，也从当地一些老人口中得知，新中国成立以前，当地要到农历八月十六以后才有海水倒灌，平时都是淡水，有时候到八月还有淡水，重九以后才开始更咸，到十一二月咸度达到最高。
④ 〔明〕陈志敬：《请省赋敛以苏盐丁疏》，载崇祯《东莞县志》卷六《艺文志》，见《广东历代方志集成·广州府部》第22册，岭南美术出版社2007年版，第259－260页。
⑤ 〔清〕屈大均：《广东新语》卷十四《食语·食盐》，中华书局1985年版，第399页。

带盐场产盐的运销提供了便利条件。清末东莞籍进士陈伯陶在回顾东莞盐场历史时，便将东莞、新安二县盐场的衰落原因归结为两方面：一是"河流日远，沙滩日积，滨海之地悉成稻田，因是咸卤日稀，收成日薄"；二是"自汉迄明，盐场皆在今东莞、新安两县境，其时惠、潮二府非不出盐，然转运不若莞地之便，自明而后，海亦日富，莞场之撤，此亦其一因也"。① 万历时人何维柏也曾称："广夙称乐土，宣、成、弘、德以来，民物殷富，储蓄充盈，兵食强盛，雄视他省；艖艚贩舶，篙工健卒，络绎无昼夜。"②

第四节　明中后期粤东的盐场发展与桥饷体系

在市场与环境的作用下，自宋代以来一直作为华南盐业生产中心的珠江三角洲诸盐场逐渐衰落，海北盐课提举司也于万历二十四年（1596）奉命裁革，而粤东盐场则适时兴盛起来，主要表现在明代中后期粤东各个盐场的规模扩张，成为供应两广及湘赣闽食盐的主要产地。

一、粤东盐场的分场设栅

明中叶以后，粤东盐场出产生盐，以潮州府的招收、小江盐场，惠州府的淡水、石桥等四盐场为主。这四个盐场，制盐工本低，行销利润厚。它的销盐区以江西的袁州、临江、吉安、南安、赣州五府为主。行盐的路线有两条：一条是从盐场至广济桥掣验，然后转入三河，可卖至福建汀州府；另一条则由广商从惠州等地运盐，经海路至广州，溯江水而至南雄府，过大庾岭，到达南安、赣州等府发卖。③

如表4-3所示，到了明代中后期，作为宋至明中叶华南产盐中心的广州府只剩下上川司盐场硕果仅存，而粤东的惠州、潮州二府合计有盐场14处。

---

① 民国《东莞县志》卷三三《前事略五》，见《广东历代方志集成·广州府部》第24册，岭南美术出版社2007年版，第359页。
② 〔明〕何维柏：《天山草堂存稿》卷四《赠彩山方公晋太仆卿序》，见《四库全书存目丛书》集部第103册，齐鲁书社1996年版，第361页。
③ 万历《广东通志》卷四一《郡县志二十八》，见《广东历代方志集成·省部》第6册，岭南美术出版社2006年版，第948页。

表4-3　清前期华南盐场所属府州县情形

府、州	县	盐场
广州府	新宁	上川司
惠州府	归善	淡水场
惠州府	归善	碧甲栅
惠州府	归善	大洲场
惠州府	海丰	坎白场
惠州府	陆丰	石桥场
惠州府	陆丰	小靖场
惠州府	陆丰	海甲栅
潮州府	潮阳	招收场
潮州府	潮阳	河西栅
潮州府	惠来	隆井场
潮州府	惠来	惠来栅
潮州府	饶平	东界场
潮州府	饶平	海山隆澳场
潮州府	澄海	小江场
阳江直隶州	阳江	双恩场
高州府	电白	电茂场
高州府	电白	博茂场
高州府	吴川	茂晖场
廉州府	合浦	白石场

资料来源：《清盐法志》卷二一四《两广一·场产门一》，第2-4页。

以潮州府为例，据《永乐大典》记载，明初潮州府属"盐场凡三所"，"总计额办盐一万四千三百三十三引三百一十斤一十四两"，具体如下：

小江场，在揭阳县鮀浦村，百夫长六员，额办盐九十六百九十五引二百二十五斤一十四两。洪武九年，三分中权减一分，实办二分，正耗盐六千四百六十三引二百八十五斤一十两。

招收场，在潮阳县沙浦图，百夫长二员，额办盐二千五百七十一引八十五斤。洪武九年，三分中权减一分，实办二分，正耗盐一千七百一十四引五十七斤五两六钱。

隆井场，在潮阳县县郭图，百夫长二员，额办盐二千六十七引。洪武九年，三分中权减一分，实办二分，正耗盐一千三百七十八引。[1]

---

[1]《永乐大典》第3册卷五三四三《潮州府》，中华书局1986年版，第2456页。

潮州府三个盐场的总盐额为14333多引，而据嘉靖《广州志》记载，明初仅归德盐场的盐额即有盐4209多引，何况洪武九年（1376）之后，潮州府三盐场的盐额又减去1/3。所以，就数量而言，潮州府的盐场课额并不高。但到了清代前期，潮州府的盐场共有七处，新增的盐场有河西栅、惠来栅、东界场和海山隆井场。

从隆井场有明一代的沿革可以窥见明后期粤东地区盐场建置的变化。据隆庆《潮阳县志》称：

> 隆井场创设更革，俱与招收司同，而盐课则仅减七百引有奇耳。其始创之地，相传原在龙津亭畔，后以隔江征课不便，因改置于练江村，而创造舍仓房，及泊水厅者，则大使刘绍宗、杨达辈也。本司原平湖、古埕、古汀、神山四处盐户，及惠来一栅。隆庆三年，议者以其地在江南，又惠来栅属该县，有盐课，相应就近征收，径贮惠来县库，候齐解赴提举司交纳，随奉题准事例，将本司改属之，吏民便焉。①

隆井场更革所谓"与招收司同"，是指洪武二年（1369），招收场设百夫长，督办盐课，洪武二十五年（1392）始设流官印。相传招收场署先是在龙津亭畔，后来"以隔江征收不便"，移到了练江村，屋舍仓房等也由场大使创建。隆井盐课司属有平湖、古埕、古汀、神山四处及惠来栅。后因置惠来县，以惠来栅属之，隆庆三年（1569）又将隆井场改属惠来县。

明初，惠州府归善县只有淡水一场，到了清初，归善县已经先后分出淡水场、碧甲栅、大洲场和大洲栅。据《清盐法志》记载：归善县淡水场，实征课银216两3钱2分；碧甲栅，实征课银140两5钱9分2厘；大洲场，实征课银99两1钱2分8厘；大洲栅，实征课银110两4钱3分。乾隆二十一年（1756），又"议准将归善县淡水场之大洲、坎白二栅，海丰县石桥场之小靖栅改为盐场"②。

明末清初，华南盐场经过裁撤、合并和分栅，形成新的盐产区。到乾隆二十五年（1760），"所属各场额收盐数，除海矬、淡水、碧甲、石桥、海甲、茂晖、招收、河西、隆井、惠来、东界、小江等十二场栅仍照旧额盐包督收外，其大洲场兼管大洲栅现额一十七万六千七百四十四包，小靖场分管内五厂现额五万三千五百一包，小靖场分管外三厂现额五万一千六百四十八包，白石分管东场现额二万一千四百四包一百四十斤，白石分管西场现额一万七百九十一包六十斤，双恩场现额四万一千三百三十三包，坎白场现额一十四万四千六包七十六斤，电茂场现额一十五万九千一百九十六包，博茂场现额二十万二千二百六十九包，海山隆澳场现额四万三千七百四十包"③。

---

① 隆庆《潮阳县志》卷九，见《广东历代方志集成·潮州府部》第13册，岭南美术出版社2009年版，第91页。

② 《清盐法志》卷二一四《两广一·场产门一》，民国九年（1920）盐务署铅印本，第304页。

③ 道光《广东通志》卷一六五《经政略八·盐法》，见《广东历代方志集成·省部》第18册，岭南美术出版社2007年版，第2712－2713页。

二、粤东桥饷体系的发展

晚明两广盐业布局的变化主要在于粤东盐业的勃兴。粤东盐场主要包括惠州府和潮州府的盐场，而潮桥通常指称粤东盐场通过韩江流域运销的盐业产销体系。对盐法研究颇深的万历年间户部山东司主事鹿善继有云："粤东提举司有二，一在广州，属十二场，一在海北，属十四场。广州属场除每年输课外，仍通商于本省、江、楚地方共一十八府州县，引行六万，饷逾七万，各处抽收不下数万，潮商桥饷复二万四千有奇。独海北一十四场，止办岁课四千五百零而已。"① 据其所言，潮商桥饷在广东盐业税收中的比例已经相当之高，达到海北14场的5倍多。

"桥饷"的"桥"指的是潮州府城的广济桥，又称潮桥，位于粤东的主要河流韩江之上。这里的"饷"是两广盐税收入的一种。明中期以后广东盐税征收有"引"和"饷"的区别。"引"即户部引目，也即通常所说的"正引"，明中期以后多由商人在盐运司纳银而后获得。两广盐区，商人行盐有引价银、纸价银，还有余盐银。官引1引纳引价银1钱、纸价银3厘，"在于本司上纳"。余盐银是每官盐1引可带余盐6引的引价。余盐6引，共收9钱，"在于行盐地方府县上纳"，谓之纳堂。余盐银"使其径解军门"②。"饷"即军饷，嘉靖《广东通志初稿》称："水客有军饷"，"在本司秤纳，尽解布政司，听军门应用"。③ 水客是指从盐场买盐，运到广州转卖给盐商的一类商人，水客所交纳的盐价银最终存留军门，故被称为"饷"。

郭春震在《榷盐小论》中提到桥饷"嘉靖十五年以前又增至八千两"，又说"今一万六千两"。郭春震于嘉靖二十四至二十六年（1545—1947）任潮州知府，④ 16000两应是嘉靖中期的征收额。顺治《潮州府志》称桥饷"历嘉隆间，又增至一万八千二百八十八两九钱，万历十三年又添增闰月饷五百八两"⑤。万历十四年（1586），"广济桥盐商"又于"递年共纳饷银一万八千余两"外，每年增加"饷银二千六百余两"。⑥ 据顺治《潮州府志》称，这是"因布政司追征盐钞，遂增钞商十名，征银二

---

① 〔明〕鹿善继：《鹿忠节公集》卷十《粤东盐法议》，见《续修四库全书》第1373册，上海古籍出版社1995年版，第224页。引文中的"粤东"专指广东省。
② 嘉靖《广东通志初稿》卷二九《盐法》，见《广东历代方志集成·省部》第1册，岭南美术出版社2006年版，第504页。
③ 嘉靖《广东通志初稿》卷二九《盐法》，见《广东历代方志集成·省部》第1册，岭南美术出版社2006年版，第504页。
④ 乾隆《潮州府志》卷三一《职官表上》，见《广东历代方志集成·潮州府部》第4册，岭南美术出版社2007年版，第696页。
⑤ 顺治《潮州府志》卷二《赋役部·盐政考》，见《广东历代方志集成·潮州府部》第1册，岭南美术出版社2007年版，第201页。
⑥ 〔明〕郭子章：《蠙衣生粤草》卷九《增盐甲补京银议》，见《四库全书存目丛书》集部第154册，齐鲁书社1997年版，第598页。

千六百一十二两，抵纳海阳等县户口盐钞银"①。万历十六年（1588），又增"埠头菜盐饷银一千两"，"通计共饷银二万二千三百九十六两九钱"。所谓"埠头菜盐"，是因"桥下海阳等七县埠头先因商外奸民告饷二千两，后被势侵，其饷逋负"。万历十六年，巡按广东御史蔡梦说允许革去一半，剩下的1000两，"责令桥商赔纳"，由此"又增商二十名，足一百之数"。②

至此，晚明的桥饷体系基本完善。正如鹿善继所描述的："广济桥以上，路通长乐、兴宁、程乡等县及福汀等处，名曰桥盐，饷银二万一千四百九两五钱六分；自桥以下，路通海阳、潮阳、揭阳、饶平、普宁、澄海、惠来七县，另立经纪行盐，名曰菜盐，县有定饷，盐无定数，银二千九十八两。"③ 鹿善继此文应是写于万历四十一年（1613）任户部山东司主事后，他提到的桥盐额21409余两，基本与前述递增过程的计算结果相同，而菜盐则由前述的1000两变成2098两，这可能是几十年间的增额。随着正德朝以后桥饷在两广盐政中的重要性日渐突出，广济桥的设官也受到地方政府的重视。广济桥厂最初只由潮州府掌印官代管，但"嘉靖十六年以后，奉抚按檄委佐贰官一员，或以别府佐贰，两季终乃得代"④。广济桥厂作为榷盐厂，在粤东盐业的地位越来越重要，"盖广济桥乃盐船所必经者"⑤，由此成为掣挚的重要关卡。专置佐贰官管理榷盐厂的做法更充分说明嘉靖朝以后桥盐对两广盐税收入的重要性。由此，以桥盐为中心的粤东盐场一跃成为广东盐业的生产中心，珠江三角洲的盐场则在清乾隆年间几乎被裁撤殆尽。

---

① 顺治《潮州府志》卷二《赋役部·盐政考》，见《广东历代方志集成·潮州府部》第1册，岭南美术出版社2007年版，第201页。
② 顺治《潮州府志》卷二《赋役部·盐政考》，见《广东历代方志集成·潮州府部》第1册，岭南美术出版社2007年版，第201页。
③ 〔明〕鹿善继：《鹿忠节公集》卷十《粤东盐法议》，见《续修四库全书》第1373册，上海古籍出版社1995年版，第229－230页。
④ 嘉靖《潮州府志》卷二《建置志》，见《广东历代方志集成·潮州府部》第1册，岭南美术出版社2007年版，第27页。
⑤ 〔明〕杨珽：《请留公项筑堤疏》，载乾隆《潮州府志》卷四〇《艺文上》，见《广东历代方志集成·潮州府部》第4册，岭南美术出版社2007年版，第988页。

第五章　清代前中期两广新盐政体制的确立

明末清初,广东一度成为南明势力的据点,后来清军平定广东省内的各路反清力量,尚可喜留镇广东。尚可喜将两广盐业控制在其手中,为其苛敛得利的重要途径。清廷下令"迁海"以后,两广沿海地区由尚藩继续进行食盐生产,并且以其家臣、家仆为主形成了一支"王商"队伍从事食盐运销,扰乱了清政府的盐政,妨碍了清政府的课入,也影响了民生。三藩之乱被平定后,整个广东的盐法面临重建。康熙二十一年(1682)李士桢莅粤之后,"恤商裕课"便是其治粤政略的重点。盐税作为当时国课军需的重要来源,清除尚藩时期的种种弊端、恢复税收和清理商路自然也成为李士桢治粤举措的重要内容。在恢复盐业生产的基础上实现盐税的正常征收,似乎是李士桢及其继任者,乃至清廷设立广东巡盐御史所追求的改革方向。

清代前中期,两广盐政一直面临盐课缺额的困境。康熙朝的几次盐务改革,基本上是围绕解决商力消乏的问题开展的。从康熙初年行排商之法,到康熙三十一年(1692)革除排商,再到康熙三十七年(1698)裁去水客,"以商养灶",广东的食盐运销逐渐形成了"商专卖"制度。然而,专卖制的确立并没有改变广东盐商资本不多、办运艰难的局面。所以从康熙后期开始,广东食盐专卖又经历了"发帑收盐""改埠归纲"到"改纲归所"的系列改革。整个清代中期,广东食盐专卖制度几经调整,与明清盐政从重产到重销的整体发展趋势一致,官府的力量逐渐从盐业生产环节撤出,而主要集中于运销环节的管理,并依赖商人完成盐务各个环节的运作。① 但是,与两淮盐区、长芦盐区普遍实行的"专商引岸"的纲商制度不尽相同的是,广东的盐商制度实际上是在"改纲归所"的制度改革基础上,通过五"柜"的形式进行商人的组织、管理和经营。

第一节　清代两广盐业的管理机构

清代地方盐政管理机构,是国家在地方推行食盐专卖制度、汲取财政收入的重要官僚机器。曾仰丰、李凤鸣等学者指出,清代的地方盐业管理主体有"专职官"和"兼管官"。"专职官"是管理地方盐政事务的专门官僚,主要有都转运使司盐运使、

---

① 参见李晓龙、徐靖捷:《清代盐政的"节源开流"与盐场管理制度演变》,载《清史研究》2019年第4期,第31-44页。

盐法道、巡盐御史以及清末官制改革时设置的"盐监督"等;"兼管官"是指有带管盐法事宜之责的地方官吏,如各省督抚、布按司官、州县官以及以保甲为代表的准官方机构等。①

《清史稿·食货志》称:"清之盐法,大率因明制而损益之。"② 明代初年开中法确立后,地方的盐政管理机构以"盐区"(包括产区和销区)为单位建制,最高专门行政机构是都转运盐使司或盐课提举司,徐泓称之为"省级的盐政机构"③。然而,盐区并非与省级行政区划完全重合,盐区的组织架构远不如行省完备,而盐运司系统对盐区的实际控制程度也十分有限。在产区,"从盐场获取利益的机构通常都会对盐场进行管理"④,而在销区并没有专门的运司分支机构负责食盐的批发、零售事宜,反而是各级地方政府深度介入食盐专卖的产运销诸环节。因此,作为盐区最高行政组织的盐运司体系,自建立之初就存在专门化程度较低、管理能力不足的制度性缺陷。

明清鼎革之后,清政府在地方盐政管理机构的设置上,继承了明中后期以来重建的新体系,并将其进一步推向纵深并加以制度化:一方面,内务府包衣出任巡盐御史或督抚带管盐法渐成定例;另一方面,盐道、运司分工明确并成为相互配合的地方盐务专管机构,二者共同促成清代盐政管理朝着专门化、集权化的方向发展。

清代前中期,广东的盐务官制是上述地方盐政管理体制变迁的重要组成部分。康熙时人邱嘉穗称:"朝廷遣官行盐,有巡盐御史,有盐运司,有盐法道,有管盐同知、通判、知事、经历、主簿等官,而其下人役更难悉数。"⑤ 本节介绍清代广东盐政管理机构的建置情况,包括各级盐务机构的设立与职权嬗变、考成办法等诸多方面。我们认为,清代两广盐务官制是糅合明初官制与中后期新建官制的结果,清初确立的两广巡盐御史/兼理盐法督抚—盐法道—盐课提举司系统的层级结构,是明代以来国家管理地方盐政事务长期实践后的结果。广东这一盐务官制一直延续至咸丰、同治朝以后才丧失其组织机能,直至清末宣统朝官制改革才寿终正寝。

一、御史巡盐与督抚兼理盐法

明清鼎革之后直至康熙末年,清廷在差遣巡盐御史专管和令两广总督、广东巡抚兼管盐法之间摇摆不定。顺治四年(1647),"实授广东委署各官,以总兵官佟养甲为兵部尚书、兼都察院右都御史、总督两广军务、带管盐法、兼巡抚广东"⑥。藩王

---

① 曾仰丰:《中国盐政史》,上海书店1984年版,第113—114页;李凤鸣:《清代盐业管理论略》,载《盐业史研究》2011年第4期,第22—28页。
② 《清史稿》卷一二三《食货志四》,中华书局1977年版,第3603页。
③ 徐泓:《明代的盐务行政机构》,载《台湾大学历史学系学报》1990年第15期,第201—202页。
④ [美]黄仁宇:《十六世纪明代中国之财政与税收》,阿风等译,生活·读书·新知三联书店2015年版,第277页。
⑤ [清]邱嘉穗:《广盐屯》,载贺长龄、魏源辑:《皇朝经世文编》卷四九《户政二十四·盐课上》,见《魏源全集》第15册,岳麓书社2004年版,第685页。
⑥ 《清世祖实录》卷三二,顺治四年五月癸丑条,中华书局1985年版,第263页。

时期（1649—1682），广东的盐政管理实权实际掌握在平南王尚可喜、尚之信父子手中，兼管盐务的两广总督无从插手①。康熙三十年（1691），两广盐法改由巡盐御史专理，据道光《广东通志》载："兵垣下三畏条陈与闽省特差巡盐御史，满洲各部衙门三品以下，皆得点差，不专用台臣矣"②，是为"福建广东广西巡盐御史"，首任盐政为太常寺少卿沙拜。由于巡盐御史的选派不再局限于都察院官员（台臣），故此后多称为"盐院""盐政"或"巡盐察院""巡视盐政"。盐院的设置表明朝廷对两广盐区的控制加强，时称"两广自设盐院、盐道分司以来，将以尽革逆藩占踞之弊，通商裕国，法良意美矣"③。

康熙三十二年（1693）三月，吏部"议定改设两广盐政所属人员"④。康熙四十六年（1707），改"命广东巡抚兼理盐课"⑤。康熙五十六年（1717），总督杨琳奏称两广盐课"数年来亏空钱粮数目甚多"，康熙皇帝认为"此皆由部内不严行清查所致"，要求彻底清查两广盐课，并令九卿会议"派贤能官一员，会同该抚，将所欠钱粮作何完结之处，明白议奏"。⑥吏部随即选派昌保就任广东巡盐御史，前往广东清完盐课新旧钱粮。次年二月，昌保以盐院无力统辖州县为辞，疏请撤回御史、改令督抚专理盐法，其疏称"盐政衙门职司盐务，今臣力不行于州县，钱粮必致有误，请将臣撤回，盐务令督抚专理"，康熙皇帝下旨将"盐务交与巡抚法海专理，准昌保回京"。⑦

康熙五十七年（1718），巡抚法海以"广东盐务关系紧要，不可无专辖之员"为由，疏请"仍遣御史一员，会同抚臣督征"，获得允准。⑧前任盐院昌保再次出任两广巡盐御史，并于康熙五十八年（1719）三月到任。次年正月，昌保再次疏请将盐务交由督抚管理，据《清实录》载："户部等衙门议覆广东、广西巡盐御史昌保疏言：两广盐课，有历年积欠九十一万余两。康熙五十七年十月，经督臣杨琳题请，先完新饷，旧欠五年滞销。奉旨：督臣兼理。各属凛遵。臣于康熙五十八年三月到任，查旧欠全未清完，因截住旧盐，饬完新饷，不但旧欠屡催罔应，新饷又复拖欠。且场盐缺少，私盐横行。臣力不能任，请将臣彻回，交督抚管理。庶新旧课饷，得按年清

---

① 黄国信：《藩王时期的两广盐商》，载《盐业史研究》1999年第1期，第13–17页。
② 道光《广东通志》卷一六五《经政略八》，见《广东历代方志集成·省部》第22册，岭南美术出版社2007年版，第2707页。
③ 道光《广东通志》卷一六五《经政略八》，见《广东历代方志集成·省部》第22册，岭南美术出版社2007年版，第2707页。
④〔清〕嵇璜等撰：《清文献通考》卷二八《征榷考三》，见《四库全书》第632册，上海古籍出版社1987年版，第569页。
⑤《大清会典则例》卷四六《户部·盐法下》，见《四库全书》第620册，上海古籍出版社1987年版，第458页。
⑥《清圣祖实录》卷二七一，康熙五十六年三月丁卯条，中华书局1985年版，第663–664页。
⑦《清圣祖实录》卷二七七，康熙五十七年二月庚寅条，中华书局1985年版，第717–718页。
⑧《清圣祖实录》卷二八一，康熙五十七年十月壬申条，中华书局1985年版，第752页。

完。应如所奏,将两广盐务并新旧钱粮,交与广东、广西总督杨琳专理。从之。"①可知,康熙末年两广盐务积弊颇深,巡盐御史和督抚都尽力推脱管理盐法、催征盐课之责。最终,户部议覆将两广盐课交与两广总督杨琳专理。

雍正朝以后,两广以督抚兼管盐法成为定例,这与雍正二年(1724)二月初二日的谕旨密切相关,据称:

> 谕各省关差、盐差等官,从来关榷盐税之设,所以通商裕国。或用钦差专辖,或令督抚兼理,无非因地制宜、利商便民之至意也……至于督抚,系封疆大吏,更当仰体朝廷归并之意。关政不得视为带理,漫不经心,误任属员,听其剥削。盐政不得罔恤穷商,独专厚利,硬派州县,计口征钱。夫榷关部属尚有顾忌,恐督抚持其短长,今归督抚,则何所瞻顾。巡盐御史地方官或不奉约束,今归督抚,则孰敢抗违。况钦差犹每年更换,而督抚兼理则无限期,若不实心奉行,使风清弊绝,则大负归并之本意矣。②

雍正皇帝称盐法"或用钦差专辖,或令督抚兼理",都是出于因地制宜、利商便民的考虑。其中,相较巡盐御史无力约束地方官且每年更换而言,以督抚兼管盐政的做法更为有利,因为督抚可以无限期地兼理盐法且地方官不敢抗违。此后,两广总督所带"兼理盐法"职衔一直延续至清末官制改革。宣统元年(1909),"产盐省分各督抚,本有兼管盐政之责,均著授为会办盐政大臣"③;二年(1910)成立两广盐务公所,置正、副监督各一人;三年(1911)又以"两广盐政公所为加承新饷而设,系官督商办机关,与寻常局所不同,拟请暂行酌留,将原设正、副监督改为总办、帮办,以示区别"④。

关于两广盐政或总督巡抚兼盐政的选派、品级与职掌,制度上有明确之规定。据《清通典》卷三五《职官十三·盐政》载:

> 盐政。长芦、两淮各一人。由特旨简用,或都察院奏差,各带原衔品级。福建、甘肃、四川、两广以总督兼理,两浙、云南、贵州均以巡抚管理,河东以山西巡抚管理。掌理盐政,而纠其属吏,征收督催之不如法者,以时审其价而酌剂之。凡盐赋之奏课,与盐法之宜更者以闻。总督、巡抚兼盐政者,亦如之。国初各省置巡盐御史,后定为盐政,由特旨简充。其由都察院奏差者,亦以盐政名之。由内务府官员简充者,仍带御史衔。各省以督抚兼管者,皆因地制宜,永为恒式焉。⑤

---

① 《清圣祖实录》卷二八七,康熙五十九年正月壬辰条,中华书局 1985 年版,第 796 页。
② 《清世宗实录》卷十六,雍正二年二月丙午条,中华书局 1985 年版,第 268—269 页。
③ 《宣统政纪》卷二六,宣统元年十一月乙丑条,中华书局 1987 年版,第 482 页。
④ 《宣统政纪》卷六一,宣统三年八月庚戌条,中华书局 1987 年版,第 1085—1086 页。
⑤ 《清通典》卷三五《职官十三·盐政》,见《四库全书》第 642 册,上海古籍出版社 1987 年版,第 2213 页。

可知，两广盐政一般任期一年，由皇帝特旨简用，无专门之品级，而是"各带原衔品级"。如首任两广盐政沙拜原衔为正四品之太常寺少卿，末任盐政昌保原衔为正七品之镶黄旗催领。盐政与督抚兼盐政，其职掌为统辖一区之盐务，纠察属下官吏征收督催盐课，并有调控官盐市场价格之责，"以时审其价而酌剂之"，此外凡有关盐赋之奏课与盐法之宜更者，均应具奏皇帝定夺。

清廷为有效考核盐务官吏，在征课、销引、缉私等方面定有严格的考成制度。[①] 巡盐御史的征课、销引考成确立于顺治八年（1651），户部参照明崇祯八年（1635）则例规定，"巡盐御史盐课欠不及一分者罚俸一年，欠一分以上者降俸二级，欠二分以上者降职一级，欠三分以上者降职二级，皆留任；欠四分以上者降三级，欠五分以上者降四级，欠六分以上者降五级，皆调用；欠七分以上者革职"[②]，针对未完成盐课的巡盐御史采取罚俸、降俸、降职、革职等惩罚措施。康熙三年（1664）朝廷进一步补充了兼管盐法督抚的征课、销引考成，有关征课考成的规定如下：

> 广东、广西、福建、四川、云南、贵州兼管盐法巡抚，盐课初参未完一分者罚俸三月，二分六月，三分九月，四分一年，五分降俸一级，六分二级，七分降职一级，八分二级，九分三级，十分四级，皆戴罪督催，停其升转。……兼管盐法巡抚限二年全完，限内不完，原参不及一分者停升，一、二分者降一级，三、四分二级，五、六分三级，七、八分四级，九、十分五级，皆戴罪督催。凡降俸、降级等官，均候交代，有能于离任之先将盐课全完者，即准开复。如年限盐课接征接催官原参无名者，接算前官，总作十分，限半年全完，如不完，照初参分数参处。[③]

此后，巡盐御史和管盐督抚的征课考成内容时有变化，如康熙十四年（1675）"题准巡盐御史盐课未完二、三分者，照旧议降级、仍留任，兼管盐法巡抚参后不完应降级者皆留任，督催完日开复"[④]。

除征课考成外，朝廷还定有销引考成，规定"销引欠一分者停其升转，欠二、三分者降俸一、二级，欠四分者降职一级，俱令戴罪督销，欠五、六、七分者降二、三、四级调用，不准融销开复"；若行盐地方出现官吏私派户口、勒买销引情况，"不行查参之巡盐御史降一级调用，兼理盐法巡抚降一级留任"；"如盐引不行题明私自挪拨者，该管官各降一级调用，巡盐御史降一级留任，兼管巡抚罚俸一年；其前官

---

① 陈锋：《清代的巡盐御史——清代盐业管理研究之三》，载《人文论丛》2016年第1期，第194–212页。

② 《大清会典则例》卷十八《吏部·考功清吏司·盐法》，见《四库全书》第620册，上海古籍出版社1987年版，第378页。

③ 《大清会典则例》卷四六《户部·盐法下》，见《四库全书》第621册，上海古籍出版社1987年版，第459–460页。

④ 《大清会典则例》卷四六《户部·盐法下》，见《四库全书》第621册，上海古籍出版社1987年版，第461页。

已完销引不行送部,及保题盐引迟延,或申报盐引前后矛盾者,该管官罚俸一年,巡盐御史、兼管巡抚俱罚俸六个月"。① 此外,两广盐政与管盐督抚尚有"征课销引全完议叙""大伙私盐议处议叙""盐船失风失火"等名目繁多的考成条例,② 兹不赘述。

二、两广盐法道的设置

　　明清鼎革之后,广东、广西盐法道分开建置。广东于顺治六年(1649)置"屯盐水利道"一员驻广州;③ 康熙八年(1669),"改巡海道为广肇道,管理盐法"④;九年(1670),巡抚刘秉权疏请"广东驿传请归并盐法,改为盐驿道"⑤,仍驻广州;三十二年(1693)"将驿盐道改为运司"⑥,此后未见重设。广西于康熙八年以梧州分巡道兼理盐法;十八年(1679)"改广西梧州分巡道为分守苍梧道,照旧兼理驿盐事务",辖桂林、平乐、梧州三府及郁林一州,称"分守苍梧驿盐道",驻梧州。⑦ 雍正三年(1725),驿盐道移驻省城桂林⑧。乾隆二十三年(1758),令驿盐道兼水利衔,管理桂林府属临桂、兴安二县水利事务;⑨ 四十四年(1779),各省驿传奉谕改归巡道分管,驿盐道改称"盐法道"⑩,秩正四品。同治四年(1865),"拨广西盐法道所辖郁林直隶州,改属左江道管辖"⑪。光绪十八年(1892),改铸"分守桂平梧盐法道兼理水利关防"⑫;三十年(1904),巡抚柯逢时奏请将盐法道移驻梧州,兼理梧州洋关监督、清理河道、对外交涉等事宜。⑬ 宣统三年(1911),"将桂平梧道所管盐法划出,另设广西副监督,管理广西、湖南等处粤盐督销缉私事宜"⑭,广西所设之盐法道终归裁撤。

---

① 〔清〕沈书城:《则例便览》卷十九《盐政》,见《四库未收书辑刊》第2辑第27册,北京出版社1997年版,第196页。
② 〔清〕沈书城:《则例便览》卷十九《盐政》,见《四库未收书辑刊》第2辑第27册,北京出版社1997年版,第197、199-200页。
③ 《清世祖实录》卷四四,顺治六年五月壬午条,中华书局1985年版,第354页。
④ 《清圣祖实录》卷三一,康熙八年十二月戊辰条,中华书局1985年版,第426页。
⑤ 《清圣祖实录》卷三三,康熙九年八月庚戌条,中华书局1985年版,第455页。
⑥ 《清圣祖实录》卷一五八,康熙三十二年三月乙卯条,中华书局1985年版,第743页。
⑦ 《清圣祖实录》卷七七,康熙十七年十月甲申条,中华书局1985年版,第988页。
⑧ 雍正《广西通志》卷四九《秩官表》,见《中国地方志集成·省志辑》第2册,凤凰出版社2010年版,第192页。
⑨ 《清高宗实录》卷五七一,乾隆二十三年九月甲辰条,中华书局1985年版,第244页。
⑩ 《清高宗实录》卷一○七○,乾隆四十三年十一月壬辰条,中华书局1985年版,第347-348页。
⑪ 〔清〕刘锦藻:《清朝续文献通考》卷一三四《职官考二十·各道》,浙江古籍出版社1988年版,第8939页。
⑫ 《清德宗实录》卷三一四,光绪十八年七月乙卯条,中华书局1987年版,第82页。
⑬ 《清德宗实录》卷五二六,光绪三十年正月癸未条,中华书局1987年版,第2页。
⑭ 《宣统政纪》卷六一,宣统三年八月庚戌条,中华书局1987年版,第1085页。

清代两广盐法道的设置标准及其职权范围，与明代相比存在显著差别。如前所述，明代两广盐道以全盐区为管辖范围，并凌驾于原有盐务行政管理系统之上。然而，康熙初年广东、广西盐道分别设置，说明其管辖范围开始以行省为单位，且职权和地位相较明代而言也大幅度缩减和降低。如广东盐驿道仅负责管理灶户生产、官商转运和本省州县盐引的疏销等事宜；而粤盐在广西、湖南、江西、福建等销区的疏引征课责任，则分别归于各省之盐法道分别负责。

关于清代盐道之职掌，时人称"盐道职司盐课，犹各省藩司之统辖地丁也"①，可见，盐法道最为重要的职责是疏引征课。又据《大清会典》载："凡产盐之省，运使、盐道察场民之生计、与商之行息而平其盐价；行盐之省，由驿盐道或分巡道、知府兼理之，其水陆挽运，必计其道里，时其往来，平其贵贱，俾商无滞引，民免淡食，以听于盐政。"②可见，清代产盐地区设置的盐道与运使在职能上没有差别，大致包括督察盐场灶户生计、组织盐商疏销盐引、平抑食盐价格；不产盐的省份盐政由驿盐道（盐驿道、盐法道）或守巡官、知府兼理，其职掌主要是疏销盐引和平抑盐价。因此，广东盐驿道的职掌，与两淮、长芦等地设置的盐运司大致相同；广西苍梧驿盐道的职掌，则与不产盐省份的盐法道无甚差别。

产盐、行盐地的盐法道，需共奉盐政或兼管盐法督抚之政令。两广设置盐法道期间，其上级机构是两广盐政或兼理盐法的督抚，下属机构主要有广东盐课提举司、海北盐课提举司及其属官，以及府州县负责盐务事宜的州县官吏。康熙三十二年（1693），朝廷将广东驿盐道改为盐运司。两广运司与粤盐销区各省盐法道并设，前者职司产运，后者职司岸销，分工明确，二者共同成为盐政或管盐督抚之下的具体办事机构。也就是说，广东盐法道/运使与广西、湖南、江西、福建等粤盐销区的盐法道是合作关系。

广东盐法道"管理通省鹾政"，有统筹生产单位提举司和疏销单位府州县政府之责，清廷针对其销引、征课和缉私等方面定有严格的考成则例。康熙三年（1664），朝廷制定了针对经理、署理盐法司道、府州县官员的盐课考成："经管盐法司道府州县官，盐课初参未完不及一分者停升，一分以上降俸一级，二分、三分降职一级，四分、五分三级，六分、七分四级，皆戴罪催征，完日开复，八分以上革职"，"署管盐法司道府州县卫所官，未完一、二分者罚俸三月，三、四分六月，五、六分九月，七、八分一年，九、十分者降职一级调用，署理不及一月者免议"；"兼管盐法司道府直隶知州限年半全完，限内不完原参不及一分者降职一级，停其升转，一、二分降

---

① 〔清〕马尔泰：《题报调任广西驿盐道黄岳牧任内收支羡余节省西税船头等银数目事》，乾隆五年八月初十日，中国第一历史档案馆馆藏档案，《户科题本》，档案号：02-01-04-13250-003。

② 《清会典》卷十五《户部·盐法》，见《四库全书》第619册，上海古籍出版社1987年版，第148页。

三级、三、四分四级、五、六分五级，皆调用，七分以上革职"。①

三、盐课提举司和都转运司系统

明清鼎革之后，两广盐务官制继承了明中后期以来的管理新体制，采取巡盐御史/兼理盐法督抚—盐法道—盐课提举司系统的层级结构。康熙三十二年，两广盐政沙拜疏请改设盐务官制，据称：

> 两广盐政向属抚臣兼理，课饷引目，系驿盐道、提举司经管。臣蒙皇上特恩简用，所属之员，自应照例改设，将驿盐道改为运司，潮州一府离省窵远，行盐亦多，必得专员管理，应将提举裁去，改设运同，使之驻札潮州，催征课饷。府吏目裁去，改设盐运司知事。提举司广盈库大使，改为运司库大使。批验所大使，改为运司批验所大使。广州府有归德等场、惠州府有淡水等场，为盐斤出产之所，课饷之源，必须设立分司，催征巡缉。②

新设之两广盐务官制如下：都转运盐使司由驿盐道改设，定设盐运使一员，驻省城广州，秩从三品，总理盐区之事，如盐商请引配盐、销引征课、钱粮支兑拨解以及盐属各官升迁降调、各地私盐案件审理等。③ 运使之属官，有运同、知事、库大使、批验所大使等，辅助运使管理盐务。运同全称"惠潮汀赣运同"，定设一员，秩正五品，由原驻潮州的盐课提举司提举改设，照旧驻潮州，掌理督察所属13处盐场，催征课饷。盐运司知事一员，由外府吏目改设，掌稽核文书等事。运司库大使一员，秩正八品，由原提举司广盈库大使改设，掌盐课之收纳并兼理库储等事。运司批验所大使一员，未入流，管审核批准盐引之出入以及掣验放行等事。此外，还在广州府属之归德等场、惠州府属淡水等场，设立分司催征盐课、巡缉私盐。

雍正二年（1724），两广总督孔毓珣"请于两广运使衙门复设经历一员，以供差遣"④，经历秩从七品，掌稽核文书等事。雍正十一年（1733），两广总督鄂弥达疏请"添设两广盐运使司运判一员，驻广东合浦县石康地方"⑤，至乾隆七年（1742）裁省。至道光年间，两广盐运司系统共设官吏30余员。现据道光《广东通志》卷四三《职官表》所载⑥，统计如表5-1所示。

---

① 《大清会典则例》卷四六《户部·盐法下》，见《四库全书》第621册，上海古籍出版社1987年版，第460页。
② 《清圣祖实录》卷一五八，康熙三十二年三月乙卯条，中华书局1985年版，第743-744页。
③ 陈锋：《清代盐运使的职掌与俸银、养廉银及盐务管理经费——清代盐业管理研究之四》，载《盐业史研究》2016年第4期，第14-37页。
④ 《清世宗实录》卷二五，雍正二年十月甲戌条，中华书局1985年版，第389页。
⑤ 《清世宗实录》卷一三〇，雍正十一年四月丁丑条，中华书局1985年版，第695页。
⑥ 道光《广东通志》卷四三《职官表》，见《广东历代方志集成·省部》第15册，岭南美术出版社2007年版，第693-699页。

表 5-1　道光年间两广都转运盐使司职官

设官	备考
盐运使一员	康熙三十二年（1693）由驿盐道改设
潮州运同一员	康熙三十二年（1693）由盐课提举司提举改设
潮运同知事一员	康熙三十二年（1693）由外府吏目改设
高廉运判一员	雍正十一年（1724）设，乾隆七年（1742）省
盐运司经历一员	雍正二年（1724）设
广盈库大使一员	康熙三十二年（1693）由原提举司广盈库大使改设
西汇关批验所大使一员	向系委员管理，乾隆五十年（1785），奏准将批验所大使移驻西汇关，专司验放
东汇关监掣通判一员	向系批验所大使，乾隆五十年（1785），奏准改归广粮通判兼管
东莞场大使一员	旧设，乾隆五十五年（1790）裁汰
上川司盐巡检一员	雍正七年（1729），以埒峒场归并海晏场大使兼管，改名海埒场，嘉庆二十年（1815）裁汰海埒场大使，改为上川司盐巡检，以监知事借补
淡水场大使一员	旧设
大洲场大使一员	雍正二年（1724），在淡水场分出委员管理，乾隆二十一年（1756）改设大使
坎白场大使一员	雍正二年（1724），在淡水场分出委员管理，乾隆二十一年（1756）改设大使
石桥场大使一员	旧设
小靖场大使一员	雍正二年（1724），在石桥场分出委员管理，乾隆二十一年（1756）改设大使
招收场大使一员	旧设
隆井场大使一员	旧设
东界场大使一员	向系委员，雍正七年（1729）改设大使
电茂场大使一员	原名博茂，系委员管理，乾隆三年（1738）改名电茂，新设大使
茂晖场大使一员	旧设
白石场大使一员	旧设
归靖场委官一员	乾隆三年（1738），合归德、靖康二场为归靖场大使，二十二年（1757）改委缺，五十五年（1790）裁汰
香山场委官一员	向系大使，乾隆二十一年（1756）改委缺，五十五年（1790）裁汰
碧甲栅委官一员	由淡水场分出委员管理
大洲栅委官一员	乾隆二十二年（1757），大洲场分出委员管理，五十六年（1791）裁并
大洲场大使白沙栅委官一员	由坎白场分出委员管理，乾隆三十九年（1774）裁并坎白场大使

续表

设官	备考
海甲栅委官一员	由石桥场分出委员管理
河西栅委官一员	由招收场分出委员管理
惠来栅委官一员	由隆井场分出委员管理
小江场委官一员	旧设
双恩场委官一员	向系大使，乾隆二十一年（1756）改为委缺
东平厰委官一员	由双恩场分出委员管理，乾隆二十七年（1762）裁并双恩场兼管
博茂场大使一员	旧设，向系委员，乾隆五十五年（1790）改设大使
丹兜场委官一员	旧设，乾隆五十五年（1790）裁汰
白石西场委官一员	乾隆三十八年（1773），添设委员管理，五十一年（1786）以后白石大使兼管
小靖外厂委官一员	乾隆三十五年（1770），由小靖场分出委员管理，嘉庆十五年（1810）以后小靖场大使兼管档册
粮储道兼管民屯一员	驻扎省城

由表 5-1 可知，雍正朝以后两广运司官制演变的趋势，一是从较大规模的盐场分出委员管理较小或新开辟之盐场，不少委员最后被改为场大使。如雍正二年（1724），令淡水场分出委员管理大洲场、坎白场，石桥场分出委员管理小靖场，且各委员于乾隆二十一年（1756）时改设为大使。二是因部分盐场裁撤、合并造成官职减少。如乾隆五十五年（1790）陆续裁撤东莞大使、归靖场大使、香山场大使。除上述定设官员外，两广盐运司衙门还有许多未能刊载在册的胥吏，据载，两广"运司每年羡余六万两，而库官、库吏、胥役侵吞需索，则更浮于官之所入，是皆盐之利也不归正供，而为此辈所侵用"①。

有关两广盐运司的盐课考成，据"盐课初参"例规定："专管盐课之运使、提举司、分司、大使等官，欠不及一分，停其升转，罚俸六个月，欠一分者罚俸一年，欠二、三、四、五分者降职一、二、三、四级，俱戴罪督催，欠六分以上革职。""盐课限满"例规定："运司、提举、分司被参后，限年半全完，大使限一年全完，限内不完不复作分数，仍照原参分数题参。运使、提举、分司、大使照布政使州县官地丁钱粮例处分，接征、接催官员以到任日为始接征；州县、大使等官限一年接催，布政使、道府州、运使等官限年半接催，巡抚限二年，如不能完，照现在未完分数，以初参例处分。"销引考成则例规定："销引欠一分者停其升转，欠二、三分者降俸一、二级，欠四分者降职一级，俱令戴罪督销，欠五、六、七分者降二、三、四级调用，

---

① 《清盐法志》卷二二八《两广十五·征榷门三》，民国九年（1920）盐务署铅印本，第1页。

不准融销开复。"①

第二节　清初尚藩前后的广东盐政体制

顺治四年（1647）初，南明永历帝退至云贵。顺治六年（1649），尚可喜率清军进入广东，次年，广东大体平定。尚可喜随即留镇广州，受封为平南王，开始了其在广东握有权柄的时期。直至康熙二十一年（1682），康熙帝平定三藩之乱，下令撤除藩府，尚氏父子居广东30余年，被称为"藩王时期"。藩王统治时期，广东盐法几乎不受清廷控制，食盐的生产和销售受所谓的"王商"控制，朝廷为了征收盐课，又金派里人充当排商，导致地方社会动荡不安。平定三藩之乱以后，整个广东的盐法面临重建，而经过广东巡抚李士桢、朱弘祚的一系列改革，盐政制度才重新恢复。

一、尚藩时期广东盐法的败坏与王商经营

顺治年间，广东盐务并未恢复元气。此前清政府已初定广东盐课额，顺治四年（1647），清世祖顺治皇帝颁"恩诏"，规定"本省盐课，照万历四十八年旧额，按引如数征解，其天启、崇祯年间加派，尽行蠲免"②。顺治十一年（1654），官员报称两广"疮痍未复，盐法废弛"③，虽有题定"岁行盐引五万九千八百零八引，岁课银十七万有奇"④，但到了顺治十三年（1656），广东仍未恢复盐引制度。广东布政司差官邓嘉前去户部请领十三、十四两年盐引119616引时，竟然无引可领，有关官员仍称：

两广盐引，地方多事，从未关请，铜板尚未铸造。……合照刊书开载行盐地方，刊刻木板先行印发，俟彼中报有州县行盐地方，再行另铸铜板。⑤

既然广东尚未正式颁发盐引，也就谈不上有真正行之有效的由官方控制的食盐运销。这时的广东盐区，一方面已在承担盐课，一方面又尚未出现正规的食盐专卖。而

---

① 〔清〕沈书城：《则例便览》卷十九《盐政》，见《四库未收书辑刊》第2辑第27册，北京出版社1997年版，第4-5页。
② 《清世祖实录》卷三三，顺治四年七月甲子条，中华书局1985年版，第273页。
③ 档案《为粤东地方初定盐课万难取盈仰祈圣慈宽减以培商脉事》（顺治十一年一月十九日，李凤奏），转引自林永匡：《清初的两广运司盐政》，载《华南师范大学学报》（社会科学版）1984年第4期，第59页。
④ 档案《为严饬先期领引以便征课事》（顺治十三年六月五日，孙廷铨题），转引自林永匡：《清初的两广运司盐政》，载《华南师范大学学报》（社会科学版）1984年第4期，第60页。
⑤ 档案《为严饬先期领引以便征课事》（顺治十三年六月五日，孙廷铨题），转引自林永匡：《清初的两广运司盐政》，载《华南师范大学学报》（社会科学版）1984年第4期，第60页。

由于"恢复未久，商民流窜"①，食盐的正常运销几乎处于瘫痪状态，盐商奇缺。政府虽大力招搜流亡旧商，但应者寥寥。不过，"商民流窜"一词表明，此时仍有大量活动的商人，而他们主要是"王商"。

"王商"实际上是藩王尚可喜的属下或家人、家仆。梁方仲曾论及，清初，广东为平南王尚可喜和尚之信父子所盘踞，形成封建军事割据的政治局面。同时广东的整个经济亦为藩王集团所操纵掌握。藩王封建军事集团的官僚商业资本，不仅利用当时合法的贡舶贸易进行活动，还展开海上走私。② 同时，他们很快发觉充当盐商实在是件有利可图的事情，于是纷纷霸占盐埠，倾销食盐。③ 盐埠，指商人所开盐店、盐馆，零售食盐。《清圣祖实录》记载："逆贼尚之信，在广东令其部人私充盐商，据津口立总店。"④ 尚之信公开插手盐务、侵渔百姓、拦截国税，在广东达到了只手遮天的程度。朝廷派来的广东盐驿道佥事李毓栋与尚之信多不合，尚便公开责骂李："尔甫来此，事事与我违拗，我一刀砍尔，上亦无奈我何。"⑤ 可以说，尚藩镇粤严重干扰了两广盐政的正常运转。"自尚之信作俑售奸以来，继以沈上达假威踵恶，藩商遍地，虐焰弥天"⑥，"伙党倚势，将产盐田场踞为奇货"⑦，"霸为己业，灶丁反雇为佣工，煎晒盐粒，惟听藩党货卖，独擅其利"⑧，导致私盐横行，引壅课滞。

"王商"事实上占埠行盐并且无引行盐，类同私商的角色。他们充当盐商以后，以谋取一己私利为一切出发点，在生产的环节，他们霸占盐田；在销售的环节，他们抬高盐价，强行派盐；在纳税的环节，他们勒索渔民，帮贴盐课。

进入广东之后，尚氏集团很快垄断了广东贸易的各个方面。他们趁着康熙元年（1662）开始实行禁海政策，一方面控制海上贸易，私贩食盐；另一方面在迁界过程中霸占盐田。吴震方在《岭南杂记》中云：

> 自逆藩僭窃之时，淡水等场及平山等处，多有藩孽土棍，霸占盐田，贱买贵卖，乱行私盐。⑨

---

① 档案《为敬陈盐政壅滞之由并酌因时疏通之法仰祈圣鉴以裕饷事》（顺治十六年七月，车克奏），转引自林永匡：《清初两广运司盐政》，载《华南师范大学学报》（社会科学版）1984年第4期，第60页。
② 梁方仲：《梁方仲经济史论文集补编》，中州古籍出版社1984年版，第230页。
③ 黄国信：《藩王时期的两广盐商》，载《盐业史研究》1999年第1期，第13-17页。
④ 《清圣祖实录》卷九四，康熙二十年二月甲午条，中华书局1985年版，第1190页。
⑤ 《清史列传》卷八〇《逆臣传·尚之信传》，中华书局1987年版，第6673页。
⑥ 〔清〕李士桢：《抚粤志略》卷五《抚粤条约》，见沈云龙主编：《近代中国史料丛刊三编》第39辑，台湾文海出版社1988年版，第541页。
⑦ 〔清〕李士桢：《抚粤政略》卷三《整饬鹾政檄》，见沈云龙主编：《近代中国史料丛刊三编》第39辑，台湾文海出版社1988年版，第274页。
⑧ 〔清〕李士桢：《抚粤政略》卷七《议覆粤东增豁税饷疏》，见沈云龙主编：《近代中国史料丛刊三编》第39辑，台湾文海出版社1988年版，第821页。
⑨ 〔清〕吴震方：《岭南杂记》卷上，商务印书馆1936年版，第10页。

康熙二年至五年（1663—1666）间，广东继续推行迁界。此后，广东的盐业生产并未停止，除了部分盐场真正内迁以外，尚氏家族控制的盐场仍在生产。李士桢云：

> 自逆藩入广，伙党倚势，将产盐田场踞为奇货。或逼勒灶丁，领银为佃，私煎货卖，以致私贩横行，官盐壅滞。……今逆藩既已消灭，各处盐田，自应归还原业，煎晒办课。近据各灶告词纷纷，仍是藩党异棍，公然霸占，侵夺民灶之利，窝囤贩私，阻挠官盐之法，坏乱盐政，莫此为甚。①

按照李士桢的说法，即使在平定三藩之后，"藩党"仍然占据盐田，侵夺民利。由此可见，尚可喜的手下借迁界之便，趁机霸占了界外的盐田，大肆行私，破坏了广东盐业的正常生产秩序。

在流通的环节，"王商"承埠，本身并无多少资本，他们往往借本营运，仰仗尚可喜的势力，高抬盐价，即所谓"场埠诸利皆强有力者擅而专之"。据民国《开平县志》记载，盐价"由承商自为操纵"②，因此，"王商"经营盐务期间，盐价昂贵，民受其害。李士桢对此有较详细的描述：

> 照得粤省盐政，敝坏已极，皆因尚之信、沈上达等擅利害人，广布羽翼，从前一切水商，俱是藩孽流棍，把持要挟，抗课行私，无所不至。③

盐价高昂，百姓自然不愿意购买官盐，为了打开市场，"王商"在尚可喜势力的庇护下，肆意加派盐斤，限期给价，扰害民众。顺治十六年（1659），兵科给事中杨雍建曾向顺治皇帝言及使粤民"颠连困苦"的几大害政，其中之一便是"王商"计口派食盐斤。他说：

> 奸商借纳饷名色，私立盐埠，不问贫富，计口派食，限期索价。④

其所谓奸商，即"私立盐埠"者，也就是尚之信的党羽。"王商"敛财的手段，不仅直接计口派食盐斤，还在食盐的销售上强行搭配。屈大均曾说：

> 粤有生盐、熟盐。熟盐……水居之民喜食之。生盐……食之多力，山居之民喜食之。贫者以得盐难，可以省用，尤利之。旧制，生熟盐惟商所运，从无销生滞熟之虞。自藩下奸商霸夺熟场，欲其多售增价。熟引较生引课轻，承生引之

---

① 〔清〕李士桢：《抚粤政略》卷三《整饬鹾政檄》，见沈云龙主编：《近代中国史料丛刊三编》第39辑，台湾文海出版社1988年版，第274—278页。
② 民国《开平县志》卷十四《经政略二》，《广东历代方志集成·肇庆府部》第37册，岭南美术出版社2007年版，第176页。
③ 〔清〕李士桢：《抚粤政略》卷三《整饬鹾政檄》，见沈云龙主编：《近代中国史料丛刊三编》第39辑，台湾文海出版社1988年版，第274页。
④ 《清世祖实录》卷一二三，顺治十六年正月癸卯条，中华书局1985年版，第951页。

埠者，又欲轻饷漏课，乃不论土俗之宜否，径于广、肇、惠、罗各埠，生三熟七，配搭强行。究之民俗之喜生者七，引之熟亦照全生。民俗之喜熟者三，引之生亦照全熟。厂官创为免盘之陋规，竟置生熟于不问。①

生盐指的是晒扫成盐，成本低但课重，熟盐指的是煎煮成盐，成本高但课轻，"王商"所霸占者，大多为生盐的盐田，他们为了少缴盐课，强行将生熟盐搭配售卖，以达到多销的目的，而不考虑市场的接受程度。

不止在生产和销售环节，"王商"在纳课环节也动了很多手脚。广东沿海一带，渔船出海捕鱼前往往购买私盐用来腌制海产品。为了防范私盐，广东盐政有一特殊规定，即"令渔户买用官盐，盐商给标"，以便查验。"标"，即乾标，为渔户已买官盐之凭证。但是，渔户往往不领官盐，情愿每船一只帮贴埠商饷银3钱5分，然后自行买用私盐。理由有二：一则沿海遍地私盐，其价甚贱；二则帮饷甚轻，若买官盐，其价反须加倍。所以，渔户往往只赴埠领乾标，作为已买官盐之符券，但并不买官盐。由于这一习惯，尚氏"王商"把持盐务以后，往往专门勒索渔船。屈大均曾指出，在广东东莞，盐商"专勒渔船"。②

他们勒索渔船的手段非常简单，就是冒称拆引行盐，要求船户帮贴盐饷。当然，帮贴不是每船一只饷银3钱5分，而是远过于此。其具体数据则尚待研考。此外，他们还喜欢在沿海地带设立仔埠，以此勒索沿海居民。广东东莞就曾设有仔埠数个。由于设立仔埠的目的在于帮饷，仔埠也就成为百姓之一害。由此，这些仔埠常常在民、官反应强烈之后被裁撤，如康熙二十五年（1686）东莞县的京山、白沙两个仔埠被裁。与此同时，东莞废除了埠商，将盐课派入田亩完纳，③并另选排商办理纳饷事务。

应该说明的是，顺治年间，广东并非没有官府认可的盐商。只是"从前藩棍私贩，以致商等穷困"，并且，"各场盐田在昔藩党强霸为己业，灶丁反雇为佣工，煎晒盐粒，惟听藩党货卖，独擅其利"。④这些盐商力量太小，而且数量也太少，势力根本不足以与"王商"抗衡，难以构成盐商的主力，也无法与"王商"竞争。

康熙元年（1662），由于清廷发觉"王商"在广东盐政中危害太大，遂改行"排商"之法。所谓排商，就是从里排中签点盐商，规定由里排中人轮流充任，每商承办盐务一年。但是正如李士桢所述：

> 承买一县之盐，大必需本二三万两，小亦需本一万余两。各里之中，安得皆

---

① 〔清〕屈大均：《广东新语》卷十四《食语·食盐》，中华书局1985年版，第399页。
② 黄国信：《藩王时期的两广盐商》，载《盐业史研究》1999年第1期，第13—17页。
③ 黄国信：《藩王时期的两广盐商》，载《盐业史研究》1999年第1期，第13—17页。
④ 〔清〕李士桢：《抚粤政略》卷七《议覆粤东增豁税饷疏》，见沈云龙主编：《近代中国史料丛刊三编》第39辑，台湾文海出版社1988年版，第821页。

有数万身家之人。①

所以，金派变成了"强派"。时人彭钘惊呼："近虽檄召里排承贩，嗟乎！安得有真里排承之哉？"②排商之法意欲解决盐课缺额的问题，但收效不大，还引起了诸多新的问题，下文将继续讨论。

总体而言，清初藩王控制广东时期，朝廷并未恢复对两广盐场的控制。藩王通过控制海上贸易、霸占盐田、强行行盐等手段，对两广盐课进行掠夺。两广总督吴兴祚对尚藩的经济掠夺情形向朝廷做了长篇疏陈：

> 粤民受逆藩数十年之害，利在锱铢，如盐埠一项，额课一十四万有奇，此盖千百商民凑合资本行运，逆藩以盐为利薮，强占盐田场埠，盐课无出，商民并累，此粤民受困之一端也；广属渡税三百八十余处，逆藩兵卒罗跽津口，重加税钱，又不许增船分载，往往人多载重，渡民被溺，此又粤民受困之一端也；粤货至境，旧有落地税名目，逆藩创立税总店。铜、锡、铁、木之属已纳税者，重加税敛，下至鸡、豚、蔬、果，一概截收，此又粤民受困之一端也；渔课旧额，通省五千四百余两，藩役委官重敛，苛征税银巨万，此又粤民受困之一端也；至市舶一项，原与民无害，奸徒沈上达乘海禁之日，番舶不至，勾结亡命，私造大船，出洋为市。③

这一段描述可以看作藩王时期广东社会经济遭受严重破坏的具体情况。总之，藩王的势力深入商品流通的各个方面：霸占盐田、破坏海禁、私通外洋，给广东地方社会造成了巨大的消极影响。

二、从"课饷派诸田亩"到"量地拨引"：平藩之后的广东盐政改革

尚藩把持广东盐务造成种种乱象，在平藩以后，需要新任巡抚李士桢立即改革整顿。李士桢（1619—1695），字毅可，山东昌邑人。他以盐官步入仕途，顺治四年（1647）授长芦盐运判官，顺治七年（1650）任河东运副，顺治八年（1651）任两淮运同。顺治十年（1653）升安庆府知府，后历任广东按察副使、河南按察使、福建布政使、浙江布政使、江西巡抚等职，康熙二十一年（1682）正月，到任广东巡抚。④

李士桢早年的盐官经历，使他对盐政颇有心得。下车伊始，李士桢就颁布《抚

---

① 〔清〕李士桢：《抚粤政略》卷七《议覆粤东增豁税饷疏》，见沈云龙主编：《近代中国史料丛刊三编》第39辑，台湾文海出版社1988年版，第821页。
② 〔清〕彭钘：《粤东盐政议》，载〔清〕贺长龄、〔清〕魏源辑：《皇朝经世文编》卷五〇《户政二十五·盐课下》，见《魏源全集》第15册，岳麓书社2004年版，第764页。
③ 《清史列传》卷九《大臣画一传档正编·吴兴祚传》，中华书局1987年版，第593—594页。
④ 王伟波主编：《昌邑历史人物》，东方出版社1998年版，第37—42页。

粤条约文告》，其中一条即"厘盐法"，不足一月，又连续发出《整饬鹾政檄》六条：

> 第一，察灶田之霸占事；
> 第二，清察水客之积弊事；
> 第三，定商灶买卖之规则事；
> 第四，定盘验秤掣之规则事；
> 第五，酌议关厂盘验之官事；
> 第六，酌议巡缉河道船只之奸究事。①

李的盐政思路，主要是清除尚藩余孽对盐业的控制和影响，恢复两广盐政的运作秩序。如第一条"察灶田之霸占事"，即在于将藩占灶田归还灶丁，"通行盐场各府县印官场官，逐一严查，某场原额盐田若干，灶民某人名下灶田若干，向被究棍霸占若干，今逐一退还民灶管业……给还煎晒，以裕国课"②。又如第三条"定商灶买卖之规则事"，即"水客往场买盐，自认饷银，盐司出给库收，该道验发票号，并给引目"，并按票上限定月日到场买运。"至于灶户煎晒盐斤，须要着令场官不时巡察，各灶煎晒盐斤，按数具报场官查考。官商到场买盐之时，照依号票定额时价发卖"③。李士桢依然维持明代"灶丁—水客—埠商"的产运销模式。水客专门赴盐场买盐，转运省城东汇关或潮州广济桥盐仓，俟埠商买运到相应的埠地发卖。此即系阮元所称明代两广盐法情形："大抵灶丁卖盐于水客，水客卖盐于商人，商人散盐于各埠。"④由于这一时期，盐户直接与水客进行食盐交易，盐场的管理范围除了不时巡查盐户是否将煎晒盐斤按数具报，并防止盐户出场售私外，就是盐课的催征，所以明代后期形成的盐场催征课役的"场当"制度也依旧保留。

清初广东除了"王商"横行霸道外，还有康熙元年（1662）朝廷在两广盐区推行的"排商"，即从里排中签点盐商，规定每商承办一年，⑤ 凡里排中人轮流充值。⑥ 排商是两广盐区推行的特殊做法。清廷平定三藩之乱后，更加强调"排商"政策，

---

① 〔清〕李士桢：《抚粤政略》卷三《整饬鹾政檄》，见沈云龙主编：《近代中国史料丛刊三编》第39辑，台湾文海出版社1988年版，第273—298页。
② 〔清〕李士桢：《抚粤志略》卷三《整饬鹾政檄》，见沈云龙主编：《近代中国史料丛刊三编》第39辑，台湾文海出版社1988年版，第276页。
③ 〔清〕李士桢：《抚粤志略》卷三《整饬鹾政檄》，见沈云龙主编：《近代中国史料丛刊三编》第39辑，台湾文海出版社1988年版，第284—285页。
④ 道光《两广盐法志》卷三《历代盐法考》，见于浩辑：《稀见明清经济史料丛刊》第1辑第39册，国家图书馆出版社2012年版，第441页。这种模式是经历了一个较长时期的制度调适而形成的，具体参见黄国信：《明清两广盐区的食盐专卖与盐商》，载《盐业史研究》1999年第4期，第3—10页。
⑤ 康熙十三年（1674），朝廷以埠商一年一换过于频繁，改为三年一换。参见王小荷：《清代两广盐商及其特点》，载《盐业史研究》1986年第1辑，第65—80、124页。
⑥ 参见王小荷：《清代两广盐商及其特点》，载《盐业史研究》1986年第1辑，第65—80、124页；黄国信：《藩王时期的两广盐商》，载《盐业史研究》1999年第1期，第15页。

旨在避免"豪强将资强占要地关津，不容商民贸易，欺压诈害"①。但事实上，排商之法并不能给国家带来稳定的课源。一方面，有部分排商实际上是藩王势力的遗留。如李士桢上疏云：

> 粤省向于里民排甲报认，又有水客、埠商之分……各里排中，安得皆有数万身家之人，即有资本，又安得皆是历练诚实之人，所以往有借贷累利之弊，或滋营私赚课之奸，名为行盐而不能充扩也。②

他巡抚广东时，还查出高州府诸埠"承埠之曾世奇等，皆系假冒里排，实为势要占据"，而另一些盐埠，则为奸商所占，如连山县，有"奸商钟鸣，假冒排商"。

总的来说，即使是在三藩之乱平定以后，广东盐务仍未有真正起色，"棍徒百计夤求，负本既重，所以到埠恣意横行，盐价一倍增至数倍"，"民人无力买盐，宁甘淡食"。③

另一方面，根据排商之法，每人都要充商，而大多数人是"资本无措"，"一经签点，恸哭载途"④，纵是强令充商，也是盐课难完，"官引壅积不销"，为完课饷，地方官只好"按丁勒派，代为追比"⑤。

康熙二十五年（1686），举人袁兆祥、王义淳、陈之琰、叶光龙、赵瑛等赴抚院痛陈东莞县"藩孽钻充埠商，藉额饷之名，剥害地方，民不堪命"⑥。这在后来的一些民间族谱中也有所反映。东莞靖康场《凤冈陈氏族谱》称："时藩孽汪其钻充埠商，籍额饷不敷［之］名，压派丁盐，为地方累。公（陈肇原）挺身与孝廉袁兆祥等联名上敕，寻获免，阖邑德之"⑦。《东莞张氏如见堂族谱》也载："邑旧有盐埠，令民食官盐，公（张用宾）白当道，使归粮，以便贫民，各大宪即具题，奉旨敕部覆议，后果依之。"⑧ 当是时，埠商汪其钻因为额饷难完，遂压派于丁，可以想见，此举如果没有地方官的支持，如何能够实行？然而"按丁勒派"，于民不善。为此，广东巡抚李士桢亲临东莞县，"集邑文武官及绅衿里民千余人于庭，连日公同议定"，最后议定"生、熟引免其赴省买运，商盐惟照额课二千四百十九两四钱六分，责成

---

① 光绪《两广盐法志》卷五三《杂记》，转引自黄国信：《藩王时期的两广盐商》，载《盐业史研究》1999年第1期，第15页。

② 〔清〕李士桢：《抚粤政略》卷七《议覆粤东增豁税饷疏》，见沈云龙主编：《近代中国史料丛刊三编》第39辑，台湾文海出版社1988年版，第821页。

③ 〔清〕朱弘祚：《清忠堂抚粤奏疏》卷二《整理盐政》，见《四库存目丛书》史部第66册，齐鲁书社1996年版，第637页。

④ 光绪《平乐县志》卷三《赋役志》，台湾成文出版社1967年版，第83页。

⑤ 〔清〕朱弘祚：《清忠堂抚粤奏疏》卷二《整理盐政》，见《四库存目丛书》史部第66册，齐鲁书社1996年版，第637－638页。

⑥ 康熙《东莞县志》卷五《盐法》，见《广东历代方志集成·广州府部》第23册，岭南美术出版社2007年版，第437页。

⑦ 东莞《凤冈陈氏族谱》卷七，同治八年（1869）刻本，第85页。

⑧ 《东莞张氏如见堂族谱》卷二六，民国十一年（1921）铅印本，第38页。

里排照例保举商人办纳","撤去埠商,止设排商二人,料理京山、白沙二埠盐务"。① 李士桢与地方绅衿集议的结果是,同意东莞县买食场盐,而将盐课"责成里排照例保举商人办纳",并撤销埠商。这里的商人仍旧是排商,尚未改行长商,所以称"责成里排"。

李士桢的决策,是建立在其作为广东巡抚的职责之上的。当时,广东的盐务由广东巡抚兼管。据叶显恩的研究,清初三藩之乱后的广东,尚藩余孽犹存,之前几任广东巡抚王来任、金俊,两广总督卢兴祖等贪赃枉法,使得广东吏治败坏,官商勾结,垄利害民,因此,康熙二十一年(1682)李士桢莅粤之后,"恤商裕课"便是其治粤政略的重点。② 由于盐税是当时国课军需的重要来源,清除尚藩时期的种种弊端、恢复税收和清理商路自然也成为李士桢治粤举措的重要内容。李士桢曾担任过长芦运判、河东运副,前后有过六年的治盐经营,对盐政颇有心得,莅粤之后遂颁布16条施政纲领,"厘盐法"是其中重要一条。

对于清初广东的排商之法,李士桢也颇有微词。康熙二十一年八月,李士桢上疏称:"承买一县之盐,大必需本二三万两,小亦需本一万余两,各里排中安得皆有数万身家之人,即有资本,又安得皆是历练诚实之人,所以往有借贷累利之弊,或滋营私赚课之奸,名为行盐而不能充扩也。今宜仿照淮浙事例,渐次招商,不拘里排,不分水埠,不限年岁,总以急公销引,办课者久远充商。"③ 但是朝廷认为"广东省向系里民排甲报充商人,行盐销引成例已久,历年课银亦俱全完,今若不论土著外籍,概令承充,恐有豪强恃资强占要地,关津不容商民贸易,欺压作害,亦不可定,应将该抚题请招商之处无庸议"④。既然排商之法无法改变,那就只有便宜行事。面对"东莞逼近盐场"的情况,李士桢试图在增加王朝财政收入和地方实际运作之间寻求平衡点,从而提出了盐饷"应从民便,俱准食场盐"⑤"派诸田亩"⑥的对策。

这一政策实际上也得到当时有识之士的认可。除了以上提到的广东士人袁兆祥等人,以及参与"共同议定"的东莞文武官员及绅衿里民外,前朝遗民诗人屈大均亦对此大为赞同,他指出:"凡邑近盐场者,其盐引之饷,宜均派之粮丁,听民自便买食场盐。其邑引多者,按之钱粮,不过十五而加一引,少者,不过三十而加一。民易

---

① 康熙《东莞县志》卷五《盐法》,见《广东历代方志集成·广州府部》第23册,岭南美术出版社2007年版,第437页。

② 参见叶显恩:《清初李士桢抚粤政略与广东社会经济复苏》,见《徽州与粤海论稿》,安徽大学出版社2004年版,第350—371页。

③〔清〕李士桢:《抚粤政略》卷七《条奏粤东盐政疏》,见沈云龙主编:《近代中国史料丛刊三编》第39辑,台湾文海出版社1988年版,第826—827页。

④〔清〕朱弘祚:《清忠堂抚粤奏疏》卷二《革除三年换埠》,见《四库存目丛书》史部第66册,齐鲁书社1996年版,第642页。

⑤ 康熙《东莞县志》卷五《盐法》,见《广东历代方志集成·广州府部》第23册,岭南美术出版社2007年版,第437页。

⑥〔清〕朱弘祚:《清忠堂抚粤奏疏》卷二《革除三年换埠》,见《四库存目丛书》史部第66册,齐鲁书社1996年版,第644页。

办，县亦易征，责成本县解饷，而领引埠商，可以汰去矣。"①屈大均的主张主要针对的就是东莞县。②由于东莞仍设埠商，以致有"冒称拆引行盐，高取数倍之价，专勒渔船"等，屈大均主张将盐饷派入粮丁，这样一来，上无缺饷，下无私盐，食盐"听民自行买卖"。

据说，当时东莞百姓对于这种做法十分称道，"民甚便之，通邑踊跃，乞请立碑，许之，寻以去任未行"③。但不巧的是，"派诸田亩"提出后不久，李士桢便离开广东，结束抚粤。这次改革的后续操作只能留给继任的官员去继续推动。

继任广东巡抚的朱弘祚似乎并不认同李士桢的做法。康熙二十七年（1686）四月二十五日，朱弘祚抵达广州接任巡抚，八月遂上书请整顿广东盐法，称："粤东盐政，弊坏已极，亟宜立法整理"，"粤东行盐未尝无利，若行之得法，国课民生均有裨益"。④这次改革涉及诸多方面，包括禁止官役盐课外索费、修正盐商三年一换之例、增减近场州县与远场州县的盐引数额、严禁尚藩卡商、严行缉私、取消生熟盐配销制等。⑤

但对于课饷派诸田亩完纳，朱弘祚却有自己的见解："废埠商，课饷派诸田亩完纳，实有偏私"，"盖正赋科于田地，盐课出自户口，若将盐课概于田亩派征，则有田代出多饷，而无地亩者将终身无醯税矣"。⑥朝廷也支持朱氏的意见："行令该抚查明原拨引数，招商行运。"⑦不过，朱弘祚也和李士桢一样，认为"排商"之法确有弊端，称："粤省认埠行盐，三年一换，视商埠为传舍，官私夹运，惟恐利之不尽，所以远近地方并受其害，今酌量大埠招商二名，小埠招商一名，公平贸易，与地方相安者径令永远承充。"但朝廷以同样的理由否定了朱的建议，"亦无庸议"⑧。朱弘祚进而再上一疏，针对"粤省盐引多有壅积不完，当酌量疏销"，退一步提出新的方案，即："州县原有额定之引，例应照额疏销，然粤省则有不同，如东莞、增城等

---

① 〔清〕屈大均：《广东新语》卷十四《食语·汰盐商》，中华书局1985年版，第400页。
② 屈大均居家期间，与东莞官员士人关系甚好：他与东莞知县高维栻常有诗文相赠，与尹源进等人关系密切，甚至于康熙九年（1670）春曾移居东莞数年。参见陈泽泓：《屈大均与岭外人士的交往及对其创作思想的影响》，http://59.41.8.134:8080/was40/detail? record = 65&channelid = 50644。
③ 康熙《东莞县志》卷五《盐法》，见《广东历代方志集成·广州府部》第23册，岭南美术出版社2007年版，第437页。
④ 〔清〕朱弘祚：《清忠堂抚粤奏疏》卷二《革除三年换埠》，见《四库存目丛书》史部第66册，齐鲁书社1996年版，第637页。
⑤ 黄国信：《区与界：清代湘粤赣界邻地区食盐专卖研究》，生活·读书·新知三联书店2006年版，第145页。
⑥ 〔清〕朱弘祚：《清忠堂抚粤奏疏》卷二《革除三年换埠》，见《四库存目丛书》史部第66册，齐鲁书社1996年版，第644页。
⑦ 乾隆《两广盐法志》卷三《奏议一》，见于浩辑：《稀见明清经济史料丛刊》第1辑第35册，国家图书馆出版社2008年版，第244—246页。
⑧ 〔清〕朱弘祚：《清忠堂抚粤奏疏》卷二《革除三年换埠》，见《四库存目丛书》史部第66册，齐鲁书社1996年版，第642页。

县,虽称大县,贴近沿海,无地非盐,小民就便取食,所以官引多积。更有县属虽小,食盐者众,官引常致不敷","请通加酌查某某州县可以量增,某某州县当行量减,挹彼注此,积盐既疏,商人自愿行销"。① 随后,东莞县的盐饷由康熙十九年(1680)的774道9分减至574道9分。东莞京山埠,"二十八年三月奉文量地拨引,题奉俞旨允行减引八十道,实存额引一百七十七道";白沙埠,"二十八年三月奉文量地拨引,题奉俞旨允行减引一百二十道,实存额引三百九十七道九分",其中省引、场引各半。②

要言之,康熙前中期,由于迁海初复,广东沿海一带地方盐政被尚藩搅乱,即李士桢所谓"粤东边海遐荒,盐法久未整饬"③,当政者更注重于恢复秩序,"除疏陋之弊窦,去其不善而规于善",因此,在制度和运作上,以极力维持原有盐政为重。即便有李士桢、朱弘祚不同程度地寻求改变,但终究没有大刀阔斧地展开改革。地方州县官和士绅干预盐政的尝试,虽然得到地方大员一时的支持,但最终在朝廷的保守政策之下,难以得到立法落实。这场博弈最终在遵循朝廷意旨的前提下,以最符合各方利益最大化的"量地拨引"政策的实行而告一段落。

第三节 "发帑收盐"的推行与"官运商销"

清代两广的引岸专商制,学界一般认为形成于康熙二十七年(1688)广东巡抚朱弘祚题定"改土归流"后,但经过了几次的变革。汪小荷认为康熙二十七年至四十六年,为"流商"时期;康熙四十六年(1707)后,又改为"州县自募殷实土著之商承充"。④ 但广东盐商始终因财力有限,出现赶办不前的现象。从康熙四十五年(1706)起,广东巡抚范时崇提出"发帑收盐"的改革。这项改革持续到雍正初年才最终完成,奠定了广东盐法"官运商销"的格局。

一、范时崇上疏改革盐政体制

沙拜的盐法改革,主要涉及盐务官员的变革以及盐课的调整,但无论是增加引课还是以商养灶,都未能改变广东盐政的困境。康熙四十五年(1706),皇帝对两广盐政极为不满,对大学士马尔赛等"发下一折子,面谕两广盐政废坏,积弊甚多",称"朕已察得陋弊数条,着与九卿所议之事一并发与该抚"。时任广东巡抚范时崇得到

---

① 〔清〕朱弘祚:《清忠堂抚粤奏疏》卷二《革除三年换埠》,见《四库存目丛书》史部第66册,齐鲁书社1996年版,第644页。
② 康熙《东莞县志》卷五《盐法》,见《广东历代方志集成·广州府部》第23册,岭南美术出版社2007年版,第437页。
③ 〔清〕李士桢:《抚粤政略》卷七《议覆粤东增豁税饷疏》,见沈云龙主编:《近代中国史料丛刊三编》第39辑,台湾文海出版社1988年版,第822页。
④ 汪小荷:《清代两广盐商及其特点》,载《盐业史研究》1986年第1期,第65-80、124页。

上谕后，立即上疏，直陈广东盐法之积弊，并建议改革措施。

范时崇上疏后，户部的议覆被全文保留在阮元所编修的道光《两广盐法志》中。从这份议覆中，我们可以看到康熙皇帝痛批广东盐政存在的问题：

第一，盐政衙门递年羡余十万两，而内司承差书办杂差以及收私卖私勒吞侵蚀又约有数万余两；

第二，院到任即遣内司承差坐守各处场口，名为缉私，而奉差去者，止知私收私利，勒索商入盘费，以致私盐充斥，为害无穷；

第三，运司每年羡余六万两，而库官库吏胥役侵吞需索则更浮于官之所入，是皆盐之利不归于正供，而为此辈所侵用，殊为可惜矣；

第四，潮州运同一官安坐无事，每年约索商费三万余两，广惠分司一官亦属安坐无事，每年约索商费五六千两，各图肥己，不顾正项，钦此；

第五，凡属行盐之地，道府州县俱有规例，两省计不下十余万两，应严行禁革以裕正课；

第六，本省绝无殷实商人，外省来者亦皆赤手空拳，今日认埠顶名，院司俱先索银一千二千不等，不逾时而逃矣，又换名承顶，非如长芦、江浙俱有世业可守也，此等商人岂可用乎；

第七，私盐之充斥，皆由官自为私，官蠹烹分，遂道正赋，究之穷民之负贩能有几也。①

这些问题可以分为两个方面，一是盐政衙门的腐败，二是商人资本不多、总商责任太大导致的私盐问题。为了应对这两方面的问题，范时崇提出的改革意见，涉及整个食盐运销从盐商到盐政衙门的各个环节。

第一，要整顿盐政衙门腐败之风。范时崇对盐政衙门的整顿和改革的力度是最大的。对于康熙皇帝在折子中所批的广东盐政衙门有"羡余"和"收私卖私、勒吞侵蚀"等问题，范时崇认为，根源在于巡盐御史的任期只有一年，"头绪稍知"就要离任，却每年耗费十万两，因此"巡盐之陋弊宜革"，经费10万两作为正项钱粮解送内库。同时，运司每年的经费也有6万两，范时崇提出除了每年解送河工、铜斤和水脚3万两外，剩余3万两作为正项钱粮解送内库。潮州运同、广惠分司官员"安坐无事"，宜裁撤，禁止内司承差坐守各处场口，减轻盐商负担。

范时崇对盐政衙门的整顿意见，促使康熙四十六年（1707）清廷终于下令由广东巡抚兼理盐课，开始削弱巡盐御史（盐政）的权限，至康熙五十九年（1720）"复将两广巡盐御史撤回，盐政交总督管理"②，最终彻底地改造了两广盐政的最高管理

---

① 道光《两广盐法志》卷十一《价羡一》，见于浩辑：《稀见明清经济史料丛刊》第1辑第40册，国家图书馆出版社2008年版，第518-529页。

② 《大清会典则例》卷四六《户部·盐法下》，见《四库全书》第620册，上海古籍出版社1987年版，第61页。

机构。

第二，针对私盐问题，范时崇提出要招募新商，禁革总商。鉴于广东承充盐商之人资本不多，顶换太快，场商无力收囤，灶丁不得不售卖私盐，而连乐埠和广济桥之盐商又以充当"总商"为目标，总商"倚借官势，恣意贩私"，导致私盐盛行的现象，经范时崇题请，户部议覆，禁革总商，招募各地土著"殷实"之人为新商；"场商无力养灶，公家应出本以收私"。改革行盐凭由和运销手续，按时收买场盐，以严私贩之禁。严禁巡盐"火票"无限期使用，以防盐商借此运销私销。由官府提供本银，按时收买盐场所产食盐，以防场产透漏。

对于此次盐法变革，广东地方官府因为盐法的过分纷乱而采取了较为激进的手段，食盐的收买、运输、销售三个环节都发生了改变，运销方式从原来的"商运商销"转变成"官运商销"，盐场出产的盐斤直接经由官府监收监运，官府较大程度地干预盐场的管理。

二、"发帑收盐"与"官运商销"格局的确立

康熙三十七年（1698）后，广东确立了"以商养灶"的管理办法。但场商无力成为新的问题。据说广东盐商中一向没有大商人，场商的设置也并没能改善广东盐课缺征的问题。如康熙三十七年十一月，广东巡抚萧永藻在奏疏中便提到："两广盐政沈恺曾一年差满，请展限一年，俾清理积年未完课银五十余万两，未销盐引一百余万道，部议，并从所请。"① 所以，从康熙四十五年（1706）起，广东巡抚范时崇提出"发帑收盐"的改革。这项改革几经反复，持续到雍正初年才最终完成，奠定了广东盐法"官运商销"的格局。范时崇认识到"两广场商无力养灶"，曾提议"将运使库银借给三万两，每府委佐贰贤员，将灶丁所晒盐尽行收买"。② 后来帑本逐渐增加到7万两。到康熙四十八年（1709），却遭"部议速归帑本，另募场商"。③ 短暂的发帑官收因而中断。

这一改革的重启要到康熙五十六年（1717）。该年，为清完积欠，时任广东巡盐御史的昌保（又写作常保）以盐课积欠太多，将积欠91万余两归结于"场商无力养灶，不能收盐，埠商无盐可运，不能完饷"④，再次提请在广东实行发帑收盐，称"动帑银六万两收买灶盐"⑤。同时还提请"土商外商并用"⑥。

---

① 《八旗通志》卷二〇二《人物志八十二》，见《四库全书》第667册，上海古籍出版社1987年版，第705页。
② 《八旗通志》卷一九二《人物志七十二》，见《四库全书》第667册，上海古籍出版社1987年版，第497页。
③ 《广东巡抚范时崇奏明溢银盐缘由并请辞盐政兼差折》，康熙四十八年八月，见中国第一历史档案馆编：《康熙朝汉文朱批奏折汇编》第2册，档案出版社1984年版，第622-623页。
④ 《清盐法志》卷二一六《两广三·场产门三》，民国九年（1920）盐务署铅印本，第1页。
⑤ 《清盐法志》卷二一六《两广三·场产门三》，民国九年（1920）盐务署铅印本，第1页。
⑥ 《翰林院庶吉士馆廞奏陈粤东商籍宜革海珠围墙宜毁折》，雍正元年四月，见中国第一历史档案馆编：《雍正朝汉文朱批奏折汇编》第1册，江苏古籍出版社1989年版，第325页。

康熙五十七年（1718）正月，昌保继续上疏，并请告退，称："臣力不行，于州县钱粮必致有误。请将臣撤回，盐务令督抚专理。"朝廷准奏，着"盐务交与巡抚法海专理，准昌保回京。"① 康熙五十七年（1718）五月，因法海查勘海道，盐政交予两广总督杨琳临时接管。杨琳称："沿海盐斤全在冬季晴明，场盐广收以供一年配兑，向因场商无力养灶，不能收盐，经常保奏请发帑官收。奈规制未定，灶丁无心耙晒，上年冬季盐斤所收不及十分之二三，今年春夏阴雨日多，场盐无出，虽劝谕各商勉力输课而无盐配兑。"② 按照杨琳的说法，昌保在康熙五十六年发帑收盐的方案中就已经提出了"场盐颗粒归官"的意见。但此后不久，"法海奏广东盐务紧要，不可无专辖之员，请仍派御史会抚臣督征"③。昌保于康熙五十八年（1719）三月再次到任。康熙五十九年（1719）正月，昌保以"臣力不能任，请将臣撤回，交督抚管理"为由，被允准调回，"将两广盐务，并新旧钱粮，交与广东广西总督杨琳专理"。④ 杨琳接管之后，"计接征五十六七两年及督征五十八九、六十年额课，历年全完，其旧欠九十一万余两已完过七十五万余两，止未完十七万余两"，并于雍正元年再发帑本6万两收盐。⑤ 清理积欠颇见成效。

雍正元年（1723）九月十八日，将军管源忠赴粤传奉上谕"盐政应否交于地方官，不用商人，行得行不得，着督抚商量"⑥。十一月十六日，两广总督杨琳与广东巡抚年希尧合奏予以回复。杨琳认为，"福建新定盐法，将盐院衙门各官及商人尽行裁革，盐课均摊各场，交于州县官照数收纳，每场遴选佐贰官一员监管，平买平卖，此课银全在场上收卖取齐，殊觉简捷"，但此种做法只能限于"地窄课少之福建地方能行之，恐两淮、两浙、长芦未必能行"，广东也同样不适用，主要理由有以下几

---

① 《清圣祖实录》卷二七七，康熙五十七年正月庚寅条，中华书局1985年版，第718页。
② 《两广总督杨琳奏报接管盐务设法整顿并请展限奏销折》，康熙五十七年六月二十八日，见中国第一历史档案馆编：《康熙朝汉文朱批奏折汇编》第8册，档案出版社1984年版，第200页。
③ 《八旗通志》卷一四一《人物志二十一》，见《四库全书》第666册，上海古籍出版社1987年版，第283页。
④ 《清圣祖实录》卷二八七，康熙五十九年正月壬辰条，中华书局1985年版，第796页。
⑤ 《两广总督杨琳奏陈盐务始末情由折》，雍正八年三月八日，见中国第一历史档案馆编：《雍正朝汉文朱批奏折》第1册，江苏古籍出版社1989年版，第145页。
⑥ 《广东总督杨琳等奏覆粤东盐政折》，雍正元年十一月十六日，见中国第一历史档案馆编：《雍正朝汉文朱批奏折汇编》第2册，江苏古籍出版社1989年版，第273页。王庆云将杨琳的奏折认为是对雍正二年"广西总督孔毓珣请官运官销，可减盐价，并得盈余充地方公用"（〔清〕王庆云：《石渠余纪》卷五《纪盐法》，见沈云龙主编：《近代中国史料丛刊》第8辑，台湾文海出版社1967年版，第463页）的直接回应，似有不妥。况且，孔毓珣的奏折亦不在雍正二年，而是在雍正元年九月二十八日。孔毓珣称："臣再四思维，欲求便民裕课又不累官，惟有官运官销一法，以买盐运盐之事，责之盐道，而销盐完课之事责之州县。"（《广西总督孔毓珣奏酌筹粤西盐务折》，雍正元年九月二十八日，见中国第一历史档案馆编：《雍正朝汉文朱批奏折汇编》第2册，江苏古籍出版社1989年版，第39页）《清盐法志》亦作雍正二年，依据是"按《会典事例》以此为雍正元年事，而旧志及清《通典》《通志》《文献通考》皆作雍正二年，今从之"。（《清盐法志》卷二一六《两广三·场产门三》，民国九年（1920）盐务署铅印本，第2页）

项：第一，"广东与福建相较，地方远近，课饷多寡，大相悬殊"；第二，"若着地方官赴场纳课运盐，州县官初登仕籍，不谙盐务，必委之家人衙役，而家人衙役未临其事者茫然不知，即中途得免疏失，盐到地头，非一任家人衙役，设铺分卖，中饱花销，分发地里，按户勒派"；第三，"州县官纳课运盐，不能自备资本，势必那动地丁钱粮，盐斤之销售难定，州县官之事故交代不一，恐盐课未必能完，而地丁之亏空日多"。杨琳指出，广东盐务"课饷不缺，全在收盐充足"，以往课饷难完，关键在于"听场商收盐，资本不继，必难多收"，所以"应将场商停设，仍发帑委官监收，埠商仍留，听其完课运盐"，"内有课饷难完，无人充商之地则着落地方官领盐运销"。①

杨琳关于继续发帑收盐、裁撤场商的建议得到朝廷的允许。自此，广东"裁撤场商，发帑委员收买场盐"②，即由运库出帑本银交给场员，发给灶户，灶户产盐均由官府收买，只留埠商完课运盐。"东省各埠配兑引盐，向系盐运司给发船户水脚，赴场运至省河转兑各埠……各埠商完纳饷价，后给发水程，运盐至埠。"③

盐场官收官运的政策直接催生了盐场的盐仓建设。发帑收盐之前，盐场并不需要官置盐仓，或由灶户将食盐卖于水客，转运至省城，或由场商出资养灶，盐斤尽归场商收卖。但实行发帑收盐之后，盐斤"颗粒皆官为收买"④，官府介入盐斤的监收。这直接带来了盐场的变化：第一，官府"俱按照场地产盐多寡，工本轻重，定为等次，给发灶丁每包自七分六厘零以至二钱九分七厘零不等"。灶户领取灶价之后，必须将煎晒所得盐斤尽数缴纳给官府。第二，官府雇佣船户运盐至省仓。"海运船户亦按场地远近，雇价每包自三分以至一钱四分不等。"⑤以上两点要求官府在盐场必须有一个固定的屯放盐斤的场所，盐仓应运而生。盐仓的设置，是发帑收盐在盐场地方落到实处的必然。

与此同时，盐场的生产组织方式也发生了变化。明代盐场的管理主要依靠栅甲制下的栅长、灶甲，负责催征场课。如"靖康场分设六栅，每栅各分十甲，既又立有

---

① 《广东总督杨琳等奏覆粤东盐政折》，雍正元年十一月十六日，见中国第一历史档案馆编：《雍正朝汉文朱批奏折汇编》第 2 册，江苏古籍出版社 1989 年版，第 273—276 页。此文被《皇朝经世文编》收录（〔清〕杨琳：《陈粤省盐法疏》，载〔清〕贺长龄、〔清〕魏源辑：《皇朝经世文编》卷五○《户政二十五·盐课下》，见《魏源全集》第 15 册，岳麓书社 2004 年版，第 766—767 页），但文字删减较多，表达略有不同。另，关于福建官运官销的问题，参见叶锦花：《雍正、乾隆年间福建食盐运销制度变革研究》，载《四川理工学院学报》（社会科学版）2013 年第 3 期，第 37—44 页。
② 《清盐法志》卷二一六《两广三·场产门三》，民国九年（1920）盐务署铅印本，第 1 页。
③ 《乾隆元年十月户部议复两广总督鄂弥达请》，载道光《两广盐法志》卷二三《场灶二》，见于浩辑：《稀见明清经济史料丛刊》第 1 辑第 42 册，国家图书馆出版社 2008 年版，第 261—262 页。又参见龚红月：《清代前中期广东榷盐的两个问题》，见明清广东省社会经济研究会编：《明清广东社会经济研究》，广东人民出版社 1987 年版，第 312—328 页。
④ 邹琳编：《粤醝纪实》第一编《总说》，华泰印制有限公司 1922 年版，第 5 页。
⑤ 《清盐法志》卷二一六《两广三·场产门三》，民国九年（1920）盐务署铅印本，第 2 页。

栅长、灶甲名役。"① 栅长、灶甲是栅甲制之下盐场催征盐课的主要人员，虽然在明后期演化成出钱雇场当代役，但仍一直存在。在实行发帑收盐之后，盐斤上交盐仓，盐户直接与官府交涉，栅甲此时已经没有存在的必要。于是，雍正四年（1726），"饬照民粮事例，一体均粮均役，革除栅长名色，及场内各陋规剔厘一清"②。经请准，源于明代的栅甲制终被废除。

发帑收盐推行之后，官府对盐场管理工作的核心之一便是禁私盐。乾隆元年（1736），署理两广总督庆复称"东粤沿海各场地方辽阔，灶丁耙埔淋卤，煎晒生熟盐斤，每遇秋冬晴汛，出产甚广。发帑收盐必须场员实心经理，平日巡查周到，约束有方"，"若稍有疏忽及发价稽延，则灶丁待哺情殷，势必偷卖私枭"，需要场大使、场员殷实能干，"始能用心整饬"。庆复向朝廷奏请拣发人员来粤，称"现需分遣稽查，厘剔整顿，首在得人以收指臂之助，伏乞皇上俯念盐场委任员缺紧要，整理需人，敕部在于候补、候选知县以下官员内拣发十五员来粤"③。"简发人员陆续到粤"之后，乾隆七年（1742），庆复又以"广、肇、惠、潮、高、雷、廉一带，地俱滨海，肇、惠、潮一带尤为私枭充斥之区，各路可通，每场设官一员，与各灶相离洇远，场员耳目难周，鞭长莫及，止凭一二客长、灶头查察，每多私卖济枭之事"，请于"各栅添委协办，严饬稽查灶丁煎晒，盐斤尽数交官，给价，毋许颗粒走漏，以杜私贩之源"④。对于干练熟悉场务的官员，地方官员也十分重视、珍惜。如乾隆十二年（1747），归靖场大使解深以失察私盐遭参革，后经审明确与之无关，"开复在案"，按例解深应当回京候命等待新的任用。但两广总督策楞以"粤东盐场发帑收晒，经司出入，皆属场员，正需熟悉盐务之人以资差遣之用"，又"解深在场效力已及二十年，颇能洁己奉公，人亦老成干练"，奏请"将大使解深仍留粤东"，"俟有场员缺出酌量题补"。⑤

但是如何稽查灶丁煎晒，在清初盐场制度缺位的情况下，要落到实处相当困难。在发帑收盐下，盐场不仅对灶丁进行编审，而且还竭力限制灶户私煎情形。但如前所述，自清初以来，原有的盐场基层管理已经无法继续维持下去，究其原因，在于盐场课役中"丁"的性质的变化。灶丁数实际上只具有名义上的赋税登记意义。在这里，

---

① 雍正《东莞县志》卷六《公署》，见《广东历代方志集成·广州府部》第23册，岭南美术出版社2007年版，第96页。

② 雍正《东莞县志》卷六《公署》，见《广东历代方志集成·广州府部》第23册，岭南美术出版社2007年版，第96页。关于栅甲制度，具体参见李晓龙：《灶户家族与明清盐场的运作——广东靖康盐场凤冈陈氏的个案研究》，载《中山大学学报》（社会科学版）2013年第3期，第67-76页。

③〔清〕庆复：《奏请拣发人员以资广东盐场委任之用事》，乾隆元年十一月十一日，中国第一历史档案馆藏档案，《宫中档》，档案号：04-01-35-0446-038。

④〔清〕庆复：《奏报广东分委各场栅人员稽察杜私情由事》，乾隆七年十二月二十日，中国第一历史档案馆藏档案，《宫中档》，档案号：04-01-35-1388-053。

⑤〔清〕策楞：《奏请原任归靖场解深仍留粤东酌量题补事》，乾隆十二年三月十五日，中国第一历史档案馆藏档案，《宫中档》，档案号：04-01-12-0053-088。

我们再通过乾隆十四年（1749）新安县发生的一宗刑事案件做一简要说明，据称：

> 一名陶亚上，年四十二岁，系广州府新安县人，状招亚上赋性愚卤，罔知法纪，与被伊殴伤身死之鲁亚清素无嫌怨，缘亚上有祖尝土名塌下沙盐田一丘，递年与堂叔陶定法轮管。乾隆十三年八月内轮值定法管理，定法批与亚清耙沙晒盐。至乾隆十三年八月内，轮该陶亚上承管。二十四日早，亚清偕定法往向亚上求批，亚上欲留田自晒，不允批给，亚清出言不逊，致相争角。①

陶亚上等系广州府新安县人，且采用的制盐法为"耙沙晒盐"，由此可以推断，其盐田当在东莞场内。该案件就盐业生产方面的信息，至少说明两点：第一，其盐田是祖上流传下来，且在陶定法与陶亚上叔侄之间轮管，即陶定法叔侄是否为灶户也不得而知。不过至少我们可以知道，这个时候的盐田已经不是以役定籍。第二，盐田的经营，或是如陶定法轮管时，批于别人晒盐，也可以如陶亚上"留田自晒"。盐田的日常耕作与盐丁的户籍身份之间已经没有太多必然的联系。以往通过控制盐丁来管理盐业生产的方式显然已经不合时宜。清中期以后，广东盐政对于盐场的管理重心实际上由灶丁转移到了盐田。② 更确切地说，应该是从灶丁转移到盐的生产要素上。

乾隆二十四年（1759），户部议覆两广总督李侍尧咨中称：

> 场产盐斤，颗粒均应归官，应请责令场员每遇潮汛，亲往各栅廒，将各丁所收沙卤验明记数，立饬起煎。凡起火之日，向场官领签，煎毕缴签。该场员即亲身前往验明，立时督令将煎出之盐，称明斤数，尽行交官收买。如灶丁不行领签，擅自起火，及缴签后仍复私煎，一经察出，即以私盐治罪。③

可见，场官对煎盐场的管理内容，至少包括登记沙卤数、收发起火签给灶户和登记煎出盐斤数。这种做法有些类似于雍正年间两淮盐场推行的火伏法。雍正五年（1727），两淮盐场由于团煎法的败坏，灶户各自为政，自行煎烧，原来的团总组织已经无法有效控制盐场，因而官府另立火伏法，设置灶头、灶长以管辖盐场煎烧，清查盘铁、锅锹之口数并规定煎盐的日期，实行灶头长制以稽查火伏。④

广东盐场煎盐虽不像两淮盐场煎盐以计算一火伏每盘撇得盐若干以为定额，并综合天时地利，总计一年生产总日期，以酌定盐户年交盐量，⑤ 但也以潮汛为期，场员

---

① 〔清〕来保、〔清〕阿克敦：《题为会审广东新安县民陶亚上因批盐未允争角伤毙鲁亚清案依律拟绞监候请旨事》，乾隆十四年六月二十一日，中国第一历史档案馆馆藏档案，《内阁刑科题本土地债务、贪污、违禁类》，档案号：02-01-07-04958-017。

② 参见李晓龙：《盐政运作与户籍制度的演变——以清代广东盐场灶户为中心》，载《广东社会科学》2013年第2期，第133-139页。

③ 道光《两广盐法志》卷二一《转运八》，见于浩辑：《稀见明清经济史料丛刊》第1辑第42册，国家图书馆出版社2008年版，第27-28页。

④ 徐泓：《清代两淮盐场的研究》，台湾嘉新水泥公司文化基金会1972年版，第35页。

⑤ 徐泓：《清代两淮盐场的研究》，台湾嘉新水泥公司文化基金会1972年版，第35-36页。

亲临登记所收沙卤数量；煎盐时候也要领签，才得起火，煎完则必须交回签并由场员亲身前往盐场验明、登记、称量、收买。而且，场员对于盐场内的盐�、盐锅进行了详细的登记。① 两淮地区将这种集合盐户共同生产的组织称为"灶"，灶头、灶长即于"灶"中产生，② 则归德场所谓"盐灶"也大致此类，只是归德场更重要的特点是以乡为聚。前文材料曾经提到，盐场"止凭一二客长、灶头查察"③，可知广东也有类似灶头长一职的设置。除了有场员、灶头等，归靖盐场还有巡丁若干，"日则督催煎晒，夜则看守仓盐"④。这种督查制度，需要地方官府抓住出产盐斤的关键，因此，盐灶、盐埕成为官府能够直接控制和掌握盐场盐斤产出的核心要素。

第四节 从"改埠归纲"到"改纲归所"

雍正元年（1723）以后，广东一直实行"发帑收盐"的政策，国家先垫支盐本，召商承办，商以官本运销盐，再还本息。但商人唯利是图，难免出现有商人以官本生财，亏本肥私的情况。乾隆五十四年（1789）两广总督孙士毅向户部奏称："不肖商人，恃有官帑作本，不须自出己资，任意花用，追负欠日重……"⑤ 于是奏请"改埠归纲"，乾隆五十五年（1790）正式设立纲局，两广食盐运销自始"改埠归纲"。此事被后代学人称为"清代广东盐务改革的一大关键"⑥，成为清代中期广东盐法的又一大变革。而黄国信的研究则指出，该事件实际上是两广总督孙士毅设计的一场填补亏空、逃避缺课责罚的改革。⑦ 李晓龙的研究进一步说明了在发帑收盐的运作过程中，实际上存在后续帑本不足和官府经营不善的困境，导致广东盐业体制的崩溃，改埠归纲是也是粤盐"发帑收盐"失败的结果。⑧

一、发帑收盐中的帑本亏空和盐课积欠

乾隆五十四年（1789），两广总督福康安在奏折中称："粤东省河礆务，新旧内

---

① 参见乾隆《两广盐法志》卷十八《场灶下》，见于浩辑：《稀见明清经济史料丛刊》第1辑第37册，国家图书馆出版社2008年版，第493－526页。
② 徐泓：《清代两淮盐场的研究》，台湾嘉新水泥公司文化基金会1972年版，第36页。
③〔清〕庆复：《奏报广东分委各场栅人员稽察杜私情由事》，乾隆七年十二月二十日，中国第一历史档案馆馆藏档案，《宫中档》，档案号：04－01－35－1388－053。
④ 乾隆《两广盐法志》卷二〇《缉私》，见于浩辑：《稀见明清经济史料丛刊》第1辑第37册，国家图书馆出版社2008年版，第597－598页。
⑤ 道光《两广盐法志》卷二〇《转运七》，见于浩辑：《稀见明清经济史料丛刊》第1辑第41册，国家图书馆出版社2008年版，第610页。
⑥ 冼剑民：《清代广东的制盐业》，载《盐业史研究》1990年第3期，第25－35页。
⑦ 黄国信：《清代乾隆年间两广盐法改埠归纲考论》，载《中国社会经济史研究》1997年第3期，第39－49页。
⑧ 李晓龙：《盐政运作与户籍制度的研究——以清代广东盐场灶户为中心》，载《广东社会科学》2013年第2期，第133－139页。

外正杂，各款商欠，经前督臣孙士毅查明，至六十九万八千六百九十余两之多，势不能不酌筹调剂，奏请改埠归纲。由众商厚集盐本，在省河合成一局，公同经理，嗣后，停止发帑，永杜牵混。"① 以往的学者接受了这一说法，认为改埠归纲的原因是官本亏欠。

实际上，当时发给两广盐商的帑本的确是亏空严重。福康安在奏折中称：

> 近年运库先后征收之课，不及带本之半，补救无方，计图迁就，叠将库项银两借入帑本项下，以应支发。仍复辗转挂欠，以致场丁不能照额输盐，艚船不能依时挽运，即如孙士毅前次奏报六十九万两之欠项内，现有应还场丁艚运之银十余万两。总缘商欠库帑，以致运库亦悬欠，各项公私轇轕。此盐务至今日实有不得不更张变通之势。②

福康安的奏折显示，场商不仅无法依时返还帑本，还拖欠盐场中负责运输的艚船艚丁运银。晚清熟谙盐法的王守基称："前发帑本全归悬宕，倒革各商至五十余埠之多"③，也说明了各埠商转运难以为继的情况。更为严重的是，根据黄国信的考证，孙士毅所奏帑本亏空的情况，还有瞒报的嫌疑。黄国信指出，乾隆五十二年（1787）丁未科进士、顺德人龙廷槐对"改埠归纲"也有过一番分析：

> 乾隆五十三年孙制军以军覆安南，自知却任在途，又素属和党，不谐于众，深虑盐库亏空百余万为累，欲照三十九年拿捉殷户充商填饷。奈人已窥破诈局，抗不肯承。事格事迫，徇张司马之请，改埠归纲，派捐纲本，奏请开办。其实借改纲名色，为弥补亏空，图免参抄之计。夫以一商办一埠尚难胜任，何况以众商用众人这资本，而求其实心任事，公私两利，决无此理。孙制府止为身谋，全不念及国课民财，无足怪也。④

龙廷槐此言并非有意攻击孙士毅。龙廷槐在乾隆五十三年（1788）告假返粤时，在乐昌知县处听闻了孙士毅派捐盐本之事，抵达顺德后，又与当地士绅商议"承担劝捐之事"，所以他是当时事件的亲历者。且他写下这些文字时，孙士毅已经死于湖北军中，故并无恶意攻击的必要。⑤ 龙廷槐在此指出，为了填补盐课亏空，地方官员曾经"拿捉殷户充商填饷"，这是孙士毅效仿的对象。这说明，虽然"排商之法"早

---

① 道光《两广盐法志》卷二〇《转运七》，见于浩辑：《稀见明清经济史料丛刊》第1辑第41册，国家图书馆出版社2008年版，第615页。
② 道光《两广盐法志》卷二〇《转运七》，见于浩辑：《稀见明清经济史料丛刊》第1辑第41册，国家图书馆出版社2008年版，第617—618页。
③〔清〕王守基：《盐法议略·广东盐务议略》，中华书局1991年版，第63页。
④〔清〕龙廷槐：《敬学轩文集》卷二《初与邱滋畲书》，见杨健主编：《北京师范大学图书馆藏稀见清人别集丛刊》第12册，广西师范大学出版社2007年版，第415页。
⑤ 黄国信：《清代乾隆年间两广盐法改埠归纲考论》，载《中国社会经济史研究》1997年第3期，第39—49页。

已变革，但地方官员为了应付盐课考成，还是会采取类似的方式，以赋役佥派的办法谋求盐课足额。

由于康熙四十六年（1707）以后，广东采取"令州县自募土著殷实之商承充"，这成了革除排商法之后的另外一种贡赋关系。乾隆三十九年（1774），两广总督李侍尧认为盐商已经多数转变为"流商"，即江浙寄寓之人，但他们资本太少，应该"召募土著之殷商"。李氏在《奏报筹办广东盐务事》折中称：

> 年来一切正余引饷奏销报拔年清年款，并无遗误。惟是……赀本不继者尚不无一二……当届限征，情形拮据，或向殷户通挪，或请总商假贷，在所不免，此种无力之商，通计虽止二十余人，若不及早设法厘别，则窃恐将贻误国课，并累殷商，有碍盐政。臣查粤东地方素称富庶，各属士民家拥厚赀习于贸易者所在多有，与其姑容无力之流寓，何如召募土著之殷商……饬州县出示晓谕，两月以来陆续报充，人情欣跃，择其实在身家殷实者，已得李昌彩等二十余人。①

在广东地方上，此事被指认为两广总督李侍尧"捉拿殷户充商填饷""勒殷户承充"，"害及力能承充之家……地方官以举充为讹诈，土棍以串充为局陷，于是一网打尽，元气遂衰"。②

到了孙士毅督粤时期，帑本亏空的情况更加严重，盐课缺额的问题也非常突出。根据汪小荷的研究，孙士毅到任两广总督的乾隆五十一年（1786），广东盐课积欠83630两，乾隆五十二年（1787）积欠85477两，乾隆五十三年（1788）积欠61313两，欠课额达到应征额的1/10。③由此我们不难想象此时孙士毅想要效法李侍尧的急迫心情。然而，由于有了前次的经验，此时广东地区的殷实大户们却不愿意配合了。咸丰《顺德县志》记载：

> 粤盐出场，初但发帑收买，继因帑本积亏，鹾纲日弊。乾隆五十四年厚集商力，初官召殷户充商，以为苦累，有逃避者，后则源源继至，遂成大局。④

《顺德县志》里面谈到的"召殷户充商""有逃避者"的情况，更直白地出现在了龙廷槐给邱先德（号滋畬）的信中。龙廷槐说：

> 无如孙制军已得福忠勇公奏请安南效力之信，急如热盘蚂蚁，张司马力迎上意，即以派办南康、上犹、临泉、西隆之疲埠，恐吓各商，又以纲成埠脱，显为

---

① 乾隆三十九年七月十六日李侍尧奏文，转引自黄国信：《清代乾隆年间两广盐法改埠归纲考论》，载《中国社会经济史研究》1997年第3期，第39-49页。
② 〔清〕龙廷槐：《敬学轩文集》卷二《初与邱滋畬书》，见杨健主编：《北京师范大学图书馆藏稀见清人别集丛刊》第12册，广西师范大学出版社2007年版，第415页。
③ 汪小荷：《清代两广盐商及其特点》，载《盐业史研究》1986年第1期，第65-80、124页。
④ 咸丰《顺德县志》卷七《经政略·盐法》，见《广东历代方志集成·广州府部》第17册，岭南美术出版社2007年版，第143页。

之饵，各商受愚，锐意承办，遂以省城大佛寺长寿庵设匦，投报殷户家产，一时之挟仇报怨，纷纷捏首，蚊蚋负山，是非倒置。至有制军富据两广税地生理，西关闸夫李甲有第七第八铺店租息之言。堂堂制府，伎俩如斯，乡里所传，至今为笑。①

上引材料显示在乾隆五十四年（1789），孙士毅实际上也做成了"召殷户充商"之事，他用鼓励揭发检举的办法，在广州大佛寺设柜，以掌握富户的情况，但实际上被举者并非富户，这就造成了很多问题。

综上，我们发现，孙士毅任总督的几年里，两广盐课和帑本都亏空严重。乾隆五十三年（1788）安南内乱，孙士毅带兵到广西龙州镇守，后被乾隆帝派往安南帮助国王黎维祁平乱。②在接到调往安南的命令后，填补亏空成了孙士毅的首要任务，否则他很可能受到继任者的清查。他曾经尝试以金派殷实大户为商的办法填补亏空，但效果并不好，在这样的情况下，他提出了"改埠归纲"的建议，实则派捐以填补亏空。

二、"改埠归纲"的实施及其影响

两广总督孙士毅于乾隆五十三年（1788）上《筹办省河盐务令众商各出己资通力合作折》，乾隆五十四年三月户部议覆，同意改埠归纲，同时要求两广总督酌定章程，曰：

各商承认盐本银数已有百余万两，足敷营运之用，应该督等酌定章程，详晰妥议具奏，并将积欠银两如何征还归款一并酌议核办。③

孙士毅已于乾隆五十三年（1788）末率军入安南平阮惠之乱，故具体筹划"改埠归纲"章程者为继任者福康安。乾隆五十四年（1789）十一月，福康安上《筹办省河盐务事宜折》，条议"改埠归纲"章程8款，获户部允准而推行。"改埠归纲"的核心是将省河的150埠合并为一，官府停止发帑，选举商人10名出资本，设局经营，在扣除课税和成本后，经营利润由公局商人均分。具体来说：

以省城河南、金家二仓为公局，此外仍各按道里远近，酌定地段，分为六处，各就其扼要，总口设立于子柜，西江在于梧州，北江在于韶州，中江在于三水，东江在于小淡水厂，廉州府在于平塘江口，高州府在于梅蒙镇，每处由局商慎选妥人分布经理。所有场盐，统责公局商人，运赴省城，贮于河南、金家二

---

① 〔清〕龙廷槐：《敬学轩文集》卷二《初与邱滋畬书》，见杨健主编：《北京师范大学图书馆藏稀见清人别集丛刊》第12册，广西师范大学出版社2007年版，第416页。
② 《清史稿》卷三三〇《列传一百十七·孙士毅》，中华书局1977年版，第1925页。
③ 道光《两广盐法志》卷二〇《转运七》，见于浩辑：《稀见明清经济史料丛刊》第1辑第41册，国家图书馆出版社2008年版，第612－613页。

仓，由运司督同局商，核照定额，参以地方销售难易，配运各柜，报明衙门掣验。所有原设埠地，即一律召募水客，听其各照地段，赴公局及各柜运销。每年各柜所获盐利，除工火外，尽数汇归公局，为完解课铜、转运场盐之用；或子柜行销，不能不稍有盈绌，统由公局商人，截长补短，以符定额，或有余利，即按照原出本之家，均匀分给。至设局柜处，均应建置仓廒馆舍，以资囤贮盐包及商人居住，约估需经费银三万两，统由局商在于盐本动支，分赴相度赶办，毋庸开销官项。①

"改埠归纲"后，新设一凌驾于埠商之上的机构——公局，盐本由公局商人捐集，同时，公局商人还需要承担乾隆五十三年、五十四年的积欠。公局下设东、西、南、北、中、平六个子柜，公局商人称局商。局商的资本进入盐场，从盐场运盐到省河的两个盐仓入库由官运改为商运。黄国信认为此改革表明两广食盐运销制度从原来的官运商销转变为商运商销，盐务机关基本放弃了食盐的直接经营权。"场丁工价请官商兼同散给，其帑艚水脚一并归局经理也。……其该商等运盐船只，即请将现有帑艚，饬令归局编号管理，应支水脚，由局商依照民价分别上下期支给。"② 局商相当于大批发商，其仍有水客，"（水客）由局商报明运司给与印帖掣照，各按原埠地赴公局自行量力按月认销引目若干，或一人兼办数埠，或数人合为一埠……此外尚有偏僻处所一时无人赴认者，暂责地方官经理。"③水客必须以现银向局商买运食盐，不许赊账。局商的职责包括司运盐入库配销、完缴盐课、分配盐利、协助官府散发场丁工价及缉私等。公局实际上是一个介于埠商、盐丁灶户、盐官之间，并代行原盐运司经营权的中间机构，具有准官方性质。

改纲之后，省河埠地几乎全改为商办，官府不再出资办理埠务，退出盐运销的环节，对食盐运销的控制力减弱，商人获准参与运销权限增大。盐运司只负责监督公局商人；核对、收缴、汇集联票，报部奏销；盘查公局存银存盐报账是否符合事实。对于损坏盐法的奸商则上报户部，查实则革退治罪。盐商成立公局，总督、运司等官员通过盐商公局督理盐务，给予局商一定的盐政管理权力，局商实际上成为国家食盐专卖的地区代理人。

"改埠归纲"作为乾隆时期广东食盐运销制度的一次重要变革，看似轰轰烈烈，但其实并未给解决广东食盐运销制度的积弊带来实质性的改变。

首先，就食盐的整个流通过程来看，食盐收于场灶，运至省城，再配商发行销于埠地，收盐、运盐、销盐三个环节缺一不可。改纲前，场盐由盐运司发官帑给场员

---

① 道光《两广盐法志》卷二〇《转运七》，见于浩辑：《稀见明清经济史料丛刊》第1辑第41册，国家图书馆出版社2008年版，第621–623页。
② 道光《两广盐法志》卷二〇《转运七》，见于浩辑：《稀见明清经济史料丛刊》第1辑第41册，国家图书馆出版社2008年版，第634–635页。
③ 道光《两广盐法志》卷二〇《转运七》，见于浩辑：《稀见明清经济史料丛刊》第1辑第41册，国家图书馆出版社2008年版，第625页。

（一般为大使，正九品）收买，再由盐运司发给艚船水脚（其中部分艚船为官发帑本购置、部分为发帑租用），运至省城东关，配给各埠。埠商凭引行盐，销于埠地。改纲后，场盐由局商发盐本给场员收买，即"专责于本场"，并因盐本中已提走原官发盐本且贮于藩库，故原帑本购置之艚船也转给公局。因此，改由局商发给艚船水脚，将盐从盐场运至省城河南、金家二仓。这一转变似乎意义重大，因其由官运改为商运。然而实际上，其经营方式与经营性质，甚至包括整个经营过程（即收盐、运盐、贮盐及配运、行销等具体操作办法）与官运时并无二致，其区别只在于收盐之帑本是由官府提供还是由商、民凑集，以及直接经营主体是官府本身还是受官府严格控制之局商。但盐本由官府提供改由商、民凑集仅仅出于孙士毅"为身家谋"之故，直接经营主体的改变亦缘于此。所以，"改埠归纲"后的食盐运销，不仅经营方式与性质未改变，就是具体的操作方法也只有形式上的变化而无实质性的改变。

其次，从食盐运销的另一环节，即埠商领盐销于埠地，也即销盐来看，改纲前与改纲后的区别更小。改纲前后皆由埠商（改纲时福康安称之为"水客"，其实已与清初广东之水客大为相异）运销，运销皆须凭引，皆须有运司所发印贴，运销过程及运销途中之掣验、截角、缴销印帖、行销埠地之界限森严，皆与改纲前无异。倘要说有些差异的话，那就只有两点，一是"埠商"之名为福康安对"水客"之改称；二是改纲后重申埠商应先价后盐，但每次盐制改革时都要重申先价后盐的规定，该规定也就没有多少新的意义。值得注意的是，改纲前有官办埠地（疲埠，无人充商之埠）如乳源、翁源、永安等19埠，改纲之后，有"埠地无人赴认"仍责"地方官经理"，亦与改纲前相同。

最后，局商协同官府缉私一款，亦非新法，清盐法规定商人有缉私之责。在长芦、两淮等盐区，商人尚有较大规模的自行组建的缉私巡役队伍。另外，改纲后，子柜行销有盈绌，公局商人有截长补短以符定额之责；而改纲前，埠地之间的融销、代销、代完课征等亦屡见不鲜。

因此，倘要说改纲前后食盐运销制度的真正变化，公局的出现，并由局商按出货之家均分盐利，可谓之一。不过，公局也只不过是代行盐运司之经营权，均分盐利亦是势之所至之必然。它们对食盐专卖制度的构成和运作并无造成多大影响，甚至几乎没有影响。

至于对盐课完纳的影响，"改埠归纲"虽然在短时间内达到了"年清年款"的效果，但其制度性的弊病并未因为改革而剔除。"改埠归纲"后15年的"年清年款"，很大程度上是盐课延展奏销的结果，即当年的盐课并非按时，而是延续到次年奏销。改纲前所欠之盐本140余万两，直至嘉庆十一年（1806）仍虚悬66万余两。嘉庆年间，朝野关于盐本虚悬、奏销展限、盐课积欠、盐务疲敝等窘境的议论不绝于书。

然而，若我们将"改埠归纲"以后地方社会的变化也视为该改革的影响，那么"改埠归纲"的施行则是给广州府的南海、顺德、番禺等县带来了严重的经济灾难。由于"改埠归纲"的实质是"派捐"，地方官员横加压榨、敲诈勒索等现象在龙廷槐的描述中比比皆是：

无如乡人暗昧，止知隐匿家私，互相攻击，而不知虎视眈眈，日在其侧，垂涎流沫，嚼髓吞脂。惟徘徊观望，延至半月不肯下笔。此时官胥已知，谓力能劝捐之人技止于此，催速急迫，不得已而转求于官，得卸肩任。于是狼差四出，鸡犬不宁，纷纷关说，应多反少，应捐反脱，而劣衿土棍书胥衙役藉端讹诈，指官诳骗，奇情百出，乡间小户，无不脂竭髓枯，始则被吓吞声，继知局陷含恨，痛后思痛，怒目切齿……①

在龙廷槐看来，顺德县上至县官，下至大小胥吏，劝捐之余，以公肥私，"其时所捐之银归于纲者十之三四，归于官役矜棍者十之五六"。另外从新会通判侯学诗的传记中，也反映了改纲时官员勒派的情况：

总局时，大府以盐政日疲，新设纲商，令各邑举殷户以充之。邻邑士民以辖充破产者，比比矣。吾肄〔邑〕独赖侯以免，侯盖习知地瘠民贫，预为咨白，故举充之令不及焉。②

可见，"改埠归纲"的所谓"成效"，实际上是建立在官员的苛派上。对于两广盐商来说，盐课的繁重、盐本的亏空等问题都仍然没有得到改善，反而成了纲商们的沉重负担。

三、乾隆末年珠江口盐场的裁撤

珠江口的盐业生产在乾隆五十四年（1789）发生了一次重大的制度变化。该年，时任两广总督福康安向皇帝上了一道奏折，请求将丹兜、东莞、香山、归靖等四个盐场裁撤，据《清盐法志》记载：

乾隆五十四年，议准裁撤丹兜、东莞、香山、归靖四场。户部议覆两广总督福康安筹办省河盐务事宜折，言：各场收盐旧有定额，而场产情形今昔不同，其在歉收场栅不过虚报充数，而旺产之场栅遂至私盐泛滥，所有查明歉收之丹兜、东莞、香山、归靖四场，即行裁撤，其裁撤盐额摊入旺场分运配督收，将池埗改为稻田，准令场丁照例承耕升科等语，应如所奏办理。③

根据福康安的说法，裁场是由于"场产情形今昔不同"，"歉收场栅不过虚报充数"。"歉收"是裁场的主要理由。嘉庆《新安县志》对这次裁场也有较为详细的记载：

---

① 〔清〕龙廷槐：《敬学轩文集》卷二《初与邱滋畬书》，见杨健主编：《北京师范大学图书馆藏稀见清人别集丛刊》第12册，广西师范大学出版社2007年版，第417页。
② 嘉庆《三水县志》卷十《秩官传》，见《广东历代方志集成·广州府部》第40册，岭南美术出版社2007年版，第615页。
③ 《清盐法志》卷二一四《两广一·场产门一》，民国九年（1920）盐务署铅印本，第2页。

乾隆五十四年，奉行改埠归纲，其归靖、东莞场俱奉裁撤，饬将盐田池漏拆毁净尽，养淡改作稻田，升科起征银两以补场课，如不敷，归于纲局羡余缴足。经前县胡□会同东莞县史□查勘，东莞、归靖二场盐田无几，本系沙石之区，咸水泡浸已久，难以养淡改筑稻田；况照斥卤升科，每亩征银四厘六毫四丝，统计征银有限。若以此些微田税割补丁课，多寡悬殊，有名无实，不若全在局羡完纳等由，禀奉各宪。饬佛山同知陈□亲临，确勘情形，实难养淡升科，仍照县议，请将额征场课银两全归局羡完纳在案。①

这段文献提供了歉收的另一种解释，即"东莞、归靖二场盐田无几"。同时它还指出很重要的一点，东莞、归靖二场"本系沙石之区，咸水泡浸已久，难以养淡改筑稻田"，这与前文提到的珠江三角洲的成陆、滨海之地悉成稻田显然是矛盾的。嘉庆《新安县志》接着解释道：

国朝自康熙五十五年归隶制府，嗣后因埠贾势所不能行者，济以官运；场灶力所不能偿者，贷以帑金；变通裁酌，莫此为良。复于乾隆五十四年饬将课饷归纲局羡余完缴，其优恤盐民，惠为更厚焉。②

这里全然不提盐场歉收，而强调是康熙五十五年（1716）以来"埠贾势所不能行""场灶不能偿"解决的结果，是一种"优恤盐民，惠更厚焉"的做法。

若结合沿海的环境变迁和当时的盐政环境，我们就不难理解何以会出现以上对于同一事件的不同表述。其实，乾隆中后期，整个广东盐政已经再度陷入困境。为解决这种种困难，地方官员一直去尝试各种各样的解决办法，如康雍时期东莞县的"盐入粮丁"改革。将盐课摊入丁粮其实是试图改变盐引囤积的困境，使应征盐课得到完纳，同时，沿海地方"无地非盐，小民就便取食"，"官引每多壅积"，盐引囤积、盐课难完的局面可见一斑。③

盐政的困境，最受困扰的是地方督抚。清代的盐法考成制度迫使兼任盐政的地方督抚要对盐课缺征负主要责任。乾隆三十九年（1774），两广总督李侍尧想出了"捉拿殷户充商填饷"的办法，其中最重要的一条是改流商为土商。此前两广盐商多为"流商"，即江浙寄寓之人，李侍尧以"粤东地方素称富庶，各属士民家拥厚资习于贸易者所在多有"为由，"召募土著之殷商"报充。据称，"粤商资本微薄，不特迥两淮可比，即较之两浙、长芦亦屡不及。商人备本数千金即可认完运盐，迨本银消乏

---

① 嘉庆《新安县志》卷八《经政略一·盐课》，见《广东历代方志集成·广州府部》第26册，岭南美术出版社2007年版，第321—322页。
② 嘉庆《新安县志》卷八《经政略一·盐课》，见《广东历代方志集成·广州府部》第26册，岭南美术出版社2007年版，第322页。
③ 民国《东莞县志》卷二三《经政略二·盐法》，见《广东历代方志集成·广州府部》第25册，岭南美术出版社2007年版，第264页。

又不久旋即告退"①。商力困乏，导致广东常有盐商倒革，盐埠无人承盐的现象。乾隆年间，"粤东已革疲商三十余埠"②。资本微薄的广东商人被卷入销引之中，受到的伤害较前"江浙寄寓之人"必然尤甚。

到了乾隆五十三年（1788），两广总督孙士毅再上《筹办省河盐务令众商各出己资通力合作折》，云：

> 截至五十二年冬间奏销为止……实尚未完银六十九万八千六百九十余两……致支发场帑运脚动辄愆期，场丁船户人等在在俱形竭蹶。查粤省发帑收盐，俟运埠行销始完饷课，虽当日立法之初自必因地制宜，而行之日久积成亏帑大弊。其中不肖商人恃有官帑作本，不须自己出资，任意花用，迨负欠日重，势不得不将旧商革退，查产监比，另招殷民接办，骤膺埠务，长途远贾，处处生疏，商伙且视为弱肉可啖，资本更易耗费，充商未久，辄已负欠累累，是以竟视盐务为畏途，一闻招顶，百计逃避，非绳之以法不肯认办，即出身承认之人亦不过甘心亏累于盐务，毫无补救计。惟有令众商各出己资，合成一局，俾其利公众均沾，弊亦互相觉察，庶可力挽颓风，振兴盐务。③

这就是后来的"改埠归纲"改革，时人龙廷槐指出，"乾隆五十三年（1788），孙制军以军覆安南，自知卸任在迩，又素属和党，不谐于众，深虑盐库亏空百余万为累，欲照三十九年（1774）拿捉殷户充商填饷"④。一语道出了孙士毅的用心。孙士毅试图仿照李侍尧的方法来解决欠课问题，地方士绅深知李侍尧"捉拿殷户充商填饷"的后果，自然不肯答应，亦正如龙廷槐所言："奈人已窥破诈局，抗不肯承。"⑤但孙士毅的继任者福康安，经过一番努力，最终还是顺利地促成了"改埠归纲"的实施。

盐场裁撤是"改埠归纲"主要内容的一部分。乾隆五十四年（1789）十一月，福康安上《筹办省河盐务事宜折》，条议改埠归纲章程八款，获得户部的允准而推行。其中一款就是详议裁场事宜，现将该款全文内容抄录如下：

> 场产今昔情形不同，请将原额变通，核定场员考成也。查各场收盐旧有定额，而今昔情形实有不同，其在歉收场栅尚不过虚报充数，而旺产之场栅遂至私

---

① 道光《两广盐法志》卷二〇《转运七》，见于浩辑：《稀见明清经济史料丛刊》第1辑第41册，国家图书馆出版社2008年版，第733页。

② 宫中档，孙士毅乾隆五十二年正月二十八日奏，转引自黄国信：《清代两广盐区私盐盛行现象初探》，载《盐业史研究》1995年第2期，第26页。

③ 道光《两广盐法志》卷二〇《转运七》，见于浩辑：《稀见明清经济史料丛刊》第1辑第41册，国家图书馆出版社2008年版，第609-611页。

④〔清〕龙廷槐：《敬学轩文集》卷二《初与邱滋畬书》，见杨健主编：《北京师范大学图书馆藏稀见清人别集丛刊》第12册，广西师范大学出版社2007年版，第415页。

⑤〔清〕龙廷槐：《敬学轩文集》卷二《初与邱滋畬书》，见杨健主编：《北京师范大学图书馆藏稀见清人别集丛刊》第12册，广西师范大学出版社2007年版，第415页。

盐泛滥，所有查明歉收之白石东、西及茂晖三场，应请将年额量为核减，其丹兜、东莞、香山、归靖四场，即请裁撤，所有量减及裁撤之盐额，均摊入旺产场分运配督收，将池埧改为稻田，准令场丁照例承耕升科，并将裁撤之场员拨令于旺产处所分栅管理，现饬运司转饬各府，再加确查妥议，到日造册咨部查考。至场员向例按额督收，如额外多收一分至三分者，分别记功议叙，缺额三分以下至四分以上者，分别记过斥革。其实缺收一分之官盐即多留一分之私盐，私贩充斥未必不由于此。今商攒盐本较之从前不啻加倍，则场产即使于足额之外犹有余盐，亦不患其收买之不速，而杜私之法，与其严处分于沿途，不如专责成于本场，且同一责成，与其据本场月报之空文，不如核该商报运之实数。应于设立公局并将场额通盘核定为始，凡场栅额收盐斤，俱已业经配运开行者；方准作为收数入于旬月报之内，每半年由运司会核一次，如实较定额多配盐若干，即予记功奖赏；实较定额少配盐若干，即查照分数参处。庶考成俱归确实，而各场员不敢仍前虚报，致留走私地步。①

在这则材料中，两广总督福康安认为"各场收盐旧有定额，而今昔情形实有不同"，"其在歉收场栅不过虚报充数，而旺产之场栅遂至私盐泛滥"，他提出的解决办法是"所有查明歉收之白石东、西及茂晖三场，应请将年额量为核减，其丹兜、东莞、香山、归靖四场，即请裁撤"。在福康安看来，由于"场产情形今昔不同"，所以应该"将原额变通，核定场员考成"。他所强调的"虚报充数"与"场员考成"均与清代盐法有关。

道光年间任两广总督的阮元也曾经说过：

> 夫产盐者场，办课者商，商盐不销，而饷课成绌者，私为之害也。私盐肆行而商埠受充者，场为之漏也。欲场之无漏，必先优恤灶丁，生计足而余盐收，场漏自息。②

要解决场私问题，就必须从盐场本身入手，这个道理大概地方官员都懂，乾隆十九年（1754），两广总督班第就曾上奏称："灶丁，滨海穷民以煎晒为业，当春季夏初雨水过多，煎晒之功倍加劳瘁，应令各该府确查情形，详请酌核加价收买，轸恤穷丁。"③类似的抚恤灶户的措施确有不少，却几乎收不到成效，以致虽有严厉的灶丁卖私的处罚条例规定，灶丁仍不惜冒死走私，使得私盐屡禁不止。历史经验表明，通过优恤灶户来解决场私问题是不太可能实现的。

---

① 道光《两广盐法志》卷二〇《转运七》，见于浩辑：《稀见明清经济史料丛刊》第1辑第41册，国家图书馆出版社2008年版，第638—641页。
② 道光《两广盐法志》卷四《六省行盐表》，见于浩辑：《稀见明清经济史料丛刊》第1辑第39册，国家图书馆出版社2008年版，第500页。
③ 道光《两广盐法志》卷十二《价羡二》，见于浩辑：《稀见明清经济史料丛刊》第1辑第40册，国家图书馆出版社2008年版，第667页。

阮元纂修的道光《两广盐法志》提供了一条相当重要的材料：

> 乾隆五十五年设立纲局，局商因东莞、香山、归靖三场逼近省河，防有私盐充斥，且所产盐包多系附近之埠坐场配运，所收场价有亏场美，将此三场及高州府石城县境内之丹兜场一并裁汰，所有应完场课在于纲商局美缴完。①

至此可知，地方官府采取了裁撤盐场以杜绝场私的办法来解决这个难题。材料中，阮元明确指出裁场是"局商"的意见，而且原因是"东莞、香山、归靖三场逼近省河，防有私盐充斥"，这样一来，就解决了产盐之地卖盐难的问题，解除了地方官员和商人的担忧。《清盐法志》中也记载："乾隆五十六年二月覆准东莞、香山、归靖、丹兜四场裁撤应征场课银两，俟养淡升课后计税抵补。……而应征前项场课，并据该局商陈元章等吁请，情愿归于局羡缴完以足原额，应请俟东莞等四场养淡升课之后，计税若干割为抵补，如有不敷，归局缴足等语，应如所咨办理。"② 这更加有力地说明了商人参与裁场策划并通过裁场保护自己的利益。

四、嘉庆年间广东的"改纲归所"的实施

从乾隆五十四年（1789）就开始推行的"改埠归纲"并未能完全解决两广盐务疲敝的困境。改埠归纲初期，两广盐课的奏销尚且足额，嘉庆朝以后，疲态就再次显露出来。

至嘉庆七年（1802），"改埠归纲"之下，两广盐课尚且做到了"年清年款，并未拖欠"③。但根据汪小荷的研究，嘉庆九年（1804）以后，虽然两广盐课也是"全完"，却并非当年奏销，而是展限奏销的情况，如嘉庆十一年（1806）、十四年（1809）、十六年（1811）等等。④ 由此可见，在嘉庆中期以后，两广盐法就再度陷入疲敝的状态。究其原因，则有不同的说法。先是有嘉庆十年（1805）九月，两广总督那彦成就粤省盐务积弊向户部奏言：

> 查粤东盐务，在乾隆五十二三年间，商疲欠重，引堕带亏，前督臣孙士毅、福康安于极敝之中，设为改埠归纲之法，令众商集银一百四十余万两，以为转输资本，并厘定一切章程，奏明更新办理，是改纲为粤省盐务一大关键，果能遵守范围，何至积弊日深，至于束手难办。臣于本年正月到任，因盐务像总督衙门专管，即向运司蔡共武，与盐务大小官员，及局埠各商，语派利病。复检查，从前改纲原案，与现行事例逐一核对，并无一款相符，而其所以不符之故，亦均不能明晰登

---

① 道光《两广盐法志》卷九《引饷五》，见于浩辑：《稀见明清经济史料丛刊》第1辑第40册，国家图书馆出版社2008年版，第375—376页。
② 《清盐法志》卷二三三《两广二十·征榷门八》，民国九年（1920）盐务署铅印本，第5页。
③ 道光《两广盐法志》卷二〇《转运七》，见于浩辑：《稀见明清经济史料丛刊》第1辑第41册，国家图书馆出版社2008年版，第668页。
④ 汪小荷：《清代两广盐商及其特点》，见《盐业史研究》1986年第1期，第65—80、124页。

答,并有原捐纲本之黄上熹等,亦在臣与抚臣百龄衙门,具呈许控纲商舞弊等情。①

从引文可见,"改纲原案"与嘉庆年间两广盐务实际的运行情况"并无一款相符",这是改埠归纲具体措施没有落实到位而导致的问题。具体而言,那彦成指出的问题包括:第一,虽各年课饷向无亏欠,但具体账目不清,有"私利归商,官不能秉公"的情况;第二,原本局商有艚船,下场运盐到局,埠商纳价领盐,但局商的艚船"遭风失水,日少一日,不能辘轳转运",所以埠商开始自行配运,于是乎"一切章程尽行紊乱";第三,局商失去艚船以后,仍然向运商收取"工火银"作为运盐之补贴,"影射浮冒亦复不少";第四,归纲时,所有积欠盐课归公局完纳,原有积引219万多包,公局以成本价代销,完纳积欠,但局商有影射多销等问题,且并未说明代销年限,导致多销;第五,归纲时,因为有帑本积欠的问题,局商认捐帑本息银后,获得了"加一配兑"的权利,即可以在额定盐引外加10%的盐引给商付息,但埠商资本微弱,又要多加名目,实在疲敝;第六,乾隆五十七年至嘉庆三年(1792—1798),官方开放了余盐的采买,各盐场晒丁抬价卖盐,运商增价卖盐,成本日重;第七,盐本亏欠日益严重。改纲时所集盐本140余万两,到嘉庆三年,两广总督吉庆奏明"虚悬及借垫者竟至八十余两"②。

在那彦成看来,改纲的具体措施没有得到完全落实,仅仅是完成了形式上的程序,根本的症结并没有解开。王守基也指出:"改埠归纲,行之二十余年,局商以无应销之埠,歧视埠商。其始准局商捆运余盐,弥补帑息。嗣乃不问正印完否,贪销余盐,反碍正印。疲埠欠铜,辄用盐本垫解,久之亏益巨,虽局商认完后,埠商仍按引捐输,而此十人者已物故,家产荡然矣。"③由于盐务经营困难,盐课积欠严重,那彦成经过查账后,发现有工火银未交入运库、局商多销积引66万包、所收羡银并未完息、官盐少而采买余盐多等问题,且盐本亏欠,要治局商的罪。从嘉庆十一年(1806)起,局商温永裕、张履和、吴昆同、陈维屏、魏履泰、麦广源、陈松章等同意将帑本及历年亏欠143万两分6年补完。④

那彦成的继任者吴熊光要继续面对户部对于两广盐政的追责。嘉庆十一年三月,他在向户部提交的奏文中,为局商做出了一定程度的辩解。他指出:第一,关于艚船损失事,是由于"洋盗"滋扰,焚烧抢劫;第二,关于加增工火银,现在已全部停止;第三,关于多销积引66万包一事,"自系广厚不明醝务致有错误";第四,关于

---

① 道光《两广盐法志》卷二〇《转运七》,见于浩辑:《稀见明清经济史料丛刊》第1辑第41册,国家图书馆出版社2008年版,第650—651页。
② 道光《两广盐法志》卷二〇《转运七》,见于浩辑:《稀见明清经济史料丛刊》第1辑第41册,国家图书馆出版社2008年版,第652—658页。
③ 〔清〕王守基:《盐法议略·广东盐务议略》,中华书局1991年版,第64页。
④ 道光《两广盐法志》卷二〇《转运七》,见于浩辑:《稀见明清经济史料丛刊》第1辑第41册,国家图书馆出版社2008年版,第658页。

加配帑息的问题，是为了还历年帑本的利息；第五，关于收买余盐的问题，是由于"晒丁所领官价实在不敷"，而且"其盐悉配正引"。① 吴熊光把两广盐课亏欠归因于盐商经营不善，外加诸多客观原因：

> 历年遭风被盗及借垫疲埠课饷，其中尚有可追可抵之项……现据该商等情愿分限赔补。②

可见吴氏还是为保证盐课足额、帑本不亏做了努力。由于原本十名局商先前已经剩下七人，且"七人之中，亦非尽殷商，另择身家饶裕、熟练盐务之运商李念德、汤玉成、倪瑶璋、梁萃和、陈倍兴、游顺程、符炎和七人入局帮办"③，最终因倪瑶璋身故，仅有六人加入局商，分年归还盐本。

然而，到了嘉庆十六年（1817），距离吴熊光要求局商归还帑本已过去4年，两广总督松筠上奏："局商仅缴银一十万三千九百五十余两，又前项应缴盐本内尚有各艚未归价脚银二十五万六千余两，系属有著之项，现在分别追补。此外实虚悬盐本银三十万四千五百五十余两。"因此，盐本缺口仍然非常大。运商呈称愿意代局商摊还，每包盐加增银3分，分作10年归补。④ 此处运商愿意摊还，很可能是作为总督的松筠所做的工作。但户部认为，盐本缺额乃总督等官员催征不力，不允许运商摊还的建议，仍然"令该督按各商名下应缴银两分别追缴，奏明办理"⑤。

从嘉庆十年两广总督第一次奏报盐本缺口起，历任总督先是令局商赔补，局商疲敝后又扩大局商的数量，而后企图令运商摊还的方式来填补缺口，但是都收效甚微。嘉庆十七年（1812），户部清查盐务，发现在改埠归纲时集资的140多万两盐本的亏欠无从追究，两广总督蒋攸铦以局商经理不善为理由，下令"将各局商撤去"⑥，改盐商公局为盐务公所，称为"改纲归所"。

"改纲归所"可以说是在"改埠归纲"基础上的人事变动。重新选出的运商六人再自行筹集盐本，在省城公所办事，公所运商三年一换，避免少数人独断把持盐务。

龚红月认为，"改纲归所"实际上是对"改埠归纲"的继承和发展。新设立的公所在职能上与原总局相当，与其不同的有以下几个方面：首先，主持公所的不再是不

---

① 道光《两广盐法志》卷二〇《转运七》，见于浩辑：《稀见明清经济史料丛刊》第1辑第41册，国家图书馆出版社2008年版，第667－678页。
② 道光《两广盐法志》卷二〇《转运七》，见于浩辑：《稀见明清经济史料丛刊》第1辑第41册，国家图书馆出版社2008年版，第679页。
③ 道光《两广盐法志》卷二〇《转运七》，见于浩辑：《稀见明清经济史料丛刊》第1辑第41册，国家图书馆出版社2008年版，第680页。
④ 道光《两广盐法志》卷二〇《转运七》，见于浩辑：《稀见明清经济史料丛刊》第1辑第41册，国家图书馆出版社2008年版，第707页。
⑤ 道光《两广盐法志》卷二〇《转运七》，见于浩辑：《稀见明清经济史料丛刊》第1辑第41册，国家图书馆出版社2008年版，第714页。
⑥ 道光《两广盐法志》卷二〇《转运七》，见于浩辑：《稀见明清经济史料丛刊》第1辑第41册，国家图书馆出版社2008年版，第721页。

领埠务的局商，而是由运商经理。运商与局商不同，他们"俱各有埠行盐，事关切己，一切支销自知撙节"。其次，公所总局每三年一换，"免共盘踞把持"。这样一来，总局的垄断亦不能似以前那样严密了。最后，改纲归所后，"有埠之商自运自销，无埠之商另招水客运销，官不与闻焉"。这一特点是最为重要的。可见，从改埠归纲到改纲归所，盐商的专商特点表现得越来越明显，官府对食盐运销的监督逐渐减弱，引盐制实际上已经名存实亡。① 赖彩虹也认为实行"改纲归所"之后，广东省河粤盐运销方式实际上已经不是严格的引盐制。"粤省盐务，向归总商六人综理，认铜纳课，责无旁贷，其各埠商贩，悉由总商招徕，虽无行票之名，隐寓行票之法。"②

自此，广东盐务开始了"有埠之商自运自销，无埠之商招水客运销，官不与闻焉"③的新阶段。"改纲归所"后，原来的六柜由运商直接控制。"六柜"是在改埠归纲改革时设定的银地，省河六柜具体分布：中柜主要分布在广东广州府、惠州府、肇庆府与广西平乐府、梧州府，总共45埠；北柜分布在广东广州府北部、韶州府、南雄直隶州、江西赣州府、南安府、湖南桂阳直隶州、郴州直隶州，兑共25埠；西柜分布基本涵盖广西全省，在广西桂林府、柳州府、庆远府、思恩府、泗城府、平乐府、梧州府，总共57埠，是六柜中所辖埠地范围最广的一柜；东柜分布在广东惠州府、江西赣州府，分辖13埠；南柜在广东高州府、雷州府及广西郁林直隶州，总共只有11埠，是埠地最少的一柜；平柜在广东廉州府及广西思恩府、南宁府、太平府，共14埠。（见表5-2）粤盐出场最初是用漕船装运回关配运的，以后漕船废坏，改由运馆自备船只运输，于是分为上、下河的运程。从盐场运至省河称为下河，从省河的配运中心运至盐埠则称为上河，而东、南、平三柜的盐产是不经过省河而直接由盐场运抵各埠的。各柜埠地有盐引兼销情况，一埠同时兼销相邻埠地盐引。④

表5-2 省河六柜及潮桥下辖各埠明细

柜名	配运地	销售埠
中柜	广州东关	南海神安埠、三江埠、金利埠、五斗埠、黄鼎埠、江浦埠；番禺沙湾埠、鹿步埠、游鱼埠、蚬塘埠、菱塘埠、大朗埠、洴湖埠、七门埠；顺德埠、东莞埠、从化埠、龙门埠、增城埠、香山埠、新会埠、三水埠、花县埠、博罗埠、高要埠、四会埠、新兴埠、高明埠、广宁埠、鹤山埠、德庆埠、封川埠、开建埠、罗定埠、东安埠、西宁埠、富川埠、贺县埠、怀集埠
	上川司场	新宁埠、恩平埠、开平埠
	大洲、淡水场	新安埠
	双恩场	阳春埠、阳江埠

① 龚红月：《清代前中期广东榷盐的两个问题》，见明清广东省社会经济研究会编：《明清广东社会经济研究》，广东人民出版社1987年版，第321页。
② 周庆云：《盐法通志》卷五九《转运五》，民国三年（1914）文明书局铅印本，第19页。
③ 〔清〕王守基：《盐法议略·广东盐务议略》，中华书局1991年版，第64页。
④ 赖彩虹：《清代两广盐法改革探析》，华中师范大学2008年硕士学位论文，第29页。

续表

柜名	配运地	销售埠
北柜	广州东关	清远埠、连州埠、阳山埠、连山埠、曲江埠、乐昌埠、仁化埠、乳源埠、翁源埠、英德埠、南雄埠、始兴埠、赣县埠、大庾埠、南康埠、上犹埠、崇义埠、桂阳埠、临武埠、蓝山埠、嘉禾埠、郴州埠、永兴埠、宜章埠、兴宁埠
西柜	广州东关	临桂埠、兴安埠、灵川埠、阳朔埠、永宁埠、永福埠、义宁埠、全州埠、灌阳埠、龙胜埠、马平埠、雒容埠、罗城埠、柳城埠、怀远埠、来宾埠、融县埠、象州埠、宜山埠、天河埠、河池埠、思恩埠、武缘埠、百色埠、宾州埠、迁江埠、上林埠、凌云埠、西林埠、西隆埠、平乐埠、恭城埠、荔浦埠、修仁埠、昭平埠、永安埠、苍梧埠、藤县埠、容县埠、岑溪埠、桂平埠、平南埠、贵县埠、武宣埠、新宁埠、隆安埠、横州埠、永淳埠、崇善埠、养利埠、左州埠、永康埠、宁明埠、天保埠、奉议埠、归顺埠、古州埠
东柜	淡水、大洲、碧甲场	归善埠、长宁埠、永安埠、龙川埠、连平埠、河源埠、和平埠、信丰埠、安远埠、龙南埠、定南埠
	石桥、坎白、小靖、海甲场	海丰埠
	石桥、海甲场	陆丰埠
南柜	茂晖、博茂场	茂名埠、电白埠、信宜埠、化州埠、吴川埠、石城埠、北流埠、陆川埠
	武郎场	海康埠
	调楼场	遂溪埠
	新兴场	徐闻埠
平柜	白石场	合浦埠、钦州埠、灵山埠、武缘埠、百色埠、郁林埠、博白埠、兴业埠、宣化埠、新宁埠、隆安埠、横州埠、上思埠、永康埠
潮桥	潮州广济桥	丰顺埠、惠来埠、大埔埠、嘉应埠、长乐埠、兴宁埠、平远埠、镇平埠、零都埠、兴国埠、会昌埠、长宁埠、宁都埠、瑞金埠、石城埠、长汀埠、宁化埠、上杭埠、武平埠、清流埠、连城埠、归化埠、永定埠
	招收场	海阳埠、潮阳埠、揭阳埠、饶平埠、普宁埠
	小江场	澄海埠

资料来源：赖彩虹《清代两广盐法改革探析》，华中师范大学2008年硕士学位论文。

第一任公所的六名运商包括李念德、汤玉成、许秀峰、苏兆祥、苏高华、冯春山。[①] 为了防止运商长期把持盐政，蒋攸铦提出"俟办理三四年后，再查别埠诚实之

---

① 道光《两广盐法志》卷二〇《转运七》，见于浩辑：《稀见明清经济史料丛刊》第1辑第41册，国家图书馆出版社2008年版，第721页。

商，酌派三四人轮流更替"①。由六名运商组成的公所负责管理省河的盐引配销，而引饷由各埠商承担。自此，广东盐法基本形成定制，商人负责销售盐引，官府仅负责监督和征收盐税。虽然政府仍然垄断食盐的经营权，但是盐商在运销过程中的自主性增强。

按照汪小荷的统计，"改纲归所"后，嘉庆以后广东盐引和盐课奏销虽然"全完"，但"展限"的情况较多。嘉庆二年、三年、九年、十五年、十六年、十八年、二十二年、二十四年、二十五年，道光三年、六年、十七年等盐引，都请展限半年左右。因为销引时间拖长，所以奏报时一般都能销完。盐课方面，嘉庆十一年、十四年、十六年、二十二年、二十三年，道光元年、四年、七年、十年、十三年等，均请展限奏销。② 可见，"改纲归所"虽然是解决总商经营费用过高问题的一种新尝试，但实际上仅是"改埠归纲"制度的一种变通。它将"总商"这一机构改组成六埠商人的经营团体，其领导者是每埠的商人领袖，这使得"专商引岸"制度被进一步固定化。各埠商人承包盐课，盐引不作为实际上的征课依据，而是逐渐变成了商人"专卖"的凭证而已。

---

① 道光《两广盐法志》卷二〇《转运七》，见于浩辑：《稀见明清经济史料丛刊》第1辑第41册，国家图书馆出版社2008年版，第721页。

② 汪小荷：《清代两广盐商及其特点》，载《盐业史研究》1986年第1期，第65－80、124页。

第六章 清中期粤盐运销的制度特色与盐商经营

清代盐政制度最大的变化在于继承和发展了晚明的纲法，食盐官专卖制变为商专卖制。盐的生产、批发以及运销等，都须经国家授权认可，为少数的专商所垄断。① 维持商专卖法的正常运作，就成了清王朝从朝廷到地方政府的重要任务。盐法考成是清代加强盐业管理的重要手段，也由此成为影响地方盐政运作的主要因素。另外一个不可忽视的因素来自商人本身。基于传统文化体系的人际关系网络的经营，形塑了清代盐商的经营文化。

第一节 "淮粤之争"与清代粤盐运销制度的特色

粤北和湘南地区是清代中期广东食盐唯一畅销的地区。雍正、乾隆两朝，每当淮盐在湖南衡州、永州以及江西建昌、吉安等地遇到闽、粤食盐的冲击时，某些地方官想到的往往是改淮入粤（闽），最后结果却无一例外都是维持既定盐界，暂时忽略私盐问题，甚至默许相邻盐区食盐以私盐形式流入淮界。进入嘉庆朝，在盐课积欠、盐引壅滞的状况之下，面对引地被邻私严重侵灌，两淮方面开始通过朝廷向周边盐区施加压力，从而引起两淮与两粤盐区之间著名的"淮粤之争"。在这种压力下，广东地方官员巧妙地运用了盐区边界的成例，维持住了粤盐在该地区的市场。这其中展现了广东食盐运销制度的特色，也体现了广东盐商的经营文化。

一、"淮粤之争"初起湖南

引发"淮粤之争"的是嘉庆二十年（1815）湖南郴州的一起私盐控案。嘉庆十九年（1814），湖南提督魁保上题为《为川粤二盐越境，淮盐不能畅销之盐丁埠头通同舞弊缘由》之奏，要求加强巡缉，并说"经督臣马慧裕加派文武，抚臣广厚派令衡永道彭应燕、协同盐道图勒斌，会同营员、带领弁兵把住衡、永一带要口，四处淮

---

① 杨久谊：《清代盐专卖制之特点——一个制度面的剖析》，载《"中央研究院"近代史研究所集刊》2005 年第 47 期，第 1—41 页。

引可望畅销"①。嘉庆皇帝为此谕令湖广总督马慧裕等在查缉的基础上筹议更有效之措施。于是，嘉庆十九年十一月初一日，马慧裕与湖北巡抚张映汉、湖南巡抚广厚、两淮盐政阿克当阿四人联衔上奏，提出"仰恳圣恩，敕下接壤两湖之川粤陕豫各督抚，嗣后凡邻近楚省边界之州县止准行销额引，不准将别州县之引融销于邻楚边界州县"②。此事由于各省之反对，自然未能施行。嘉庆二十年（1815），湖南郴州永兴县生员黄芳论遣其子黄荣潆控告李文煌等贩卖私盐，讼内指证广东乐昌埠商孔文光在粤北以及湘南煎熬食盐，假冒淮盐，为马慧裕等人指控邻区食盐入侵提供了机会。这一桩极普通的私盐案因而得到马慧裕等人的特别重视。案件中，黄荣潆之指证略云：

  广东乐昌埠商孔文光所管十一埠，九埠在湖南，两埠在广东地方，各有子埠，设有炉灶，熬盐销卖。③

清中叶以后，两广所产食盐全为生盐，即晒扫之盐，无须煎熬，淮盐则为煎熬后之熟盐。但嘉庆十二年（1807），两广总督吴熊光奏准可将生盐熬熟。④ 而在此案中，湖南地方官得知孔文光在邻近淮界地方熬盐之消息，颇为疑惧，遂对此案倍加重视，最后交由湖广总督马慧裕审理。经过审理，马慧裕指出：

  查粤盐色白，淮盐色黑，诚恐该商等煎熬粤盐等为名，任意多熬，搀和沙土，充作淮盐，越境售卖，不可不防其渐。⑤

而且，马慧裕发现广东盐商孔文光所管各埠：

  每子店应设炉灶若干口，每口应熬盐若干斤，均无定数，易滋私熬充塞，滋生事端。⑥

于是，湖南方面由盐法道胡鏻、布政使觉罗海龄通过湖广总督马裕慧向广东地方发送咨文，同时直接给朝廷之户部发咨文，提出要求，让"粤设定炉额，交地方官实力稽查"，户部获咨后，亦觉此事蹊跷，便"行令两广总督将如何酌定炉额之处，妥议报部"。⑦

两广总督蒋攸铦接到马慧裕所咨及户部之"行令"后，开始对此事展开调查。

---

① 〔清〕魁保：《奏为川粤二盐越境，淮盐不能畅销之盐丁埠头通同舞弊缘由仰祈圣鉴事》，嘉庆十九年六月十八日，中国第一历史档案馆馆藏档案，《军机处录副》，档案号：3-1782-20。
② 〔清〕佚名：《为遵旨确查（湖南各属食盐情形）据实复奏事》，嘉庆十九年十一月初一日，中国第一历史档案馆馆藏档案，《军机处录副》，档案号：3-1782-42。
③ 光绪《两广盐法志》卷十八《转运一》，光绪刻本，第15页。
④ 嘉庆十二年两广总督吴熊光奏准，两广各埠"如将生盐熬熟亦照耗折工本核实收价"，参见光绪《两广盐法志》卷十九《转运二》，光绪刻本，第9页。
⑤ 光绪《两广盐法志》卷十八《转运一》，光绪刻本，第15页。
⑥ 光绪《两广盐法志》卷十八《转运一》，光绪刻本，第15页。
⑦ 光绪《两广盐法志》卷十八《转运一》，光绪刻本，第15页。

然而，此时两广食盐销售之大势，颇为倚重粤北乐昌和南雄、湘南郴桂、江西赣州各埠。根据《两广盐法志》记载，嘉庆八年（1803），盐课积欠47000余两，嘉庆十一年（1806），积欠181000余两，到嘉庆十七年（1812）则积欠至294000余两，几占额定盐课60余万两的50%。无怪乎陈铨衡说："递年果能征收足额否耶？潮桥仅能开报七成"①，省河"中柜各埠只认完引饷五成……东柜引饷只认完五成，南柜饷额最轻，亦仅认完七成耳"，惟"北柜号称畅销，递年可融销别柜悬引"②。所谓北柜，乃省河③盐务改埠归纲时发明的概念。乾隆五十四年（1789），省河改埠归纲，将省河154埠划为6柜，其中广东北部的乐昌等地与湖南南部、江西南部行销省河盐各埠均归入北柜。郴州、桂阳州等地改埠归纲时，"因郴、桂等埠积疲素著，无人承充，归局带办。嗣局不能兼顾，始召陈建业伙同梁萃和承充。该商接办以来历年饷课及认完前商库欠等款均皆勉力交办"④。据两江总督孙玉庭等奏称，广东盐商，因"近年粤盐滞销，专藉西省之南安、赣县、信丰、会昌、兴国等埠为官盐畅销之地"⑤。孙玉庭所奏虽指赣南，其情形实与郴州、桂阳州相类。据道光年间任两广总督的阮元说，嘉庆十年（1805），"陈建业、梁萃和等人复无力，先后顶与该商孔文光，合力办埠"，并且"历届奏销，年清年款"，⑥成为清中叶以后两广盐区唯一畅销且可融销别柜悬引的地区，颇得广东方面重视。因此，广东方面极不愿意改变湘南郴、桂各盐埠之盐法。

接咨后，两广总督蒋攸铦复咨曰：

> 乐昌等埠递年额销引盐，自省配运，长途跋涉，挽运维艰。盐包破烂，沾染沙泥，或埠中积存仓底青盐，及走卤盐泥，转发子店淘洗煎熬销售，事所常有。其煎锅炉灶，即卖熟盐各埠销售不一，时有时无，实难悬议额数。况淮盐色黑，粤盐色白，彼此不同，无从搀越……若照楚省来咨定额，交地方官行销，未免更滋骚扰。⑦

蒋攸铦或者以为此事颇易对付，或者较为仓促，因此回复得轻描淡写。关于核定

---

① 〔清〕陈铨衡：《粤鹾蠡测编·粤鹾论》，光绪刻本，第1页。
② 〔清〕陈铨衡：《粤鹾蠡测编·六柜论》，光绪刻本，第29页。
③ 清代广东所产食盐行销六省，其中潮州等地所产食盐，在潮州广济桥配运，称潮桥之盐，其他地区所产食盐，在广州东关配运，称省河之盐。潮桥之盐主要销售于潮州府、嘉应直隶州、福建汀州府以及江西宁都直隶州与赣州府的部分县域。两广行盐区其余地区，即除潮州及嘉应州以外的广东全省、广西一省、湖南郴州及桂阳州、江西南安府各县及赣州府部分县域、贵州省古州等地皆行销省河之盐。
④ 〔清〕倭什布：《奏明审明埠商并无私增盐价越境冲赚缘由恭折复奏事》，嘉庆八年九月初一日，中国第一历史档案馆馆藏档案，《朱批奏折》，档案号：4-0484-018。
⑤ 〔清〕孙玉庭、〔清〕毓岱：《奏为遵旨查明江西盐务情形会议杜弊缉私章程恭折奏祈圣鉴事》，道光四年闰七月十七日，中国第一历史档案馆馆藏档案，《朱批奏折》，档案号：4-0502-057。
⑥ 英国外交部档案，F. O. 931/181。
⑦ 光绪《两广盐法志》卷十八《转运一》，光绪刻本，第15-16页。

熬锅数目一事,仅以"煎锅炉灶,即卖熟盐各埠销售不一,时有时无,实难悬议额数"一语作答。户部对此回复很是不满,于是严辞咨复,分别从"粤东各场销卖熟盐,均有一定锅口,乐昌等埠何难酌量定额""淮粤盐斤虽有黑白之分,但恐不肖奸徒将粤盐搀和沙土充作淮盐,乘隙偷入淮地售私""本部前咨只令地方官实力稽查,并无交地方官行销"等方面,以及指出蒋攸铦之回咨既称"子店淘洗煎熬事所常有",又称"各埠销售熟盐时有时无","前后情词""互异"之实,加以驳斥。① 并要求两广总督"遵照本部指询情节,逐细查照,分晰报部"②。

蒋攸铦在回咨为户部所驳后,变得比较审慎,其新的回复,一方面,说明熬锅数目不能固定,是因为"粤东各场锅口难以约计预定,若行盐埠地定以锅口煎熬,则遇旺销之时必致短绌不继,适值滞销,又有尘积消耗之虞,且锅口定额后,若听淮地兵役时在粤盐埠地,按锅稽查,兵役良莠不一,断难免滋扰之弊"③;另一方面,他强烈反对"彼省遇有私贩,而议此省商灶"之事,认为这种做法"不特纷纭滋扰,而利弊相仍,未能端本扼要于事,仍无实济",因此,他坚持原有意见,指出"所有乐桂等十一埠锅额断难划定!"④。他不仅声明各埠锅口"断难"划定,而且强调以淮地之兵缉查两广引地,"断难"免滋扰之弊,还对湖南遇有私贩却找广东之麻烦颇不以为然。户部接到蒋攸铦这则措辞强硬的回咨后,继续要求两广总督设定熬锅数目,并咨复两广总督:"再行酌筹,妥议报部。"⑤ 而此时,与郴州、桂阳州交界的衡州等地官盐销售情况仍然不能使人乐观。嘉庆二十三年(1818),湖广总督庆保与湖北巡抚张映汉联衔上奏,指出该处食盐运销的实际情况是"虽存淮引之名,并无行销之实"⑥。可见,衡州、永州、宝庆三府事实上在运销粤盐。户部与湖广总督的忧虑是有相当有道理的。

二、阮元和庆宝关于熬锅问题的进一步争论

尽管江西赣州及湖南衡州、永州、宝庆三府大量销售越界粤盐,但是,两广方面却因为倚重北柜各埠销卖粤盐,而坚定地维护粤北、湘南这块食盐销售宝地的既有制度。嘉庆二十二年(1817)九月,蒋攸铦调任四川总督,两广总督由原湖广总督阮元迁任。阮元上任后,接手了蒋氏与湖南方面展开的熬锅之争,也继承了蒋氏无法设定熬锅数目的说法。嘉庆二十三年(1818),面对户部所咨"再行酌筹,妥议报部",阮元通过两广盐运使查清阿找到两广运商苏高华等人,详细调查此事,得苏高华禀文后,阮元更加坚定了蒋氏原有意见。苏高华之禀文着重讨论了两个问题:一为淮盐于

---

① 光绪《两广盐法志》卷十八《转运一》,光绪刻本,第16页。
② 光绪《两广盐法志》卷十八《转运一》,光绪刻本,第16页。
③ 光绪《两广盐法志》卷十八《转运一》,光绪刻本,第16-17页。
④ 光绪《两广盐法志》卷十八《转运一》,光绪刻本,第16-17页。
⑤ 光绪《两广盐法志》卷十八《转运一》,光绪刻本,第17页。
⑥ 〔清〕庆保、〔清〕张映汉:《奏为实力堵缉邻私并陈楚省引地实在情形恭折奏明圣鉴事》,嘉庆二十三年四月十八日,中国第一历史档案馆藏档案,《朱批奏折》,档案号:4-0496-044。

产盐地可定锅鏊数,而粤盐于销售地却不可定其数;二为湖南方面所咨盐埠数有误。关于前者,他们指出:"淮南熟盐场地……以一昼夜为一火伏,得盐若干,即为额数……(粤东)北江各埠,从前向无运熟,断不肯设灶煎熬自甘亏本。偶因海船舱底之盐,扒扫称配,名为扫舱,埠中进出渗漏之盐,名为地砂,色黑难卖,连盐包烧灰,淋出卤水,以之熬出熟盐,在近村零卖,不过以民间煮饭之锅煎卤成盐,并无铁盘铁鏊灶房火伏,况有卤则煎,无卤则止,非比淮盐之统年煎熬,定有额数。是以所煎之盐为数甚少,不及额盐百分之一,此人所共知,实不能定以限制。"①

苏高华之禀,后为阮元用于回复户部之所咨,继续维持广东方面不定锅数。② 苏高华禀文一方面说明无法确定熬锅之情,一方面不放过湖南方面咨文中关于孔文光所管盐埠分布之小差错以攻击对手。很明显,苏高华禀文较此前蒋攸铦的回咨更为明晰,似乎为广东不限锅数提供了足够的理由。但阮元在基本上将其原文回咨给户部后,户部仍觉得需要进一步查核,遂咨会湖广总督,同时要求将孔文光所管盐埠问题"查明报部并知照两广总督"③。

嘉庆二十二年(1817)九月,庆保莅任湖广总督。面对湖南南部淮盐运销之"有名无实",接户部所咨后,庆保颇为头痛,结果,他与湖北巡抚张映汉联名上奏,出人意表地要求改变湖南南部永州、宝庆等府各属的盐区归属,奏请"仍照康熙六年旧例,将永、宝二府行销之盐仍行改淮归粤,令粤商照引纳课,以臻敷实"。④

嘉庆皇帝览奏后,朱批曰:"此奏更张成例,引盗入室,实属纰缪,断不可行。"同时,嘉庆还另下一旨专论此事,并要议处庆保和张映汉,曰:

> 淮盐行销地界系百余年久定之例,近日楚省地方官不能实力缉私,以致邻盐浸灌,额引缺销,乃辄议将楚省四府淮盐引地,改食邻盐,不知私盐充斥之区,全赖自固藩篱。若退让一步,必愈致进侵一步,是何异引盗入室,自撤藩篱乎? 所奏实属纰缪。庆保、张映汉著交部议处。该督抚惟当督饬地方文武员弁,实力缉拿私枭,以护引地。如再不认真查办,仍前疏纵,定行惩办不贷。并知会孙玉庭、阿克当阿遵守原定界址,不得轻改旧章,致滋流弊。⑤

庆保与张映汉最后虽未遭到处罚,但嘉庆帝坚守百余年之定例,让两江总督孙玉庭

---

① 光绪《两广盐法志》卷十八《转运一》,光绪刻本,第13-15页。
② 参见光绪《两广盐法志》卷十八《转运一》,光绪刻本,第17-18页。
③ 光绪《两广盐法志》卷十八《转运一》,光绪刻本,第17-18页。
④ 〔清〕庆保、〔清〕张映汉:《奏为实力堵缉邻私并陈楚省引地实在情形恭折奏明圣鉴事》,嘉庆二十三年四月十八日,中国第一历史档案馆馆藏档案,《朱批奏折》,档案号:4-0496-044。
⑤ 〔清〕托津等:《奏议驳御史唐鉴奏请将江西湖南等府改行粤盐事》,嘉庆二十三年五月二十五日,中国第一历史档案馆馆藏档案,《军机处录副》,档案号:3-1784-13。继庆保等人所奏之后,御史唐鉴再次奏请将江西吉安及湖南永州、衡州、宝庆三府改行粤盐,为托津等人以及嘉庆皇帝所驳斥。托津等人奏请:"其衡州、吉安等府事同一律,未便轻议更张,该御史表将淮引改为粤引之处,应毋庸议。"

和两淮盐政阿克当阿"遵守原定界址",使企图重划盐界,以退让方式解决湖广与两广的食盐运销纠纷的庆保等人,不得不收起自己的计划,转而设法抵御粤盐的侵灌。于是,他们很快便提出抵御粤盐方案,一方面咨会户部,一方面咨会两广总督。首先他们指出熬锅无定额之危害,咨称:

> 孔文光屡次具禀,总以有卤则煎,无卤则止,并非通年煎熬,实难定额数为词。查乐昌各埠煎熬纵无定数,行销总有定额。本年六月以来,衡州府属各州县拿获私盐十余起,皆系粤东透漏。……上谕严饬接壤各处,认真查禁。官引之外,不许私贩出境。自应严密周防,实力遵行。近来湖南郴桂等八埠以及例食仁化埠之桂阳、桂东、酃县各处子店甚多,以永兴县属杉树下地方,熬户群集,距安仁不上十里,又近接茶陵、耒阳、清泉、衡山等州县,在在可以透漏。其余近接淮纲地面,更有囤户窝藏,大伙贩卖,侵灌下游。①

在指明粤盐熬盐之危害后,庆保等对广东方面提出了四点要求:第一,依"两淮定例",乐昌埠商孔文光及其他界邻淮盐区之粤商所有子店必须迁至淮界30里之外;第二,所有湖南南部地区之粤盐子店必须固定分销引额;第三,所有湖南南部粤盐盐商须由地方官取具连环保结,造册赍湖南盐法道;第四,所有粤盐子店严禁煎熬食盐。同时,庆保还非常勉强地回应了关于孔文光所管盐埠在湖南到底是九埠还是八埠的问题。庆保此番咨请,引人注目之处在于重提淮界30里之"定例"和新议粤盐盐商连环保结册。而其中所请连环册需要赍道立案一事,阮元在后来的回咨中理解为将粤盐盐商名册以连环保结之法造报至湖南盐法道。由于庆保之咨请未明确定义"道"为何道,我们只能以阮元和户部之理解为据。当然,无论庆保要求盐商名册所赍之"道"是湖南盐法道还是衡、永、郴、桂道,其要求地方官收具子店姓名年籍一法,清晰地表明庆保希冀以湖南地方官之权力来控制广东盐商之潜力,从而以湖南之行政力量对抗广东之盐商力量;透过行政区控制行盐区,在人为划定的两种区域间跨越边界,进行跨区域的渗入,这在当时未尝不是一着妙棋。

户部接庆保之咨请后,认为其所咨"与粤省所咨情形互异",遂要求湖广总督庆保会同两广总督阮元"酌筹妥善报部"。据阮元复咨称,他自己随即"转饬广粮通判何玉池、代理经历司嘉麟、广盐库大使嘉会、批验所大使应焜等督同办事运商孔德安、李念德、沈德慎、周宏缙、汤玉成、苏高华等人",让他们查察情况,随后于嘉庆二十四年(1819)七月初三日将他们所禀之情形回咨户部及湖广,对湖广总督庆保所咨四款逐一批驳。阮元做出了七点回答:第一,湖广方面称仁化等三埠为孔文光所办,明显有误;第二,孔文光为粤省盐商中办课得力者,仍有积引60余万包,可见其并未将粤盐侵入淮界;第三,所有湘南地区粤盐子店全在淮界120里以外;第四,连环保结簿册之造报太繁复,实难施行;第五,湘南11州县之盐政毋庸湘省过

---

① 英国外交部档案,F.O.931/181。

境进入粤盐引地查问；第六，两广界邻淮盐销区常为邻盐区禁私夹充所侵害；第七，孔文光煎盐属因地制宜之举，且有旧案可稽。①

阮元此咨软中带硬的七点答复，以粤盐子店全距淮界100里以外为理据，阐明粤盐并未对淮盐行销造成威胁，集中申明粤淮之间应该遵照嘉庆上谕，"各守疆界，自固藩篱"，湖南南部郴、桂等八埠为"粤引内地""毋庸淮境过问"②，坚决拒绝了庆保的所有要求。

三、"淮粤之争"在江西的开端

湖南与广东之间的纠纷尚未了结之时，吉安等地淮盐严重滞销，同为淮盐重要引地的江西亦将其症结归因于广东食盐的侵越，因此向广东提出停止熬锅等要求。"淮粤之争"由湖南与广东之争扩展为湖南、江西与广东之争。

嘉庆二十三年（1818），江西赣县有"枭贩设锅私煎，透越侵销"③，江西巡抚钱臻遂委派江西盐道胡稷与试用知县邱安棱会同赣县知县刘臻理查办。经查明，赣县各地所设熬锅相当多。据钱臻奏称：

（赣县）攸镇地方共有煎盐蓬厂房屋十九处，设灶四百四十七座，小良地方有煎盐房屋六处，设灶一百七十三座，锡州地方有煎盐房屋八间，设灶七十四座，俱于该委员未到之前，先行拆除，私贩逃逸。④

赣县为粤盐引地，粤商在此地设置官盐子店与熬锅早有定例。⑤而钱臻等以当地地方官之势力，将所有粤盐锅灶均视为由私贩私设，最终拆除这些灶屋。⑥ 随后，邱安棱、胡稷等要求赣县知县刘臻理出具甘结，"嗣后认真稽查，不敢再任私设"熬盐蓬屋及熬锅，⑦以此加强对江西地方官的控制，以对付粤盐北侵。然而，赣州府、南安府及宁都州的地方官在这种情况下完全陷于两难境地，一方面，江西上司对他们施

---

① 英国外交部档案，F. O. 931/181。
② 英国外交部档案，F. O. 931/181。
③ 〔清〕钱臻：《奏为遵旨审明定拟具奏仰祈圣鉴事》，嘉庆二十四年闰四月十六日，中国第一历史档案馆馆藏档案，《军机处录副》，档案号：3-1784-3。
④ 〔清〕钱臻：《奏为县令玩视鹾务恭折参奏请旨革职事》，嘉庆二十三年十一月十一日，中国第一历史档案馆馆藏档案，《朱批奏折》，档案号：4-0497-022。
⑤ 清代盐法"赣邑行销粤引，向奉广东运使饬知，准令子店设锅煎熬熟盐发卖，其熬锅视村庄大小，由埠商自行设立，并无额数"。详情请参见〔清〕钱臻：《奏为县令玩视鹾务恭折参奏请旨革职事》，嘉庆二十三年十一月十一日，中国第一历史档案馆馆藏档案，《朱批奏折》，档案号：4-0497-022。
⑥ 因粤盐设子店官锅为定例，疑屋灶皆为邱安棱等人所拆。所谓"于委员未到之前，先行拆除"，似乎不大可能。而在嘉庆二十四年闰四月十六日的奏折中，钱臻明确说道，邱安棱"会同该县查明攸镇有煎私蓬屋十九座……（省略部分即正文引文），当将各蓬屋拆毁"。
⑦ 〔清〕钱臻：《奏为遵旨审明定拟具奏仰祈圣鉴事》，嘉庆二十四年闰四月十六日，中国第一历史档案馆馆藏档案，《军机处录副》，档案号：3-1784-3。

加压力，他们不能不有所顾忌；另一方面，他们又身兼督销广东食盐之责，广东盐运使及两广总督亦可因销盐不力而参奏之，而且，以他们手中的兵丁之力，又怎么保证煎盐之事不再发生？果然，据江西巡抚钱臻所称，嘉庆二十三年（1818）六月，赣县再次发生煎盐事件。邱安棱再往缉拿煎盐之人，"将私灶十一座、蓬屋三间，又经拆毁"，胡稷因此认为刘臻理"于具结后复玩纵私枭"，遂要求将其查拿革职。钱臻即参奏刘臻理，同时提出解决粤盐熬锅问题之方案，希望两广总督"核定粤盐应销额引之多寡，定锅灶之确数"①。

由于钱臻此奏主要参奏刘臻理，故嘉庆皇帝朱批曰"刑部知道"，未对粤盐熬锅问题做出答复。于是，嘉庆二十五年（1820）三月十五日，钱臻再次上奏，要求核定粤盐熬锅之数，朱批"允行"，江西熬锅数目开始进入两广与两淮食盐之争的主题。

道光元年（1821）五月，两广总督阮元才对此做出反应。他上奏反对将熬锅定额，指出粤盐有融销、借销、代销、搭销等行销方式，因而在江西南安、赣州、宁都三府州行销之引额与熬锅数目难以核定，要求维持旧制。阮元奏称：

> 融销各项历系随时酌核，非如额引之一成不变，若先期预派数目，不特滞销，各埠销盐多寡靡常，并恐恃有融销遇可以销售之时亦不实力拆运，若即就现在旺滞情形，将各埠额引普行更定，勒令旺销之埠代认疲埠之引，则埠地旺滞变迁无定，断不能年年逐处改拨，转使案牍日繁，于公事毫无裨益。应请仍循康熙、雍正、乾隆年间旧章，毋庸亦易。
>
> ……
>
> 至官锅一项，除销售生盐各处并无官锅外，其兼卖熟盐各处，视埠地销售之畅滞为用锅之多寡，随时增减，亦难悬揣锅口额数，与两淮不同……粤省并无大盘大鳖，俱用民间烧煮小锅，每夜仅熬盐数十斤，十锅尚不敌两淮一锅，是以需锅虽多，而煎盐实少。上年业经由司颁发告示，分给各煎仓门前张挂，并饬悬用引饷招牌，使官私一目了然，如无告示店牌，即系本地民人私锅，立时报明地方官拿究，已足严影射行私之弊，其官锅数目实无从逐一核定。②

从阮元的奏折看，此前江西与湖南方面对广东熬锅数的不断指控，获取的唯一成果就是熬盐官店"张挂告示"和"悬挂引饷招牌"。在否认了可以核定引额以及熬锅数目后，阮元进一步指出：

> 行盐事宜，各省有各省之旧章，两粤之不能同于两淮，犹两淮之不能同于两

---

① 〔清〕钱臻：《奏为遵旨审明定拟具奏仰祈圣鉴事》，嘉庆二十四年闰四月十六日，中国第一历史档案馆藏档案，《朱批奏折》，档案号：4－0497－048。

② 〔清〕阮元：《奏为江西南安赣州宁都三府行销粤省引盐难以核定融销等项数目恭折具奏仰祈圣鉴事》，道光元年五月初四日，中国第一历史档案馆藏档案，《朱批奏折》，档案号：4－0500－011。

粤……百数十年以来，淮引粤引皆由守界按制，所以相安无异，如以现在销盐滞旺为词，则年来物力昂贵，商人本重利微，淮引固属钝销，粤引亦倍增竭蹶，除疲埠悬引之外，凡有商之埠，因贫乏欠饷斥革者不一而足，历经咨明江西有案，其并非充赚淮纲已可概见……臣惟有钦遵历奉谕旨，各固藩篱，督同运使随时实力查禁……以期在粤在淮，民食国课两有裨益。①

继蒋攸铦之后，阮元再次反复强调"边界""藩篱"，据盐区边界以自守，边界成为两广盐区应对两淮盐区冲击的有力武器。显然，广东食盐运销的融销、借销、代销、搭销以及嘉庆朝以后才开始推广的熬锅熬盐等盐法，制度极为灵活与复杂，有学者甚至认为盐法的这些措施实际就是为向相邻盐区渗透粤盐而制定的，② 但阮元的这一番陈词，从固守旧章、因地制宜的角度立论，很符合清王朝恪守旧法的传统，因此颇得道光帝的嘉许，朱批曰"实力查办，不可日久仍滋弊端"③，实际取消了嘉庆帝应钱臻之奏而让广东核定赣南行销粤盐之引额及熬锅的谕旨，从而暂时平息了淮粤盐之间关于熬锅的争论。阮元对盐区边界的娴熟运用，达到了保护广东盐区利益的目的，因此，问题的症结就转移到盐区边界上。行政与市场双重因素的作用，导致淮粤之间在嘉道年间拥有这条实际边界，这是一个相当复杂且引人入胜的问题。实际上，从"淮粤之争"初起就被广东方面不断强调的盐区边界和"各固藩篱"的观念，后来曾引起轩然大波，并被两淮盐区盐政长官深刻剖析。

由于广东方面"各固藩篱"之说得到嘉庆、道光两位皇帝的支持，江西方面虽然"节经奏设水陆要卡，分派员弁兵役巡缉，实已碁布星罗，极为周密，而官引总难畅销，私贩终未尽绝"。道光二年（1822）酌议盐务缉私章程时，江西方面仍不得不明文规定："所有原设粤引界内之攸镇、磨角、白涧滩、江口四卡，均非淮引地面，未便越界拦截，应概行撤去，以节糜费。"④ 在盐界与运销区域的问题上，两淮盐区的应对措施是调整地方缉私武装力量，他们不得不将原来在粤盐引地所设卡巡裁撤。

两淮盐区在撤回超越盐法制度规定的武装力量时，仍对威胁其在江西食盐市场运销的两广食盐深为疑惧。道光四年（1824）闰七月，两江总督孙玉庭专门针对粤盐

---

① 〔清〕阮元：《奏为江西南安赣州宁都三府行销粤省引盐难以核定融销等项数目恭折具奏仰祈圣鉴事》，道光元年五月初四日，中国第一历史档案馆馆藏档案，《朱批奏折》，档案号：4-0500-011。

② 参见郑建明：《关于清中叶江西食盐销售的几个问题》，载《盐业史研究》1998 年第 1 期，第 33—40 页。

③ 〔清〕阮元：《奏为江西南安赣州宁都三府行销粤省引盐难以核定融销等项数目恭折具奏仰祈圣鉴事》，道光元年五月初四日，中国第一历史档案馆馆藏档案，《朱批奏折》，档案号：4-0500-011。

④ 〔清〕孙玉庭、〔清〕阿霖：《奏为酌议变通堵缉邻私章程并严定考核功过以收实效恭折奏祈圣鉴事》，道光二年十月十三日，中国第一历史档案馆馆藏档案，《朱批奏折》，档案号：4-0501-030。

筹划江西盐务缉私章程，在将其上奏朝廷的同时再次提出要求，希望限定粤盐在江西南部三府州的销售额度。①

道光帝对"淮粤之争"似乎毫无主见，接孙玉庭之奏后，又改变了其道光元年（1821）所下谕旨的精神，于道光四年（1824）八月初二日谕令两广总督阮元"将粤省商运额数清厘，知照江西稽查，以别官私，即因粤省纲滞，不能不有融销，亦酌量引地可融若干，明定限制，以清来源"②。

道光初年，两淮与两粤之间关于食盐在江西南部运销问题的争论虽然仍在继续，但双方的火药味不浓，反应速度也不快。道光四年（1824）七、八月间，孙玉庭上奏、道光帝下谕旨后，至道光五年（1825）六月，两广总督阮元才就此事回奏道光帝。在回奏中，阮元再次强调粤盐融销数目难以预定，③ 但已同意采取措施，限制子店私开熬锅。其办法就是让赣县所属之攸镇及大湖江各子店"领取招牌告示、张挂门口"，以别私开。④ 读过阮元之奏后，道光帝又一次改变上年八月的谕令，将阮元奏折"依议转行"⑤。由于广东方面的据理力争以及嘉庆、道光两位皇帝的出尔反尔，加之道光元年两淮盐区销盐不足额的现象在道光五年得到缓解，⑥ 两淮有关官员不得不退而求其次，暂时不再向朝廷及两广方面提出限定粤盐融销引额的要求，转而强化在吉安与赣州交界地区的盐务缉私。⑦ 两淮与两广间的盐务之争暂时趋于缓和。

从蒋攸铦面对马慧裕指责时的漫不经心到阮元执掌盐政时的全面回击，两广盐区处理与淮盐纠纷的政治技巧大有提高，既有的盐区边界以及"各守疆界、自固藩篱"

---

① 其奏文云："粤盐行销南赣一带，例有额引，必得粤省将商运额数清厘，知照西省稽查，以别官私，毋任融销为词，任埠影射带私，充赚淮界。无如粤商惟图侵越多销，屡经臣孙玉庭与前抚臣咨查，总格而不行。应请旨敕下广东督臣，严饬司等遵办，各销各引，即因彼省纲滞，不能不有融销，亦应酌量引地可融若干，明定限制，以清来源。"见〔清〕孙玉庭、〔清〕毓岱：《奏为遵旨查明江西盐务情形会议杜弊缉私章程恭折奏祈圣鉴事》，道光四年闰七月十七日，中国第一历史档案馆馆藏档案，《朱批奏折》，档案号：4-0502-057。

② 《清宣宗实录》卷七二，道光四年八月壬戌条，中华书局1985年版，第2-3页。

③ 参见〔清〕阮元：《奏为粤盐融销数目实难预定具奏仰祈圣鉴事》，道光五年六月二十日，中国第一历史档案馆馆藏档案，《朱批奏折》，档案号：4-0503-051。

④ 光绪《两广盐法志》十八《转运一》，光绪刻本，第36页。

⑤ 〔清〕阮元：《奏为粤盐融销数目实难预定具奏仰祈圣鉴事》，道光五年六月二十日，中国第一历史档案馆馆藏档案，《朱批奏折》，档案号：4-0503-051。

⑥ 参见〔清〕延丰：《奏为湖广江西道光元年销盐总数循例奏闻仰祈圣鉴事》，道光二年闰三月初四日，中国第一历史档案馆馆藏档案，《朱批奏折》，档案号：4-0500-043；〔清〕李鸿宾：《奏为楚省一年期内销过淮盐引数按额有盈无绌恭折具奏仰祈圣鉴事》，道光五年正月十一日，中国第一历史档案馆馆藏档案，《朱批奏折》，档案号：4-0503-030。

⑦ 参见〔清〕琦善、〔清〕韩文琦、〔清〕张青选：《奏为酌量地势移设卡隘以资缉私恭折奏祈圣鉴事》，道光七年四月二十五日，中国第一历史档案馆馆藏档案，《朱批奏折》，档案号：4-0505-008；〔清〕韩文琦：《奏为拏获□□□补枪伤官兵要犯审拟具奏仰祈圣鉴事》，道光八年八月二十一日，中国第一历史档案馆馆藏档案，《朱批奏折》，档案号：4-0506-007；〔清〕蒋攸铦、〔清〕吴光悦：《奏为会折奏恳圣恩事》，道光十年三月初一日，中国第一历史档案馆馆藏档案，《朱批奏折》，档案号：4-0507-011。

的观念为其所充分应用,从而在争执中占得上风。行政区与盐区的层叠产生既归属江西、湖南,又归属广东的区域,也即政区与盐区的区域交错引致盐务纠纷,而这场纠纷在朝廷特别是皇帝的首鼠两端中迁延下去。

第二节　盐法考成的确立与盐政运作

清代的食盐专卖,就是通过额定盐产、招商认引、划界行销,并由此形成以盐政衙门为主,以地方有司、盐商组织为辅的管理系统,从而对灶户的食盐生产以及盐商的纳课、领引、配盐、运销进行管理稽查。① 地方盐政的运作模式改变常常就是受盐法考成制度影响的地方官们出于自身实际利益的考虑而导致的结果。康熙年间粤盐边界上的"改粤为淮"和"改淮为粤"的变动,以及乾隆末年的"改埠归纲"(第五章第三节对"改埠归纲"已有详细探讨,在此不再赘述)等,都与盐法考成有很大关系。

一、清代盐法考成制度的确立

《清盐法志》称:"盐法之有考成,曰征课,曰销引,曰缉私。"② 清代盐法考成主要包括产盐考成、征课考成、销引考成、缉私考成四个方面,涵盖了食盐产、运、销各个环节。清政府通过对盐政官员及相关官吏的盐法考成,以达到整肃吏治、保证盐产、疏销盐引、完纳盐课的目的。③

产盐考成的对象是盐场官员。对场官的考成,一般是与场课的经征联系起来的。广东盐区对产盐的考成,于乾隆十九年(1754)六月经吏、户两部议复两广总督班第时议定,考成法为:"场员收盐,每年按额分作十分。额外收足一二分者,记功示奖;三分以上者,照一官全完一年课引之例,准其纪录一次。其协办效力委员,能于额外收足三分以上者,准其遇缺题补。至额内少收各员,责令知府确查,如系纵容售私,以致缺额,即不论分数,严参究审。或因本年积雨连阴,实较往年为甚,三分以下姑准记过,若至四分以上,即行咨斥。"④

清朝对于征课考成和销引考成十分重视,针对销引不利和拖欠盐课的官员,制定了严厉的惩罚制度。清代盐课分场课、引课、杂项三大类。场课是对食盐生产者的课税,引课是对食盐销售者的课税,杂项则是各种名目的杂款累积。在两广盐区,清政

---

① 陈锋:《清代盐法考成述论——清代盐业管理研究之一》,载《盐业史研究》1996年第1期,第15-25页。
② 《清盐法志》卷六《通例六·职官门二》,民国九年(1920)盐务署铅印本,第1页。
③ 陈锋:《清代盐法考成述论——清代盐业管理研究之一》,载《盐业史研究》1996年第1期,第15-25页。
④ 档案,道光五年十一月二十日英和题:《为恭陈等事》,转引自陈锋:《清代盐法考成述论——清代盐业管理研究之一》,载《盐业史研究》1996年第1期,第16-17页。

府认为对地方官员在招商以行粤盐方面,"不可不设立考成,以示惩劝"。具体考成办法是,以"府州县派定岁行盐包数目以为定额",并"查照各省考成则例",而于每年"年终分别完欠造报职名,照例议处,以示惩劝"。① 道光《两广盐法志》也说:"以后管盐各官,多课银者,著以称职从优议叙,课额不足亏欠者,以溺职从重治罪。"②

顺治八年(1651),两浙巡盐御史裴希度题请引课考成则例,经过户部和都察院会议,该年制定的考成则例如下:

> (盐课)未完不及一分者,(巡盐御史)罚俸一年;一分以上,降俸二级;二分以上,降职一级;三分以上,降职二级,皆留任;四分以上,降三级;五分以上,降四级;六分以上,降五级,皆调用;七分以上,革职。③

这里的考成实际上只针对盐区的最高长官巡盐御史。直到康熙三年(1664),朝廷才进一步完备对盐区各级官员的征课考成。该年制定的考成办法,涉及对管理通省粮饷的巡抚的考成,对专管盐课官员的运司、提举司、分司大使等官的考成,对兼管盐务的知县、知州、知府、道员、布政使等官的考成,以及各官限内经征不完、戴罪催征考成等。同时,该年又制定了州县卫所官员的销引考成办法,随后又制定了有关官员疏销盐引的戴罪督销考成例等。④

按照清代盐法,对于盐务官员,政府以其收纳盐税钱银的多寡作为评定是否称职的标准。对于督抚的盐法考成,《大清律例》规定:"盐课钱粮不完者,将经督各官照分数议处。"⑤ 具体规定如下:

> 督抚兼管通省粮饷,其盐课考成欠一分者罚俸三个月,欠二分者罚俸六个月,欠三分者罚俸九个月,欠四分者罚俸一年,欠五分者降俸一级,欠六分者降俸二级,欠七分者降职一级,欠八分者降职二级,欠九分者降职三级,欠十分者降职四级停其升转,戴罪督催,完日开复。⑥

康熙四年(1665),对地方官的盐课考成也确立起来,主要规定为:

---

① 参见林永匡:《清初的两广运司盐政》,载《华南师范大学学报》(社会科学版)1984年第4期,第57—65页。
② 道光《两广盐法志》卷一《制诏》,见于浩辑:《稀见明清经济史料丛刊》第1辑第39册,国家图书馆出版社2008年版,第244页。
③ 《清盐法志》卷六《通例六·职官门二》,民国九年(1920)盐务署铅印本,第8页。
④ 陈锋:《清代盐法考成述论——清代盐业管理研究之一》,载《盐业史研究》1996年第1期,第15—25页。
⑤ 《大清律例》卷十三《户律·课程》,天津古籍出版社1993年版,第268页。
⑥ 光绪《四川盐法志》卷三五《禁合一》,见《续修四库全书》第842册,上海古籍出版社1995年版,第539页。

> 兼管盐务之知县、知州、知府、布政使各道，欠不及一分者停其升转，欠一分以上者，降俸一级，欠二分三分者，降职一级，欠四分五分者，降职三级，欠六分七分者，降职四级，……缺八分以上者革职。①

康熙十二年（1673），朝廷又题定销引考成。未完引的处分与对地方官的盐课考成类似，也是欠一分者停其升转，至欠八分以上者革职。同时还特别规定：

> 行盐地方各官，有私派户口，勒买销引者，州县官革职，未经察报之司道府等官各降三级调用。②

在康熙朝，对涉及盐务的各级官员，上至巡盐御史、督抚，下至地方州县官，均已形成严格的考成办法，盐政的运作状况关系到在任官员的升转甚至仕途。在严密的盐法考成制度下，各级官员不得不认真对待盐课的完纳和督销，使得盐务成为各级官员任上的重要任务之一。

以上的考成法主要针对的是官员，而在清代专商引岸的制度下，商人实际上扮演了重要的角色。因此，雍正六年（1728），盐商也被朝廷列入考成行列，议定了对欠课商人的处分则例，称：

> 本年应完课项内，欠不及一分者，责二十板；欠一分者，枷号一个月，责二十板；欠二分者，枷号一个半月，责二十五板；欠三分者，枷号两个月，责三十板；欠四分者，枷号两个半月，责三十五板；欠五分者，枷号三个月，责四十板。以上欠课各商题参之日，扣限一个月内全完者免处，仍逾期不完，即照此例枷责。如能于枷限照数全完，立时释放，免责。如枷限满日，仍照所欠全不完纳，除杖责外，即将该商咨参革退，并带征等项俱以引窝变抵。欠及六分者，应将该商杖六十，徒一年，所欠课项限四个月全完；欠七分者，杖七十，徒一年半，限六个月全完；欠八分者，杖八十，徒二年，限八个月全完；欠九分者，杖九十，徒二年半，限十个月全完；欠十分者，杖一百，徒三年限一年全完。以上自六分至十分，均将该商即行锁禁，严查家产。如能限内全完，除革退不许充商，免其杖徒之罪；倘逾限不完，除将该商发配外，其名下所欠新课、带征等项，均著落引窝、家产变抵。③

缉私考成的条例繁多，除户部、吏部、兵部各有考成则例外，各省区也分别定有

---

① 《大清会典则例》卷十八《吏部·盐法》，见《四库全书》第620册，上海古籍出版社1987年版，第379页。
② 《大清会典则例》卷十八《吏部·盐法》，见《四库全书》第620册，上海古籍出版社1987年版，第380页。
③ 档案，雍正六年×月×日杨永斌题《为请定商人欠课之处分、急公之奖励等事》，转引自陈锋：《清代盐法考成述论——清代盐业管理研究之一》，载《盐业史研究》1996年第1期，第15－25页。

条例,而且前后多有变化。大致说,从考成类别来分,缉私考成可分为缉拿武装贩私考成、缉拿小伙贩私考成、缉拿邻私考成、缉拿场私考成等。从考成的前后变化趋势看,初定考成时,条例粗疏,且较注重于惩罚的一面,后来则渐趋严密,并注重于奖叙的一面。①

二、"改粤为淮"与"改淮复粤":盐法考成与康熙朝地方盐政之一例

盐法考成是王朝盐政制度在地方具体运作的关键。地方官员的盐法考成对清代盐政运作产生了深远影响,这是以往研究中常常被忽略的地方。清前期江西南部的吉安、赣州、南安三府,在当时朝廷食盐分区销售的制度下,所行销的是广东盐。而三府以外,行销的则是来自两淮盐场的淮盐。但在康熙初年"迁海"之后,经庐陵县令于藻上呈,江西巡抚董卫国与两淮巡盐御史共同上奏,将吉安一府改行淮盐,南安、赣州二府则仍行销粤盐。康熙十七年(1677),赣州、南安也"改去粤盐仍食淮盐"②。这就是清初两广盐政上著名的"改粤为淮"。③

关于为何要"改粤为淮",官方提供的理由是"因粤东路阻,暂改淮盐"④。这是时任广东巡抚李士桢所指出的。当时刚刚平定三藩之一尚之信的叛乱,但由于政令不通,广东通往江西的交通也不再顺畅,使粤盐的运输受阻。当地官员遂以此为据题请将南安和赣州二府改食淮盐。但是康熙《赣县志》却提供了另外一种解释:

> 国朝顺治十七年,因太平厂官征抽不敷,遂将盐引额派一万八千道,内除派南雄保昌县四百九十四道,其余尽数坐派于南、赣、吉三郡,按查丁口,分坐引额,而县官销引考成,较诸催科倍严矣,小民销盐之比较,较诸钱粮倍急矣。赣县又以移送丁口过多,每年额销二百零三万二千八百斤,且商立一埠,价又腾贵,自此县官因之易位者凡四矣,小民因之授命者不知凡几矣。康熙十六年江抚佟公国桢始循吉郡例题改淮盐,而赣邑每年额销七十二万斤,于是官无考成之责,民无查比之苦。独是商之费广而盐价必贵,则销引在于减价,减价在于省费,不然,茕茕者众,朝夕从怨,又岂知粤盐之累官民也,盖其安得复有斤盐数文,官民称便也哉。⑤

---

① 陈锋:《清代盐法考成述论——清代盐业管理研究之一》,载《盐业史研究》1996年第1期,第15-25页。
② 光绪《两淮盐法志》卷四三《引界上》,光绪刻本,第2页。
③ 参见黄国信:《盐法变迁与地方社会的盐政观念——康熙年间赣州盐法所见之市场、考成与盐政关系》,载《清史研究》2004年第3期,第1-10页;黄国信:《盐法考成与盐区边界之关系研究——以康熙初年江西吉安府"改粤入淮"事件为例》,载《中山大学学报》(社会科学版)2005年第1期,第36-40、123页。
④ 嘉庆《两淮盐法志》卷六《转运一》,同治九年(1870)刊本,第1页。
⑤ 康熙《赣县志》卷六《食货志·行盐》,新华出版社1991年版,第15页。

《赣县志》指出，赣州府改食淮盐的主要原因在于运销粤盐时，官员要受考成之累，即"县官销引考成，较诸催科倍严"。赣州府改食淮盐后，"官无考成之责，民无查比之苦"。二者的区别，不仅仅在于行销的是粤盐还是淮盐，而在于赣县行销粤盐时"每年额销二百零三万二千八百斤"，而改食淮盐后，"每年额销七十二万斤"，行销盐额较之前大大减少。

进一步深究，行销粤盐和淮盐的区别，也不仅仅是两种盐的不同，也不仅仅是盐的行销路途问题，而是在于当时两淮和两广实行不同的盐法。康熙初年，广东地方销盐的政策是"据册定丁，按丁派引，于是计丁销盐，即计丁征课"①；而两淮盐的地方运销则采取了盐归商运的办法，即食盐的运销统归盐商负责，州县官员只需要负责截引、收引，随时防范私盐，督促盐商销盐即可。在广东的政策下，行销食盐的任务主要摊在州县官员身上，州县为了完成考成，从里排中签点盐商，规定每商承办一年，凡里排中人轮流充值，但最终的考成责任还是落在州县官员身上。"有司苦于考成"②常常是康熙朝两广盐销区地方官员的写照。地方官员迫于考成压力，只得"勒令里排，沿门坐派，包课血比，时刻难延"③。而赣州等三府与其他地方的不同之处在于，其位于淮盐和粤盐的交界处，历史上也有过食淮盐的记录。在面对"广官派销引考成，淮商纳课银无考成"的情形时，三府的地方官员借机推动"改粤为淮"的转变，由此免除了自身的考成压力，何乐而不为？所以这项清代盐法盐区制度的重大变革，实际上是由地方官员直接推动而促成的。江西籍官员李元鼎很清楚地表述这种变化，称："广东引课即在广东经制之内，自应济时办纳，安有江西百姓代广东商人包纳盐课之例？一改淮盐，则民食盐而商纳课，有民困立苏之便。"④

对于上述"改粤入淮"只是地方官员出于应付考成而力推的另一重要力证是当时人对于这个改变的看法。赣州府宁都县曾灿在之后不久修书两广总督吴兴祚，称：

> 敝县近因淮盐之累，闭市半月。当事充耳无闻，不思维挽。昨闻阁下有复广盐之疏，敝邑日望苏困，如出汤火。盖敝邑与粤东止隔一岭，朝发夕至；而淮盐则有风波之恶、滩石之险，商人不得不高其价。夫舍近而求远，舍易而就难，虽至愚者必不为也。且附近小民，多以小民食米易盐，络绎于道。今悉例为私盐，置之于法，此辈岂能待死不救，势不沦为盗贼不止。所以，敝乡报强报窃而无休日者，职此之故。今改食广盐，则小民得以资生而私贩亦可稍杜。广盐䱷重而价

---

① 光绪《吉安府志》卷十六《赋役志·盐政》，见《中国地方志集成·江西府县志辑》第60册，江苏古籍出版社1996年版，第543页。
② 乾隆《清泉县志》卷六《食货志·盐政》，见《中国地方志集成·湖南府县志辑》第37册，江苏古籍出版社2002年版，第74页。
③ 乾隆《清泉县志》卷六《食货志·盐政》，见《中国地方志集成·湖南府县志辑》第37册，江苏古籍出版社2002年版，第74页。
④ 光绪《吉安府志》卷十六《赋役志·盐政》，见《中国地方志集成·江西府县志辑》第60册，江苏古籍出版社1996年版，第546–549页。

轻，价轻则民不乐乎私贩，租重则粮户必获有赢余。况官有考成，则岁时交际不致过索于商，商既无大费，则盐价亦必大减于昔，是一举而数事可得。已集敝郡绅士，从长酌议，当有条陈，具呈宪案。①

曾灿为宁都行销淮盐与粤盐提供了另外一种完全不同的视角。在曾灿看来，淮盐价格过高，累及宁都，简直有如"汤火"之灾。而淮盐价高的原因有二：一是运路远，二是官之索费太甚。因此，他觉得非行销广盐（粤盐）不可。行广盐则运道近，且官员有考成的束缚而不索费或索费少，从而盐价平减，盐价减必然私贩少、民乐食、盗贼绝，"一举而数事可得"。

康熙二十年（1681）三藩之乱平定后，调任广东巡抚的李士桢受命整顿广东盐法。李士桢很快提出将赣州三府改食粤盐。他认为："今开展海禁，场灶已复，额行盐之地未复，产盐既多，销售无地，请将三府仍行粤盐。"这一请求得到了朝廷的批准，"自康熙二十五年为始，将两淮之课，照数除去，增入粤课"②。

"改淮复粤"的结果，乾隆《会昌县志》称："其课饷完欠考成皆出于总商之手，县官无从过问，饷项任其侵蚀，以致督销足额、溢额之县，多被报欠，御史不加查察，一例题参。赣属十二邑降俸降级之案无虚岁。""多被报欠""一例题参""降俸降级"所描述的均是地方官盐法考成的结果。

康熙三十二年（1693），赣州府从原来贩运省河之盐改为运销潮桥之盐，在行盐制度上也有所调整，即上述所称的"总商"。在行盐地方设立承办盐课的"总商"，由总商将食盐散卖给"散客"，但在散卖过程中，不使用盐引，而以潮州盐运分司印发的"小票"作为食盐专卖的凭由。结果导致"课饷完欠考成皆出于总商之手"，而县官无从过问，从而枉受参罚。

乾隆《兴国县志》也讨论了类似的情形，据称：

> 潮郡司盐之议曰：潮惠汀赣四郡三十六邑，无若赣郡某某邑最易销融，他邑壅滞，委而畀之，有加无已，不复定额者。壬午至丁亥五年之弊政，总商操权，部颁盐引，县官不敢问；县官完欠，醝院不能稽，足额溢额之县，横被参处。③

地方官此时面临的考成问题主要出自总商制度，加上潮桥"听商客自行填注，以小票而代引目"的政策，意味着地方官无法干涉总商的行盐。地方官的考成不能为自己所把握，而为"总商"所操权，也因此常常无法完成引饷而遭参罚。"总商操权"诿过于地方官的机巧主要在于行盐小票中不注销盐地点、年份以及不注"融销"字样，因而可以随时以此三个借口将已销之盐开报为往年额盐以及融销盐，从而将销

---

① 〔清〕曾灿：《与吴留村》，载《六松堂集》卷十四《尺牍》，见胡思敬辑：《豫章丛书》第194册，豫章丛书编刻局1915年刊本，第21-22页。
② 嘉庆《两淮盐法志》卷六《转运一》，同治九年（1870）刊本，第1页。
③ 乾隆《兴国县志》卷十五《志政·盐法》，台湾成文出版社1976年版，第17页。

盐足额之州县开报为欠销。

"改淮复粤"之后所引发的对州县官员的考成危机,最终为地方大员所了解,因为州县官员没有完成盐法考成,最终也会影响到督抚的考成。康熙四十六年(1707),广东巡抚范时崇终于提出要改变总商制度。他认为,"州县之完欠操于总商之手,往往县官督销盐斤业已足额,而总商犹开欠课几分,巡盐御史即据以奏报。两广盐政之坏,固在巡盐之营私,亦在总商之任重"①,因此,他"将总商禁革,令各州县自募土著殷实之商承充"。当范时崇改革总商的消息传到兴国县的时候,兴国知县张尚瑗评价称:"赣属十二邑此后自无枉罹处分之虞。"②

第三节 盐商的社会关系网络与经营策略

在食盐的产运销等环节,清代的大部分时间里实行的是商专卖的政策。清代两广盐区盐商的承充,一般认为经历了王商、排商、总商和土商各个阶段。也就是说,商人实际上是食盐运销中的主角之一。在传统中国,基于传统文化体系的人际关系网络为我们所熟知。在处理日常事务时,人们常常离不开各种诸如因交际而形成的学缘、同乡、朋友等关系网络。在清代的盐业经营与贸易中,从盐商的视角,我们同样了解到这种关系网络的重要性。正是中国传统文化所重视的各种关系结构形构了人们的人际关系或社会关系网络,而这种关系网络又直接影响到市场的形成和过程。③ 同样地,正是关系网络与国家参与和干预的制度结构的互动,形成了清代盐商经营盐业的文化特色。

一、李念德的盐业经营策略

李念德是清代两广盐区最重要也可能是资产最多的盐商。李念德是李宜民行盐的商号,自乾隆二十三年(1758)开始,一直经营临全埠,到道光二十四年(1844)告退埠务,由潘仕成接办。其经营盐埠持续时间之长,在两广盐商中也属少见。④ 袁枚在《随园诗话》中称:"丹臣先生少贫,以笔一枝,伞一柄,至广西,不二十年,

---

① 道光《两广盐法志》卷十一《价羡一》,见于浩辑:《稀见明清经济史料丛刊》第 1 辑第 40 册,国家图书馆出版社 2008 年版,第 3 页。

② 张尚瑗:《申办销盐小票会详文》,载乾隆《兴国县志》卷十六《志政·国朝申文》,台湾成文出版社 1976 年版,第 53 页。

③ 参见黄国信:《市场如何形成:从清代食盐走私的经验事实出发》,北京师范大学出版社 2018 年版。

④ 李宜民的生平简介等参见林京海:《李宜民承充广西临全埠商述略》,载《社会科学家》1998 年第 1 期,第 90—93 页;江右集团、南昌大学编:《江右》,宁波出版社 2014 年版,第 298—302 页;朱志元:《商界精英:长江流域的金融与巨家》,长江出版社 2014 年版,第 72—78 页;段雪玉:《从幕客到盐商 李念德:清代两广地区盐商翘楚》,载《中国社会科学报》2017 年 11 月 10 日第 5 版。

致富百万。"① 李宜民从佐助官府转运涉足盐务,后以商名"李念德"承充广西临全埠商,成为两广盐业巨富。透过李宜民的生平,我们可以更深入地了解他的盐业经营策略,也可以了解清代盐商经营的制度运作机制。

李宜民,字丹臣,江西抚州临川人。李家到李宜民这一代已经中落。据说,李宜民"幼孤露,依外氏以居",后科举不顺,迫于生活,他"售故宅得八十千,挟之行贾湖南",开始学习经商,雍正七年(1729)辗转到广西桂林。到了桂林后,《临川县志》说他"佣书自给",替他人抄书、代写书信。之后,李宜民开始从事一些来往太平府土司地区的小生意,逐渐积累了资金。在这一过程中,李宜民开始谋得官府的一差半职,在州县衙门中担任掌管文书的书记,处理官府之间往来的公文。雍正末年,恰逢当时官军围剿"古州蛮"而缺少饷银,李宜民被官府委任,以佐理军需转运,所办"饷无虚糜,事无隙越",获得官府的信任,这也是李宜民在桂林积攒下的第一笔重要的人脉。

雍正末年,广西的盐务开始出现问题,盐引陷入滞销。雍正年间,朝廷以盐课积欠太多,经广西总督孔毓珣奏准,"动府库银六万两,令盐道委任办理,官运官销"②,由此,广西食盐由"盐道委官赴领,按引行盐,运至广西分给各州县,照部定价值行销"③。这种运销方式很快因为库银的不足,导致"其引销每不及额"。④

正是在这样的盐政背景下,李宜民开始了他的盐业经营生涯。据史料记载,李宜民最早接触盐业是从"勾当北流"盐运开始的。林有席《诰封中宪大夫临川李公厚斋传》记载:"值大府议广盐改官销,引公为助。"⑤ 又嘉庆《广西通志》称:"宜民乃为主运。"⑥ 可能是因为有官府的人脉,地方官府想到了让李宜民来主持盐政的"勾当转运"。在他的经营下,虽然"他府多所失事",而他经纪的北流等地"独无侵盗风水之患",继而"桂林、柳州、浔州、太平、镇安诸属盐廪悉任之"。⑦ 李宜民之所以能担此大任,《李宜民传》认为是"有司以宜民诚愨练达。令其勾当北流、奉议,监估而程其课"⑧。在替官府打理盐务的过程中,李宜民积攒了广泛的官方关系网络,为日后成为盐商后的经商打下了基础。

乾隆十八年(1753),鉴于广西盐引壅滞、税课不完,朝廷于是"覆准广西官办引盐皆责成知府督销,凡销盐解饷,每半月一报本府稽查",如若盐引未完,"州县

---

① 〔清〕袁枚:《随园诗话》,浙江古籍出版社 2011 年版,第 209 页。
② 《清世宗实录》卷十三,雍正元年十一月甲午条,中华书局 1985 年版,第 237 页。
③ 嘉庆《广西通志》卷一五九《经政略·盐法一》,广西人民出版社 1988 年版,第 4467 页。
④ 嘉庆《广西通志》卷二七六《列传二一·流寓》,广西人民出版社 1988 年版,第 6840 页。
⑤ 〔清〕林有席:《诰封中宪大夫临川李公厚斋传》,载《平园杂著内编》卷十二《传》,见《清代诗文集汇编》第 337 册,上海古籍出版社 2010 年版,第 206 页。
⑥ 嘉庆《广西通志》卷二七六《列传二一·流寓》,广西人民出版社 1988 年版,第 6840 页。
⑦ 同治《临川县志》卷四六《人物志》,见《中国地方志集成·江西府县志辑》第 48 册,江苏古籍出版社 1996 年版,第 697 页。
⑧ 《李氏支谱》,道光十五年(1835)刊本。

官照例议处,并将该管知府参劾"①。桂林、柳州等府地方官员为完成盐饷,以免遭考成责罚,"诸府争致"李宜民以为主运,②并于梧州设立"公舍",诸属盐廪由此悉委任于李宜民。在替诸府"勾当转运"的过程中,李宜民又扩大了与桂林各府官员间的关系网络。在北流等地的经历,使李宜民逐渐积累了丰富的运销经验。作为官府的盐引代理商,他不仅为自己带来了丰厚的资金积累,而且随着与官府的长期合作往来,逐渐构建了庞大的官商关系网络。③

在以上的经历中,李宜民始终不是盐商身份,虽其不官不商,却在此过程中加强了与官与商的交际往来,也熟谙了盐务运销的官商之道。李宜民成为盐商的过程,据李秉礼《厚斋府君行略》记载:

> 戊寅,清查两广盐政,大府惩官销之弊,奏请招商,当积弊已深,人无敢应者,久之,得十余人,以府君久更盐法,盐之总理,上官亦属意。府君不敢辞,迁寓桂林,董其事。府君综核各有条贯,引乃畅销,宿弊尽刬。大府奏加引额,视官办多至倍,诸商皆逡巡谢去,独府君任焉。④

乾隆二十三年(1758),鉴于官运官销的弊端,尤其是不少州县因为盐引未完而致使地方官考成未完而遭参劾,经奏准,广西取消官埠,引盐全部召商承充领销。但由于有滞销的前车之鉴,很多商人皆知难而退,独有李宜民迎难而上,成为最早承充盐埠的商人之一。乾隆三十二年(1767),朝廷再次增加商销的范围,覆准广西省临桂等38埠官运埠盐改招商办,⑤李念德也乘机包揽了临桂等11埠的盐引。这11埠统称为临全埠,即包括桂林府埠及平乐、恭城二埠引盐。光绪《江西通志》称李宜民经营广西盐业后,"力为规画,度支益裕,家亦益饶"⑥。同治《临川县志》载:"宜民乃规画公利,岁发巨舶百余艘,濒海出滩峡,水风宴如,运日济。大府寻议加引,诸商畏缩,皆谢去。(宜民)遂独任焉。而鹾务日见起色,家益日饶。"⑦李宜民在临全埠的经营最终获得成功。据称,"李念德未承充以前,临全埠即因亏欠饷课革办,自该商领办十一埠后,年额饷课得通纲七分之一,数十年来尚无逾期不完,有烦比追之事。是李念德稍为两粤办饷可靠之商,临全亦为粤东引饷最重之埠"⑧。

---

① 光绪《清会典事例》卷二三〇《户部七十九·盐法》,中华书局1991年版,第673页。
② 嘉庆《广西通志》卷二七六《列传二一·流寓》,广西人民出版社1988年版,第6840页。
③ 朱志元:《商界精英:长江流域的金融与巨家》,长江出版社2014年版,第74页。
④ 《李氏支谱》,道光十五年(1835)刊本。
⑤ 光绪《清会典事例》卷二二七《户部七十六·盐法》,中华书局1991年版,第674页。
⑥ 光绪《江西通志》卷一五四《列传》,见《中国地方志集成·省志辑》第7册,凤凰出版社2009年版,第209页。
⑦ 同治《临川县志》卷四六《人物志》,见《中国地方志集成·江西府县志辑》第48册,江苏古籍出版社1996年版,第697页。
⑧ 道光《两广盐法志》卷十四《转运一》,见于浩辑:《稀见明清经济史料丛刊》第1辑第41册,国家图书馆出版社2008年版,第123页。

在桂林当地流行甚广的传说故事《十不料》中，说到了李宜民致富的原因。据说李宜民发迹前曾巧遇一张姓秀才，并将拾得张秀才所遗落的巨额钱财送回，张氏用这些钱买得盐法道一职后，报恩于李，李宜民因此得以暴富。桂林盐埠的民间传说是这样的：李宜民在外做一些贩卖肉桂的生意，一天在船上，听到隔壁船有妇人在哭，他过去问缘由，原来妇人的丈夫犯了事正在牢里，要拿银子才能把他赎出来。李宜民听后，将他所有做生意赚来的钱拿出来帮妇人把丈夫赎了出来。李宜民救的这位仁兄后来升了官，为报答李宜民的救命之恩，问他想做什么官，李宜民答不想做官，只想做生意，当官的说你要做生意就做盐生意吧。还有一则传说《打死李丹臣》是这样的：李丹臣从江西来到桂林，因为他会投机取巧，巴结官府，所以生意越做越大。有一年，他从广东上桂林办货，经过梧州时，恰巧碰到两广总督因为被人参了一本，又没钱进京打点而哭了起来。李丹臣就移船求见，一面安慰，一面送他一大笔银子。这总督收了李丹臣的银子，打通了北京的关系，很快就官复原职。两广总督为了酬谢李丹臣，便赋予了他全广西盐务的承包权。① 这里虽然只是三则传说故事，但无一不是指向官商结合的道路。

纵观李宜民从学习经商到成为巨商，从只身赴桂到逐渐打通官府渠道、为官府谋划盐业，再到主持盐务，这一段经历似乎就是他在桂林等地构建起官商之间一张巨大关系网的过程。从这个角度看，上述几个传说并不一定是空穴来风。从雍正末年开始，李宜民就一直在为当地官府处理棘手的地方赋税、加饷等问题，等到他出任盐商之后，又不断通过各种途径报效捐资官府和朝廷。乾隆三十九年（1774），李宜民组织盐商捐资20万两襄助朝廷打击川匪。乾隆五十四年（1789），朝廷招募新兵，李宜民又组织盐商捐饷银50万两。据统计，从乾隆十四年到咸丰十一年（1749—1861）两广盐商的捐输中，李念德商号共参与了7次。不仅如此，李宜民及其子孙还不断通过捐纳获得官衔。李宜民官至户部员外郎，其子李秉礼为刑部江苏司郎中，其孙李宗瀚为工部侍郎。徐珂《清稗类钞》称："翁（李宜民）只身赴粤，起盐策致富，宗亲几遍天下，为阮文达公刊《经解》者，其子也，后又有阁学宗瀚、大理联琇继之，蔚为儒宗。"② 李宜民成为盐商之后，其江西临川的家族也随之成为他经营盐埠的重要倚靠。《竹裕园笔语集》称他"克自成立，以兴厥家，然独不私，其有三党之亲属待以举火者数百人，旅寓粤西，多行义事"③。李宜民去世后，临全埠的盐务以祠产的方式，由八房子孙共同管理，其后三、四、五、八等房先后退出，李念德商号由次房李秉礼、六房李秉绶、七房李秉文共同承接。④

李宜民从白手起家到以李念德商号经营盐业，历几朝之久而屹立不倒，是他熟谙

---

① 钟建星编：《桂林山水传说续集》，广西壮族自治区人民出版社1961年版，第96—99页。
② 徐珂编纂：《清稗类钞》，中华书局1984年版，第207页。
③ 《伍泽梁跋》，载〔清〕李曰涤：《竹裕园笔语集》，见《四库全书存目丛书》子部第165册，齐鲁书社1995年版，第271页。
④ 段雪玉：《从幕客到盐商 李念德：清代两广地区盐商翘楚》，载《中国社会科学报》2017年11月10日第5版。

当时的官商关系之道，又充分利用了传统中国制度与商业的市场运作逻辑的结果，而潘进、汪兆镛等人的行盐故事，也是揭示这一关系的典范案例。

二、沟通官商：从潘进到汪兆镛的乐桂埠盐事

在传统社会中，盐商的日常商业经营离不开和官府的联络。能否实现官商之间的沟通，是盐业经销顺利与否的重要条件。在长期的交流中，商人已经形成一套维持官商关系，并在适当的时机适当地参与官方盐政运作的机制。广东盐业史上的潘进和汪兆镛之经历就是这一过程中颇值得玩味的故事。

潘进，字健行，号思园，广东佛山南海人，"以家贫，弃举业，习法家言"，据说"粤中州县多延为幕宾而进"。① 乾嘉之交，潘进"谓佐治者，如箭在弦上，指发由人，恐不能自行其意"，遂开始转向从事盐业。最初他和许拜亭二人合伙经营番禺沙湾盐埠，获得了沙湾地区的食盐专营权。之后，他又与邓姓商人合股，赴韶州府经营乐桂埠的盐务。乐桂埠是当时北柜四大盐埠（连阳、乐桂、仁化、雄赣）之一，指的是广东北部乐昌县和湖南桂阳县的食盐销售引岸，所属引岸 11 处，包括广东的韶州、乐昌、乳源，湖南的郴州、宜章、衡州、永兴、宝庆、兴宁、临武、桂阳等处。乐桂埠是嘉道年间，甚至晚清时期广东食盐运销规模最大、利润最高的地区之一。曾国藩曾说："乐桂埠商孔广缙一户，七八年来拥资百万。"②

潘进到了乐昌后，发现乐桂埠的销盐并不顺畅，主要原因在于受到引额的限制，尤其是两淮和湖南的官员会不时巡查盐政，设法限制两广食盐非法进入属于两淮盐区的衡州乃至更北的湖南地区。潘进称："楚地郴州、永兴、宜章、兴宁、临武、蓝山、嘉禾、桂阳八州县，例食乐桂埠盐，本埠饷引特重，每被邻充。又湖南淮地卡员，常入粤境滋扰，二者深为埠累。"③ 实际上，潘进的这种表述是写给他儿时的同学、嘉庆七年（1802）进士、时任兵科给事中的同乡李可蕃的。这种表述可能是为了博取李可蕃的同情而对事实有所歪曲。实际的情况恰好相反，乐桂埠的广东官盐经常冲击两淮官盐在湖南的引地。但由于潘进和李可蕃从儿时开始便有深交，李可蕃随即给当时的衡永道道台彭应燕述及此事。结果，据潘进说："承吾兄札致之后，极蒙关照。"嘉庆二十年（1815），李可蕃出任湖南粮广道，按照儿时的约定，他致函潘进，希望潘进能够遵守约定出任他的幕佐。潘进答应了李可蕃的提议，但同时又说到乐桂埠的行盐问题，并称："倘因公晤彭道与盐道二宪，能面托其时时谕所属，加意

---

① 道光《南海县志》卷十四《列传二》，见《广东历代方志集成·广州府部》第 13 册，岭南美术出版社 2007 年版，第 265－266 页。

② 〔清〕曾国藩：《遵旨议复请派员督办广东厘金折》（同治元年三月初八日），见《曾国藩全集·奏稿》中卷，河北人民出版社 2016 年版，第 180 页。

③ 〔清〕潘进：《复李椒堂书》，见〔清〕潘斯濂、〔清〕潘斯澜辑：《潘氏家乘》，广西师范大学出版社 2015 年版，第 27－28 页。

体恤,则弟之来楚,更可安心。"① 潘进临赴湖北出任李可蕃的幕佐前,还不忘让李可蕃帮忙联络彭应燕,希望乐桂埠的盐务在日后还能得到他的照应。

实际上,在孔文光之前,乐桂埠的前任盐商就已经经营不下去了。据两广总督阮元称,嘉庆十年(1805),北柜"陈建业、梁萃和等人复无力,先后顶与该商孔文光,合力办埠"②。潘进给李可蕃的第一封信大概是写于嘉庆十四年(1809),也就是孔文光经营乐桂埠的第四年。结果此后乐桂埠"历届奏销,年清年款"③,乐桂埠所在的北柜,在省河"中柜各埠只认饷五成……东柜引饷只认完五成,南柜饷额最轻,亦仅认完七成耳"的情况下,"北柜号称畅销,递年可融销别柜悬引"。④

这虽然只是清代乐桂埠盐务经营中的一个小插曲,但结合之后乐桂埠盐业的发展情况,却呈现了一幅可以使我们产生无限联想的官商"暗通款曲"的情境。湖南一些中下层地方官员、盐务官员出于特殊的原因,在地方的盐务运作中,推动了广东官盐化官为私进入两淮引地——衡州府,由此实现乐桂埠盐商利益最大化的经营。

而且,历史告诉我们,这样的故事在乐桂埠还在不断地上演。

咸丰七年(1857),太平天国运动席卷南方,湖南急需筹措军饷,户部下诏于时任湖南巡抚的左宗棠,咨询是否可以根据广西巡抚劳崇光的建议,在粤盐赴楚的要路上设关抽税。左宗棠接到诏书后,据湖南盐法道裕麟和藩司文格的酌议,拟定每盐一包暂抽钱七百文,并委派"候补知府师映垣、候补知县李炽福前往郴州、宜章二州县择要设卡试办抽税"⑤。

不过,左宗棠还没写好给朝廷的复折,就接到了两广总督叶名琛的咨文。叶名琛称:

> 据乐桂埠商禀称,乐桂一埠引繁饷重,全赖湖南引地行销,概需船载,惟私贩则系挑驮陆运。今楚省于郴、桂两属设卡,以船载为私贩,以引地为越境。是粤商先完正课再纳课外厘金,成本倍增,难期利运。陆路私贩既无饷课,又免厘金,获利愈丰。将见引地悉为私占,粤商每受楚私之苦,断无有将例定界址置之不问。⑥

湖南巡抚在郴、桂稍有动作,乐桂埠商很快就搬出了叶名琛这个后台。叶名琛完全听信了乐桂埠商的说法,并迅速委派官员顾炳、章平翼等前往湖南面见左宗棠,要

---

① 〔清〕潘进:《复李椒堂书》,见〔清〕潘斯濂、〔清〕潘斯澜辑:《潘氏家乘》,广西师范大学出版社2015年版,第27-28页。
② 英国外交部档案,F.O.931/181.
③ 英国外交部档案,F.O.931/181.
④ 〔清〕陈铨衡:《粤鹾蠡测编·六柜论》,光绪刻本,第29页。
⑤ 〔清〕左宗棠:《酌议抽收盐税章程折》(咸丰七年七月初九日),见《左宗棠全集·奏稿九》,岳麓书社2009年版,第397页。
⑥ 〔清〕左宗棠:《酌议抽收盐税章程折》(咸丰七年七月初九日),见《左宗棠全集·奏稿九》,岳麓书社2009年版,第398页。

左宗棠也委派"大员会同粤员查勘界址,勿任郴、桂设卡抽厘"。左宗棠其实明白"湖南各属,除郴、桂等十一州县外,其余皆系淮盐引地",但自从"淮运中梗",湖南想借拨粤盐而不得,而实际上粤盐已经大量侵入淮盐引地的情况。所以他称"郴桂设卡抽税,户部已有明文",设卡已成定局。

左宗棠也很清楚盐商背后的算盘,他指出"商人借引行私,船户吞包夹带,为盐务痼习","粤商以概设水卡谓湖南重征课外之厘,实则有意预为借引行私"。① 左宗棠都了解这个道理,作为两广总督的叶名琛不可能完全不知。实际上,诚如黄国信的研究所指出的,一直以来,广东官方高层努力维护湘南、赣南淮盐区作为自己的官盐走私市场,粤盐在制造、培育并维系一个"合法走私"的食盐销售区域,而其出发点在于官员自己的考成需要以及政府增加盐课收入的要求。② 所以叶名琛出面干涉湘南的设卡抽收,目的是与乐桂埠的盐商联合起来,试图阻止湖南的做法对粤盐在湖南南部行销的阻碍,也就是左宗棠所说的"借引行私"。

叶名琛的干涉可能是比较坚决的,左宗棠提出了自己的担忧,即"惟粤商既以重科为词,若湖南查私过严,势必有所借口"。他担心留下口实,让叶名琛等可以借此继续干预,所以又"与司道悉心商酌,楚税固关军需紧要,粤课亦难虚悬,自宜全局通筹,务期粤饷楚厘两无窒碍"③。洞悉了乐桂埠商人和两广总督等各方的需求之后,左宗棠做出了"于郴、桂卡局抽税之外,不复问其所之"的决策奏报朝廷批准。也就是说,粤盐在郴、桂等地,由湖南方面抽税之后,行销地界再不受限制,所谓"粤盐销路既广,销数自增,以溢销之盐补正引之税",就是这个意思。

光绪年间,乐桂埠的盐务落到孔昭鋆(字季修)身上,孔昭鋆延请了一位名为汪兆镛的人主理乐桂埠务。汪兆镛在乐桂埠前后待了十几年,实际上对孔家在乐桂埠的经营甚有帮助。

汪兆镛,生于广东番禺县,祖籍徽州婺源。在清中叶,汪氏家族中人陆续入粤为幕佐,最后落籍广东。汪兆镛科举不顺,终于在光绪十四年(1888)应邀在翁源县当刑钱幕席,开始了他的幕僚之路。汪兆镛出自幕僚世家,其祖父汪云于道光二年(1822)中举,选授浙江遂昌县训导。汪云之弟汪鼎先后在广东的顺德、清远、南澳厅等地任幕佐。汪鼎之子汪瑔也长期在广东各县担任幕僚。汪兆镛的父亲汪瑹于道光二十六年(1846)入粤后,先后在广东的电白、茂名、信宜、增城、开平、赤溪、陆丰、德庆、雷州、四会、博罗、三水、英德等县署从事幕佐。汪兆镛本人也先后在遂溪、顺德等地从事幕僚。④

---

① 〔清〕左宗棠:《酌议抽收盐税章程折》(咸丰七年七月初九日),见《左宗棠全集·奏稿九》,岳麓书社2009年版,第399页。

② 黄国信:《市场如何形成:从清代食盐走私的经验事实出发》,北京师范大学出版社2018年版。

③ 〔清〕左宗棠:《酌议抽收盐税章程折》(咸丰七年七月初九日),见《左宗棠全集·奏稿九》,岳麓书社2009年版,第399页。

④ 参见彭海铃:《汪兆镛与近代粤澳文化》,广东人民出版社2004年版。

光绪二十三年（1897），汪瑔病逝，汪兆镛辞去幕佐回到广州。当时，汪兆镛为办理亡父之身后事而筹措资金，"料理大事，一无余财。先后向信丰刘枏轩、大令秉奎借银二百两，孔季修同年昭鋆借银七百两，藉资应付"①。料理完父亲身后事，汪兆镛生活窘迫，经过考虑，决定暂时放弃幕业，应"（孔）季修同年邀办乐桂埠总席"。光绪二十四年（1898）二月，汪兆镛"挈季弟（即汪兆铭）、六妹、妻儿一同首途"②前赴乐昌，到光绪三十一年（1905）出任两广总督岑春煊的幕僚为止，一直在乐昌主理盐务。

汪兆镛到乐昌之后，发现"盖埠中之利权，均在堂友掌握，惟棘手之件，可惊可怖者，以余为御侮之挡箭牌而已"。汪兆镛这般描述自己在乐昌的职务："乐桂埠在乐昌县城外，每年额销引盐一十九万余包，所有销盐解饷，另有堂友经理，余仅总其成并接见地方官，遇有缉私之事，则是余之责成。"③ 也就是说，孔季修邀请汪兆镛到乐昌，主要是为了利用他的关系网络，在缉私事务上与地方官员周旋。可见，汪兆镛在乐桂埠所起的作用实际上和潘进十分相似。

汪兆镛在《微尚老人自订年谱》中记载了光绪二十八年（1902）他在乐昌处理湖南设厂抽收事务。据说，当时广东"引盐入湘，厂卡林立，抽收已极苛"，给乐桂埠的行盐带来了很大麻烦。这一政策据说是粤人蔡乃煌在湖南向湖南巡抚条陈，"复创办官运，欲于湘粤交界设厂收盐，价由湘定，盐由湘运"④。这一政策的主要变化在于，它在左宗棠设卡抽税的基础上，增加了官运的做法。原本抽税之后，粤盐可以拓广销路，以此来获取交纳于湖南的抽税，但蔡乃煌请改官运之后，粤盐"溢销之盐"的利润不再属于盐商，而被官府垄断，乐桂埠商人自然不愿意干。在年谱中，汪兆镛也表达了同样的想法。

汪兆镛很快致函给湖南省印委各员，以咸丰年间的"拟办官运"而不得的情况试图说服湖南官员，据称咸丰时"曾文正公以军务筹饷，拟办官运，后知窒碍难行，遂与湘抚骆文忠公（骆秉章）商之，设卡抽税，一经抽收，即运盐不问所之，于是粤盐畅销，湘饷充裕"。汪兆镛接着质问："当时诸名公所办不到者，今何能遽办？"

郴州署理知州和委员接函后，认为汪兆镛是在"抗阻把持"，"将函录禀湘抚"，把这件事情上告到了湖南巡抚俞廉三处。不料事情发展的结果是，俞廉三站在了汪兆镛这一边，认为汪的意见"议论通达，将该印委申诉"，还专门委派官员到乐昌和汪兆镛"商办"，最终"仍以酌抽了事"。

汪兆镛在年谱中并没有说明俞廉三为何最终会支持改官运为抽收了事，但事情似乎并非那么简单。前面我们已经讨论了太多类似的故事了，我们完全可以想见出自幕僚世家的汪兆镛的社会网络的影响力。远的不说，汪兆镛的叔弟汪瑔从光绪元年

---

① 汪兆镛：《微尚老人自订年谱》，汪敬德堂1949年印行，第21页。
② 汪兆镛：《微尚老人自订年谱》，汪敬德堂1949年印行，第21页。
③ 汪兆镛：《微尚老人自订年谱》，汪敬德堂1949年印行，第21页。
④ 汪兆镛：《微尚老人自订年谱》，汪敬德堂1949年印行，第24页。

（1875）刘坤一出任两广总督时起，就被延请为"主夷务，理中外交涉"，"继刘公者曰裕宽公、张靖达公、曾忠襄公"①等也皆以汪瑔为幕佐。汪兆镛的诉求并不难让地方督抚知晓，乃至伸出援手。

光绪三十一年（1905），汪兆镛曾短暂离开乐桂埠，前往省城广州，出任新任两广总督岑春煊的幕佐。第二年，汪兆镛又返回了乐昌。1912年9月，汪兆镛终于辞去"乐桂埠席"，返回广州，前后在乐桂埠经营盐务长达14年。

汪兆镛出任岑春煊幕佐，一说是"岑春煊邀入幕府，（汪）辞不获已，遂受关平聘"②。此外还流传着另外一种说法，据说是岑春煊督粤时，既要对广西用兵，又要开学堂和练新军，急需拓展经费财源。经营乐桂埠的孔家因此被岑春煊盯上，岑春煊本是看上汪兆镛替孔家在乐桂埠经营多年，以为他悉知其中弊窦，可以借助他来向孔家开刀。不过汪兆镛赴任之后，却设法保得孔家周全。③

三、越华书院与盐商的文化建设

在广东盐业史上，有一间著名的盐商子弟书院，即越华书院，系乾隆二十年（1755）由广东盐运使范时纪联合盐商共同捐资创办。书院历来是士大夫阶层活动之所，商人极少参与其间，更别说专门为盐商而建。越华书院作为一间盐商参与创办的书院，从一开始就不会只是普通的书院。

在历史文献中，常常会将书院之类的文化事业的创办和维护说成是盐运使的功劳。越华书院便被认为是"总督杨应琚、运使范时纪捐俸，率商人等创建"④。但我们若是细究其中的细节，其实不难了解到盐商才是其中起到最主要作用的角色。乾隆《两广盐法志》便称是盐商王贵和等向盐运使范时纪提出建立盐商书院的请求。据该商人称：

> 商等浮萍异地，鸿逐他乡。煮海虽属经商，尚识龙光之美誉；持策仍思教子，宁忘豹变之休占。昔荷国恩，泮额贤书许附羊城之籍。今叨宪眷，崇儒下士，聿兴珠海之文……商等利觅蝇头，荣希骥尾。业惭弓冶，既乏父教兄教之严；学失裁成，转甚不工不农之诮。所以仰酬栽培之栻朴，而上报启迪之菁莪也。爰订同人醵金筑馆，兼筹生息，思振作……除敦请名师，设立规条，恭祈宪定外，商等共捐银四千二百两，以一千两起造学舍，以二千两一分五厘取息，以

---

① 〔清〕陈宝箴：《汪君墓志铭》，载缪荃孙纂录：《续碑传集》卷八一《文学六》，见沈云龙主编：《近代中国史料丛刊》第990辑，台湾文海出版社1973年版，第17－18页。
② 汪兆镛：《微尚老人自订年谱》，汪敬德堂1949年印行，第21页。
③ 沈琼楼：《清代衙门中的师爷和大爷》，见广东省政协学习和文史资料委员会编：《广东文史资料存稿选编》第6卷，广东人民出版社2005年版，第219－220页。
④ 乾隆《两广盐法志》外志卷四《杂记》，见于浩辑：《稀见明清经济史料丛刊》第1辑第38册，国家图书馆出版社2008年版，第518页。

供束修膏火。①

越华书院成立的契机是乾隆朝前期广东商籍的设立。据《永宪录》记载："广东盐务寝敝，督臣（杨琳）为固结人新计，（康熙）六十年九月请设立商籍岁科，取进童生各二十名。"② 乾隆三年（1738），经两广总督鄂弥达请准，朝廷确定了广东商籍生员廪增名额数目。③ 随后又议定"另设商学，将广、南、番三学商籍生员，悉改拨商学"④。广东商籍设立以后，商籍生员按规定都附于广州府学和南海、番禺二县县学。盐商们似乎对于子弟附入当地府县学的情况感到不满，可能是因为盐商子弟并不能在当地文人那里得到认同。范时纪《越华书院记》中也提到，越华书院最初确实是为商籍子弟而建，他称："粤东已有粤秀书院，惟商籍书院向未专建，众商深以为歉。"⑤

《越华书院记》记载了书院的修建过程，称：

> 粤东已有粤秀书院，惟商籍书院向未专建。众商深以为歉，积志已久，奋欲鸠工合词，吁请余以众商堂构之基，端扩于此，据情转详制、抚二公，俱蒙嘉予，即命予商斟其事。复蒙宏作育之仁先捐清俸，而众商踊跃争先，乐输己资，遂买旧宅一区。其中屋宇池亭，以及草木竹石，原已略具，因而稍为布置。……工既峻，宪制大人赐额曰："越华书院"，且于课艺亲赐批阅，恩同提命。众商感激欢腾，复捐项生息充膏火，以垂永久。……于是敦请名宿为五经指南。⑥

盐商的"积志已久"最终促成了书院的建置。经两广总督杨应琚、盐运使范时纪批复，并联合官商续捐，共计4600两，买取旧宅一处，并添建学舍，置备什物器具等，又将余款发商生息，以供书院修脯膏火工食之用。在越华书院的筹建经费中，总督杨应琚捐银200两，盐运使范时纪捐银200两，桂阳等埠商王贵和等捐银4200两，可见经费主要来自盐商。乾隆二十二年（1757），潮桥盐商也捐银600两，加入越华书院的捐资名单，并由此掀起了越华书院第二波的筹款：盐运使范时纪捐银200两，潮州知府周硕勋捐银100两，潮属各官合捐银200两，廉州府捐银100两，经历

---

① 乾隆《两广盐法志》外志卷四《杂记》，见于浩辑：《稀见明清经济史料丛刊》第1辑第38册，国家图书馆出版社2008年版，第519页。
② 〔清〕萧奭：《永宪录》卷一，见《笔记小说大观》第7编第10册，江苏广陵古籍刻印社1982年版，第2045页。
③ 《清高宗实录》卷七〇，乾隆三年六月甲午条，中华书局1985年版，第131页。
④ 道光《两广盐法志》卷三三《选举》，见于浩辑：《稀见明清经济史料丛刊》第1辑第43册，国家图书馆出版社2008年版，第502页。
⑤ 〔清〕范时纪：《越华书院记》，载〔清〕梁廷枏：《越华纪略》卷一，见《广州大典》第34辑第21册，广州出版社2015年版，第311页。
⑥ 〔清〕范时纪：《越华书院记》，载〔清〕梁廷枏：《越华纪略》卷一，见《广州大典》第34辑第21册，广州出版社2015年版，第311页。

司等公捐700两,盐商王贵和等再捐银2100两,总计4000两。① 在盐商的大力支持下,这所由盐商倡建的书院,在之后的百余年里一直是广东三大书院之一。

为什么广东的盐商会积极倡建书院,而且逐渐将越华书院培植成广东的著名书院?对于"富可敌国"的盐商来说,重金延请私塾先生教授子弟完全不是问题。扬州是清代盐业的重镇,提到盐商,研究者也无不关注扬州盐商。但美国学者梅尔清在《清初扬州文化》中提出一个很有意思的见解:清初的扬州盐商在文人眼中只不过是一群暴发户,但盐商通过参与当地各种文化景观的构建和重塑过程,却逐渐成为主导扬州文化的群体。富裕的商人掀起了狂热的园林建设之风,改变着扬州的景区形式,他们还投资于形形色色的新兴的综合服务经济。商人对社区福利工程和著名景点的赞助,使得他们的影响渗透到城市生活的许多方面。商人团体中的某些成员被知识界的文化优雅地同化了,同时,他们的参与也重新定义了知识文化。他们花钱营造了一个资助支持者阶层,并为自己在经营休闲活动中买到了一个角色。②

扬州盐商的行为同样可以在广东盐商身上找到类似的痕迹。李宜民发迹之后,曾捐资数千金修缮被大水冲垮的雉山太平桥,还数次捐修寺庵和庙宇,如华盖庵、开元寺等。为彰显其文化身份,李宜民在桂林建筑了李园,据说李园"盛时船艇游泳,极似江南,亭沼花木,备极清华,四方文学之士过从宴乐,不减淮浙盐商诸家"③。即便在民间传说中,也多是关于李宜民如何"冒充斯文"的故事。④

盐商兴办和赞助书院的意义,除了提升自身的文化地位,更重要的在于它是构建社会关系网络,尤其是隐藏的官商关系的重要场所。好的书院是培育未来精英阶层和达官贵人的地方。如果我们从前两者的讨论结果出发,就可以明白越华书院更深远的意义。潘进的故事告诉我们,同学的关系在官商结合中起着重要的作用,甚至可能帮助盐商成就一番事业,乐桂埠的兴盛就是如此。所以,即便在广东科举"商籍"取消之后,"入场有志上进者,不得不各归原籍应试",即在商人子弟并不能在广东参加科举的情况下,越华书院的文化活动却不曾停息,而是"近日文风翔盛,每秋试发榜,泥金报贴几满门墙"。⑤

另一个有力的说明是,越华书院本为"盐商子弟肄业之所,生童课额无多,虽嗣后节次加增,广之通省及八旗驻防均就甄别",越华书院的学生逐渐从盐商扩展到其他阶层的人员子弟。即便如此,盐商依旧乐于出资,书院经费"仍归各商随时捐

---

① 乾隆《两广盐法志》外志卷四《杂记》,见于浩辑:《稀见明清经济史料丛刊》第1辑第41册,国家图书馆出版社2008年版,第521—528页。
② [美]梅尔清:《清初扬州文化》,朱修春译,复旦大学出版社2004年版。
③ 徐珂编纂:《清稗类钞》,中华书局1984年版,第208页。
④ 钟建星编:《桂林山水传说续集》,广西人民出版社1961年版,第96—99页。
⑤ [清]梁廷枏:《越华纪略》卷四,见《广州大典》第34辑第21册,广州出版社2015年版,第375页。

垫弥补"①。嘉庆十一年（1806），"众商亦醵金以助"②重修越华书院。嘉庆十九年（1814），"方运使率诸商续行筹捐银四千两"③。

嘉庆十一年，两广总督吴熊光在《重建越华书院碑记》中称："书院其在广州者为粤秀与越华，粤秀惟粤人学焉，而越华乃合四方大贾子弟之俊异与夫地著之士，萃处其中。"④"四方大贾子弟之俊异与夫地著之士"这样一个优秀的群体聚集于一个书院之中，彼此之间构建传统中国文化体系中最重要的各种学缘。这对于盐商的日常经营影响更为深远。

在书院中，原本低人一等的商人子弟得以与文人同席而坐，这里还为商人子弟提供了结交文人墨客和社会名流的重要机会。越华书院更重要的社会价值就是这一点。为了给官商提供交际的机会，当时甚至还在广州成立了文澜书院。文澜书院存在的意义不在于招生授业，而是为在广州的商人提供社交和集会的平台。该书院规程规定了入院资格："凡寄居西关，须税业三十年后进庠中式，始得入院。"⑤可以加入文澜书院的是获取了功名的商人。

总之，无论是李宜民逐渐构建起官、商的社会关系网络而最终成为临全埠的大盐商的官商结合的人生经历，还是乐桂埠的经营中成熟的分工，即潘进、汪兆镛等辈负责与官府周旋，另有"堂友经理"负责所有销盐解饷、与商人交涉，抑或盐商群体试图构建文化群体，提升社会地位，都是传统盐商经营的文化塑造过程，也反映了传统中国盐政和盐业贸易的多元性和复杂性。悠久的粤盐文化正是在这样的多元性和复杂性中，以及在制度结构和社会文化网络的互动中逐渐形成的。

---

① 〔清〕梁廷枏：《越华纪略》卷二，见《广州大典》第34辑第21册，广州出版社2015年版，第327页。
② 〔清〕范时纪：《重修越华书院记》，载〔清〕梁廷枏：《越华纪略》卷一，见《广州大典》第34辑第21册，广州出版社2015年版，第313页。
③ 〔清〕梁廷枏：《越华纪略》卷二，见《广州大典》第34辑第21册，广州出版社2015年版，第327页。
④ 民国《番禺县续志》卷三七《金石五》，见《广东历代方志集成·广州府部》第21册，岭南美术出版社2007年版，第579页。
⑤ 《文澜书院规程》，见邓洪波主编：《中国书院学规集成》，中西书局2011年版，第1280页。

第七章　清末民初广东盐业的自由贸易与盐税体制改革探索

一直以来，盐税都在国家财政中占有重要的比例，各个王朝都对食盐实行专卖制度，丝毫不肯放松。但晚清以来，由于一系列政治、经济、文化改革的铺开，以及西方经济思想的传入，食盐专卖制度也遭遇到前所未有的挑战。尤其到了民国初年，在善后赔款的压力下，由洋人丁恩主持的盐务改革，试图彻底改变包商专卖，推行就场征税，自由贸易。这是对传统的食盐专卖制度的挑战，也因而多被视为近代经济领域的一项重大改革。但有趣的是，当时人们对此就有两种截然不同的看法。一种观点认为，"民国成立之初，自由制度之实行，以粤为始"①；"主张此制（自由贸易）者，实以丁恩氏为最力，倡行此制者，则以两广为最先"②。视广东为自由贸易实行最得力的地区。另一种观点则称："广东盐政实为中国内之最不善者云云。查当日两广盐运使屡曾设法欲行专卖之制，并准运商多方勒索。"③ 对于广东食盐自由贸易的两种截然不同的观点，正说明了过去学者所强调的具有近代化意义的盐务改革，实际上更多地表现为中央与地方的一次财税争夺过程，而最终由于广东的特殊历史进程而发生改变。

第一节　清季广东盐的专商引岸与包商承饷

清季广东盐政主要有三个特点：其一，在官督商办的食盐运销体制下，垄断性食盐市场逐渐形成，大盐商垄断部分盐埠的食盐运销。1909—1910 年，两广总督袁树勋为了解决禁赌后赌饷无征问题，甚至提出新商包盐加饷的改革，该方案虽以失败告终，但是由盐商承包盐饷、垄断盐利的思路被延续下来，甚至影响到民国。其二，在国家、地方财政紧张，而既有财政体制问题重重的情况下，盐政依旧是国家及广东地方解决财政困境的重要途径，盐厘的征收就是其中一个表现，而盐厘的征收以及用途也从一个侧面反映清季国家与地方在财政上的微妙关系。其三，咸同以降，国家无法

---

① 蔡光锐：《两广盐政概论》，载《民钟季刊》1936 年第 2 卷第 3 期，第 93 页。
② 邹琳编：《粤鹾纪实》第一编《总说》，华泰印制有限公司 1922 年版，第 11 页。
③ ［英］丁恩：《改革盐务报告书》，见沈云龙主编：《近代中国史料丛刊三编》第 44 辑，台湾文海出版社 1988 年版，第 248 页。

管制广东盐业及盐税征收情况,但是到了清季,国家通过干涉袁树勋盐政改革,在广东建立两广盐政公所,加强了对广东盐业的管制。本节将从盐课官督商办的形成、盐厘的征收、袁树勋与广东盐务整顿及两广盐政公所成立四个方面加以论述。

一、盐课官督商办与盐商垄断食盐市场

清代食盐运销依旧沿袭明代专商引岸制,即签商认引,划界行销,按引征课。① 盐商按规定须到指定的盐场买盐,再将其运至指定的引地售卖,一旦越界,即被视为贩卖私盐。

清代广东与两淮、长芦等较早已经实行纲法的盐区有所不同,在很长一段时间里,商人始终不是广东盐务的主角。康熙五十七年(1718)以前,广东盐业依赖场商出资养灶、埠商出资收盐赴埠销售。康熙五十七年以后,裁撤埠商,由官方"发帑委员收买场盐","把收盐、运盐的权力收归官方"。② "官府以帑银发交场商,由下河运馆赴场配盐,运至省河,则有上河埠商,在省领盐,分赴各埠销售。"③ 至乾隆五十四年(1789)前后,由于发帑收盐施行维艰,在两广总督福康安的推动下,停止发帑,实行改埠归纲改革,即由地方商人集资盐本,在省河设立总局,"以下河总其成,于省外分设东西南北中平六柜,以埠商分其责"。④ 此法运行不到20年而又出现盐本大亏、难以维持的问题。嘉庆十七年(1812),两广总督蒋攸铦推行"改纲归所"变革,奏行撤去总局,另设盐务公所,即"选六柜勤辑埠商入所办事,而运司更派委员六人为之督饬","运商既负责成,有司差知撙节"。⑤ 此法一直沿袭至清末。

改纲归所之后,省河六柜及潮桥各埠,官办商办不一,但总体以商办为主。如中柜36埠,商办者34埠;北柜4大埠,"均归商办,按引由省配盐";西柜两大埠,"均归水客承办,由省河东关配盐给照";东柜12埠,除海丰陆丰仍归商办外,"其余均收回官办";南柜7埠,"向系商承";平柜"光绪三十年以前官办商办,叠有更张,光绪三十一年(1905),复经收回官办"。至于潮桥29埠,官办、商办并行,然因"亏欠日巨,商号益复不肯通挪,以致运则无费,晒则无本",张之洞故于光绪十

---

① 参见陈锋:《清代盐政与盐税》,中州古籍出版社1988年版,第59页。
② 参见龚红月:《清代前中期广东榷盐的两个问题》,见明清广东社会经济研究会编:《明清广东社会经济研究》,广东人民出版社1987年版,第312—328页;李晓龙:《盐政运作与户籍制度的演变——以清代广东盐场灶户为中心》,载《广东社会科学》2013年第2期,第133—139页。
③ 大浣:《论两广盐务变迁大势及今后补救之方法》,载《谈盐丛报》1914年第18期,第12页。
④ 大浣:《论两广盐务变迁大势及今后补救之方法》,载《谈盐丛报》1914年第18期,第13页。又参见黄国信:《清代乾隆年间两广盐法改埠归纲考论》,载《中国社会经济史研究》1997年第3期,第39—49页。
⑤ 大浣:《论两广盐务变迁大势及今后补救之方法》,载《谈盐丛报》1914年第18期,第15页。

三年（1887）奏准由潮州府知府朱丙寿兼署潮州盐运分司运同，办理潮桥之盐务；①光绪十五年（1889）则改设官运局，"派委干员为总办"，既有官运官销，又有批商承办。②

改纲归所以后，在商办的地方，某些大盐商承包了部分盐埠的盐税，垄断该盐埠对应行盐区域的食盐市场。广西临全埠的食盐行销就是这样的。临全埠是一个大埠，囊括了桂林府之临桂、兴安、灵川、阳朔、永宁、永福、义宁、全州、灌阳及平乐府之平乐、恭城等11埠，所销盐引占广西全省盐引的28%。改埠归纲以后，临全大埠先后被李宜民（商号李念德）、潘仕成（商号潘继兴）两家垄断。③

光绪三十一年，广东再次调整盐务，将东、平、南三柜及中柜沿海各埠收回官办，商人只要出资，即可获得买运盐斤的执照，④同时还设立两广盐务有限公司集股承办盐务。该公司在省城设立总局，并电茂、博茂、茂晖、双恩、大洲、蚝白、淡水、碧甲、海靖石桥九处分局，"收买场盐运赴省局，转发各商行销"，"每年除原日行销之正余盐一百万包，仍归还运库不计外，其余无论行销若干，核其每包应由盐商缴交饷杂之数，悉数作为余利"，"六成归官，四成归商"。⑤此即所谓历来"开设运馆，集资建造程船，领程赴场配运回省济销。百余年历安无异"⑥。同时，局部地区的包承盐饷也得到允许。光绪三十三年（1907），南洋侨商胡国廉"招集华股回国兴办实业，设立侨丰公司，开办琼崖各属盐田，晒成盐斤，运至省河销售"，并将所得价银，"提出三分之一缴库，抵补埠商拆引应完饷杂各项"。⑦此外，雷州的盐墤承商李福安也"援照侨丰公司成案"，运省盐包，并"将售得盐价亦提三分之一解库，作为饷项"。⑧实际上，胡国廉、李福安等人已实现对局部地区食盐运销的垄断、包承。不过包承的地区尚且是路途较远较僻，少有人包承的海南、粤西。商人自配轮船装运，"以所得盐价三分之一归公家饷项，以三分之二归商为盐本运脚之需"⑨。

简言之，入清以后，随着广东食盐运销制度改革，盐商在广东食盐运销上发挥越来越重要的作用。特别是"改纲归所"以后，在官督商办的体制下，部分大盐商逐渐承包了某些盐埠的盐税，垄断该盐埠对应的食盐市场。这种情况在清季国家、广东地方都急需通过盐政运作获取财政收入的时候得到官府的认可与推广，盐业公司的成

---

① 〔清〕张之洞：《粤省潮桥盐务废弛拟委潮郡守兼办片》，见葛士浚编：《清经世文续编》卷四六《户政二十三》，清光绪石印本，第10页。
② 《广东盐政说明书（续）》，载《谈盐丛报》1914年第11期，第3页。
③ 徐国洪：《清代广西盐法及临全商埠考略》，载《广西金融研究》2008年第S1期，第19-22页。
④ 《广东盐政说明书（续）》（附表），载《谈盐丛报》1913年第8期，第11页。
⑤ 《两广盐务有限公司章程》，载《东方杂志》1904年第1卷第11期，第137-138页。
⑥ 《广东全省运馆禀请维持盐务》，载《砭群丛报》1909年第4期，"时事"第4-5页。
⑦ 邹琳编：《粤鹾纪实》第五编《征榷》，华泰印制有限公司1922年版，第11页。
⑧ 邹琳编：《粤鹾纪实》第五编《征榷》，华泰印制有限公司1922年版，第11页。
⑨ 《财政总长兼盐务署督办周自齐呈遵查两广盐运使区濂被劾各款据实覆陈请训示文并批令》，载《政府公报》1915年第992期，第11页。

立及其运作充分说明了这点。宣统元年至二年（1909—1910），两广总督袁树勋试图在广东推行的让盐商承包盐饷抵补赌饷的改革，实际上也是对盐商垄断食盐市场的认可，当然该改革极为复杂，本节第三部分将详细论述。

二、盐厘的征收及其影响

咸同军兴以降，盐政在国家及地方财政、军政中发挥着越来越大的作用。为了满足剿匪饷银需求，广东地方开始征收盐厘，盐厘逐渐成为清季广东地方重要财政来源。

盐厘是厘金中的一种。厘金始创于咸丰三年（1853），是清政府为了应对太平天国引发的财政及管理问题而创造的一种制度。太平天国运动彻底打乱清政府的财政，迫使清王朝将原由国家控制的财政收入交由地方管理。① 咸丰三年，雷以诚在扬州帮办军务，因练勇需饷，奏请设局劝捐。厘金最初试行时仅被视为临时筹款方法，然因其效果明显，实施成本低，而被推广到全国各地。咸丰七年（1857）六月，礼部尚书胜保上疏，请饬各省普遍抽收厘金，其云："抽厘出自各商，合众人之资，散而出者有限，萃而入者无穷，事简效速，无过于此……应请访下直隶、山东、四川、陕西、甘肃、云贵、两广各督抚，照楚省章程，概行办理。"② 此奏获得了咸丰皇帝的批准。此疏后，全国各地多抽收厘金，不过，广东则等到咸丰十一年（1861）才逐步展开。

广东省境内较早征收盐厘的是北江各埠。咸丰十年（1860），广东巡抚耆龄在韶州府城督办防剿征兵募勇，所需军饷浩繁，而省城总局经费支绌，因此奏请"拟即遵照部行抽收厘金，于郡城设厂抽厘济用，按照各项客货时值，酌抽百分之二，以济军用"，并获得朝廷的批准。耆龄随即委派韶州知府史朴、补用知府帖临藻，于咸丰十年七月初一日在韶州分设东关、西关、河西尾三厂，抽收各项客货厘金。③

韶州设厂之初，食盐与百货一同抽税，"盐厘开收之初，原与货厘并办"④。不过，由于咸丰十一年二月，户部拟定厘金章程，明确规定"洋药、盐斤两项厘捐，不准与货物牵涉，以杜□□也。查洋药、盐斤两项抽厘，应按限分案造报，不得与货物厘捐银两牵涉。洋药、盐斤两项厘捐为拨款大宗，倘与货物抽厘彼此牵混，易启影射取巧之弊，应令各省督抚转饬各局员，各收各厘，分别造册，依限报部"⑤，该年

---

① 参见杨国强：《太平天国的起落和清代国家权力下移》，见钱伯城主编：《中华文史论丛》第57辑，上海古籍出版社1998年版，第92-150页。
② 《户部遵议胜保奏劝谕抽厘助饷疏》，转引自罗玉东：《中国厘金史》，商务印书馆2017年版，第24页。
③ 《咸丰十一年十一月奏准粤省盐斤派员在白土、连州、江口等处设厂抽厘》，见《清盐法志》卷二三〇《两广十七·征榷门五》，民国九年（1920）盐务处铅印本，第11页。
④ 《太子少保头品顶戴两广总督臣谭钟麟跪奏为查明广东省造报盐厘收数并无弊□□实覆》，载《申报》1898年9月3日第13版。
⑤ 《户部遵议厘税大减饷□不继酌拟章程八条疏》，转引自罗玉东：《中国厘金史》，商务印书馆2017年版，第35页。

三月，北江各埠开始将盐厘单独抽收，"至盐斤一项，亦经分派委员在白土、连州、江口、径口等处，设厂抽厘"。与此同时，还制定了抽收盐厘章程，具体包括：抽收盐厘应分引目，规定正引每包抽银二钱，积引、融引每包抽银四钱；北江各埠盐厘应定数抽收，连阳埠因为盗匪滋扰，积引、融引每包抽银三钱；水客运盐照定章抽厘；补配盐包应免重复加抽；按包照引抽厘应核明斤重；运馆驳单应盖戳以稽重运等六项。

咸丰十一年（1861）三月到六月间，广东方面每个季度向朝廷汇报盐厘征收情况，不过所收盐厘没有起解户部，而是由地方自由支配。其间，北江各埠每月收盐厘41561两有奇，主要用于清剿北江、蓝山等处盗匪。①

于咸丰十一年（1861）开始征收盐厘的地方还有顺德、怀集等县。民国《顺德县志》载："咸丰时节省工火，令埠商按引每包完银六分，加捐悬饷，令埠商按引每包完银一分，十一年抽收盐厘，每包银二钱。"② 民国《怀集县志》载："咸丰间，城南设立怀集总埠，各乡分子埠五。城东曰河盘埠，梁村曰赤水埠，白沙曰茅社埠，凤冈曰桃花埠，新墟曰百车埠，俱由总埠贩盐，分赴销售，盐商多广东人，例赴两广盐运司承饷领照，由省河配盐，驶过河口卡每包纳盐厘银二钱，查验放行。"③

然而，厘金在广东省的征收并非一帆风顺，盐厘的征收无疑增加了盐商运盐成本，必然遭到盐商的反对。如在四会县，咸丰十年四月城围解除后，积欠各勇口粮银万余两，和济局绅傅作霖等禀明署县张作彦，在西北门外大小河边分设厘厂，抽收各渡船往来货物厘金以结清各欠款。虽然官方同意傅作霖的建议，但是四会县设场抽厘的做法遭到商人反抗，"广宁三板船及各渡不愿遵抽，赴省控告"。咸丰十一年（1861）七月，两广总督劳崇光支持四会抽厘，"准饬监生龙近光等充商揽办，每年认缴厘金银一万二千两，解交军需总局充饷"，然而广宁商人仍不乐意缴纳厘金，"是年八月，即有广宁曾忠可主使匪徒，拆毁厘厂，伤毙厂丁事"。直到是年九月，四会才复行抽收。④

广东部分大盐商也反对抽厘。当时垄断广东省部分地方食盐运销的大盐商，往往与官府有密切的关系，他们借助官府力量阻止盐厘抽收。郭嵩焘与李眉生讨论广东厘金问题时就指出"广东盐厘是大宗，巨商孔广荣等于制府为门人，遂力庇之，故盐利动归商人，而盐厘迄今未一举行"⑤。

---

① 《咸丰十一年十一月奏准粤省盐斤派员在白土、连州、江口等处设厂抽厘》，《清盐法志》卷二三〇《两广十七·征榷门五》，民国九年（1920）盐务处铅印本，第12页。
② 民国《顺德县志》卷六《经政略二·盐法》，见《广东历代方志集成·广州府部》第18册，岭南美术出版社2007年版，第111页。
③ 民国《怀集县志》卷三《赋税志·盐榷》，见《广东历代方志集成·肇庆府部》第51册，岭南美术出版社2007年版，第319页。
④ 光绪《四会县志》编三《经政志》，见《广东历代方志集成·肇庆府部》第18册，岭南美术出版社2007年版，第232页。
⑤ 〔清〕郭嵩焘：《养知书屋集》文集卷九《复李眉生》，清光绪十八年（1892）刻本，第22页。

鉴于广东省之富有及其盐厘抽收的复杂状况，同治元年（1862）三月，因两江总督曾国藩称"以广东一省财力殷富，为东南之冠，请特派大员驰赴广东办理厘金，专供苏浙皖三省军饷"，朝廷派晏端书到广东"督办广东通省厘务"。晏端书到广东督办厘务后，广东许多地方开始设厂抽厘金。民国《开平县志》载，厘金抽收"粤东则自同治元年，钦使晏端书来粤督办，诸厂乃渐设立"①。宣统《高要县志》亦载"时厘捐已籾于江北，晏端书复推行于广东，因呈请当道设厂在后沥抽收厘金，事后准予裁撤"②。顺德县，同治元年设立陈村厘厂，③抽厘金的办法为"招商承办"。④后四会县厘金进入官办阶段，该县"小河厘厂赁屋新隆街开设，大河厘厂先雇座船开设，十月始在西门外城墙边建设厂屋，自是以来遂与北江之芦包、西江之后沥鼎峙矣"⑤。

此后，广东盐厘征收情况进入正轨，但各地征收情况因时因势而异，厘金征收则例或增或减，部分地区视商力状况豁免厘金抽收；征收办法也因地而异，"嗣因商力竭蹶，迭次减抽，计每包抽银一钱至一钱三分不等。东江埠每年认缴银五千两，平柜埠每年认缴银一万二千一百五十八两三分二厘，嗣因平柜、东江两处收回官办，由该委员照解。其余各埠统归省垣厘局征收，解缴运库，转解藩库"⑥。

到光绪二十四年（1898），两广总督谭锺麟称两广的盐厘征收情况复杂，抽收因地而异，如近场地的地方没有征收，而部分地方的抽收归广西省。在省河，盐厘抽收与食盐运销制度密切相关，省河盐引向系按包拆配，因而盐厘也按包抽收，抽多少根据从省河运到埠地的成本决定，大体如下：

据广东盐务局司道会同两广盐运使英启详称：查省河盐引向系按包拆配，分设东南西北中平六柜行销，共一百五十九埠，坐落于广东、广西、湖南、湖北、江西、贵州等省各厅州县。东口、北口即属东柜、北柜、中柜，各埠间有经由西江运道者，又名西口。咸丰年间军需浩繁，奉行抽厘，系按埠地之远近，成本之重轻，每包约抽银一钱至二钱余不等。有因埠地毗连，场皂［灶］疲难尤甚，向免抽收者；有归广西省收报者；潮桥近年竭力整顿，仅复奏销止饷，□难遽

---

① 民国《开平县志》卷十四《经政略二》，见《广东历代方志集成·肇庆府部》第37册，岭南美术出版社2007年版，第169页。
② 民国二十七年《高要县志》卷二五《旧闻篇一》，见《广东历代方志集成·肇庆府部》第14册，岭南美术出版社2007年版，第1603页。
③ 民国《顺德县志》卷六《经政略二》，见《广东历代方志集成·广州府部》第18册，岭南美术出版社2007年版，第109页。
④ 民国《顺德县志》卷二三《前事略》，见《广东历代方志集成·广州府部》第18册，岭南美术出版社2007年版，第290页。
⑤ 光绪《四会县志》编三《经政志》，见《广东历代方志集成·肇庆府部》第18册，岭南美术出版社2007年版，第232页。
⑥ 两广盐运使公署编：《粤鹾辑要》，见《清代稿钞本》第145册，广东人民出版社2007年版，第281页。

加。此抽收盐厘向办之情形也。①

关于光绪朝广东盐厘的具体抽收办法，两广总督谭锺麟详细描述道：

> 粤盐向有合柜运销、融销之法，广西为行盐省分，西柜盐船上至梧州，平柜盐船上至郴州，官给照票，各听家贩辗转售销，是以照省分设厂卡，按盐抽厘，收效较□，如谓此柜之盐，必销于此埠，境内疆界无伸缩，数目无参差，微［惟］独广西不能，凡行盐地方悉难如是，所以西省历年抽收盐厘，总不外核计包斤，而递年收数亦不一律也。广东系产盐省分，三面濒海，处处逼近场地，本省引盐苦在官不在私，非轻其成本不能疏销，是以南柜及东柜之海丰、德丰，中柜之顺德等埠，额引十四万九千四百余道，并潮桥所属□□各埠向免抽厘，□东柜各埠厘由商人包缴，平柜出省较远，委员楷查，该处商贩引盐皆用船装，有成包装船者，有散盐装□者，按照额引统计包斤，每包抽银二钱，西分省河。盐厘所恃北柜及中柜，道经西江之罗定、东安、西宁、高要、德庆、封川、开运、四会等埠，三水属之丰宁子埠，共引盐三十八万三千余包，北柜每包抽厘二钱一分，中柜每包抽厘一钱五厘，向章折配一包之盐乃缴一包之厘，销盐有旺淡，配盐则有□□□□因之见多见少。②

由于盐厘系根据食盐实际配销情况抽收，而食盐配销状况因受市场影响而具有不稳定性，广东每年抽收的盐厘数额数不一，"省河引课历系次年岁底奏销，课饷乃维正之供，无论其曾否拆销，须先按额清完。抽厘系权宜之举，盐未配运即难强令照额引豫［预］缴，故配销一包之盐乃收一包之厘。销市旺淡不一，配盐迟速难齐，厘即因之见多见少，递年厘数参差良由于此。第按有厘各埠引数匀算，总在八九万左右，收数固不致亏短，此又抽收盐厘，各年不同之实在情形也"③。

广东盐厘的征收、支配基本都由广东地方政府掌握，朝廷无法对其加以控制，到了光绪朝时朝廷甚至连其征收、支出状况都不清楚。咸丰十一年（1861），北江各埠征收之初，广东方面对其进行详细的奏报。同治朝以降，虽然朝廷要求地方对盐厘征收、支出状况进行奏报，但是似乎广东方面并没有进行认真的奏报。从光绪十九年到宣统二年（1893—1910），户部或度支部、财政部多次要求广东方面奏报该省盐厘征收、支出的详细情况，而广东方面多是敷衍了事。朝廷因此认为广东方面的盐厘征收混乱，而广东方面则上奏声称本省盐厘征收复杂而不混乱，如两广总督谭锺麟之奏。

---

① 《太子少保头品戴两广总督臣谭锺麟跪奏为查明广东省抽收盐厘情形恭折覆陈仰祈圣鉴事》，载《申报》1898年1月4日第11版。
② 《太子少保头品顶戴两广总督臣谭钟麟跪奏为查明广东省造报盐厘收数并无弊□□实覆》，载《申报》1898年9月3日第13版。
③ 《太子少保头品戴两广总督臣谭锺麟跪奏为查明广东省抽收盐厘情形恭折覆陈仰祈圣鉴事》，载《申报》1898年1月4日第11版。

广东盐厘主要充作广东地方政府剿匪经费及其他应急之用。不仅如此，外国势力亦觊觎广东盐厘。1906年，两广总督岑春煊与英国人签订合同，拟中国与英国合造广九铁路，"中国政府须以广东盐厘（每年约银百万两）作抵"，"广九铁路兴工筑造之时所借英国之资本，照前款所议，以盐厘作抵，将来大工程竣，即将盐厘收回，改以铁路作抵"。①

盐厘征收改变食盐运销的成本，以及食盐的官、私属性，进而改变食盐市场。如粤盐进入湖南，不管是官盐还是私盐，咸丰七年（1857）起，由湖南郴州、桂阳州设卡抽收盐厘，卡局抽税之外，不复问其所之，打破原来的淮粤引界。② 而广东、福建盐厘征收状况也改变了福建汀州食盐市场。福建汀州府所属八州县，皆潮盐行销引地，潮州食盐在汀州府行销具有优势。然而，咸同以降，汀州地区由官自行拆办，各埠运盐系由潮州广济桥掣配，但"宁化、归化、清流三埠全被闽私侵占，潮盐颗粒难销，闽贩销盐潮埠"③。之所以出现这种状况，是因为广东、福建厘金征收的办法、额度不同，使得闽盐在汀州的成本降低，具有价格优势。"查福建西路邵武等属所行闽盐，自光绪八年已减厘金二成，续又量减二成，惟潮盐引地未减，而所抽厘金，闽系招商包收，诸多留难，潮埠深受其累。"④ 有鉴于此，福建方面建议"拟请闽省将江属各埠盐厘，援照邵武各埠，一律核减，以示持平，而轻潮本，即由潮埠按照闽省每年原包厘金之数，再减二成，代抽解缴，如有短绌，由粤照赔，于闽厘无损，而于潮纲有益"⑤。

三、新商包盐加饷：袁树勋与广东盐务整顿

正如前文所述，在清代的大部分时间里，包括广东在内的全国大部分地区，在"专商引岸"之下，基本维持着盐课官督商办的局面。但至宣统元年（1909），两广总督袁树勋迫于地方财政压力，开始在广东调整引岸制度，试图增加盐饷，并将之承包给个别商人，部分文献将之称为"新商包盐加饷"⑥。

宣统元年五月，原山东巡抚袁树勋（1847—1915，湖南湘潭人，字海观）接替张人骏（1846—1927，直隶丰润人，字健庵、安圃）署任两广总督。十一月，袁树

---

① 《广九铁路之草合同》，载《申报》1906年5月29日第3版。
② 黄国信：《区与界：清代湘粤赣界邻地区食盐专卖研究》，生活·读书·新知三联书店2006年版，第280—281页。
③ 〔清〕张之洞：《整顿潮桥盐务折（光绪十三年九月初六日）》，见《张文襄公奏议》卷二三《奏议二十三》，民国刻张文襄公全集本，第3—4页。
④ 〔清〕张之洞：《整顿潮桥盐务折（光绪十三年九月初六日）》，见《张文襄公奏议》卷二三《奏议二十三》，民国刻张文襄公全集本，第4页。
⑤ 〔清〕张之洞：《整顿潮桥盐务折（光绪十三年九月初六日）》，见《张文襄公奏议》卷二三《奏议二十三》，民国刻张文襄公全集本，第4页。
⑥ 《督办盐政处会奏广东盐务新商加饷办法窒碍难行拟请仍令旧商办理折》，载《申报》1910年7月18日第2张第2版。

勋即电奏改革盐政以筹抵赌饷，① 后又"续陈规划十端"。十二月二十七日，朝廷批复："请饬议施行"②。袁树勋就盐政以筹抵赌饷所奏准的十端，具体为："一曰商办愈于官办；二曰只设公所，不立公局；三曰预缴按饷，以备不虞；四曰承办三个月后，按月缴足全饷，即一律禁赌；五曰所缴饷银，分存大清银行及官银钱局；六曰添招新商；七曰预定相当价值，免妨民食；八曰严杜洋盐洋股，完全商办；九曰循照旧时引地，不致侵灌他省；十曰商办于官筑盐垾，及商办盐田并无损碍。"③

袁树勋此次推行盐务改革，一般认为其目的在于移盐饷以补赌饷，解燃眉之急。④ 笔者赞成此观点，袁树勋改革的直接目的确实是利用盐饷来弥补由禁赌而导致的赌饷无从征收的问题，而此问题实际上包括"赌"和"饷"两个不同方向的问题。另外，此改革除与广东地方财政有关外，还与当时整个国家的财政状况及其改革相关。

晚清时期，广东赌博之风极盛，"粤省赌风向甲他省，为害最烈"⑤。此种赌博之风扰乱社会秩序，若从稳定地方社会的角度考虑，则当从速整顿、禁赌，"必须严禁，以除民害"⑥。然而，禁赌会给广东地方政府带来一个他们无法回避的问题，那就是禁赌则赌饷无从征收。而赌饷是晚清时期，广东地方官府筹集饷银以应对财政危机的有效办法。晚清广东地方财政紧张，赌饷在地方发挥重要作用，袁树勋在向朝廷奏报广东财政状况时就指出："各项并计，粤省负累已达一千三百余万两，所以赌饷不能遽裁者，皆因其款均指拨水陆勇饷、新军经费等要需，而行政经费又不能遽由中央担任。此亦过渡时代所无可如何也。"⑦ 这也是晚清广东许多官员都试图禁赌，但没有真正落实禁赌的主要原因，这就导致广东官员在禁赌的问题上处于两难的局面。

如何解决此两难的局面？办法是找到赌饷的替代品，即要禁赌，需先找到能够抵补赌饷的方法。光绪三十一年（1905）两广总督岑春煊、宣统元年（1909）两广总督张人骏等都强调要禁赌需先筹抵饷。⑧ 袁树勋上任后仍面临此困境，广东各处就如何抵补赌饷进行了条呈，袁氏看中"以盐斤加价为筹抵赌饷"的办法，他与司道官员在督署会议厅讨论时，表示"现今各处条陈均乏切实筹抵善法，惟据司道开列清折，以盐斤加价为筹抵赌饷，尚属简易能行"。"当时由司道各大员再三讨论，均以

---

① 赌饷是指对赌博行为及赌博营业场所抽取的税捐。晚清广东征收赌饷，款额巨大、影响颇深。参见周国平：《晚清广东赌饷探析》，载《广东史志》2001年第3期，第28－32页。
② 《宣统政纪》卷二八，宣统元年十二月壬寅条，中华书局1987年版，第516页。
③ 大浣：《论两广盐务变迁大势及今后补救之方法》，载《谈盐丛报》1914年第18期，第16页。
④ 参见冀满红、刘文军：《清末广东谘议局与禁赌》，载《历史档案》2006年第2期，第81－87页；李振武：《袁树勋与清末广东禁赌》，载《广东社会科学》2014年第1期，第120－128页。
⑤ 《粤督禁赌之先声》，载《申报》1909年9月16日第12版。
⑥ 《粤督禁赌之先声》，载《申报》1909年9月16日第12版。
⑦ 《粤督奏陈粤省度支窘迫实情》，载《时报》1909年12月16日。
⑧ 李振武：《袁树勋与清末广东禁赌》，载《广东社会科学》2014年第1期，第120－128页。

盐斤加价较有把握,惟加价之数目,必须按诸赌饷全数核计盐斤总额,以定多寡。"①此次盐务改革的目的确实是筹抵赌饷,袁树勋在宣统二年(1910)八月二十二日上奏时也明确指出:"此次盐务改良,其前提既纯为移抵赌饷,故无论为新商旧商,但取其有裨事实,本无畛域之可分。"②当然,以盐商认饷包办盐课,历来都是地方督抚惯用的伎俩。③

袁树勋此次改革还与清政府财政紧张、整顿盐务密切相关。晚清财政陷入困境,尤其1900年以后,义和团运动爆发、八国联军侵华以及随之而来的庚子赔款,进一步加深了清王朝的财政危机。在危机下,清政府却因为原有财政管理体制无法正常运转,对全国财政的控制调度能力日益衰弱。为此,在"预备立宪"的同时,清政府开始清理财政,试图将财政权收回中央,盐务整顿是财政清理的重要内容之一。④袁树勋此番改革是对中央改革的一种应对,他希望通过改革获得地方财政主导权,史载:"是时,朝廷方厉行新政,务尽括地方财赋,以实中央,督抚既失财权,地方一朝有事,遂至縻款可筹,无米为炊,昕夕仰屋,树勋忧之,谋所以自为计者。"⑤当然,袁树勋也没有与中央分庭抗礼的想法,而是希望获得朝廷的支持,并表示"自实行禁赌之日起,每年截留二百万,余候部拨"⑥。而实际上,盐政处一开始知道袁树勋新商"承盐加饷"方案时,表示赞成,称:"当此财用匮乏之际,以广东一省盐务,一经更章,岁入骤增陆百余万。如果所拟办法行之无弊,臣等正乐于赞成。"⑦

袁树勋对盐务改革的重心是商人筹饷包办盐务,广东陈宝琛等商人则试图借机垄断盐利。袁氏初次与司道官员在督署会议讨论时,表示通过"盐斤加价"筹抵赌饷以后,督署随即函告陈宝琛等商人。经过一番讨论,陈宝琛、孔宪相、丘鉴源、苏秉权、蔡文轩、萧颂澄、苏秉纲、黄植森、林干材、梁瑞荣、保洪寿等商人表示愿集资承包全省盐饷,每年认缴正饷1000万两,另向有关衙门缴纳公费20万两,方案如获允准,即先缴按饷银200万两。⑧袁树勋亦同意,并于宣统元年(1909)十一月十六日牌示:"准商人陈宝琛包承广东全省盐饷。"具体而言,由陈宝琛等承办广东全省

---

① 《筹抵赌饷之问题》,载《大公报》1909年11月12日第3版。
② 《署粤督袁树勋奏查明广东盐务规费情形折》,载《申报》1910年10月4日第2张第2版。
③ 乾隆三十九年两广总督李侍尧"改流商为土商"、乾隆五十四年两广总督孙士毅"改埠归纲",均是借商人认饷、包饷来弥补一省之盐课亏空。参见黄国信:《清代乾隆年间两广盐法改埠归纲考论》,载《中国社会经济史研究》1997年第3期,第39-49页;黄国信、李晓龙:《环境与政治:乾隆年间东莞盐场裁撤考论》,见东莞市政协、暨南大学历史系主编:《明清时期珠江三角洲区域史研究》,广东人民出版社2011年版,第116-125页。
④ 周育民:《晚清财政与社会变迁》,上海人民出版社2000年版,第412-413、422-426页。
⑤ 大浣:《论两广盐务变迁大势及今后补救之方法》,载《谈盐丛报》1914年第18期,第16页。
⑥ 《宣统政纪》卷四一,宣统二年八月癸巳条,中华书局1987年版,第19页。
⑦ 《督办盐政处会奏粤盐改章关系重要拟请派员确查折》(宣统二年二月初六日),载《政治官报》1910年第852号,第4页。
⑧ 《运司饬议包盐章程》,载《申报》1910年2月2日第10版。

盐斤,"每年认缴饷银一千二百万两",由官府"就场征收"。陈等拟定的办法是,"由总商、分商分别领运","定名为商办粤盐总公所,公推总董二人,副总董四人,董事十三人",承办以二十年为限。① 袁树勋此法与公司性质不同,故将新法承办之商称为新商,而旧时设立公司领运之商称为旧商。袁树勋乐观地认为,新法一行,粤饷将大增。

值得注意的是,此方案提出的背后,包含着袁树勋官府与商人之间的交易。在陈宝琛的方案中,新商要缴纳的盐饷比原来的330万两增加了近70万两。新商之所以主动多缴纳饷银,是因为他们与袁树勋进行暗中交易,袁树勋不仅给予他们垄断广东食盐市场的权力,而且在新行盐方案中将给予他们提高盐价的制度空间和缉捕私盐的权力。在清代,往往由朝廷给各地方食盐销售定价,官盐销售必须按照定价进行,商民不得私自增减。而袁树勋在新的行盐方案中,没有给食盐定价,而是进行了"限价"。他在奏折中称,"近年来广东省垣食盐最贵的时候每斤约银五分有奇,近来市价颇平,城关每斤尚须四分左右,熟盐提盐有六七分,因而规定包商承办以后,省垣零售市价最高不得超过五分六厘,其余以道路之远近运费之重轻类推"②。也就是说,商人定价只要不超过每斤五分六厘即属合法,这就给了盐商提高盐价很大的空间。宣统二年(1910)度支部参议、盐政处提调晏安澜(1851—1919)到广东调查此次改革成效时,就清楚地指出,"省城街市盐价,生盐每斤只售价银三分二厘,熟盐每斤只售三分六厘,若限价五分六厘,则熟盐每斤已增二分合钱二十余文,生盐每斤更增二分四厘,合钱三十余文。虽曰此项价特为盐缺价昂时而设,而商人唯利是图,恐无不售及五分六厘之时矣。是则其名为限,其实为增,新商之所以敢承一千余万之巨饷者在此"③。不仅如此,"新商包盐加饷"方案还给予新商在食盐运输、缉私等方面的权力,"夺盐吏之权以予商",商人可以选举委任缉私兵轮管带,可以自行填发旗程运照。④ 简言之,该方案实际上是袁树勋等官员与陈宝琛等新商之间交易的结果,新商为官府提供饷银,而官府从制度上给予其获取盐利的方便。

然而,"新商包盐加饷"这种将盐务集中到少数商人手里的做法,损害到不同人群的利益。一是大多数盐商的利益将受侵蚀,甚至被争夺。广西京官唐景嵩就指出,"以缉私之权尽假商人",且"盐法骤改,商民失业者多"⑤。运馆商人也称:"惟全省之盐,既归承揽,则省价场价均由伊定,运商等虽照常挽运,亦秖代劳,不成生

---

① 《粤商承办全省盐饷记事》,载《东方杂志》1909 年第 6 卷第 13 期,第 483 页。
② 《盐政处会奏广东盐务拟请仍令旧商办理折》,载《华商联合会报》1910 年第 11 期,第 80 – 86 页。
③ 《盐政处会奏广东盐务拟请仍令旧商办理折》,载《华商联合会报》1910 年第 11 期,第 80 – 86 页。
④ 《督办盐政处会奏广东盐务新商加饷办法窒碍拟请仍令旧商办理折》,载《东方杂志》1910 年第 7 卷第 7 期,第 79 – 81 页。
⑤ 大浣:《论两广盐务变迁大势及今后补救之方法》,载《谈盐丛报》1914 年第 18 期,第 17 页。

意。"① 二是少数盐商垄断、抬价将波及制盐者及消费者的利益,史载:"垄断于盐场,可抑勒买价","垄断于引岸,可高抬卖价"。② 因此,"包商承饷"政策一经提出,便遭到广东士民的强烈反对。两广盐运使丁乃扬对新商身份及其拥有缉盐权力提出不同的看法,袁树勋则对此采取强硬态度,他在奏报《遵旨续陈改良广东盐务充抵赌饷事》的第二天,即宣统元年十一月二十八日(1910年1月9日)又上一折,弹劾了丁乃扬。③ 丁也因此开缺去任。

除了丁乃扬反对新法,既有盐商也不愿失去运销食盐的权力。他们在得知袁树勋承盐加饷一事的第一时间内就试图阻止。袁树勋之子袁思亮在《先府君行状》一文中指出:"粤俗嗜赌而多盗,府君以赌为盗媒,下车即严申赌禁,而赌税为粤中饷源所自从出,乃欲改革盐政以代赌饷,赌商、盐商皆大震,恐争辇巨金至都下,赂亲贵之有力者,以泥之。"④ 然而,袁树勋力排众议,坚持改革。在得知陈宝琛等愿意承办盐饷之后,广东下河东、西场运馆顺安福、广义堂十七号等运商联合起来,呈函给袁树勋,反对"商人认饷包办全省盐务",称:"若令场盐全归统承,专收尊[专]卖,则程船无利可图,必尽失业","数百万之资本全行亏折"。⑤ 此外,部分旧商则试图通过增加盐饷的办法挽回运销食盐的资格,"旧日承盐各商不甘为新商挽夺,拟多认价额务求争回",⑥ 因而出现新旧商之间争夺的局面,"新旧商争承全纲"。⑦ 不过,旧商仅认足600余万两,⑧ 远低于新商的1020万两,因此没能改变袁树勋对新商的支持。于是,旧商转而从其他途径反对改革,如联合商会、官员力量等。

盐商联合商会反对袁树勋改革,粤商自治会"因承盐包饷一事,电致中外各埠,联请力拒",电文称:"一般豺狼虎豹以千二万托词抵赌,包承盐务,加抽食盐,男妇老幼均永受害,实行势必激变,乞力拒,遏乱机。"汉口馆复电曰:"盐斤加价归商包揽,辗转公承,滋扰酿祸,诸公智珠在握,权衡利害,以保治安而维桑梓,决合力抵拒。"新加坡华侨回电表示:"盐饷大害,誓反对,勿馁。"小吕宋商会两次集会讨论此事,给袁树勋发了一份电报,指出"加盐税抵赌饷,全粤受害,甚赌百倍。盐乃民命,迫民走险,乱从此起,势所必然";并直接致电摄政王载沣,称:"粤督加盐税抵赌饷,准奸商增价揽承,病民肇变,比赌尤烈,害无穷期,乞电饬袁督批销

---

① 《广东全省运馆禀请维持盐务》,载《砭群丛报》1909年第4期,第5页。
② 《督办盐政处会奏广东盐务新商加饷办法窒碍拟请仍令旧商办理折》,载《东方杂志》1910年第7卷第7期,第79—81页。
③ 袁树勋:《奏为特参两广盐运使丁乃扬不能称职请即行开缺事》(宣统元年十一月二十八日),中国第一历史档案馆馆藏档案,《朱批奏折》,档案号:04-01-12-0681-096。
④ 袁思亮:《蘉庵文集》卷四《先府君行状》,见沈云龙主编:《近代中国史料丛刊续编》第202辑,台湾文海出版社1975年版,第248—249页。
⑤ 《广东全省运馆禀请维持盐务》,载《砭群丛报》1909年第4期,第4—5页。
⑥ 《旧盐商抵制新盐商手段》,载《申报》1910年3月16日第1张后幅第2版。
⑦ 邹琳编:《粤醝纪实》第一编《总说》,华泰印制有限公司1922年版,第10页。
⑧ 《旧盐商抵制新盐商手段》,载《申报》1910年3月16日第1张后幅第2版。

另筹，粤民幸甚。"①

在粤商的带动下，在京官员也纷纷表示反对。在京粤人于同一时期召开的第七次禁赌大会上表态反对，同时公推前任安徽巡抚、辞官在家的广东顺德龙山人邓华熙修书给袁树勋，"力陈五可虑之说"，即：盐价恐涨至一百文；该新商有港澳私盐公司，恐引洋盐入口；该商设轮缉私，恐绝渔户生路；空有携大帮军火，串匪走税；该商等均赌博无赖，恐匪殷实，致包厘覆辙，有碍饷源等。② 对此，袁树勋一一给出答复应对，依旧坚持改革。

宣统二年（1910）正月十四日，广西京官唐景崇奏称："粤商承盐加饷，西省受害最深，请饬详慎覆议。"③ 正月二十二日，广州人、给事中陈庆桂奏称："粤盐加价，藉抵赌饷，宜妥筹办法。"④ 二月初一，广州人、出使比（利时）国大臣杨枢也奏称："粤东商人议岁缴巨款，承充盐饷。藉抵赌饷，经督臣批准，绅民颇滋疑虑。窃谓盐课归商承办，流弊滋多。莫如采用就场征税之法，可以裕国便民。"⑤

反对袁树勋之法的京官，背后与广东旧商之间有着千丝万缕的关系。如梁致广"系现时连阳埠堂商，即所谓旧盐商也，其人为晏安澜所最赏识之人，去腊广东京官为包盐事，联名出奏，其奏稿即梁致广所起草"⑥。

朝野的各种反对声音给朝廷带来压力，致力于整顿盐政、将盐政收归中央的盐政大臣载泽也不再支持袁树勋，"泽尚书意不愿袁督主持此事，以粤盐归一省自办，恐各省纷纷效尤"⑦。载泽于宣统二年（1910）正月二十六日派署度支部参议、盐政处提调晏安澜赴广东详查"新商包盐加饷"情况。晏安澜回奏，称新商包盐加饷有"五可虑"，包括加饷太多；限价太贵；垄断太甚；联络港澳，隐患难防；尽夺官权等。其中认为，新商包盐，引地、销数如故，而认缴银已较前多出数倍，担心新商藉端远扬；新商包饷，盐场、引岸一并垄断，"垄断于盐场，可抑勒买价"，"垄断于引岸，可高抬卖价"；改革中"夺盐吏之权以予商"，商人可以选举委任缉私兵轮管带，可以自行填发旗程运照。⑧ 晏安澜访查之后，认定"新商万不足恃，且所谓千二十万之饷额，粤人亦断无力承包"。因此，盐政处最终裁定盐饷"归（省配各岸）旧商承办"⑨，等于宣告袁树勋方案的破产。

---

① 粤商自治会及相关复电请参见《补录粤自治会与各埠电》，载《申报》1910年1月13日第1张后幅第2版。
② 《粤商承办全省盐饷记事》，载《东方杂志》1909年第6卷第13期，第484—485页。
③ 《宣统政纪》卷二九，宣统二年正月己未条，中华书局1987年版，第533页。
④ 《宣统政纪》卷二九，宣统二年正月丁卯条，中华书局1987年版，第535页。
⑤ 《宣统政纪》卷三二，宣统二年二月乙未条，中华书局1987年版，第566页。
⑥ 《京师近事》，载《申报》1910年3月10日第1张第6版。
⑦ 《京师近事》，载《申报》1910年1月15日第1张第5版。
⑧ 《督办盐政处会奏广东盐务新商加饷办法窒碍拟请仍令旧商办理折》，载《东方杂志》1910年第7卷第7期，第79—81页。
⑨ 大浣：《论两广盐务变迁大势及今后补救之方法》，载《谈盐丛报》1914年第18期，第17页。

宣统二年（1910）四月二十二日，袁树勋因广东新军滋事案，遭都察院给事中陈庆桂参劾其"于兵勇交哄，弹压剿抚，两失其宜"，被处"革职留任"。① 九月二十七日，袁树勋称病解职，"以广西巡抚张鸣岐署两广总督"②。

四、督抚兼办盐务的终结：载泽主政与两广盐政公所的成立

袁树勋事件为中央介入广东盐务提供了有利的契机，两广盐政公所的设立便是一例。

宣统二年（1910），盐政处裁定广东盐饷"归（省配各岸）旧商承办，由埠商组织盐商公所"，并于同年十月初一日奏准在广东省城设立两广盐政公所，"仿照税差监督之例"，置正副监督一员，会同两广运司，整顿广东盐务。③

两广盐政公所的设立是中央对督抚盐政权力的剥夺。公所设立前，两广盐政由两广总督、广东巡抚兼管。公所设立后，两广盐政由该公所官员（正副监督）会同运司负责，而该公所和运司直接向盐政处、度支部负责，史载："（两广盐政公所）由督办盐政处、度支部督饬设立，直接管辖……所有两广盐务，统由该公所会同运司等，禀承督办盐政处、度支部督饬盐务官商，认真整顿，"④

两广盐政公所直接隶属盐政处，还是清末中央政府加强对地方财政管制、削弱地方督抚权力的一个具体表现。咸丰、同治中兴以来至庚子事变，地方督抚权力增大，庚子事变之后清廷推行新政改革，调整和收束地方督抚军事权、财政权、司法权、外交权、人事权、行政权等。在财政方面，朝廷于光绪三十二年（1906）九月为"预备立宪"而进行中央官制改革，将户部改为度支部，将财政处并入其中。⑤ 度支部对财政进行了一系列改革，其中在盐政方面，度支部于宣统元年（1909）五月派定晏安澜、张茂炯、刘泽熙、钱承志、周蕴华、吴晋夔考察两淮、两浙盐务，试图借整顿淮浙盐务将盐政管理权收归中央，以加强中央盐政集权。宣统元年十月初七日，度支部奏《陈明淮浙盐务大概情形》一折，开始整理盐政，派贝子衔镇国公载泽任督办盐政大臣，总理全国盐务事宜，负责统辖全国盐务官吏，"凡盐务一切事宜，统归该督办大臣管理"⑥。同时规定："其产盐省份各督抚本有兼管盐政之责，均著授为会办盐政大臣，行盐省份各督抚，于地方疏销缉私等事，考核较近，呼应亦灵，均著兼会办盐政大臣衔"；"政府之用意，在借以集财权于中央，而冀合统一财政之本旨"。载泽出任督办盐政大臣后，在中央设立盐政处，采取措施以收地方督抚盐政权力。与此同

---

① 《宣统政纪实录》卷三五，宣统二年四月乙未条，中华书局1987年版，第623页。
② 《宣统政纪实录》卷四二，宣统二年九月丁卯条，中华书局1987年版，第766页。
③ 《盐政处奏请在广东省城设立两广盐政公所置正副监督奉旨依议》，载《东方杂志》1910年第7卷第12期，第181页。
④ 《两广盐政公所章程》，见《中华民国史事纪要（初稿）》，1983年版，第613页。
⑤ 李细珠：《晚清地方督抚权力问题再研究——兼论清末"内外皆轻"权力格局的形成》，载《清史研究》2012年第3期，第1－29页。
⑥ 《宣统政纪》卷二六，宣统元年十一月乙丑条，中华书局1987年版，第7－8页。

时，中央盐政处拟于产盐各省一律设立盐政公所，统一管理全省盐务，由盐政处派员常驻该所，作为盐务调查员，以便随时调查全省盐务利弊，以期得其真相；该委员待各省全行派定后，即奏请为盐务监理官。盐政公所作为一个官僚机构，统一管理全省的盐务。① 两广盐政公所的设立，正是中央政策推行的结果。

宣统三年（1911），载泽主管盐政，为了统一盐政权，他将督办盐政处改为盐政院，设盐政大臣一员，管理全国盐政，统辖盐务各官，在外省则于产盐区域设正监督，于行盐区域设副监督，各置属官分司权。② 在此改革中，两广盐政公所被保留下来，只是职官名称发生变化："又奏两广盐政公所，为加承新饷而设，系官督商办机关，与寻常局所不同，拟请暂行酌留，将原设正、副监督，改为总办、帮办，以示区别。"③

新的盐政管理机构在广东成立，并没有从根本上改变广东的食盐运销制度与运销状况。两广盐政公所在广东推行的食盐运销制度是官督商办，实际上是延续此前的食盐运销制度，而其最主要的目的与袁树勋一样在于筹饷，其方法虽然是在否定袁树勋改革方案的基础上形成的，但逻辑上却是袁树勋改革的延续，只是改新商包办为旧商包办。宣统三年（1911），朝廷批准了盐政公所上奏，广东"孔法徕等统承全纲"，组织盐商公所。④ 虽然其否定袁树勋一次性将盐饷增加到1020万两的方案，但是还是将增加盐饷作为目标，要求旧商首年缴纳盐饷额定为580万两，"次年六百二十万两，以四十万两之额分年递进，加至七百八十万两而止。"新饷额于宣统三年四月开始征收。⑤ 当然，增饷的要求其实也是广东地区新旧商争夺利益的契机，新商"承盐加饷"，旧商为了争夺运销权，曾以增加饷银为代价提出此目的，在得知新商高额承办盐饷的消息后，"旧日承盐各商不甘为新商挽夺，拟多认价额务求争回。"⑥ 而新旧商争夺所透露出来的广东商人能够提供更多的财政收入的信息也被朝廷获知，在晚清短短的几年里，除了盐饷争夺，广东盐税征收额也从光绪二十八年（1902）的150余万两涨到宣统初年的3090230两左右。⑦

两广盐政公所的设立是中央介入广东盐务的一个表现，但这也只是中央政府短暂的局部的尝试。随着辛亥革命的爆发，"整顿盐务一事未能收效"。民国成立，遂裁

---

① 何亮：《清末盐政改革——以中央与各省关系为视角》，载《华中师范大学研究生学报》2009年第4期，第101－106页。

② 刘锦藻：《清朝续文献通考》卷一二一《职官考七》，浙江古籍出版社1988年版，第8816－8817页。

③ 刘锦藻撰：《清朝续文献通考》卷一二一《职官考七》，浙江古籍出版社1988年版，第8817页。

④ 邹琳编：《粤鹾纪实》第一编《总说》，华泰印制有限公司1922年版，第6页。

⑤ 大浣：《论两广盐务变迁大势及今后补救之方法》，载《谈盐丛报》1914年第18期，第17页。

⑥ 《旧盐商抵制新盐商手段》，载《申报》1910年3月16日第1张后幅第2版。

⑦ 据清宣统三年广东清理财政局所编《广东财政说明书》整理。参见广东清理财政局编订：《广东财政说明书》，广东省财政科学研究所整理，广东经济出版社1997年版，第134－167页。

盐政院，盐政事务改归度支部，后改财政部。① 无论如何，以上的叙述和分析说明，至少在晚清最后几年，盐税作为中央财政的重要收入，受到中央政府的格外重视，因而全国各地盐务管理的主导权还是掌控在中央政府手中。

第二节 自由贸易的开展与广东盐务的双轨管理

载泽及其主持的度支部干预广东盐政的行动尚未完全展开，辛亥革命就爆发了，广东成为最早积极响应革命的地区之一。一系列革命活动也终止了清政府对广东盐务的改革。与此同时，由于民国成立后广东新政府面临着巨大的地方财政危机，盐业"开放自由售卖"首先被提出来并得到落实，自由贸易所得的盐税成为弥补民初广东地方财政的重要支柱。清帝退位之后，袁世凯开始疯狂加强集权，以实现个人独裁统治。在盐政上，随着善后借款合同的签订，稽核所制度开始自上而下地在中国各级政府确立起来，其与原有的盐运司制度形成了盐务的双轨管理体制。在广东，这一双轨体制成为中央与地方博弈的工具，也推动和限制了盐业自由贸易的重要政策变化。1916年之后的战乱，军饷开支的需求使得盐税成为各方势力争夺的目标，同时战乱的影响也导致食盐自由贸易再次成为泡影。后来，孙中山领导下的广东军政府全面接管了广东盐务，开启广东盐务独立的时代。

一、民初盐业自由贸易的开展

广东被认为是民国初年沿海地区较早开放食盐自由售卖的地区之一。民国初年，经沈颐清提议，时任广东都督的陈炯明在广东推行了盐业"开放自由售卖"的政策。"自由贸易"的实施，实际上是地方大员迫于财政的压力而试行的新办法，其目的在于获取财税，但另一方面也再次印证了包商制度在广东地方运作中的灵活性。

1911年11月，胡汉民正式就任粤省都督，正式成立广东军政府。军政府成立之初，即面临财政崩溃的危机。当时关税、盐税是政府两大财政收入主要来源，但关税基本上被外国人把持，唯有盐税掌握在国人手中，整顿盐务刻不容缓。起初，广东仍然沿袭宣统二年（1910）的制度，"以盐商公所统承全纲"。但孔法徕等自宣统三年开始统承广东盐饷全纲，第一年便需认饷580万两，实际上已是"饷巨价贵"，"省配每包收饷四两四钱五分"，以致商人多售私盐，官盐"销数短绌"。而后不久便经历民国改元，一来许多盐商巨贾纷纷迁避外地，盐商公所也立时解散，承饷一事也难以为继；二则孔法徕等商因为宣统三年（1911）"未及半载，竭蹶万分"，民国成立之后已"不敢续承"。②

---

① 《全国盐务收归中央直接管理》，载[英]丁恩：《改革盐务报告书》，见沈云龙主编：《近代中国史料丛刊三编》第44辑，台湾文海出版社1988年版，第34页。
② 邹琳编：《粤鹾纪实》第一编《总说》，华泰印制有限公司1922年版，第6、10页。

新成立的广东地方政府面临着财政紧缺的困难,"军用浩繁,饷糈无出,不得不另筹办法"的同时,盐业却也没有大商人能够认饷包承。时任广东盐政公所监督沈颐清筹议:除部分盐埠有商人愿意包承仍准其认饷承办外,将中、西、北三柜"开放自由售卖"。① "该政策经沈颐清提交省议会议决,并呈请广东都督批准,于1912年1月1日开始实行。②

中、西、北三柜是乾隆年间改埠归纲所形成的六柜中的三柜。当时,官方将省河的150埠划分为东、西、南、北、中、平六柜。中柜设于三水,北柜设于韶州,东柜设于小淡水厂,西柜设于梧州,南柜设于梅菉镇,平柜设于平江口,各盐埠就近分隶六柜。在六柜制度下,设有总商包揽盐务。其中开放自由贸易的三柜中,中柜的盐埠45处,范围包括广州府十三县、惠州府博罗县、肇庆一府与罗定、阳江两直隶州,以及广西的富州、怀集、贺县。西柜的范围涉及广西和贵州共60州县。北柜四大埠,即连阳、乐桂、雄赣和仁化,引地辽阔,行销最远,主要为广东北部和湖南南部、江西南部。

粤盐历来分为省河和潮桥两个体系。省河又分下河和上河两段。上河盐商负责在省河买运下河运馆的食盐,运往上河各柜各埠销售。上河商人在1914—1915年间,也曾私下组织北江盐业公所,联络盐商。其真正获得政府批准立案则要到1921年4月,定名为广东上河盐商公会。下河负责赴盐场运盐到广州省河候配,上河负责由广州运盐分销中西北三柜。"运馆"是晚清以来下河最主要的运盐组织。运馆由盐运署批准,"必有程船两艘,并得同业运馆三家联保,运署方予立案","非经立案,不得领程配盐"。晚清以来,省河运馆联合组织成济安公堂,"以为办事机构"。1913年,因馆中主事者意见不合,又从济安公堂分立出部分运馆,组成运商研究公会。这两个组织实际上垄断着下河的运盐事务。济安公堂声称其职能为"联络运商共谋鹾务之发达,补助国货之进行",研究公会声称其"以联络团体,扩张鹾业,补助官厅为宗旨"。③

民国初年广东盐业自由贸易所开放的即上河的贸易。规定:"凡省河配盐每包收饷三元,无论何人,缴饷后均准其指定地方领照,运往中、西、北三柜界内,自由售卖。"④ 因此,下河商人也可以配盐赴埠行销,唯一不同的是,"下河纯属转运,上河兼有运销,性质上固自不同"⑤。

省河实行自由贸易实行之初,确实收效不错。主要原因在于"秩序初定,停配数月","一旦开运,积发之势,沛然莫御,销数畅旺,逾于寻常",不仅政府收入骤增,商人也获利良多。⑥

---

① 邹琳编:《粤鹾纪实》第一编《总说》,华泰印制有限公司1922年版,第10页。
② 邹琳编:《粤鹾纪实》第一编《总说》,华泰印制有限公司1922年版,第11页。
③ 邹琳编:《粤鹾纪实》第四编《运销》,华泰印制有限公司1922年版,第8—9、13页。
④ 邹琳编:《粤鹾纪实》第一编《总说》,华泰印制有限公司1922年版,第11页。
⑤ 邹琳编:《粤鹾纪实》第四编《运销》,华泰印制有限公司1922年版,第21页。
⑥ 邹琳编:《粤鹾纪实》第一编《总说》,华泰印制有限公司1922年版,第11页。

不过，当时的自由贸易并未在两广地区全面实行，而在有商人愿意包承的地方，军政府还是依旧推行包承办法。这一时期的广东沿海盐税实由三家商人包办，计期三年。此三家分别为：潮桥地区的盐业由岭海公司承包，为期三年，自1913年3月11日起计，包饷第一年62万元，第二年68万元，第三年70万元；平柜、南柜、恩开、新村、新阳、东江及海陆丰等处由海兴公司承包，自1912年7月1日起计，包饷第一年34万元，第二年43万元，第三年54万元；珠江口之香（山）、（新）安等属由商人林运包承，自1912年8月1日起计，包饷第一年4万元，第二年5万元，第三年6万元。① 琼崖地区，向由归侨商胡国廉设立之侨丰公司包办，亦如旧。② 综合包饷合计三年分别为100万、116万、130万。而每年的盐税收入，若据丁恩估算，约为5843949元，③ 而"粤中盐政报告元年至二年收入，每岁不过三百万有奇"④，其中包饷已经占去1/5～1/3。以1913年为例，该年实收税款4795173元，其中由包商所得994723元，占20.7%，自由贸易所得3800450元，占79.3%。⑤

广东地方改革盐务之目的，实为截留盐税充裕军饷，中央政府对此颇有微词。为了更好地掌管广东盐务，1912年3月13日，改广东盐政公所为广东盐政处，任命邓承惜为盐政处总理。袁世凯掌管北京政府之后，为了方便中央控制广东盐务，于1913年3月8日任命黄仁寿为两广盐运使，⑥ 希望由此重新掌管两广盐政。

但是黄仁寿在赴任途中即遭到广东地方官员的极力反对。黄仁寿系前清广东提督李准的幕宾，此番赴粤却遭"粤人颇多抵拒"，以致其初到仅驻在镇东缉私轮船中。3月31日，黄与广东都督胡汉民见面会谈，并打算4月1日接任两广盐运使。但此次会谈中，黄仁寿竭力主张"以盐饷当隶中央，欲将盐款数百万，尽提归财政部"，遭到胡汉民的极力反对。胡以此项盐款为广东岁入大宗，军饷仰赖于此，拒不同意。黄遂怫然而去，接任一事也由此中止。此后两人又分别致电中央交涉，国务院回复："在中央未收回以前，每月盐税四十余万作为部拨协济该省之款。"得此咨文，黄即通知广东盐政处，决定于4月10日接管该处，启用新印信。盐政处长邓承惜面见都

---

① [英] 丁恩：《改革盐务报告书》，见沈云龙主编：《近代中国史料丛刊三编》第44辑，台湾文海出版社1988年版，第247页。邹琳《粤鹾纪实》称：东江、海陆丰、平柜、南柜、恩开、新春、新阳等六柜有海兴公司商人冯时行愿意包承；潮桥有商人温德兴认饷承办（民国二年改归商人彭元包承）；香山、新安两埠则有商人林运等认定饷额，统承办理。参见邹琳编：《粤鹾纪实》第一编《总说》，华泰印制有限公司1922年版，第10页。

② 大浣：《论两广盐务变迁大势及今后补救之方法》，载《谈盐丛报》1914年第18期，第18页。

③ [英] 丁恩：《改革盐务报告书》，见沈云龙主编：《近代中国史料丛刊三编》第44辑，台湾文海出版社1988年版，第249页。

④ 大浣：《论两广盐务变迁大势及今后补救之方法》，载《谈盐丛报》1914年第18期，第18页。

⑤ [英] 丁恩：《改革盐务报告书》，见沈云龙主编：《近代中国史料丛刊三编》第44辑，台湾文海出版社1988年版，第249页。

⑥ 《民国二年三月八日临时大总统令》，载《谈盐丛报》1913年第1期，第68页。

督胡汉民,以权力被剥夺,自求引退。胡汉民遂下令让其暂行留任,"自后如非奉有本都督兼民政长命令,不准擅自交替"①。于是,黄接任之事不得而行,不久即以丁忧返沪。② 与此同时,胡汉民等拟推邓承惜出任两广盐运使,但中央却并不对此表态,双方一度僵持不下。③ 最终,中央取折中办法:拟取消两广盐运使名目,改设粤桂盐政筹备处,职权与司法筹备处同,直属中央,但各省民政长仍得接辖;同时称"截留盐饷系另一问题,现呈国务院复加提议";并将黄仁寿另调他缺,改任前运使吴征鳌④赴粤接办粤桂盐政筹备处。⑤ 此事才算告一段落。

1913年11月14日,袁世凯颁布大总统令,称"国家收入以盐政为大宗,盐政改良尤以统一为先导"。其中指出,湘皖赣粤等省自光复以来,多有"截留盐款,擅自动支,破坏盐纲,侵越权限";而军事平定以后,又"托词于截获逆盐,或藉口于拨充饷项,任情支配,随地销售","实于鹾纲大有窒碍"。由此要求各省都督民政长"通饬所属文武官吏,概不准干涉盐务,无论何项名目,不得私毫拨用"。⑥ 军政府所推行的自由贸易政策,商人是要每包缴饷银3元,即可自由售卖而不受引额限制,实际上无形中也扩大了两广的行盐量。食盐专卖的目的原本在于严格控制引额,以将盐税统归于中央。军政府此举无疑是对中央盐法的破坏,而同时又将大量盐税收入归入地方政府私囊。后洋员丁恩提出改革盐务的重要理由之一即各省"每年以盐税净款之一部分解交北京","至于各省所收之总数若干,及净款若干,尚未能查明"。⑦

时人评论民初广东自由贸易这一改革时,也认为其主要原因在于地方军政缺饷。广东盐运使秘书邹琳称其为"临时集款之计"。⑧ 署名"大浣"者亦称:"陈炯明之为粤都督也,以北伐为名,诡称需饷孔殷,乃开放省河盐务,定为自由售买,每包但缴饷三元,即一律放行","炯明所谓为意别有在本,不能以盐法得失衡之,顾彼既悬一自由售卖之美名,意中固自谓'穰穰簋车,可取之不涸之渊'矣"。⑨

二、丁恩改革与广东盐务的双轨体制

1913年4月,袁世凯与英、法、德、日、俄等国签订善后借款合同,同意了外国盐税兼理之议。经过多次磋商,中方与各列强最终确定:中国自行整顿盐务,产盐

---

① 《粤人反对黄仁寿问题》,载《谈盐丛报》1913年第2期,第123-124页。
② 《盐运使暂刊木印启用》,载《谈盐丛报》1913年第7期,第120页。
③ 《两广盐运使之逐鹿谈》,载《谈盐丛报》1913年第3期,第133页。
④ 民国二年一月十三日,北洋政府再次任命吴征鳌署两广盐运使。参见《临时大总统令》,见《政府公报》1913年1月14日第248号,第3页。
⑤ 《粤人反对黄仁寿问题》,载《谈盐丛报》1913年第2期,第125页。
⑥ 《民国二年十一月十四日大总统令》,载《谈盐丛报》1913年第8期,第51-52页。
⑦ [英]丁恩:《改革盐务报告书》,见沈云龙主编:《近代中国史料丛刊三编》第44辑,台湾文海出版社1988年版,第33页。
⑧ 邹琳编:《粤鹾纪实》第一编《总说》,华泰印制有限公司1922年版,第6页。
⑨ 大浣:《论两广盐务变迁大势及今后补救之方法》,载《谈盐丛报》1914年第18期,第18页。

和征收盐税处可酌自聘用洋人，帮同办理，所收盐税，可交存于最妥实的银行。①

善后借款担保有三项，即盐务收入的全部、关税中除应付款项外的余款，以及直隶、山东、河南、江苏四省所指定的中央税款。借款以盐税为抵押，并商定由洋人协助实行盐税收归中央的政策。② 全国的盐税收入首先用于保证偿还列强债款的本息，剩余部分才归中国政府支配。其中备受关注并影响此后中央盐务管理的一条是应诺由洋人参与稽核盐税。1914年1月29日，盐务署函中所附《盐务署稽核总所章程》称："稽核总所审计所有一切盐款收支账目，以及凡为政府一切收买存储转运及销售盐斤之收支。"③

根据善后借款的附加内容，财政部下设立了盐务署，署下设盐务稽核造报所，该所为专门考核盐务收入款项的机构。总所设华人总办一人，洋人会办一人；分所设华人经理一人，洋人协理一人。按照《善后借款合同》中"用洋员襄助整顿改良中国盐税征收办法"的条款，经莫理循（G. E. Morrison）推荐，在印度有多年盐政管理经验的英国人丁恩被袁世凯聘任为中国盐务顾问兼盐务稽核总所会办，协助中国政府进行盐务改革。

从最初的洋会办到实际任命的洋会办兼盐务署顾问，实际上也是丁恩来华之后所争取到的改变。按照合同的规定，稽核造报所的职能主要在于对盐务收支进行稽核及保存盐款。但丁恩反对1913年初颁布的稽核造报所章程和办事细致，并以辞职相威胁。经五国公使出面交涉，北京政府总理熊希龄最终答应改稽核造报所为盐务稽核所，对原颁发章程加以修改，给予盐务稽核所更多的权力。④

随后，稽核总所在各地设立分所，稽核分所的权力被大大扩充，除允许洋人管理盐税外，凡管辖盐官、盐场及缉私、掣验一切盐务行政主权悉予洋人。从中央的稽核总所到各销售区的稽核分所，构成了由盐务署总办和会办直接领导下的稽核所体系。

同时，中国政府本身还保留着原有的盐务管理机构，即盐运司体系，由盐运使等一众盐务官员组织，"其运盐售盐及缉私一切事宜，仍归运司主持办理"。⑤ 运司体系在中央归属盐务署主管，在地方上又与省级官员密切联系。在善后借款谈判中，袁世凯、周学熙等鉴于整顿地方盐务受挫的情况，当时也对西方列强能否建立有效的盐税集权中央制度有所怀疑。因此，中方对于稽核所体系虽有所期待，但又不敢贸然改变运司制度。这样一来，在地方盐务上就同时存在盐运司和稽核分所两套机构。各省盐运司隶属财政部盐务署，仍照原制度运行，稽核分所则直接受命于总所，二者之间并

---

① 宓汝成：《国际银团和善后借款》，载《中国经济史研究》1996年第4期，第47－62页。
② ［日］岩井茂树：《中国近代财政史研究》，付勇译，社会科学文献出版社2011年版，第376页。
③ 《1914年1月29日盐务稽核总所致英国驻京公使朱尔典函》，见南开大学经济研究所经济史研究室编：《中国近代盐务史资料选辑》第1卷，南开大学出版社1991年版，第149页。
④ 丁长清、唐仁粤主编：《中国盐业史·近代当代编》，人民出版社1999年版，第58－59页。
⑤ 《1912年9月20日周学熙关于借款条件致六国银行团复函》，见南开大学经济研究所经济史研究室编：《中国近代盐务史资料选辑》第1卷，南开大学出版社1991年版，第51页。

无明文规定的监察权力,这就形成了民国初期独有的盐务双轨体制。

稽核所制度是伴随着丁恩的盐业自由贸易改革思想同时提出的,可以说,自由贸易是确保稽核所制度运行的重要基础。丁恩主张就场征税、自由贸易——"余在印度经验,知此乃至善之法,不加盐价而能增收税款,且无害于民"。他"极力主张将商人运售盐斤之引权一律取消,改行自由贸易之制"①,因为中国盐务"真正问题所在之处——即引岸制及对积累的既得利益"。②他指出,盐作为百姓日常生活必需品,"如果盐斤运售愈多则其价愈贱,价愈贱则销数愈增,而政府收入必愈巨"。但中国的专商引岸,"凡专商若筑运少数盐斤而按高价出售者,则其所获之利较诸筑运多数盐斤而按廉价出售者为丰,因筑运之数少者则需收盐、运盐之资本自可较省,而完纳官税亦不必多"③。也即是说,专商引岸是一种反市场的行为。专商引岸导致商人倾向于少运售盐斤(实际更多可能从事私盐贸易),其结果不仅导致政府收入少,而且由于盐商垄断引岸并少运食盐,盐别无他出,百姓可能因此吃不起盐,所以"盐商为国家盐税阻力,且致国人食贵价之盐"④。丁恩提倡盐业自由贸易的目的,就是要以就场征税取代专商引岸,打破专商的垄断,达到增加政府收入的效果。

稽核所成立之后,很快便以设在北京的盐务稽核总所为全国最高盐务机关,在全国建立起一套自上而下的独立的管理系统。总所其他员司及分所经理、协理等的任免,均由总会办共同决定。与历代的情况不同,稽核制度的建立,是中国第一次出现近代中央集权的盐政管理系统。与传统的以地方管理为主的旧体制不同,稽核所的地方分支机构与当地官员和地方政治几乎没有联系。从中央到地方的稽核所职员,均按照西方文官制度的要求,经过严格的考核才被录用,因而具有较高的素质和专业知识。他们一般只在稽核所系统内调动,终生在稽核所机构任职,从而实现了人员的专业化。⑤

不过,由于广东在当时的特殊形势,洋人主导的稽核所制度并未能很快在广东展开。1913年6月,袁世凯解除胡汉民广东都督的职务,又先后任用陈炯明和龙济光主政广东。8月11日,龙济光进驻广州,出任都督,成为袁世凯在广东的代理人。为了拉拢龙济光,袁世凯同意了龙济光推荐的严家炽出任广东省财政司司长,并任用陈炯明举荐的区濂署理两广盐运司。⑥虽然该年9月30日广东稽核分所也奉命设立,

---

① [英]丁恩:《改革盐务报告书》,见沈云龙主编:《近代中国史料丛刊三编》第44辑,台湾文海出版社1988年版,第165页。
② 《1913年8月18日丁恩关于盐务机构现状之报告》,见南开大学经济研究所经济史研究室编:《中国近代盐务史资料选辑》第1卷,南开大学出版社1991年版,第142页。
③ [英]丁恩:《改革盐务报告书》,见沈云龙主编:《近代中国史料丛刊三编》第44辑,台湾文海出版社1988年版,第161页。
④ 悔逸:《丁恩长芦盐务办法禀及部批条办》,载《谈盐丛报》1914年第14期,第27页。
⑤ 丁长清、唐仁粤主编:《中国盐业史·近代当代编》,人民出版社1999年版,第61页。
⑥ 《财政总长兼盐务署督办周自齐呈遵查两广盐运使区濂被劾各款据实覆陈请训示文》,载《政府公报》1915年2月11日第992号,第10页;《民国二年八月二十四日临时大总统令》,载《谈盐丛报》1913年第6期,第48页。

但在之后的一段时间里，把持广东盐务者主要是区濂。据丁恩称，"在分所办事章程未经公布，及鄙人未于民国三年二月间亲往广东调查以前，所有粤省盐务几尽握于运使一人之手也"①。

区濂主持广东盐务期间，并没有彻底改变广东盐业运销的传统做法。区濂认为，就场征税"恐灶户无余力纳税，必至相率罢工，税入反受影响"。他主张"就场专卖"，允许旧有商人"组织运盐公司，予以优先权"。②除了继续保留运馆组织，海南、雷州一带运省的盐务也由两三家公司包揽。雷州乌石场除配平南两柜外，尚有余盐20万担，向准广益公司蔡永年、大裕公司蔡国祥两商"专运回省济销"。琼崖三亚场由侨商胡国廉创设之侨丰公司掌控，从光绪三十四年（1908）开始，买盐运省，交埠配销。③在运司的允许下，由海南运盐至广州，可享"免缴纳广州盐税之一部分"的特别权利。④在潮桥也有类似的运商组织。区濂的举措始终离不开盐商的利益诉求。一方面，区濂在从政以前实为广东盐商，并与"闽粤侨商联络一气"⑤；另一方面，更重要的是，盐税的完纳和地方盐务的开展，均离不开盐商群体的支持。

1914年春夏之交，广东的盐务管理开始发生重要的转折：稽核所制度随着丁恩等的重视，在广东全面展开，尤其是实现了权力的最大化。1914年春，丁恩亲自到广东调查盐务，据说他"粤东盐场遍广、惠、潮、高、廉、阳各属，盐产遍琼、崖、雷各州，均须次第巡阅"⑥。随后，5月份北京政府连续出台若干政策，干预广东盐务。先是针对孔法徕再次呈请以"承认公债，请复旧业"，盐务署严正声明："嗣后粤省省河配盐，决不再援包商制度。"⑦

广东稽核分所加紧了对广东盐务的全面接管。"各稽核分所设立之处，可征收一切盐税、盐课及各费"，"凡收税之官应由总会办委任"。⑧推行稽核分所制度的第一步就是接收原属运司管辖的省河东西汇关的批验权。不久，盐运使即发布布告，照稽核分所新章，"所有称盐放盐事宜"归广东分所举办。将原办监掣、验放的东汇关改为省河东口查稽厂，西汇关改为省河西口查稽厂，而监掣、验放事务全归稽核分所负责，并以管理、查验、缉私为责任。程船回省，也交由东口查稽厂验明，分所开秤之

---

① 《广东分所虽于民国四年间成立但在民国三年二月以前所有盐务几尽由运使办理》，载[英]丁恩：《改革盐务报告书》，见沈云龙主编：《近代中国史料丛刊三编》第44辑，台湾文海出版社1988年版，第249页。

② 《区运使之主张》，载《谈盐丛报》1914年第12期，第108—109页。

③ 邹琳编：《粤鹾纪实》第四编《运销》，华泰印制有限公司1922年版，第57—58页。

④ [英]丁恩：《改革盐务报告书》，见沈云龙主编：《近代中国史料丛刊三编》第44辑，台湾文海出版社1988年版，第263页。

⑤ 《财政总长兼盐务署督办周自齐呈遵查两广盐运使区濂被劾各款据实覆陈请训示文并批令》，载《政府公报》1915年2月11日第992号，第11页。

⑥ 《洋会办来粤巡视盐场之行程》，载《谈盐丛报》1914年第12期，第109页。

⑦ 《盐务署批驳粤商文》，载《谈盐丛报》1914年第18期，第44页。又见民国四年八月九日《大总统批令》，载《政府公报》1915年8月10日第1170号，第6页。

⑧ 邹琳编：《粤鹾纪实》第五编《征榷》，华泰印制有限公司1922年版，第55页。

日，同样由该厂员会同验舱盖印委员到船查验核对盖印。上河船在省配盐，同样须持有稽核分所发给的运照，经西口查稽厂点包验数，然后方可运销。①

1914年5月7日，财政部又决定取消"由海南运盐至广州可免缴纳广州盐税之一部分"的优惠条款。② 5月13日，丁恩又建议将广州府十四属之包商及咸饷一概取消。③ 随后，将以上几处均改为自由贸易。加上之前已经开放的中、西、北三柜，在丁恩和北京政府的干预下，广东基本上实现了制度上的全面自由贸易。

全面推行自由贸易之后，广东盐商运售盐斤必须到稽核分所请领运照。"凡上河商到省运盐均先与运馆购定盐包，由原卖运馆具通知单，到稽核分所报税，请领蓝色三联纳税单（简称蓝单）。此项三联单其一联存分所备查，余二联由商人持往银行缴税后，由银行截取一联备查，并于他一联签字发还原商，持到运署发照处挂号，再到稽核分所转换黄色配单（俗称准单），俟起运之先，然后由原卖运馆报明督配局标配，越日始凭配单开秤，配足后由督配局加发配单一纸（俗称水单），以备原商持黄色配单到分所转换正式收据，连同水单到运署发照处换领三联运盐执照。除第一联应存运署备查外，其第二第三两联即发交商人，持赴分所签字，复由分所截存第二联，乃将第三联发还商人收执，运盐前往指定地点。"④

广东稽核分所又相继添加平南、潮桥两稽核支所，分别以华人、洋人各一名为助理员，并分设各收税局。1915年11月底创设平南稽核支所，办公处设于广西北海，数月之后，南柜亦归支所管理。支所接收了盐运使所有税款，并取消包商制度，改归场务员经收，于1916年2月22日起开始由支所按照新的统一税率进行收税。⑤ 这一时期，"广东稽核分所、支局收税局，先后设立，应收正税杂款，均划归经理"⑥。丁恩在广东全面推行盐业自由贸易，并全面接管盐运使的职权，包括对税款的有效征收、支配，以及对盐务官员的任用，等等。

双轨体制的成效在1915—1916年间得到了充分的体现。但随着袁世凯的下台，中央政府对地方的控制力日渐弱化，各地军阀势力异军突起，地方社会中各种势力的矛盾日益尖锐。为了巩固和扩充自己的势力，各地军阀的军费开支不断增加，急需开拓财源，盐税成为他们抢夺的目标。在这一过程中，稽核分所的职权难以开展，盐务

---

① 《两广盐运使布告》，载《谈盐丛报》1914年第16期，第57-58页。
② 《两广盐运使当日拟在广东施行包商办法或行官收官运官卖之办法张弧曾切实声明对于此事必不核准》，载［英］丁恩：《改革盐务报告书》，见沈云龙主编：《近代中国史料丛刊三编》第44辑，台湾文海出版社1988年版，第263页。
③ 《财政部曾于民国三年四月间饬将广州府属之专卖事宜及咸饷一概取消与运使于三年九月间设法将运售盐斤事宜加以管理》，载［英］丁恩：《改革盐务报告书》，见沈云龙主编：《近代中国史料丛刊三编》第44辑，台湾文海出版社1988年版，第263页。
④ 邹琳编：《粤鹾纪实》第四编《运销》，华泰印制有限公司1922年版，第54页。
⑤ 《关于平南柜设立支所》，载［英］丁恩：《改革盐务报告书》，见沈云龙主编：《近代中国史料丛刊三编》第44辑，台湾文海出版社1988年版，第403页。
⑥ 邹琳编：《粤鹾纪实》第五编《征榷》，华泰印制有限公司1922年版，第55页。

双轨体制和盐业自由贸易的运作也变得十分艰难和复杂。①

三、广东军政府对盐税的接收与两广盐务稽核所的成立

1916年以后,由于军阀混战的日益频繁,各省截留盐税的问题日趋严重。(见表7-1)如"川南一属(四川)因扬子江发生战事,故运往云贵两省、四川沿江各属之盐颇受影响",又"云南盐税自民国五年三月起被该省长官悉数扣用,并委派该省财政厅长代理运使"。在广东,"莫擎宇将军在汕头宣布独立,并将该处中国银行所存之盐款八万五千二百元扣留提用"。②

表7-1 北洋政府时期历年各省截留盐税情况

单位:元

年份	截留省份	截留数		
		奉准截留	自行截留	合计
1916	广东、云南、四川	10500896.05	1366632.69	11876528.74
1917	广东、云南、四川、湖南、福建	4448447.27	3048495.39	7496942.66
1918	广东、云南、四川、湖南、湖北	11444671.49	4191192.60	15635864.09
1919	广东、云南、四川、湖南、湖北	15523732.27	10817476.01	26341208.28
1920	广东、云南、四川、湖南	10559550.59	13352260.47	23911811.06
1921	广东、云南、四川、湖南、湖北、福建	6589993.66	11824100.90	18414094.56
1922	广东、云南、四川、湖南、湖北、江西、福建、山西、奉天、甘肃	11542729.88	20125720.40	31668450.28
1923	广东、云南、四川、湖南、江西、福建、奉天	3749952.40	26457297.33	30207249.73

资料来源:丁长清、唐仁粤主编《中国盐业史·近代当代编》,人民出版社1999年版,第85页。

---

① 《前袁大总统称帝及政局变迁情形》,载[英]丁恩:《改革盐务报告书》,见沈云龙主编:《近代中国史料丛刊三编》第44辑,台湾文海出版社1988年版,第428页。

② 《前袁大总统称帝及政局变迁情形》,载[英]丁恩:《改革盐务报告书》,见沈云龙主编:《近代中国史料丛刊三编》第44辑,台湾文海出版社1988年版,第428页。

地方截留盐税，实质是北洋军阀统治中、后期，各帝国主义国家、北京政府与各地方军阀之间，依仗各自实力争夺和瓜分已收盐税的问题。而在20世纪20年代初，广东革命政府收回盐政权的斗争是孙中山领导的反对北洋军阀的大革命斗争的一部分，这和军阀截留盐税是两类不同性质的斗争。①

1917年7月17日，护法运动开始，孙中山在广东组织军政府。护法运动初期，军政府虽然形式上在广州成立，但由于广东诸事务皆为陆荣廷的桂系所把持，其未能有所发展。陆荣廷在该年3月曾进京与中央政府接洽，就两广的权力布局及其在两广的地位与中央达成共识。所以在护法运动中，桂系军阀虽然表面支持广州军政府，私下却处处阻碍。

1918年年初开始，孙中山及广东军政府开始对收回盐政权表现出强硬的态度。当时，原两广盐运使丁乃扬被加以私通龙济光的罪名而撤职，孙中山任用李茂之为两广盐运使。②李茂之，广东新会人，"军政府关系甚深之人也"③。3月8日，孙中山以军政府大元帅的名义，宣布禁止中国银行"将盐款汇解团银行盐款账内"④。3月18日，孙中山赞同军政府代理财政总长廖仲恺"两广盐运使为盐政专司，盐税收入自应统归该机关收管"⑤的意见，下令"将盐税收入交由专司盐政机关收管，按照预算分配各项用途、提取税款，分别听候令拨及径拨，并请令知两广盐运使、中国银行遵照办理"⑥。随后，孙中山又委任吴铁城为盐税监收专员，前往中国银行监收盐税。⑦盐运使李茂之成为掌管两广盐税的最高长官。

军政府截留盐税的理由是："盐税一项为中央政府直接收入，现在军政府成立，护法各省已与北京非法政府完全脱离关系，广东为护法省份之一，所有盐税收入自应收归军政府。"⑧之后，军政府又补充说明，接管盐务、截留盐税是为了避免盐税被北京政府拨给正准备讨伐军政府的龙济光。伍廷芳宣称已有确据证明盐税所收纸币将拨给龙济光。⑨

这一时期广东盐政的最大改变是盐税收款数目的监管权力转移至两广盐运司，并

---

① 丁长清主编：《民国盐务史稿》，人民出版社1990年版，第117–118页。
② 《两广盐运使李茂之上大元帅呈》，载《军政府公报》1918年3月27日第64号，第5–6页。
③ 《广东军政府之实权》，载《申报》1918年3月13日第6版。
④ 《广东宣布独立后革党干涉盐务欲抽加税……运使革职及革党提用盐款各情形》，载〔英〕丁恩：《改革盐务报告书》，见沈云龙主编：《近代中国史料丛刊三编》第44辑，台湾文海出版社1988年版，第466页。
⑤ 《代理财政总长廖仲恺上大元帅呈》，载《军政府公报》1918年3月20日第60号，第8–9页。
⑥ 《大元帅令：令代理财政总长廖仲恺、两广盐运使李茂之、中国银行广东分行行长》，载《军政府公报》1918年3月30日第10号，第1–2页。
⑦ 《代理财政总长廖仲恺上大元帅呈》，载《军政府公报》1918年3月20日第60号，第8页。
⑧ 《两广盐运使李茂之上大元帅呈》，载《军政府公报》1918年3月27日第64号，第5–6页。
⑨ 《盐税收归军政府布告》，见秦孝仪主编：《孙中山全集》第2册，台湾近代中国出版社1989年版，第70页。

由运司对军政府负责。负责收管盐税的中国银行被要求"将逐日收数函知"运司，"以便照三分之二提拨"。①而运司则被要求将"所有盐款收入支出"呈报给军政府稽核，②实际取代了原北京政府对广东盐政的管理职权。由于来自国际银团的压力，英、法、日、俄等国齐齐向中国政府施压，③而军政府并不敢完全抛弃善后借款合同不理，也不敢贸然与列强断绝关系。由于广东境内的战乱纷纭，当地盐运实际还依赖外国商船，如赴盐场运盐，侨丰公司雇佣的是英商轮船，协源号盐商雇佣的是日本商轮。④因此，运司掌管下的盐税，军政府"着将收入三分之一仍留该所，以备照例分拨（银行团），其三分之二应悉数作为军政府收管收入"⑤。

1918年5月辞军政府大元帅职离开广州的孙中山，于1920年调陈炯明率军从福建回广州驱逐桂系军阀势力。10月，莫荣新逃离广东。11月，孙中山重返广州，重组军政府。1921年5月，军政府撤销，孙中山在广州就任中华民国非常大总统。新政府宣布改变之前盐税的三分旧例，"由运署匀解国会、政府、粤军总司令部"，"每月收入税款，除分所支拨外，运署按月提用若干，照数填出印收，咨送分所转缴"。⑥为了收取盐税，军政府也批准成立了一直以来都未被允许的上河盐商的联合组织"上河盐商公会"，声称其以"辅助国课之进行及阻止私盐贩运"为宗旨。⑦

广东军政府的这几次干预盐政，基本还是以承认稽核分所为前提的，在盐税征收上也仍旧依赖广东稽核分所与银行的合作。但1923年2月，孙中山再次回到广州，第三度建立广东革命政府，就任陆海军大元帅后，开始直接改变稽核分所制度。

该年5月，孙中山决定撤换由北京政府任命的广东稽核分所经理关景星，改由伍汝康担任该职。据温福田的回忆，孙中山接收稽核分所的计划是从1921年时候就开始实施的，只是接受过程因陈炯明叛乱而中止。广东革命政府做出了保留稽核分所的外国经理、只撤换中国经理的决定。⑧革命政府成立后面临的最大困难就是财政。孙中山不仅面临着粤东、粤南各路军阀势力的威胁，而且革命政府名下的军队也都各自把持财政。在财政严重吃紧的情势下，只有改变现行盐务体制，自行任命稽核分所经

---

① 《本署公函中国银行奉令收管盐税嗣后收款数目希即逐日函知过署以便照数提拨文》，载《粤醝月刊》1918年第10期，第24页。
② 《政务会议令两广盐运使将收支盐款按月造报并补呈接收前任交代案册文》，载《军政府公报》1918年10月2日修字第10号，第10页。
③ 《广州盐务进款事》（1918年6月4日），台湾"中央研究院"近代史研究所档案馆藏，档案号：03-04-008-01-008；《广州截留盐款事》（1918年6月25日），台湾"中央研究院"近代史研究所档案馆藏，档案号：03-04-008-02-005。
④ 《据侨丰公司司理胡子春禀为续轮运请领水程并咨关发给免照由》，载《粤醝月刊》1919年第21期，第98—99页。
⑤ 《两广盐运使李茂之上大元帅呈》，载《军政府公报》1918年3月27日第64号，第5—6页。
⑥ 邹琳编：《粤醝纪实》第五编《征榷》，华泰印制有限公司1922年版，第72页。
⑦ 邹琳编：《粤醝纪实》第四编《运销》，华泰印制有限公司1922年版，第21—22页。
⑧ 温福田：《大元帅府时期的广东盐税》，见《广东文史资料》第19辑，中国人民政治协商会议广东省委员会文史资料研究委员会1965年版，第44页。

理，才能夺回盐税的控制权，缓解财政危机。

10月，广东革命政府决定，改任伍汝康为两广盐运使，同时将广东稽核分所改组成两广盐务稽核所，任命宋子文为经理，试图自行建设稽核所的税收班子。宋子文上任不久即奉命对"盐斤每包增抽军饷大洋一元"①。

1922年宋子文受命担任两广盐务经理之后，广东就开始了收回盐税征收权的革命行动。西方列强对此不但再三提出严重抗议，而且封闭了广东各地的稽核机关以示抵制，甚至策划派遣法国军舰水兵登岸进行武装干涉。他们还曾派遣洋员鲍德和傅国勋与孙中山进行会谈，答应继续将广东省盐税专供广东革命政府使用，只要求由北京政府派孙中山能同意的人就任经理，以企图继续控制广东盐政，但遭到广东革命政府的坚决拒绝。②

1924年1月7日起，广东革命政府正式发布命令，即日起盐税由中央银行代收。③ 1925年以后，广东革命政府已经决议完全控制广东盐务，不仅自行成立了盐务署，而且陆续接管了全省各处稽核机构，并"驱逐北京盐务署根据借款合同所聘任的全体华洋人员"④。

至1926年4月，在北伐开始之际，广州国民政府以稽核制度"含有债权关系"，"实于国权损失甚大，主张取消"，遂将两广稽核所与两广盐运司裁并，改组为盐务总处，任命邹琳为处长。⑤ 1917年以后实际上只作为缴税机构而存在的稽核分所，最终被广州国民政府裁撤。

---

① 《大元帅指令第六五〇号》，载《陆海军大元帅大本营公报》1923年11月30日第39号，第28页。

② 丁长清主编：《民国盐务史稿》，人民出版社1990年版，第118页。

③ 《大元帅指令第三〇号》，载《陆海军大元帅大本营公报》1924年1月20日第2号，第44页。

④ 《1925年12月18日盐务会办韦礼敦致银行团各代表函》，见南开大学经济研究所经济史研究室编：《中国近代盐务史资料选辑》第1卷，南开大学出版社1991年版，第423—424页。

⑤ 《财政年鉴》（上），商务印书馆1935年版，第666页；《1930年以前盐务机关及稽核所取消、恢复与职权变动梗概》，见南开大学经济研究所经济史研究室编：《中国近代盐务史资料选辑》第2卷，南开大学出版社1991年版，第67页。

第八章　国民政府时期广东的盐政与盐业

民国时期，尽管广东政权变动频繁，区域割据时常出现，但有一个相对稳定的运商体系保证了食盐的生产和运销。国家通过控制运商和食盐出场路线，从中获取盐税。省配体系中的下河盐商，就是盐税来源之大宗。而相对的是，在食盐销地方面则采取注册制，放任盐商自由贸易，此制度支撑了较多资本相对较小的上河盐商。本章即以"运商体系"的兴衰来解释民国时期广东盐政与盐业的嬗变。

在运商体系支配下，盐场只是作为附庸存在，盐场间的激烈竞争及盐场内部的小农生产格局，造成了盐场难以出现统一的生产企业。而在政权更迭、商路变迁中，粤西商路始终保持着粤盐供应的主导地位，这也就逐步孕育出粤西产盐中心的格局（尤其是海南盐业的兴起）。

南京国民政府时期，由于李济深、陈济棠对广东政权的把控，广东盐政始终与中央政府保持敌对关系，抵制宋子文推行的国税改革。为与中央争夺国税，盐运使陈维周的政策改变了运商体系中下河盐商的运销格局，改由专商垄断。此举又受到中央政府的反制，结果使粤盐丧失了湘南销地，造成了粤盐的困境。

而随之而来的抗日战争与一系列统制、专卖制度，最终导致了运商体系的解体。在战时体制下，由官方直接控制盐源，在商人的辅助下进行官运，于是开启了粤盐专卖的新时代。

第一节　北伐前广东的盐业体制

在1923—1924年的短短两年时间里，孙中山大元帅府辖下的两广盐运使换了4名，他们采取各自的方法，力图"以无预算之盐税应付有定额之军饷"，实则很难取得成效。然而，值得注意的是，在孙中山由于军事实力限制并未真正完全掌握广东行政的情况下，其取得盐税的方法仰赖于省河的盐商及分销到广西、湖南等地的盐商，这又从侧面显示了盐商网络的稳固性。即便在乱世中政局和势力范围随时消长，但四次短暂变革基本上均是试图从负责运销的盐商手中获取足够的税收作为军费。故对于相对游离于政治与军事之外的运商网络，需要进一步考察。

一、运商体系及配盐制度

民国时期广东省食盐运销仍延续晚清以来的体系，即"省城—潮桥"体系，二者形成了广东省盐业管理的中心以及盐货集散的中心。广东省盐税又素来以省城体系为重。①

广东省配部分的运商，一般设有"运馆"，拥有"程船"。运馆指的是具有购买、贩卖及仓储等功能的机构，例如省河盐商常常在盐场设有运馆，购买盐货及储存盐货。程船指的是由政府批准的运盐船，常常隶属于运馆，负责食盐的运销。民国政府采取注册制的方式来控制运馆和程船的数量及货运，进而控制运销以及获得赋税收入。对于运馆和程船的管理，又根据上河盐商和下河盐商而有所差别。

广东省配部分的运商，分为下河盐商与上河盐商。下河盐商的运馆设于省河，是负责从盐场配盐，运至省河的批发商，也称运商。上河盐商是从省河买盐，运销往省配销地的散商，也称埠商。

下河盐商主要开设具有两条程船以上的运馆，运馆和程船均需要立案和三家同业联保，方可获得开业权。下河盐商的运馆多数设于广州太平沙和海味街一带，成立的时间是从清代光绪到民国年间，而民国年间设置的占多数。

下河盐商拥有两个重要的商业公会，即济安公堂与运商研究公会。两个公会均对运馆开放，既负责下河盐商之间的联络，也负责运馆作为整体与政府之间的沟通。根据公会章程，运馆须于所配盐斤中抽取2仙/每包的费用作为公会维持的资金。可以说，济安公堂和运商研究公所是民国时期广东盐业在食盐运销和税收方面最具核心意义的商业组织。

一般而言，下河盐商会在盐场设有场馆，作为运馆的派出机构，负责盐场买盐（配盐）事宜。1921年1月伊始，盐运署开始清理场馆，其一是明确了场馆的注册制度，新开的场馆需要三家运馆联保方许注册，而旧有的场馆需要补充注册；其二是场馆负责配盐过程中与盐场官署之间的诸多配盐手续；其三是场馆可以设置"厂"或者"仓"，直接向墡户买盐，但须由盐场官署官员监视；其四是场馆负责程船的水程与盐场官署发出的水单等单据程序。

上河盐商在民国"自由贸易"制度下，准入的门槛较下河盐商为低。上河盐商只需具备一定资本，便可以在政府注册，领照运盐往各埠。上河盐商最重要的组织是上河盐商公会，全名为广州上河盐商公会。上河盐商公会并没有囊括所有上河盐商，而把入会资格严格控制于"销盐一年以上""运盐一卡以上"及"该公会发起者或者成员三家联保"三条基础上。该公会成员的总部也多数设于广州，负责西、中、北三柜行盐区的运销。

由于下河盐商与上河盐商均集中于广州，故整个民国盐政的重点（省配部分）就在于维持两个群体的商业利益以及从中获取最大占比的赋税。

上河盐商的纳税手续采取先税后盐的方式。具体流程如下：上河盐商先与下河盐商的运馆订购盐包，由运馆填通知单给稽核分所报税。稽核分所开出蓝色三联纳税

---

① 相关研究参见段雪玉：《南海盐道：16至19世纪广东食盐生产空间变迁与流通机制》（待刊）。

单,其一联存分所,二联由商人持往银行缴税,银行截取一联,并签字发还一联给盐商。盐商持最后一联到盐运署挂号,再到稽核分所转换黄色配单。接下来由运馆向督配局报明交割实物,督配局根据配单开秤,配足之后由督配局加发配单一纸(俗称"水单"),盐商可以持黄色配单到稽核分所换成正式收据,然后连同督配局的水单,到盐运署转换成三联运盐执照。该三联执照,一联存于运署,一联需要稽核分所签字截存,一联发还商人,在运盐至指定地点(行销地方)并销售完毕之后,将运照和销盐总表分销单存根缴回运署注销,存案备查,方才了结完整的销盐环节。

这个复杂的纳税流程是民国时期国家控制食盐产品的关键所在。从机构看,省配的环节涉及4个机构:两广盐运使署、广东稽核分所、督配局和银行。稽核分所在银行的协助下收取税收,盐运署通过督配局控制配盐的环节和交割货物,在一定程度上实现了税收与行政的分离。这是民国初年丁恩改革的重要举措。而整个纳税流程其实建立于下河盐商和上河盐商交易的环节中。下河盐商无法绕过以上机构直接把盐卖给上河盐商,否则就以私盐论处。而下河盐商的盐船停靠省河之后,便受到了盐运署的严格控制,以便进入此流程中。盐运署控制程船的手段是由盐场署和三水门、三洲塘、虎门等处的查验厂联合完成的。盐场署在下河盐商买盐之后,必须对程船发给舱口折,上面登记有盐包数和舱口印花的信息,查验厂则发布覆验舱口单,查验运输过程中的损耗,开立新的盐包数和舱口印花信息。鉴于国家在制度上控制了下河盐商的盐包,督配局可以在上河盐商缴纳盐税之后,参与到交割货物的环节中,此过程称为"开配"。

"先税后盐"的交易方式和"开配"的交易程序,促使了税单和实物的分离。虽然民国时期废除了盐引制度,但在一些时候,税单可以看成一种短期的债务——政府已经向上河盐商收税,并且上河盐商也与下河盐商订立了商业合同,但在开配的环节未必能够及时配到盐包。这就给政府的介入留下了空间。1923年6月两广盐运使的"优先现税"方法,即体现了此交易环节的复杂性:首先,以八成的价格予以配盐,即缴纳24万的税收可以得到30万的税单;其次,未盖有优先符的税单不允许配盐,即要求盐商一定要认买这批税单;再次,放宽销盐的期限,促使这批税单流通;最后,对于之前的旧税单,必须以"现款15000元新税单搭配旧盐400包"的原则进行开配,否则不予流通。① 事实上,这套政策是在下河盐商的盐货库存严重不足,同时政府急需军费的情况下采取的权宜之策。其结果是上河盐商的利益受到打击,故他们不断指责政府对于中小盐商造成较大负担,而下河盐商则顺势推动盐价高涨,被指责为垄断盐业。我们必须从这个制度所产生的各种现象和时人的彼此攻讦中洞悉该政策的制度原理:正是由于税单和实物的分离,政府得以用税单优惠和税单限制来提前吸取现金。政府并未直接控制盐源,但控制了"开配"的程序,故直接利用该程序中的配盐顺序牟取利益。这点与明代盐法中的盐引不同,盐引包括了盐产品的价格,而

---

① 于广、柯伟明:《孙中山大元帅府时期的盐税改革》,载《盐业史研究》2014年第4期,第37-38页。

税单仅仅是交易税。然而，也由于"开配"交易留下的制度空间，"先税后盐"政策成为民国时期广东盐政的重心，亦是上河盐商与下河盐商等群体博弈的主要舞台。

此处附带指出，与省配体系不同，潮桥体系的运商没有上下河的分工。潮桥运商有130余家，分属盐业公会和联安堂两个公会组织，负责食盐的运销。

事实上，民国时期广东省盐业管理的核心，就在于下河盐商参与的省配环节。下河盐商的生意主要是从盐场买盐，然后运到省河卖与上河盐商。下河盐商是省配盐的唯一所有者，他们的成本主要受到盐场盐价、程船工价、程船折旧（拥有自己的盐船）、省河仓储、盐场税率、沿途陋规等因素的影响，而他们的收益则取决于省河买卖时的盐价，故他们的利益导向是压低盐场盐价、降低运输费和运输损耗、推升省河交易的盐价。

下河盐商到盐场买盐具有一套"赴场配盐"的程序。赴场配盐，需要先"具领照保单，开列商名、船名、请配盐斤数目、指运地点……并取具同业运馆三家联保图章"①，缴纳程单费10元之后，才能向稽核分所申请水程单，由盐运署发单，称为"船户运场盐赴省水程"。水程单的格式如下：

> 两广盐运使为给程照配运事。照得各场盐斤，向由运商雇船领照到场，运回省河配运销售。现两广盐政简任运使直接中央办理所有程照，自应由本运使印发，兹录：
>
> 某某运商雇船户某某，系某县人办运司事，前往某场装运正盐若干包，运回省河配兑销售。今填给某字某号水程，给发该船户前往某场，赴该场官挂号，照依程内盐数发盐装运，即将由场开行日期，填明程内，限某日运回东口厂通报核验，由该厂填计回厂日期，有无违限，缴赴本运署分别查销核办。其盐由场开行，所有水陆军警缉私员役一体验程放行，毋许留滞。如无印给水程，即系私盐，许军民人等挐送治罪，毋违此照。
>
> 某场于某年某月某日据船户某某只投报水程，填明装正盐若干包，伸司码秤若干斤，到场后实装运盐若干包，伸司码秤若干斤，比较水程原填数目，实加装若干包，已由场将所配盐斤收足公费各款，某年某月某日截去水程右下角开行。
>
> 某厂员于某年某月某日据某投报水程装运盐船一只，在某场运盐若干包，点验数目相符，于某年某月某日截去水程右上角放行。
>
> 东口查验员某于某年某月某日据某投厂验截，查系盐船若干只共载盐若干包，于某年某月某日截去水程左下角放关。
>
> （其后附有条例，略）②

此水程单为"赴场配盐"程序之最重要凭据。分析该程单，我们可以知晓政府管理配盐过程的几个重点：其一，运商必须事先向盐务署告知买盐数量和买盐地点。

---

① 邹琳编：《粤鹾纪实》第四编《运销》，华泰印制有限公司1922年版，第44页。
② 邹琳编：《粤鹾纪实》第四编《运销》，华泰印制有限公司1922年版，第44—45页。

这就意味着，运商具有选择盐场的自主权。从另一方面讲，广东政府没有对盐场的产量进行定额以及在定额基础上的盐产分配，所以各个盐场的销量由各个时节的供求关系决定。进一步而言，民国时期的盐场生产具有非常强的市场导向，而非国家制度的引导。此点留待后文申论。

其二，在配盐过程中，盐运署要求盐场署、查验厂（如虎门厂）和东口厂分别截下程单三角，并且盖印、声明日期，最终在省河配盐完毕后由省河督配局转缴。在整个配盐过程中有严格的日期限制，并限定了买盐的量，由此可见盐运署规定了配盐的路线，并试图及时获取配盐的信息，以求免于走私。结合前文所提舱口折制度，盐运署的管理把运输过程中的损耗也考虑在内。

其三，在赴场买盐过程中的缉私是最为严格的。广东省盐运使公署需要组建一支武装力量，严格控制配盐的交通路线，一旦这些交通路线受到军队、盗匪的侵扰，则以上制度成为具文。

尽管制度如此严丝合缝，下河盐商的程船走私仍然非常普遍。1924年（民国十三年）6月12日，时任两广盐务稽核分所经理的宋子文派东汇关委员郑芷湘对照东口关运盐的数据与省河实际配盐（交易）的数据，发现即便在政府的眼皮之下，两者仍有较大差异。郑芷湘指出，"由（民国）十二年七月起，至本年四月底止，就各程船之已清舱者核计，其报配包数及配兑实数之多寡加以比较，藉资查考。现划分十二年七月至十二月为下半年份，其配盐溢额比较表系每千包溢盐六十三包零百分之五七，又由本年一月至四月划分为本年上半年份，其溢盐配额比较表系每千包溢盐一百一十八包零百分之五八"①。也就是说，在这段时间走私的盐包占省河交易的6.3%～11.8%。宋子文指出弊端出于"开配"的环节，商人在秤手的配合下多加盐斤，或者由程船分出小艇带走部分私盐，最终以开除部分职员结束此案。

由上可见，运商体系（下河盐商）通过运馆和程船几乎掌握了所有盐场出产的盐产品，而政府的法制也集中于省河配盐的环节，所以下河盐商就成为盐税最直接的承担者，也成为食盐交易中最核心的商人。

从广东革命政府成立到北伐开始，大盐商林丽生（字达存）一直是下河盐商的代表性人物。本节节首所引大元帅府时期的四次盐法变革中，邓泽如的"优先现税"法，实则主要依赖林丽生提供绝大部分的现款才能把税单售出。而发行过量税单之后随之产生省配不足的问题，邓泽如直接任命林丽生为盐务署委员，负责前往三亚等处采购盐货。这是林丽生以商人身份直接进入盐政管理的开端。其后，在赵士觐恢复"优先现税"法之后，也同时任命林丽生为省河督配局局长，事实上是把政府原来紧密掌控、严禁下河商人染指的"省配"核心要职出让给下河大盐商。随之而来便有林丽生利用此职为自身谋利、贩运私盐的报道。此后，林丽生与赵士觐交恶，被免去

---

① 《大元帅指令第五七七号（中华民国十三年六月十二日）：令两广盐务稽核所经理宋子文呈送东汇关程船配盐比较表乞鉴核备案由》，载《陆海军大元帅大本营公报》1924年6月20日第17号，第41-43页。

督配局一职。这时，林丽生致信赵士觐，信件中透露了下河盐商、督配局和两广盐运使在军饷紧急之时的盐政操作：

> 去岁兄出任运使，于未事之前，曾屡向弟垂询，空因此而办理诸多棘手，弟当时对于两事，允以全力担任，兄遂于十二月二日上场，三日弟即先立约借出银六万元，应支军饷，仍恐无实在预算，六日复由弟出名担保，联合商人，订立三十万借款合同，现已连续三约，不特并无贻误，且均期前交清。旧历年关，各方军饷催迫，不能不约外增加，又首先认借，独占多数，此外随时遇有缓急，无不设法挹注，饷项端无短竭之虑。至于盐之来源，现因省河旺配，存底有限，然屡向商人认真设法，据盐商公会报告，有盐十万余包，运在途中，入春以来，每日且有秤十余杆，销盐八九千包，此实为数月来所未有之好况……

赵士觐认为林丽生的信中过于强调个人的贡献以及他对两广盐运使的支持，故回信解释申辩。这两封信都刊登于1924年3月8日的《广州民国日报》中。① 兹节录赵士觐回信如下：

> 丽生仁兄足下，径复者，旬日以来，屡次传闻足下宣言，（赵运使不能过百捞），（三日见功夫）（某二人运动替赵），（大元帅以三件事限制赵运使）各等情，正深诧异，忽于三月一日，接到二月二十九日来书，内述，足下弟任运使，而大有助于弟者共三事。书中市恩怨望之语气，跃然纸上，足征屡次传闻，不为无因，但以来书全非事实，影响牵附之言，必不能令弟感动，以足下之聪明，岂有不知之理。乃明知不能感动，而亦故为牵附者，度因一时一事之感触，气愤辞职，不及思索，信口乱道，弟以为一两日后，足下必自觉悟，已将来书抽搁，拟不置答。初不料足下实用此影响牵附之函，为掊击武器，于昨日竟将来书向朋辈宣布，故意幻假为真，令人疑弟今后寡助失职，又信弟为忘恩负义，似此作用，是不独对于弟之身外官职，诡谋倾覆，直对于弟之身内人格，施行总攻击矣。弟为正当防卫起见正如左，一、来书谓弟未接任运使之前，足下允以全力帮助，弟乃决计登台云云。足下劝弟登台，自言以全力帮助，则诚有之。若如来书所云，反言之，足下不允帮助，弟即不敢登台矣，岂非笑话。二、来书谓与弟为挚交，于弟接任之初，曾借弟银六万元，以应支认额云云。按弟接任，系一月二日，第一次借银合同开始缴款，系一月六日，由二日至五日此四日内配盐多少，不能预知，弟虑不能应支认额，曾以预饷准单六万元，交足下所开之英芳生记代卖，每日将卖准单所得之款应支认额，及至六日借款合同实行，此六万元准单尚存万余元未经卖出。足下低于合同数点挽卖，盐商曾起责言，此为来书所言借银六万元之事实，代卖准单，岂能谓之挚

---

① 同时据报纸上所云林丽生离职之原因可以从信中见之，可见公布信件一事是符合盐运使的立场的。

交借银。伍汝康时,足下亦曾代卖准单,何与弟而特称挚交,切伍任时,英芳尚有垫缴,足下托弟代求黄隆生存银一万元,及弟经手存款共一万六七千元,均候英芳将准单卖出,然后提取,若此次待卖之六万元,有无代垫,无难一查而知。即有代垫,即一种营业行为耳,何借之有。三、来书谓足下办成借款合同,即大有助于弟之职责云云。按借款合同办成,于弟职责,诚为帮助,让足下亦不过为助成之一份子耳,不容单独居功。而且英芳生记实为合同之担保,合同产生之利益,足下实占七份子二三,足下之助成,一方固为弟计,一方亦为己计。若如来书单提此事,为对弟要挟之勋劳,实不能完全认受,足下试将此三事之实际,平心覆按,则来书所云辞职一层,此为督配局长与运使之交涉,与林丽生赵公璧之交际,应判为两事。既据称另呈运署,当候运署之处分,不必与我两人之交际混作一谈也,专此奉覆,顺颂时祉,弟赵士觐。

这两封信的内容显然是针锋相对,各执一词。笔者不拟断此孰是孰非之公案,而更倾向于挖掘信的背后所揭示的民国时期两广盐政行政与下河盐商之间的密切关系。第一,从赵士觐的自辩首条看,两广盐运使之履任,首先要与林丽生代表的下河盐商建立起比较好的关系。赵亦承认林丽生曾"劝弟登台",可见其时盐运使的履任急需盐商的支持。第二,从预饷政策的实施看,下河盐商是最重要的一环。这不仅体现于准单款项的"垫支"上,也体现在随后准单出售需要仰赖林丽生的英芳生记。"伍汝康时亦曾代卖"之辞,说明盐商长期承担此业务。而"低于合同数点搀卖",说明英芳生记还能从中获利。这也成为赵士觐指责林丽生卖准单是营业行为的依据。第三,下河盐商为两广盐运使衙门的借贷提供担保。在军饷紧急的特殊历史时期,盐商担保为缓解财政负担提供了不少帮助。赵士觐只是指责林丽生也是借出一方,可以获得利润,但没有否认盐商担保的效能。综上所述,两广盐运使衙门财政职能的运作,实则与下河盐商的利益捆绑在一起,而诸多制度设置,也是围绕"省配"的运商体系展开,这就是民国时期盐政的关键所在。

二、宋子文及两广盐政的金融进程

前文提及孙中山大元帅府时期,盐税成为军饷的重要来源。由于时局动荡,军需紧急,大元帅府财政只能勉强支撑,盐税在1923年、1924年间长期处于"预税"的状态,盐运使一职也颇为动荡,两年中有四人上任,却始终无法平衡盐税收入与军饷需求,此财政难题最终被宋子文解决。

1925年,宋子文任广东省商务厅厅长、两广盐务稽核经理,开始整顿盐政。第七章已经说明,两广盐政有两套平行的制度,一套是以盐运署为中心的制度,主要负责盐政管理和缉私;一套是以稽核公所为中心的制度,此制度因北京政府向外国借款而产生,稽核公所是中央机构的分支,负责盐税解交及扣除还款。然而,由于广东军政府成立之后,致力于革命,并不愿意接受北京政府的财政支配,在大元帅府时期,两广盐运使署是盐政管理的核心,而稽核公所制度形同虚设,虽机构仍在,却没有实际职权。1926年2月，宋子文便着手进行两套制度的整合，建立隶属于财政部的盐务总处统合两套制度，并裁并了两套制度中重合的各个局卡。他重视稽核公所制度中比较纯粹的税收职能，认为其与他"统一财权""实施国税"的思路相符合，故把盐运署中收税的职能分离开来，完全交予稽核公所。但此稽核公所并非北京中央政府的分支，所得之盐款也没有用以还款，而是流入广东省财政的银行账户内。

吴景平根据《财政部盐务总处组织章程》和《广东财政纪实》的资料，概括了宋子文办理广东盐政的措施：

> 盐务总处成立后，首先整理下属各处局卡，如在4月份便裁撤了原先的省河盐务督配局，其所属的东西口厂事务归并东西汇关办理。此外针对以往盐务中的诸般积弊，又着手推行场税，清查场产，严厉缉私，维持引地，整理渔盐，革新杂税，修建各配盐仓，废止垄断办法，改良盐秤，增订盐章。另视各地不同情况，分别实行盐场收归国有、产盐专卖与民晒官收官销等办法，以增加盐产和政府收入。为杜绝私盐、增加盐产，同年8月宋子文又在盐务总处下设盐警队，共24队，每队60人，分驻于恩春、东江、海陆丰、东宾、省河、江门。①

宋子文的新政策是否动摇了运商体系及配销制度呢？诚然，我们可以看到政府在控制盐场方面的努力，例如力推"归堆法"，以求控制盐货，但实际收效甚微，场税的份额亦不高，实际上大部分盐税仍然仰赖于省配的下河盐商。对于盐场国有、产盐专卖、官收官销等更加没有具体实施。至于盐警队的设立，其实是升级了旧有的缉私系统，其中心仍在于控制盐路，尤其是省配的盐路，加强对下河商人的监管，实则是在延续旧有思路的基础上有所发展而已。

宋子文仍然是在维持运商体系的基础上推行新政的。事实上，宋子文早在赵士觐主持广东盐政时起，就与大盐商林丽生有非常密切的关系。据《广东文史资料》的回溯文字，前述赵士觐与林丽生交恶的事件，实则为宋子文针对广东政府内"元老派"所采取的政治斗争。②不管这些政治秘闻的真实性如何，从宋子文上台之后对林丽生的重用可以看出，宋子文在尽力维持运商体系的利益。据载，赵士觐彻查林丽生之后，便封锁了林丽生的商号和账簿。但宋子文上台之后又恢复了林丽生英芳生记的商号。此后，宋子文又以黄埔港开发为条件，与林丽生展开全面的合作。其中最为关乎盐政者，便是中央银行的成立。

1924年，宋子文遵从孙中山先生的设想，负责组建中央银行。然而该中央银行并没有准备金，而是以税收为抵押，直接发行纸币。③税收的收取采取"现兑"的方法，即所有税收均以纸币缴纳。在过渡期，先由纳税人交银圆，然后兑给纸币，最终

---

① 吴景平：《宋子文评传》，福建人民出版社1998年版，第22页。
② 萧宝耀：《宋子文发迹的一些史实》，见政协广东省委员会办公厅、广东省政协文化和文史资料委员会编：《广东文史资料精编》上编第6卷，中国文史出版社2008年版，第124-128页。
③ 李吉奎：《宋子文与中央银行的设立》，载《广东社会科学》2015年第5期。

用纸币缴税。在军需紧急的情况下,宋子文甚至连银行的启动资金都不易筹集,故给予林丽生中央银行副行长的职位,以换取6万元作为银行的启动资金。① 这实则是坚实盐商与中央银行关系之重要一步。此后,纸币在税收中的推广又从盐税开始,逐步推广到各项税款及摊捐中。同时,作为对林丽生出款的回报,宋子文默许了林丽生在永汉南路开设英记茶庄,负责银钱转换的业务,给予林从银圆—纸币的倒换中获取收益的机会。"英记"最终成为炒汇兑率的机构。②

抵押税收发行货币的方式促进了盐政领域的金融进程。宋子文并未从根本上去改革运商体系,只不过从盐场、缉私等方面进行更加细致的维护,其目的仍然是维持运商体系的运行。唯一不同者,便是在省河配销的下河盐商和上河盐商如今须采取新发的纸币缴纳盐税,而实际的税额,又因纸币币值和纸币发行量的关系,在一定程度上被宋子文的宝华银号和林丽生的英记茶庄所操纵。这是中国历史上首次可以用货币的方式反向地影响盐税的数额,同时也解决了之前诸任运使为应付军饷左右支绌的困境。

综上所述,宋子文管理盐政走了一条"上层路线",即利用金融的手段与资本丰厚的下河盐商共同管理和维持盐政运作。这也与广州被各路军头环伺、行政效能难以发挥的时局有关。据统计,宋子文上台以后,广东盐税的收入有显著的增长,处于民国时期的历史高峰。当然,这样的统计数字与银圆—纸币之间的兑换比率关系甚大,而兑换比率涨跌的巨大波动,几乎完全由宋子文和盐商一手操控。

第二节 粤西成为产盐中心:运商体系下的食盐生产

前文已经介绍了运商体系的重要性,其构成了民国时期盐税、食盐市场以及盐政的核心问题。本节所述的盐业生产,是从属于运商体系的。广东的海岸线绵长,沿线海水的浓度虽然差别不小,但在传统的生产技术下,原则上可以开辟大量的盐田。由于政府干预、运输条件及生产成本等诸多因素之制约,广州才可能形成产业相对集中的盐场。然而这种集中也是非常有限的,难以与纯粹产盐的现代盐场相比拟。以粤西博茂场(该盐场几乎是广东境内盐田集中程度最高的一个场)为例,一方面,盐场范围广阔,实际上食盐生产并没有集中于一处;另一方面,即便是盐田相对集中的地区,也存在着许多稻田及其他生产方式。结合当时文献记载,可知该场许多家户实际上把食盐生产当成农业以外的副业。

而盐田的经营,主要采取的是小农生产模式。盐田的经营单位是一个家庭,由家

---

① 萧宝耀:《宋子文发迹的一些史实》,见政协广东省委员会办公厅、广东省政协文化和文史资料委员会编:《广东文史资料精编》上编第6卷,中国文史出版社2008年版,第124-128页。
② 萧宝耀:《宋子文发迹的一些史实》,见政协广东省委员会办公厅、广东省政协文化和文史资料委员会编:《广东文史资料精编》上编第6卷,中国文史出版社2008年版,第124-128页。

庭自负盈亏。家庭之间，因为堤围修建、盐渠、结晶池及交通运输等生产需求，可能会有一定的协作。李晓龙在研究乌石场时便指出，在盐场中，"盐厂"是实际生产的协作单位，也是食盐管理的基础单位。① 但这些协作也不会使盐厂形成生产合作社抑或企业，成为一个自负盈亏的经济单位。这也与食盐生产的分散性及非专业化相关（农户可能从事其他产业）。

盐田的小农生产模式依附于运商体系中的运馆和程船。利用运馆和程船收盐，是连接食盐生产和食盐配销这两个环节的最为重要的方式。政府的干预也在其中，因为政府否定了盐民的议价权，而把收盐价格挂牌，保障了运商的利益。当然，农户可能把食盐卖给中间经纪人，或者自行运销。针对前者，民国政府始终没有予以承认，并采取积极的措施予以打击，除非这些经纪人能够注册运馆或者程船。针对后者，民国政府制定了近场运销、渔盐运销等政策，也予以最大程度的限制。而盐场机构得以运作以及收取场税，实则是通过牢牢控制小农的盐产卖给运馆（程船）的过程，而不是通过对盐田土地的管理。

事实上，盐田的小农生产模式和运商体系较大限度地压低了收盐成本，是不利于盐场再生产的。这也导致了盐业生产工具、生产环境难以及时更新。在一些情况下，盐场的人会统一收购盐产，再卖给运商，这无疑打击了运商的利益。民国政府在此问题上始终站在维护运商利益的立场上，下面列举一宗大元帅府时期的案件，可见民国政府针对盐场垄断的一般处理办法：

原禀

为联盟结会垄断居奇，叩乞咨行营、县示禁拿办，以免碍税病商事。窃查恩春盐务自前年改税后，多数散商办运，群相抑价争销，两两相持，无一不大受亏折。兼之上年龙军占据江城，江恩牵入战线旋涡，更番剧战，江城既克复陷，既陷复克者不止一次，被乱军焚掠蹂躏摧残，地方元气已尽，新旧各运商惨遭损失，全行逃避停办税运者数月。自盐税运销两局移驻公益后，缉私废弛，任令灶户私售，无人过问，醛纲坠地，于斯为极。兹幸驱逐龙军出境，地方秩序渐次回复，各运商正拟筹资重理运务，以顺民食税源。不意近日竟有阳江四区灶户梁启荣、黄熙光等首倡，迭次在四区大濑庙内召集盐行灶户无赖多人，联盟结会，籍科敛订立盟约，意在联行，抬价居奇，抵制运商配运，使各运商咸受挟制，相戒裹足。彼遂得任便售私，其居心可谓险恶。查配运灶盐，按照定章，应报由局卡定价牌示，指令运商配运，岂容盐灶自行定价，联行垄断居奇。若各运商则抑价相持，各盐灶则居奇专利，税运前途，遑堪问乎。当此商残税竭之余，何堪再受摧折，且联盟结会，亦属妨害公安，大干例禁，商等为大局计，不得不冒昧直陈。为此，呈叩崇阶，伏乞俯赐维持，咨请驻防阳江胡统领并令饬阳江知事布告

---

① 李晓龙：《〈乌石盐场纪略〉所见民国时期广东的盐场制度》，载《兰州学刊》2016年第5期，第92—97页。

严禁，勒令解散，示谕各该灶户嗣后务宜遵守定章，报由局卡定价牌示，指令运商配运，毋得自行定价，联行垄断居奇，致碍税课。自示谕后，如各该灶户再有联行垄断居奇情事，即行拘拿，为首之人，从严究办。庶维税运而保公安，实叨公便……①

该呈文是运商对灶户（不是一种户籍概念，而是人群观念）垄断抬价的控诉。在运商看来，灶户梁启荣、黄熙光等联行抬价的办法，使"各运商咸受挟制"。运商无法得到较低的盐价，拒绝配盐，则灶户倾向于卖私盐，这是省政府和盐政机构无法接受的。言外之意，盐场灶户如果能够绕开运商自行售卖，是可以获得较高利润的，也很可能有足够的渠道，但这些行为无法被纳入合法的盐政程序中。此事的最终结果是大元帅府同意了运商的意见，可见盐政本身仍然坚持维护运商的利益，以设定牌价的方式压低了盐场产品的价格，维护盐场附庸于运商体系的秩序。

盐业生产附庸于运商体系，在一定程度上是市场的选择，同时也是制度的选择。由于运商基于各自的商业利益、商路安全及各类成本的考虑，导致了对盐场的需求并不稳定。可以说，盐场之间是处于竞争状态的，运商会根据其条件赴各盐场配盐。对于这方面，制度只要求申报，却没有做硬性的规定。上述文献亦有体现，由于战争导致商路阻隔，运商就不会赴双恩场配盐。表8-1也说明了各盐场产量波动的情况。

从表8-1中可见，第一，盐额在运商体系中没有实际的意义，各个盐场每年配销的盐量与盐额数值相差甚远。第二，每个盐场中，每年配销的数量有极大的波动，这固然与时局及交通条件的不断变化相关，也与盐产品的品质、气候条件及运馆的兴衰相关。第三，该表虽然言明统计产量，但实际上统计的是盐场已经纳税的交易量。这些数据固然不易揭示产量的实况，却很好地模拟了盐场交易（合法部分）的数额。第四，交易量较高的盐场，主要为坎白、大洲、淡水、乌石、白石（以上五场为省配和坐配部分）、海山兼东界（潮桥部分）六场，平均年交易量在10万包以上。第五，对比前四年与后二年（1926年、1927年）的数据，乌石、白石、电茂盐场的产量（交易量）有非常显著的增长，此外，还出现了产量非常惊人的三亚盐场，坎白场也有非常显著的增长，而其他盐场并没有太大的变化，甚至规模有所缩减。也就是说，大致在20世纪20年代，广东的产业格局逐步发生了较大的变化，从原来的粤东、粤西并重逐步变成以粤西（包括海南）为产盐中心的局面。当然，我们仍然不能否认海丰的坎白场一直保持着非常高的食盐产量，故以上的观察结果只是一种相对的，而非绝对的变化。

何以会出现这种变化的趋势？上文已知，盐场是运商体系的一部分，而盐场之间的竞争取决于运商获得低价盐的成本；运商的成本又在很大程度上受制于商路以及政局变迁的情况。从政局变迁的角度，我们可以看到大致的轨迹。

---

① 《据恩春运商张光裕禀为联盟结会垄断居奇请咨营县示禁由》，载《粤醾月刊》1918年第15期，第90-91页。

表 8-1　1918—1921 年、1926 年、1927 年广东各盐场年产量变化

单位：包

盐场		海甲	石桥	小靖	坎白	大洲	淡水	碧甲	双恩	电茂	博茂	乌石	白石	三亚	海山兼东界	隆井兼小江	招收兼河西	惠来
盐额		15000	36300	35000	400000	117000	78000	171000	26000	75000	50000	200000	250000	—	81500	32500	18100	18000
实际配销额	1918年	24218	72992	27072	481699	126929	71350	71338	21085	87489	68685	30985	263255	—	40895	—	36975	36181
	1919年	5004	29164	22759	342000	252015	84883	41051	8488	72527	20230	61481	165905	—	71377	—	43975	36068
	1920年	—	40798	—	230555	—	78123	—	—	55339	13891	—	175613	—	74701	—	—	—
	1921年	55104	—	74103	—	—	207240	—	22856	82274	16659	124013	225150	—	142144	20037	98956	—
	1926年	—	54815	50585	1758985	—	71773	99220	56392	106410	24685	165542	183132	576210	189027	11684	119795	—
	1927年	—	5940	—	—	106859	40656	124694	59667	127431	31734	335334	390120	569580	178258	11700	600476	—

资料来源：1918—1921 年数据来自邹琳编《粤嵯纪实》，华泰印制有限公司 1922 年版，第 75—77 页；1926 年、1927 年数据来自《各场十五十六两年份产盐量额调查表》，载《盐务公报》1929 年第 6 期，第 66—69 页。

1920年11月28日，孙中山抵达广州，11月29日重组护法军政府，举行政务会议，自兼内务部部长，伍廷芳为外交部部长，唐绍仪为财政部部长（未就任，由伍廷芳兼任），唐继尧为交通部部长（到任前由王伯群署理），陈炯明为陆军部部长，徐谦为司法部部长，李烈钧为参谋总长。护法军政府制度未变，在省制方面废除督军，改任总司令统率省内军队。1922年1月19日，吴佩孚派专使黄申芗到广东会晤陈炯明，陈炯明表示可以同吴合作。6月16日，陈炯明发动叛变，4000多人围攻总统府，孙中山出走，登海军永丰舰，在军舰上发炮攻击叛军。孙中山8月9日抵达上海，8月15日发表宣言，揭露陈炯明叛乱经过，并会见李大钊、苏俄代表越飞。1923年1月14日，滇桂联军攻入广州，陈炯明逃往惠州。自1923年以后，由于陈炯明势力盘踞惠州，并不断东扩，粤东的商路被阻断。① 同时，滇桂军阀涉足粤西和粤北，分别威胁到粤北、广西等地上河商人的配销以及阳江等地盐场的配运。1923年8月，邓本殷、申葆藩联名通电宣布成立联军指挥部，由邓本殷任八属联军总指挥，出兵高、雷，割据了所谓南路八属全境。至此，粤西也被割据，故孙中山大元帅府的管理已经难以触及粤西，只能靠固有的运商体系在不同政权之间穿梭运作，盐运也受到较大影响。这段广东革命政府处境较为困难的时期，正好是宋子文开办中央银行推行纸币的时期。

1924年8月18日，商团总长陈廉伯煽动银行业罢市，拒收中央银行发行的纸币。10月15日，商团首先向政府开枪，桂、湘、豫、粤军等分五路包围西关，令商团缴械。数小时战斗后，商团叛乱被平定。② 1925年10月1日，广州国民政府发动二次东征，攻占惠州、潮州、汕头等地，歼灭陈炯明军在东江地区的主力。③ 1925年11—12月，朱培德指挥国民革命军南征军连克恩平、新兴、阳江、高州、廉江、廉州、钦州、雷州，邓本殷率残部逃往海南。至此，粤东和粤西重新归广州国民政府所有，结束了割据状态。这段割据也恰是表8-1中部分数据缺失的原因。

1927年4月"四一五"反革命政变爆发，国民党反动派大肆捕杀共产党员与革命群众。11月17日，张发奎、黄琪翔发动"广州政变"，驱逐李济深部，随后向西江、北江扩展，夺取广东政权。1929年4月，陈济棠就任国民革命军第八集团军总指挥，掌握广东省党政军大权。陈济棠的统治一直持续到1936年"两广事变"失败方结束。1936年5月27日，陈济棠、李宗仁、白崇禧以中国国民党西南执行部名义发表"反对日本增兵华北"的通电，"两广事变"爆发。因余汉谋、广东空军等投靠南京，形势急转直下，陈济棠7月18日通电下野，结束了其对广东的多年统治。陈济棠主政时期，盐税名义上属于国税，应归中央所有，但实际上并未按中央统一部署

---

① 张俊义：《南方政府截取关余事件与英国的反应（1923—1924）》，载《历史研究》2007年第1期，第115-129、191页。

② 邱捷：《广州商团与商团事变——从商人团体角度的再探讨》，载《历史研究》2002年第2期，第53-66、190页。

③ 刘寒：《略述1925年广东革命政府的两次东征》，载《历史教学》1983年第8期，第17-22页。

征收。新盐法也没有在广州得到有效推行，广东盐政仍然靠运商体系进行运作。

结合这十余年的政治史，我们可以看到，粤西在邓本殷割据以后始终与广州政府交往密切，而粤东地区则相对较为复杂。与此同时，由于下河盐商是站在宋子文的阵营，没有受到太多商团暴动的影响，又经历陈济棠当局对新盐法的抵制，这就保证了运商体系在乱世之中延续下来。

对以上政治局势的简单回溯，只能看出粤西诸场处于相对稳定的政治环境中，这为省配运商体系创造了有利条件。更加重要的是，粤西食盐生产利用了这样相对稳定的条件，始终保持着较低的出场价格（见表8-2），促使粤西食盐生产从运商体系中脱颖而出，形成了区位优势，从而逐步奠定了其广东产盐中心的地位。

表8-2　1921年广东各盐场产盐每百斤的出场价与工本比较

单位：元

盐场	最高值		最低值		平均值		平均值差额	备注
	出场价	工本	出场价	工本	出场价	工本		
海甲	0.73	0.40	0.40	0.30	0.565	0.350	0.215	—
石桥	2.00	1.70	0.45	0.30	1.225	1.000	0.225	—
小靖	2.00	0.40	0.18	0.40	1.090	0.400	0.690	—
坎白	2.40	0.95	0.79	0.34	1.595	0.645	0.950	—
大洲	2.00	1.00	0.40	0.20	1.200	0.600	0.600	—
淡水	1.30	0.62	0.38	0.20	0.840	0.410	0.430	—
碧甲	0.70	0.45	0.50	0.30	0.600	0.375	0.225	—
双恩	0.65	0.35	0.50	0.30	0.575	0.325	0.250	生盐
	2.00	0.80	2.00	1.80	2.000	1.300	0.700	熟盐
电茂	0.30	0.18	0.30	0.18	0.300	0.180	0.120	—
博茂	0.50	0.30	0.30	0.21	0.400	0.255	0.145	—
乌石	0.60	0.55	0.50	0.45	0.550	0.500	0.050	—
白石	1.60	—	0.65	—	1.125	—	—	生盐
	3.20	—	0.90	—	2.050	—	—	熟盐
三亚	2.60	0.40	1.10	0.40	1.850	0.400	1.450	—
海山兼东界	1.60	0.35	0.48	0.18	1.040	0.265	0.775	—
隆井兼小江	1.40	1.10	0.40	1.00	0.900	1.050	-0.150	—
招收兼河西	1.00	0.60	0.36	0.20	0.680	0.400	0.280	—
惠来	1.72	0.39	1.06	0.27	1.390	0.330	1.060	—

资料来源：邹琳《粤醝纪实》第三编《场产》，华泰印制有限公司1922年版，第72-75页。

从表8-2可知，第一，粤西电茂、博茂、乌石、白石所产盐的出场价非常低，均值均不及碧甲、坎白、大洲、淡水诸场出场价的1/3。第二，同等数量的食盐生产，粤西诸场的人工成本普遍低于粤东诸场。第三，从盐价的季节变动看，粤西诸场的波幅最小，价格相对较为稳定。这就形成了总体上的价格优势。

对此盐价，邹琳的解释是："各场盐价，皆由程船与埠户双方议订。惟电茂、博茂两场，自有清以来，皆由官定，每百斤售价，电茂一角三分有奇，博茂一角七分，比较各场，不如远甚。民国四年，乃核定每包（部秤二百斤）增为六角，以资保护。比年生活程度日高，而六角之数又较他场为低。十年冬，运署因将限价取销。俾双方自由议订，以免偏抑。"① 然而，此统计数据恰是 1921 年的数据，可见自行议价之后，粤西盐的出场价仍然远较粤东诸场为低。

虽然粤西食盐出场价和人工成本较粤东诸场有较大的价格优势，但加上运费后，是否仍然具有这样的优势呢？根据邹琳的统计，大洲、坎白、石桥、小靖、淡水、海甲六场的省配价格仍然低于乌石和三亚场。② 也就是说，省配体系中，同等运输条件下，粤东诸场仍然具有一定的价格优势。这似乎与本节的结论相悖，实则不然。可惜现今只有省配价的资料，还不足以勾勒粤西盐产的全貌。首先，前述基于运商体系的省配体系较大程度依赖于粤西盐产，这是因为粤西盐产较少分销他处，而惠东、海丰、陆丰等场还兼济潮桥体系食盐供应。其次，粤西盐的出场价低，故相对于粤东盐形成规模效应，即运船吨位越大，则盐价相对较低。这也是 1925 年用轮船从海南配盐的原因。此项并非从 1922 年的省配价中可以体现出来的。复次，由于前面所分析的政治原因，粤西的商路相对较为畅通，而广州政府多次动用军舰运盐，其首选之地也是粤西（海南）。最后，粤西的盐田相对比较集中，不似粤东盐场盐田分散，这就降低了运馆收盐的成本。这部分成本由于省配程序中政府牌价的存在，不会被显示出来。

综上所述，在运商体系主导下，盐场可以进行充分的竞争，而粤西诸场恰好拥有较好的出场价优势。虽然当时广东政局动荡，但粤西商路在 1925—1938 年间却保持和平畅通，并创造了有利的交通条件。不管是大元帅府、广州国民政府还是陈济棠主政的广东政府，均致力于维护运商体系以获得盐税，又时常派出军舰护航或者直接运盐，这就发挥了粤西盐的规模效应。加上自身地理条件的优越性及产业集中性，粤西盐业生产在广东盐业中的地位愈发重要。

第三节 南京国民政府时期的广东盐政

国民革命军北伐期间，宋子文随军北上。"宁汉合流"之后，宋子文带领其管理广东财政的部下（例如邹琳）组建了南京国民政府财政部，而广东财政大权则经过一系列变动之后，最终落于陈济棠之手，此局面一直延续到 1936 年"两广事变"解决才终结，其时已经是全面抗战爆发前夕了。1927 年 4 月，"四一五"反革命政变爆

---

① 邹琳编：《粤鹾纪实》第三编《场产》，华泰印制有限公司 1922 年版，第 71 页。
② 邹琳编：《粤鹾纪实》第四编《运销》，华泰印制有限公司 1922 年版，第 143－144 页。

发,国民党反动派大肆捕杀共产党员与革命群众。11月17日,张发奎、黄琪翔发动"广州政变",驱逐李济深部,随后向西江、北江扩展,夺取广东政权。1927年12月11日,张太雷、叶挺与叶剑英等发动广州起义,成立广州苏维埃政府,12日晚起义军被迫撤出广州城。1929年4月,陈济棠就任国民革命军第八集团军总指挥,掌握广东省党政军大权。直到1936年5月27日,两广实力派陈济棠、李宗仁、白崇禧以中国国民党西南执行部名义发表"反对日本增兵华北"通电,"两广事变"爆发。因余汉谋、广东空军等投靠南京,形势急转直下,陈济棠7月18日通电下野,结束了对广东多年的统治。

在这个过程中,作为国税的广东盐税始终被地方截留。1928年,国民政府颁发《统一全国盐税收入案》和《统一各省盐务机关征收人员任免权案》,1929年又要求各地盐税由中央核办,不得截留,可见中央政府致力于统一盐税的征管权和盐政管理的人事权。1931年,在宋子文的主持下,中央政府推行"新盐法",其要义是"就场征税",废除专商制度,自由买卖,并重申稽核公所的管理制度。"新盐法"配合国税改革,以稽核公所作为中央派出的独立于地方行政的盐税机构,试图从地方直接提取盐税。但这样的努力并没有在广东得到实施,直到1936年,广东截留盐税的问题方才解决,但新盐法也没有得到实施。①

广东盐政的独立体现在人事任命上。1929年4月,陈济棠主粤之后,就推举其胞兄陈维周替代了中央特派员范其务。陈维周(1888—1954),广东防城(今属广西)人,陈济棠胞兄。钦廉警察讲习所肄业。1925年任西江督办公署军需科科长。1926年起历任钦廉盐务使、筹饷局局长、防城县县长。1928年任广东西区绥靖公署副官处处长。1931年任第一集团军总部少将总务处处长、两广盐运使。1934年任第一集团军警卫师师长,后警卫师扩编为军,任中将军长。尽管陈维周一直在军方挂职,但其实他主要是替陈济棠打理财政税收方面的诸多事务,可以说是陈济棠的"财政大臣"。陈维周履任两广盐运使之后,便架空了稽核公所。宋子文派出的唐海安、唐萱等人虽在制度上有收税之责,但实际上却很难真正涉足广东盐政。陈维周任期较长,至1936年逃至香港,可以说与陈济棠政权相始终。

陈维周主持广东盐政时期,仍然继续维持着旧有运商体系中的下河盐商体系,并未打乱原有食盐运销的秩序。从1933年的统计看,盐税虽然处于国税的名目下,但其中分为"省配税""坐配税""附场税""渔盐税""场税""岸税"等项,其实是把旧有的名目装入国税的框架,并没有特别的变化。其时,就场纳税与自由售卖在广东没有得到实施,而且国税也徒有其名,不会解归中央。②

"粤盐销湘"成为陈维周主管广东盐政的重要举措。在"新盐法"的规定下,盐

---

① 张立杰:《南京国民政府盐税整理与改革述论》,载《民国档案》2008年第1期,第61-69页。

② 广东省财政厅编:《广东财政纪实》第二编《国税·盐税》,见沈云龙主编:《近代中国史料丛刊三编》第52辑,台湾文海出版社1988年版,第26-90页。

商只需在广东盐运使署注册牌照，即可自由贩卖广盐销往湘地。这与原本运销体系下，上河盐商只需注册即可自由贩运的政策精神相符合。但陈维周为使盐税能够绕开中央监管，否定了上河盐商的原有运销秩序。

早在1928年，就有盐商杨作揖、梁鹿萃等组建了泰利公司，试图垄断北江销往湘南的盐，其每年销量达20万包以上。同时，泰利公司在北江设立关卡，一旦发现非该公司运销者，便指为私盐予以没收。此举受到当时上河盐商韶州第一分会的抵制，该会以往年能销50万包以上为由，认为泰利公司的垄断行为影响了国税，故呈请广东政府予以取缔。其时，广州市政委员林云陔予以批示，提出撤销泰利公司。① 然而林云陔的批示并没有得以实施。据1933年的回顾，泰利公司当即与湖南榷运局交涉，向其行贿20万元要求包销。其时湖南榷运局局长王家鼐与该公司订立包销规约19条，并得到了湖南省政府批准。此后，湖南省政府主席何键向中央政府财政部汇报，被中央政府否决。但中央政府的决定也没有得到地方政府尊重。湖南省政府以军需紧急为由，绕开财政部，直接与两广盐运使陈维周订立合同，私下承认了垄断行为。陈维周遂称泰利公司已经容纳了原有上河盐商（赴湖南卖盐部分）的80%，最终得到财政部允许试办。1932年11月，泰利公司重新开办，同时两广盐运署停止向上河盐商发销湘牌照，并准许泰利代办粤北六县土销食盐，确立了泰利公司的垄断地位。泰利公司垄断粤盐销湘之后，原有销湘的上河盐商受到严重的打击。史称，"粤盐由该公司独占销售之后，则八口林立之盐店行见同时倒闭，全体商人为之失业，数百万苦力挑夫将谋生无路，铤而走险。湘盐现在即抬高小洋二元八毫二仙，以后独占地位日趋稳固，则更任意增加掺杂，比较淮盐尤甚"②。

陈维周支持泰利公司的举措受到了中央监察院的弹劾，但并不能威胁其地位。对陈维周的最终处理仅仅是记过一次，湖南榷运局局长王家鼐也没有受到实质性的处罚。③ 泰利公司垄断粤盐销湘，是在地方政府支持下对于运商体系的一次较大冲击。在运商体系中，不管是广东军政府还是孙中山大元帅府、广州国民政府，均严格控制省配系统的下河盐商，从中获取盐税。而对于上河盐商，则采取较为放任的态度，只是采取注册制予以约束，不干预运销过程。这种市场化的方法，无疑可以创造更多的税收，也使省配系统的食盐供应变得稳定。然而，陈维周部分干预了市场，在湘岸部分否定了上河盐商的销售权，而收归于垄断的泰利公司，导致了粤盐市场格局发生变化。事实上，这种变化的背后，是陈济棠主导的广东省政府联合湖南省政府针对南京国民政府展开的政治斗争。垄断的背后是广东军阀对于宋子文国税政策的抵制。

陈维周抵制中央的诸多行为，也遭受了南京国民政府的诸多反制，这无疑造成了粤盐运销困境。南京国民政府最重要的反制方式，除却上文所言监察院的弹劾这类政

---

① 《撤销泰利公司专卖粤盐案（一）》，载《中央政治会议广州分会月刊》1928年第12期，第134-135页。
② 《监察院弹劾两广盐运使陈维周》，载《申报（上海）》1933年5月25日第8版。
③ 《中惩会议决之惩戒案》，载《申报（上海）》1934年2月10日第11版。

治手段外，在经济上主要采取限制粤盐销地的办法。中央政府如何实施这类手段都没有明言，亦未诉诸制度，却暗中默许限制粤盐销地的行为。这种反制，大体可以总结为淮盐和越盐在湘桂等地的倾销。一则1935年的报道指出，粤盐"年来经济恐慌，影响所及，粤省受其害者最甚者，厥为盐业一行，盖本省各地每年倾销之千余万担盐斤，即为七八十万盐民之生活。今竟发生极度恐慌，照最近销额全省计算，不过往昔十分之二三。盐民叫苦，商人破产，实为近百年来空前未有之现象"。① 而减少的市场份额中，主要部分的是湘、桂、赣、黔及本省西北江销额，尤其到了1935年，同比锐减2/3以上。该报道追究其原因，除却兵燹影响运道之外，主要有"各省利用淮盐，粤盐市场被夺"以及"越盐侵浸龙石广西各地销场"。②

1934年，中央政府暗中指示湖南当局，在湘南南部粤盐销地设置税卡，"粤盐复被湘南当局每包附加征税二元余"，而放任淮盐进入。很快，"往日销场尽为淮盐所夺"，最终造成了上述北江食盐贸易的瘫痪。③ 1935年，粤盐陷入极度困境，最终泰利公司倒闭。陈维周随后推出一系列保护粤盐销湘的计划，但这些计划还来不及实施，"两广事变"爆发，结束了陈维周在广东盐政的政治生涯。

第四节　抗日战争时期日军对盐业的掠夺和国统区的盐统制

日本侵华期间，广东盐业受到了严重的掠夺与破坏。其集中体现于三方面：其一是破坏了旧有盐业产销的市场结构；其二是以配给制扰乱了沦陷区的民生；其三则是集中掠夺琼州盐场，用以供应太平洋海军军需，造成了粤盐生产的短缺，加重了海南人民的负担。

一、日本对广东盐业的掠夺与破坏

1937年7月7日卢沟桥事变爆发后，日军即派遣其优势海、空兵力不断骚扰广东地区。④ 随着战事的深入，日军发动了一系列大规模军事侵略行动，直接进犯广东盐区的重要销地与产地，广州（1938年10月）、海南岛（1939年2月）与汕头（1939年6月）等地相继沦陷。

日本侵华对广东盐业造成了多方面的破坏，最主要的便是阻塞了粤盐产区与粤盐销区之间的运道。自清代以来，广东海盐供应广西、贵州、江西、湖南及广东省内部等较大范围，但各地沦陷后，诸多主要运盐道路——尤其是汇集于广州的省河运道、

---

① 《淮盐粤盐竞销下粤盐销路衰落》，载《海事》1935年第9期，第98页。
② 《粤盐消息一束：粤盐业总崩溃》，载《华北日报》1935年5月27日。
③ 《淮盐越盐竞销下粤盐销路衰落》，载《海事》（天津）1935年第8卷第9期，第98－99页。
④ 蒋祖缘、方志钦主编：《简明广东史》，广东人民出版社1987年版，第736－737页。

汇集于潮州的潮桥运道相继被切断，沦陷区及传统销区的食盐供应顿感困难。此时由于日军的势力还没有深入盐场，国民党当局和爱国商人采取抢运、偷运、改道的方式，仍然艰难地利用广东的盐源。其中，沦陷区的盐产和盐运具有最深刻的侵略史迹。据《汕头特区晚报》所载《抗战时期的韩江盐运》一文：

> 1939年6月，日寇侵袭潮汕沿海，汕头、潮州相继被日寇封锁，航运陷于绝境。潮汕沿海产盐区受到沉重打击与摧残，海盐产量大减，但盐是人民生活的必需品，此时，闽赣及韩江上游山区各县所需的食盐，盐商只能到澄海的东陇、樟林购买，且数量不多，运输则更加困难。一般在东陇购得盐后，要雇大木船经柘林湾运至黄冈镇，再转换小木船溯黄冈河而上至现今的汤溪，再由人力挑运至当年的饶平县城三饶镇。由于东陇、黄冈为前线，柘林湾海域常有日舰停泊与游弋，运盐船常遭日军舰艇炮击，故盐运十分艰辛与危险。
>
> 一般每次购得的海盐仅一吨多，盐运到三饶镇后，再雇用饶平、大埔山区的农民，且多为妇女，挑运五六十公里，经许多崎岖的山间小道，运至韩江上游重镇——大埔县高陂镇，再由各地的盐商购买，运输到梅、汀、赣江各地。由于沿海常遭日军袭击，且要经多次转驳，不但损耗严重，费用亦高，各地又要多次缴纳盐税，经营之辛酸，只有亲历者才能体会与感受。①

这一份记载反映了当时广东盐运的一个侧面。与此同时，在沦陷区，日本采取严格的盐产管制，以计口配盐的方式使沦陷区人民生活陷入困境。国统区广东省银行经济研究室对于沦陷区经济的年度跟踪显示，日本侵略者在广州市成立了各类物资输入配给组合联合会组织，对包括盐产在内的各类物资实施配给制。其中盐业管制的负责人是开洋兴业的平田末治和三井洋行的犬塚尚一。该组织对广州市进出物资实行严格出入管控，造成了沦陷区物价飞涨，粮食、食盐等生活必需品的价格居高不下，反而不如国民党控制下的广东未沦陷县份低廉。这加深了沦陷区中国人民的生活负担。

广东盐业在日本侵华期间受到的掠夺，主要表现在日本对民国之后逐步形成的粤盐重要产地——海南盐业的掠夺上。海南是广东盐区的主要产盐地之一，全岛年产盐约62万担，以生盐为主，产量53万吨，约占总产量的64%，主要产地为三亚、榆林、保平等；熟盐产量则相对不多，零散分布于文昌、万宁、儋县等产地。抗日战争全面爆发后，日军于1939年2月侵入海南岛。日军占据海南岛后，对全岛盐业实行全面的军政管理，②将全岛所产食盐的收买交由三井物产会社③专营。据1940年日本

---

① 杨达祥：《抗战时期的韩江盐运》，载《汕头特区晚报》2015年11月8日。
② 「JACAR（アジア歴史資料センター）Ref. B09042273300、中国ノ塩輸出入関係雑件/海南島塩ノ部　第二卷（E-4-10-0-2-2_002）（外務省外交史料館）」
③ 三井物产会社是抗日战争时期日军占领当局掠夺我国经济资源的重要帮凶，日本学者坂本雅子曾指出："三井物产一直都主动地参加了对中国的帝国主义侵略，对日本国家政策的决定施加了很大的影响，同国家一起进行了对外侵略，并在战争中作为中心参加了战斗。"（[日]坂本雅子：《財閥と帝国主義——三井物産と中国》，ミネルヴァ書房2003年版，第69页）

陆军华南方面军（波集团）的调查，全岛的总产盐量为"一三四四五五二担"，而日军占据的盐田尽管分布范围较为广泛，但实际产盐仅不到全岛总产量的一半。

1941年，日本占领当局为了实施其"积极增产计划"，由三井物产会社与大日本盐业会社共同出资，成立"东亚盐业会社"，对全岛的盐田经营管理与产盐收买等实行一元化管理。为了更高效地榨取海南岛的盐业资源，该会社还推行了恢复战时荒废的盐田、管理私人盐田、委托经营以及食盐增产计划等一系列措施。① 但海南民众不断掀起的武装抗日斗争②，给东亚盐业会社在产盐区的经营活动造成了极大的威慑。此外，由于处于战时环境，日本方面对基建物资、储藏仓库以及生产设备等项目的筹备进展亦极为缓慢。因此，东亚盐业会社的产盐计划并未如期展开，1942年1月最早在三亚、北黎开展，两个月后在后水地区开展，食盐产量远未及日本当局的预期计划。③

1941年12月，日军偷袭美国海军基地珍珠港，太平洋战争全面爆发，随着日本与欧美各国进入全面战争状态，其对海南盐业的掠夺进入更残酷的阶段。明治维新以来，随着日本近代化的发展，其国内工业用盐需求不断增长，主要仰赖欧洲各国的进口，但战争爆发后此进口渠道被切断。工业用盐是军事工业的重要生产原料，其短缺直接威胁着日本战争机器的运转。在此背景下，日本将视线瞄向了海南岛，企图利用岛上的丰富盐业资源以生产其急需的工业用盐。1942年10月，日本驻海口总领事笠原太郎向日本外务省报告日本在海南岛的"增产计划"，提出了增产30万吨，以尽快实现"全岛产盐六十万吨"的巨额目标。但由于战争的破坏，海南岛的经济一片凋敝，太平洋战争爆发后日军对南洋的侵略更是切断海南岛与南洋的经济联系，当地盐业生产的经济、物资环境并不乐观。日本当局不得不将增产目标缩小为"生盐二十万吨"，其掠夺计划受到沉重的打击。④

总之，日本侵略者给广东盐业造成了巨大的损失和破坏。然而，由于中国人民的顽强反抗和抗日战争期间的积极经营，广东盐业尚能勉强维持下去，为发展中国战时经济做出不可磨灭的贡献。

二、国统区的盐统制与盐专卖

"两广事变"后，1937年，南京国民政府进行机构改革，原管辖两广盐区的盐运

---

① 「JACAR（アジア歴史資料センター）Ref. B09042273300、中国ノ塩輸出入関係雑件/海南島塩ノ部　第二卷（E-4-10-0-2-2_002）（外務省外交史料館）」

② 据1942年6月1日日本海军海南警备府司令部的估算，仅岛上的中国共产党领导的抗日武装，已发展至3879人，极大地打击了日军占领当局。[《海南警備府戰時日誌》（1942年6月1日—1942年7月31日），日本防卫省防卫研究所藏，档案号：④艦船・陸上部隊－戰鬪詳報戰時日誌－649]

③ 「JACAR（アジア歴史資料センター）Ref. B09042273300、中国ノ塩輸出入関係雑件/海南島塩ノ部　第二卷（E-4-10-0-2-2_002）（外務省外交史料館）」

④ 「JACAR（アジア歴史資料センター）Ref. B09042273300、中国ノ塩輸出入関係雑件/海南島塩ノ部　第二卷（E-4-10-0-2-2_002）（外務省外交史料館）」

使被撤销，改组为两广盐务管理局，共辖八盐场。1938年，广州沦陷，广东盐务管理局西移梧州，后又续迁宜山、廉江、遂溪、高州，同时设东场办事处管理远在粤东的潮桥、海陆丰、惠阳三场。至1940年，两广盐区分为粤东、粤西两区，粤东管理局管辖以上三场，粤西管理局则管辖西部双恩、电博、乌石、白石、三亚五场。①

1937年抗日战争全面爆发前夕，国民党五届三中全会确立以"民制、官收、官运、商销"的盐业政策，以官运代替商运。从此时起至1942年盐专卖实施期间，也被称为盐统制时期。由于抗日战争的全面爆发，众多盐产区沦陷，盐源地缩小，国民政府这一时期各项政策的目的是抢夺、囤储食盐，调整食盐市场供需，以维持战时军民的食盐需求。

盐务历来为政府所重视，最重要的原因在于盐税收入。民国以来，政局动荡，巨额盐税收入更是颇受中央及地方重视。然而，自抗战全面爆发以来，随着战事的扩大以及由此产生的食盐供需问题日益严峻，国民政府办理盐务的重心由税收转至民食。1938年，国民政府在《抗战建国纲领》"改进财务行政"一项中提到"添设盐务运输及存储机构"，其目的是"以济民食而维税源"。② 1939年3月，财政部致电行政院陈述盐务办理之困难时，言及（全面）抗战20个月后，国内情形是"各地食需尚能勉敷供给"，财政部此时的看法是盐务一事"不仅在注重税收，尤在充足民食"。③ 同月，在《财政部第二期战时行政计划实施具体方案》中，还提出了针对盐务"平衡税率"的措施："财政部向以逐渐平衡税率为主旨，原定逐渐将较轻、较重者分别增减。现值抗战期间，轻税区域，非系贫瘠，即属近场，为免增加战时人民负担起见，拟暂不予加增。"④ 也就是说，此前国民政府一度想要加增盐区税率，但因抗战爆发才不予加增。此外，该方案中使用的表述仍为"食盐与民用军糈关系至巨"，这表明，此时国民政府虽已有增产以及调整各区税率以应对及预防抗战食盐紧缺的问题，但仍未明确将民食提升到办理盐务的首要位置。

由于抗日战争全面爆发以来两淮等盐产区沦陷，1939年10月，江南六省盐粮会议在衡阳召开，以讨论湘、赣、浙、闽、粤、桂六区盐务。该会议中做出的《盐务组审查报告》为今后各区办理盐务之指导原则，其明确提出："现在盐为民食问题，而非税收问题"，"现在盐为有无问题，而非贵贱问题"。⑤ 应该说，直至衡阳盐粮会议召开时，国民政府似乎才明确规定民食是盐务的首要问题，由此，国民政府制定了较之前更为详细具体的政策以保证食盐供应。总的来说，这一时期，随着沦陷区的扩

---

① 参见田秋野、周维亮：《中国盐业史》，商务印书馆1979年版，第493—494页。
② 《抗战建国纲领实施方案》（1938年8月），载《民国档案》1987年第1期，第35页。
③ 《1939年3月15日财政部为陈述各区盐务办理困难情形致行政院、军事委员会代电》，见南开大学经济研究所经济史研究室编：《中国近代盐务史资料选辑》第4卷，南开大学出版社1991年版，第20页。
④ 《财政部第二期战时行政计划实施方案》，载《民国档案》1993年第4期，第18—32页。
⑤ 《1939年11月4日财政部致盐务总局代电》，见南开大学经济研究所经济史研究室编：《中国近代盐务史资料选辑》第4卷，南开大学出版社1991年版，第25页。

大以及盐产区的丧失，国民政府实行增产囤盐、官商并运、管控销售等措施以保证民食。

广东亦不例外地实行了以上措施。这一时期，粤盐增产及济销湘、桂是广东办理盐务的重要内容。早在 1938 年，国民政府已提出"增加川粤两区产量，以备鲁淮潞等区失陷后接济湘鄂豫皖陕等之食用"①。至河东、山东、两淮等盐区纷纷沦陷后，国统区"不得不在其他各产区增加产量以资抵补"②。在 1939 年的衡阳盐粮会议中，国民政府出台了"粤盐年产原有 500 万担，预定每年增产 200 万担"③ 的计划，可见当时广东是非沦陷区除两浙及四川外极为重要的盐产区。对于广东，国民政府提出的具体增产方针是"重在修复荒堧、增辟盐田、督促耙晒、围堵场私、盐民贷款及统制配运数端"④。

为满足各地的食盐需求，除增产外，国民政府还根据各省食盐需求确定了明确的济销办法，粤盐除供本区使用外，还须协济湘、桂、赣三大省。1939 年，国民政府指出在做好长期抗战的准备时，"食盐应多量屯存……破除疆界，适当配置，迅速抢运，分地存储，以期通力合作，调度灵敏"⑤；同年，时任国民政府财政部部长孔祥熙在国民党五届五中全会所作报告中指出，"为调剂供需计，一面于川、粤、闽、浙、滇及西北等六区积极规划增产，一面将各该产区之场盐大量分运于待销各地"⑥。因此，从产盐区加紧抢占食盐、囤储食盐以及济销湘鄂等地以补沦陷盐区供盐缺额是重中之重。

1939 年 11 月，财政部在致盐务总局代电中提出："拟参照陈统监劲节提加强抢运闽浙川盐案，努力抢运各该区盐斤，每月照额供给：甲、湘省　月需 15 万担……闽、粤盐月运 7 万担（自 28 年 10 月起在韶关照交，内东场 3 万担，闽粤盐 4 万担）……戊、粤省　月需 16 万 6 千担，以本区所产之盐照数供给。己、桂省　月需 11 万担，月运粤盐照数供给。"⑦ 此处的"内东场"当指后来的粤东区三场。可见，

---

① 《抗战建国纲领实施方案》（1938 年 8 月），载《民国档案》1987 年第 1 期，第 34 页。

② 《1939 年 10 月在衡阳盐粮会议上盐务总局关于近年来食盐产运情形的报告》，见南开大学经济研究所经济史研究室编：《中国近代盐务史资料选辑》第 4 卷，南开大学出版社 1991 年版，第 20 页。

③ 《1939 年 10 月在衡阳盐粮会议上盐务总局关于近年来食盐产运情形的报告》，见南开大学经济研究所经济史研究室编：《中国近代盐务史资料选辑》第 4 卷，南开大学出版社 1991 年版，第 21 页。

④ 《1939 年 10 月在衡阳盐粮会议上盐务总局关于近年来食盐产运情形的报告》，见南开大学经济研究所经济史研究室编：《中国近代盐务史资料选辑》第 4 卷，南开大学出版社 1991 年版，第 21 页。

⑤ 《1939 年 11 月 4 日财政部致盐务总局代电》，见南开大学经济研究所经济史研究室编：《中国近代盐务史资料选辑》第 4 卷，南开大学出版社 1991 年版，第 27 页。

⑥ 《国民党五届五中全会财政部财政报告》，中国第二历史档案馆馆藏，载《民国档案》1986 年第 2 期，第 63－78 页。

⑦ 《1939 年 11 月 4 日财政部致盐务总局代电》，见南开大学经济研究所经济史研究室编：《中国近代盐务史资料选辑》第 4 卷，南开大学出版社 1991 年版，第 26 页。

粤盐除供应本区外，还须济销湘桂，当时济销的粤盐占到湖南食盐需求量的 1/5 以上，而广西仍全数仰赖广东供给。这一时期，粤东区销湘的路线主要由乐昌转运至湖南境内，粤西区则由柳州通过湘桂铁路运至衡阳。据潘灯研究，1940—1941 年，国民政府规定的广东济销湘赣盐斤数目在变动，通过统计 1939—1941 年通过粤东区交收湘赣的盐斤数量，潘灯认为，因为战事阻碍，粤东区济销湘赣的食盐数量未能达到这一定额，而粤西区虽亦未达到定额，但官运协济数量依然很大，甚至当时湖南 70% 的食盐是来自粤西区的。①

盐统制时期，国民政府对于食盐运输所制定的政策侧重点仍在于抢运食盐，认为商运有重利之弊端，官运则无法快速设立运输机关、筹备运输工具，为此实行官商并运的政策。②1939 年，广东为了"将东区各场存盐及西场坐配积极抢运，内移济销"，实行了以下措施：

> 本年六月间，为鼓励商人大量移运起见，经核准运湘省郴县盐斤 20 万担，记账起运，所有场税、统税均俟在郴县出仓时再行缴纳。并规定车运盐数，须一次报运十卡。水运乐昌之盐，照案加耗并不限盐数。赣南粤盐则由西岸办事处举办官运，计先后共准运 24 万担。迨广州事起，未运官盐存澳部分交广东管理局接收，存场部分改在汕头交货，转运赣境。所有赣南粤潮盐斤，拟即改鼎兴盐号办运。惟至年底止，尚在筹划中。③

可见，广东在 1939 年已经采取官商并运之法。为鼓励商运，对于当时郴州所需的 20 万担盐，国民政府决定不再对运商收税，而改为由零售商在盐出仓时缴税，而乐昌是当时济湘粤盐的中转地，国民政府提出经水路运至乐昌的盐斤不再加耗、不限数额。对于赣南所需粤盐，当年有 24 万担准许以官运办理，此后则拟全部改由鼎兴盐号运输。可知此时商运已占据十分重要的地位。1940 年，"广东东区本销及济销闽西之盐以商运为主"，为鼓励商运，实行"（1）月运五千担以上者，准记税至相当地点再行缴税，并酌给途耗盐；（2）分段收购商盐，鼓励商人办运；（3）鼓励商人造船，如造相当艘数，得由公家酌量贷与一部分工程费；（4）准盐商向本机关请求贷借资本或请求介绍银行贷款；（5）运输困难而危险场地，额外给予贴耗盐"。④应该

---

① 潘灯：《抗战时期广东国统区的食盐运销研究（1937—1945）》，暨南大学 2010 年硕士学位论文，第 15、17 页。
② 参考《1939 年 10 月在衡阳盐粮会议上盐务总局关于近年来食盐产运情形的报告》，见南开大学经济研究所经济史研究室编：《中国近代盐务史资料选辑》第 4 卷，南开大学出版社 1991 年版，第 24－25 页。
③ 《1939 年 10 月在衡阳盐粮会议上盐务总局关于近年来食盐产运情形的报告》，载南开大学经济研究所经济史研究室编：《中国近代盐务史资料选辑》第 4 卷，南开大学出版社 1991 年版，第 23 页。
④ 《1940 年产销屯储计划及办理情形报告书》，中国第二历史档案馆馆藏档案，全宗号 266，卷号 2058，转引自董振平：《抗战时期国民政府盐务政策研究》，齐鲁书社 2004 年版，第 141 页。

说，在当时的情形下，选择官运抑或是商运并非政府关注的重点，如何通过制定合理的运输政策抢运盐斤才是核心。

1942—1945年，盐的运销制度发生了新的变化——废除引岸制，实行盐专卖。1940年1月2日，盐务总局拟定了食盐官专卖的办法，规定：产盐"以民制官收为原则，尽产尽收"，运盐"以官运为原则"，"在有特别情形之各区，暂仍以商运补官运之不足"，销盐"以官销为原则"，"改行之初，暂由官商并销"。官专卖最核心的一点还在于"废除税制""寓税于价"。而在机构名称上也做了相应的调整，"仍保存盐务总局名义或改称中国盐业公司"，在盐产地设场务局，销地设运销局，并于各县乡镇设分局所及官盐店等。①

1942年5月，国民政府制定《盐专卖暂行条例》。1942年6月2日，行政院在关于抄发盐专卖暂行条例的训令中称："盐专卖暂行条例，现经制定，明令公布，应即通行饬知"。② 该法后又经修订，于1944年10月公布《盐专卖条例》。

广东的粤东区、粤西区也相应改为运盐给价官收。据《财政年鉴三编》记载，1942—1945年，粤东、粤西两区，"除官运盐斤给价官收外，其余贷款归堆，粤东按照场价贷予三分之一，粤西贷予十二之二"，但该报告也称"因战局关系，未能全数实行"。③ 具体的官收盐数据如表8-3所示。

表8-3 粤东、粤西区官收盐数量

单位：担

年份	1938	1939	1940	1941	1942	1943	1944	1945
粤东区	—	127394	258655	150817	378569	619309	330523	82336
粤西区	20581	331850	621814	641158	1098097	1205357	922126	29640

资料来源：《中国近代盐务史资料选辑》第4册，第57页。

盐专卖时期，两广盐仍由粤东、粤西区专管，粤东盐务管理局管辖粤东各场及东江、粤北销地，而粤西盐务管理局主要管理粤西各场、西江一带销地及广西全省。粤东盐务局主要的局址设在当时的南雄县午田村，此外在梅县还有驻梅办事处，但时有裁省。粤西盐务局局址初设在广西桂林，1944年后，粤西盐务局一路内迁，先是西迁柳州，后逐渐撤退到南丹、黔中、贵阳等地。

在盐专卖体制下，从盐场把盐运到指定中转点的任务除了尽量由政府自运外，也鼓励商人参与。在政府方面，盐务局贷款自造手车100辆，同时呈请第七战区司令部

---

① 南开大学经济研究所经济史研究室编：《中国近代盐务史资料选辑》第4卷，南开大学出版社1991年版，第38—39页。
② 南开大学经济研究所经济史研究室编：《中国近代盐务史资料选辑》第4卷，南开大学出版社1991年版，第48页。
③ 南开大学经济研究所经济史研究室编：《中国近代盐务史资料选辑》第4卷，南开大学出版社1991年版，第56页。

拨发一定数量的运输工具，以加强运力。①

这一时期，广东食盐在销售方面除了供应本地外，仍然以济湘和济赣为主要途径。政府核定的1942年粤东区济湘盐月额为50000担，其中官运20000担，商运30000担。②济湘食盐先运至韶关，然后移交给湖南方面接运或发照由商人转运。官运交湘盐斤，由粤东盐务局在场官收，初定在海陆丰场每月收运13000担（另加由场运至韶关运耗30%，实应收运数16900担），惠阳场每月收运7000担（另加由场至韶关运耗30%，实应收运数约9100担），嗣因济湘月额增加5000担，乃重拟定在海陆丰场购运15000担，惠阳场购运10000担，均仍照额加运耗30%，按额济运。③

粤西区办理官盐以招商代运为主，也有一部分官收场盐利用商资，采取了委托商运的方式。从1942年起，规定粤西区每年本地和外销盐运额共为321万担，其中本销192万担，外销129万担，外销又包括了济湘120万担，济黔南6万担和济滇3万担。④1943年粤西区的运销盐斤数有所增加。根据潘灯的统计，1943年粤西区各场的产盐数也远远超过政府原先的额定数。⑤（见表8-4）而1944年以后，广西战事全面爆发，粤西盐务局一路撤退，几乎无法开展业务。

表8-4 1943年粤西区各场实产盐数和额定产额比较

单位：市担

盐场	双恩场	电博场	乌石场	白石场	总计
定额	450000.00	450000.00	1100000.00	800000.00	2800000.00
实际生产	664763.62	1082077.00	1470498.54	1326701.34	4544040.50
增减数量	+214763.62	+632077.00	+370498.54	+526701.34	+1744040.50

资料来源：潘灯：《抗战时期广东国统区的食盐运销研究（1937—1945）》，第30页；参考广州市档案馆藏档案，档案号：临10-2-3。

在盐的销售方面，《盐专卖条例》规定："盐专卖机关应于各集散处所设立盐仓发售"，"承办销盐合作社或商人应经政府之许可"，"食盐配销以按人口计算为原则，

---

① 《粤东盐务管理局三十一年年报》，广州市档案馆藏，两广盐务管理局档案，临10-2-40，转引自潘灯：《抗战时期广东国统区的食盐运销研究（1937—1945）》，暨南大学2010年硕士学位论文，第23页。

② 《粤东盐务管理局三十一年年报》，广州市档案馆藏，两广盐务管理局档案，临10-2-40，转引自潘灯：《抗战时期广东国统区的食盐运销研究（1937—1945）》，暨南大学2010年硕士学位论文，第25页。

③ 《粤东盐务管理局三十一年年报》，广州市档案馆藏，两广盐务管理局档案，临10-2-40，转引自潘灯：《抗战时期广东国统区的食盐运销研究（1937—1945）》，暨南大学2010年硕士学位论文，第25页。

④ 潘灯：《抗战时期广东国统区的食盐运销研究（1937—1945）》，暨南大学2010年硕士学位论文，第29页。

⑤ 潘灯：《抗战时期广东国统区的食盐运销研究（1937—1945）》，暨南大学2010年硕士学位论文，第31页。

必要时得由政府限定凭证计口售盐"。① 在粤东，1942年实行据点配销后，共有21处配销点，分设于新铺、梅县、松口、揭阳、高陂、安流、神泉、陆丰、海丰、兴宁、惠州、河源、老隆、和平、南雄、曲江、连县、清远、英德、隆井、四会等县镇。粤西区的配销据点有桂林、平乐、藤县、八步、梧州、长安、柳州、桂平、郁林、宜山、河池、南宁、武鸣、平塘江、上思、百色、□水、龙州、思乐、开建、斗田、阳江、都城、梅菉、安铺、党屋、北海、双溪、西墩、马屋、企沙等32处。②

在盐的基层销售方面，合作社和公卖店是当时的主要销售机构。合作社或公卖店要想获得经营资格，须事先向盐务机构申请、办理好登记手续，并经盐务机构核定各合作社、公卖店的销盐数额、地点、承销期限、资本、盐价等项。据《粤东区食盐公卖店管理规则》规定："月承销在二百担以下者缴纳保证金五百元，二百担以上者一千元，五百担以上者三千元。"③

---

① 财政部盐务总局编：《盐政概论》，1944年版，第216页。
② 潘灯：《抗战时期广东国统区的食盐运销研究（1937—1945）》，暨南大学2010年硕士学位论文，第32—33页；参见《粤东盐务管理局三十二年年报》，广州市档案馆藏，两广盐务管理局档案，临10-2-41；财政部财政年鉴编纂处编：《财政年鉴续编》第七篇，时事新政印刷所1945年版，第132页。
③ 财政部财政年鉴编纂处编：《财政年鉴续编》第七篇，时事新报印刷所1945年版，第128页；参见潘灯：《抗战时期广东国统区的食盐运销研究（1937—1945）》，暨南大学2010年硕士学位论文，第33页。

第九章 从国营到专营：新中国的广东盐业发展

广东海盐生产技术自明代中叶起就趋于完备，以煎盐法、晒盐法为基础，形成了一个较为稳定的、与产业结合紧密的、具有市场趋向的生产传统。这个生产传统直至新中国成立以后仍然被改造或者延续，并没有完全被取代。迄今，海盐生产的工序仍然不脱引潮、制卤、摊晒、归坨四大步骤，与传统技术极为类似。但是，由于实行盐业土地集体化和国有化改革，以及新型机械、塑料技术和科学观测的引入，广东盐业又于20世纪后半叶逐步改变了生产传统。这种改变是深刻的，促进了食盐生产者从小农户（盐丁）向企业的转型。可以说，传统海盐生产技术具有高度的市场特征，按照舒尔茨的理论，生产要素达到了极高配置。但新型的技术及在此基础上建立的企业是在高度专卖体制下产生的，在技术、产业改良方面极具新意，是具有标准化、规模化等适应新时代市场需求的特点的现代化盐业。

在此过程中，国家与资源之间的关系也随之改变。一方面，国家通过行政机构和国营企业、集体企业直接管理和调配相关资源，而否定了以往生产方面的竞争性市场。另一方面，国家也把注意力从"盐利"转向了民生保障。食盐加碘政策的提出和推行，是新中国国家职能的自我塑造，也造就了现代化盐业的核心价值。

第一节 新中国成立后的盐业机构变迁

一、"两广盐务局—盐业公司"体制（1949—1953）

1949年10月广州解放，随后由广州市军事管制委员会接管旧两广盐务管理局，在此基础上成立广东省人民政府盐务局。1950年改为两广盐务管理局，受国家盐务总局和华南财委双重领导。该局负责盐的生产、分配、收购及征收盐税和查缉私盐等的工作。产盐地区设管理处，下设分处，分处之下设场务所。销区设分局或支局，查验站，负责盐的查验、收税、放运等工作。1949年10月到1950年，盐的运销和管理由华南盐业公司负责，1951年改为中国盐业公司广东省公司，受商业系统领导，各地区设盐业支公司或者办事处，县市设批发处，基层设供销站。

这个时期的两广盐务管理局，基本在贯彻1950年1月政务院发布的《中央关于全国盐务工作的决定》的文件精神，在承认公私兼营的基础上，逐步实施以国营为主的方针。在生产方面，采取公私兼制和按销定产。重点在于控制盐的产量以及分配各盐场的生产任务。在运销方面，坚持"以国营为主，公私兼运兼销"的原则。而盐业公司此时的主要工作是接受国家的投资，逐步吸收私资的运销，提高运销的市场比例，为之后实行统销做准备。在税收方面，实际上延续了南京国民政府的思路，就场征收重税，但避免重征。在盐务分工方面，仍然保持盐务统一管理的方针，主要建置分为两大部门：属于财政部门的盐务局负责生产、税收、缉私，属于贸易部门的盐业公司负责运销。根据这份文件，"盐务局—盐业公司"体制主要是一种过渡性体制，为后来实现国家对盐的产运销全面管制奠定基础。

二、"统一计划、统一分配"下的两种盐业管理模式（1953—1980）

1953年，中国盐业公司广东省公司并入两广盐务局。该公司原属的运销职责全部归入两广盐务局系统。两广盐务局增设运销处，各盐场管理处增设运销科，销区设供销站。这一时期两广盐务局的改组意在配合国家"统购""统销""统一限价"政策。1951年开始，两广盐务局在汕头、粤西等产盐区核价公收全部的盐田，进而控制了全部盐源。盐的批发也渐渐由盐务部门负责，按计划进行统一的地区间调配。盐的零售由国营商店、供销合作社和部分私人零售店负责。

1956年，两广盐务管理局被撤销，分别成立广东省盐务局和广西省（后成立壮族自治区）盐务局。1957年，广东省盐务局成为广东省食品工业厅（后为轻工业厅）下辖的一个处级单位，由全能机构转型为职能机构，只负责盐的生产管理、技术指导、基建工作。此后至1961年，广东省盐务局（处）的职能不断出让：在生产方面，各盐场管理处、分处、盐务所分别下放给对应的所在地政府直接领导；在运销方面，1958年起移交给各地商业部门负责；在税务方面，1958年7月起移交给税务部门管理；此外，1958年广东省人民政府设立化学工业厅，盐的生产归省化工厅管理，1959年设立省化工厅制盐工业局，主要负责对盐的归口管理、生产技术指导、产品分配调拨及组织干线运输等工作。

1956—1961年的制度调整，是借鉴了东北地区统购统销政策，有意识地贯彻"从统一走向分管"的思路的一种模式。在该模式下，一方面，国家改变了数百年来视盐为独特物资，予以特殊管理，收取利润和赋税的体制；另一方面，在计划经济体制的运作中，对盐与其他资源一同进行统一的配置，这种"生产归工业，运销归贸易，税收归财政"的大分工制度，是现代国家对于资源配置的重新定义。至此，新中国盐业管理的现代化方始完成，传统的管理体系彻底瓦解。

1961—1973年间，盐务管理制度从分管走向统管，实现了统购统销政策的另一种模式。1961年，广东省人民政府回收电白、乌石、榆亚、东方四个盐场，由省化工厅直接管理，成为其直属的企业。1962年，恢复盐业系统产销合一的管理体制，把1958年下放到各专区的产销机构收归广东省化工厅领导。1964年，国家经委令中国盐业公司试办盐业托拉斯；同年，盐务从广东省化工厅独立，恢复广东省盐务局，同时成立中国盐业公司广东省公司,两个单位合署办公,主管全省盐业的生产和运销。这一系列制度调整并非恢复旧的制度,而是在计划经济运作中对于盐的生产和运销的重新定位。而税务征收并没有重新回归盐务管理系统。

历经1966年起的"文化大革命"对盐业体制的冲击,1973年,广东省盐业又划归省轻工局管理,并成立广东省制盐工业公司以及各地区盐业公司。

三、广东省盐业总公司与食盐专营制度(1980—2016)

1980年,广东省人民政府将广东省制盐工业公司改组为广东省盐业公司和广东省盐务局,实行"一个机构,两块牌子",隶属于省第一轻工业厅。1983年,广东省盐业公司(广东省盐务局)从省第一轻工业厅分出,成为直属于省政府领导的厅级单位,对广东省盐的产供销和内外贸进行统一管理,既是管理盐业的行政机构,又是负责产供销资源调配的经济组织。1992年,省政府将广东省盐业公司改为广东省盐业总公司,1994年增挂"广东省食盐专卖局"牌子,其主要的职能包括盐业的行政管理和计划分配。具体的职能为:一,贯彻落实国家有关盐业的方针政策;二,拟定全省盐业发展的中长期计划,以及食盐、工业盐的生产、运输、供应的年度计划;三,负责制盐企业和加工盐企业的行业管理;四,统一管理食盐和工业盐的分配调拨及省际调配;五,负责碘盐加工的管理和监督;六,组织各地盐业专营管理。

这一系列的管理制度调整,精确配合了新时期国家的食盐专营和供销体制改革。1994年以来,食盐专营制度包括指令性计划管理、食盐生产定点许可证制度、食盐准运证制度、食盐批发许可证制度、盐政执法诸方面。而供销体制改革,则是允许基层供销社和国营商店由个体经营,进行食盐的零售。同时,允许各地盐业公司、分公司为个体户和企业发放食盐批发许可证,签订合同,进行食盐的批发销售。

改革开放以来的食盐管理体制,更加精确地把指令计划和市场分配结合起来。在行政方面,广东省盐业总公司具有管理和监督的职能,有效管理了食盐和工业盐的生产和分配,监督了盐的质量。在资源配置方面,广东省盐业总公司履行了国家统一管理食盐生产和运销的职责定位,并有效管理了基层灵活的批发零售。

2003年以来,广东省盐业总公司实行政企分离,其行政职能移交给省发改委,并取消食盐专卖局牌子。2005年,广东省盐业总公司改组为广东省广盐集团有限公司,建立以资本为纽带的母子公司体系。2007年增挂省盐务局牌子,承担盐业行政管理和执法职能。2010年,改制为广东省盐业集团有限公司。新时期的机构改革符合盐业市场化和有效管理监督的需求,紧密跟随时代发展的步伐。

第二节　控制盐源：盐场土地的集体所有制和国有制改革

一、1950 年盐田普查工作

1950 年 4 月举行的两广区三届盐务会议，确立的目标为维持新中国成立初期的"公收配销"工作，并且逐步把"私制公营"模式从半企业化推向全企业化。为了更好地控制盐源，盐田普查的工作成为当时工作的重心。该期盐田普查工作具有历史的重要性，一方面体现为调查技术的精密性，另一方面则是把盐田根据制盐的用途稳定下来，民间无法随意改筑盐田为稻田抑或开发新的盐田。可以说，土地用途的确立，奠定了制盐业从传统的小农经营模式逐步过渡为现代工业生产模式的基础之一。

第一，在调查技术方面，采取了不同的分类登记表，对土地确切生产的形式予以确认。各类表格的形式如表 9-1、9-2、9-3、9-4 所示。①

表 9-1　盐田形式分类调查表一：场务所名称（甲）以镬灶形式分类

形式	生盐坜			熟盐灶		总计
	晒水	晒沙	沙水兼晒	晒水	晒沙	
高地式大型平镬灶						
品字型三小镬灶						
梅花型五镬灶						
长排九镬灶						
合计						

表 9-2　盐田形式分类调查表二：场务所名称（甲）以水位形式分类

形式	生盐坜			熟盐灶		总计
	晒水	晒沙	沙水兼晒	晒水	晒沙	
高地式						
低地式						
合计						

说明：盐田内部比海水最高潮位要高的为高地式盐田，否则为低地式盐田。

---

① 《中国盐业公司首届全国盐务会议结论、决定、意见》，《中国盐业公司广东省分公司档案》，案卷号 7，第 26-30 页。

表9-3 盐田形式分类调查表三：以汲扬方式分类

形式	生盐塍			熟盐灶		总计
	晒水	晒沙	沙水兼晒	晒水	晒沙	
自然流下式						
一次汲扬式						
二次汲扬式						
三次汲扬式						
四次汲扬式						
多次汲扬式						
合计						

说明：自然流下式，是指将海水放进水塘直至蒸发池、结晶池，完成自然流下，不费人力的方式；汲扬式是指用人力或机械将海水或卤水提高的方式，本区多用水车及水勺作为汲扬工具，其中由海水流进盐塍而至结晶，仅一次提高水位的，称为一次汲扬式提高，两次的，称为二次汲扬式，如此类推。

表9-4 盐田形式分类调查表四：以结晶形式分类

形式	生盐塍			熟盐灶		总计
	晒水	晒沙	沙水兼晒	晒水	晒沙	
石制结晶池						
缸片结晶池						
粗沙粒结晶池						
幼沙结晶池						
黏土面结晶池						
三合土结晶池						
石板结晶池						
大型平镬灶						
品字型三小镬灶						
梅花型五镬盐灶						
长排九镬灶						
合计						

说明：本表主要欲明了有多少塍，可用什么方法将卤水结晶成盐，如尚有特别形式者，请补完以上甲、乙、丙三表。除填明塍数外，如能算出各该塍的面积，请一并列明。

这四份表格的分类标准是镬灶、水位、汲扬和结晶形式。此次调查的技术与历史上对盐田登记的原理截然不同。

第二，开始进行生产设施的登记。这是现代成本核算体系的一部分。会议的文件指出，要根据盐坉经营的投资情况，核算制盐成本。① 这部分包括建筑费、修理费和使用年限，可以说国家已经着手直接控制生产了。

第三，进行制盐成本调查。成本调查的项目包括生产关系、工资、工具费用、材料费用（如燃料）、税费。② 从此次调查所采取的技术看，仍然延续了近代以来调查的特点，对于盐田的折旧、资产值等项并未深入，所以只能说是"半企业制"，并未实现现代的"企业制"成本核算。

此次普查工作所了解到的基本情况是：封建坉主、地主及封建祖尝的盐田约占80%，其余约占20%的盐田为富农及中农以下的劳动盐民所有。当时海南区的榆亚、昌感（东方）采取以封建剥削为主的租佃关系的坉主占盐坉总数为67%；粤西及钦州地区封建坉主占盐坉总数的25%，地主占39%，富农占6%，封建所有制形式的盐坉共占70%；粤东虽自坉自晒盐民较多，但属封建坉主所有的盐坉占13%、属地主的占4%，属富农的占4%，属祖尝及公产的占8%，合计封建所有制占29%。他们利用盐田的土地采用租佃分成制等各种形式进行残酷剥削，盐民终年辛勤劳动甚至得不到盐产品的二成或三成，而坉主、地主不劳而获却可占有七成至八成的盐产品。此外，盐民还要受所谓放盐花、押金、高利贷以及盐区"二贩""斗手"和盐馆等封建把头的剥削，过着极端困苦悲惨的生活。在海丰县青龙，当地年产1300担以上的坉，按"二八"分成，盐民一年辛劳所得只有260担，除去生产工具等费用，实际所得不到150担。③

二、盐田的公有制及集体所有制改革

新中国成立以后，盐在法律意义上被界定为矿产资源，这一认识与传统时期的认识迥异。传统时期的政府（包括民国政府）把食盐生产视为农业生产的一个部门，采取管理农业生产的制度去定位食盐生产。而新中国则把盐视为一种矿产资源，而按照当时的制度，矿产资源需要收归国有，所以1950年6月30日中央人民政府颁布的《中华人民共和国土地改革法》第十八条就有关于"大盐田收归国有"的规定。同年10月召开的第二届全国盐务会议做出《关于将大盐田收归国有的决定》，其主要内容是：

（一）凡沿海盐滩及内地之盐井（包括卤井、火井）、盐矿、盐池等，均属于大盐田范围，根据土地改革法之规定，应视为"特殊土地"，不同于一般农田，悉依本决定处理之。

（二）全国大盐田土地，均依法收归国有，由盐务机关管理之。但盐田地面

---

① 《中国盐业公司首届全国盐务会议结论、决定、意见》，《中国盐业公司广东省分公司档案》，案卷号7，第20页。
② 《中国盐业公司首届全国盐务会议结论、决定、意见》，《中国盐业公司广东省分公司档案》，案卷号7，第23页。
③ 广东省地方史志办公室编：《广东省志·盐业志》，广东人民出版社2006年版，第123页。

之一切投资（包括建筑工程及制盐设备等），仍归原经营者所有，并仍许其继续经营。如原经营者无力或不愿经营时，此项设备可以出租或出卖，但须依照制盐许可规则，向当地盐务机关申请登记。

（三）为照顾盐田土地所有者之生活，凡完全依靠盐田地租为主要生活来源者，应由盐务机关商请当地政府结合土改分给与农民同等数量的耕地，其不能耕种土地而生活又十分困难者，再由盐务机关用其他办法予以适当照顾。

（四）各盐田新的租赁关系，依下列规定处理：

1. 盐田土地收归国有后，原租约一律宣告作废，出租人与承租人不得再授受盐田土地租金。

2. 盐田地面投资，应由出租人与承租人重订租约，授受合理租金。

（五）盐田土地所有权人，应于本决定公布后，依照当地政府所定期限，将所有权状向当地盐务机关呈缴核销，其须在原有土地经营产制者，由盐务机关另发许可证，准其依法继续使用土地。

（六）凡已荒废之盐田及未经开辟之荒滩，概归国有，非经盐务机关批准，任何人不得产制盐斤。

（七）各地人民政府依据本决定结合土改及具体情况，另订实施办法，报经中央财政部核准施行。

（八）少数民族地区的盐田，由各大行政区人民政府依据实际情况规定，并呈报政务院批准。①

根据上述规定，各大区和省级盐务管理部门在大区财委和省、自治区、直辖市人民政府领导下，成立专门机构，结合本地实际制定实施办法，主要按照本盐区具体情况，划分大盐田范围；对盐田和生产设施所有者制定阶级成分的划分标准，按照土改政策和盐田所有者的阶级成分，规定处理盐田生产、生活设施的政策界限，重新颁发制盐许可证；妥善解决赖盐为生的盐民继续从事盐业生产或废场转业问题，妥善处理盐农、盐渔关系，依靠地方政府安排好盐民的生产和生活。

根据《关于大盐田收归国有的决定》，"……广东沿海滩田零乱，盐业生产大多为一家一户的小规模民营盐滩，大盐田将收归国有后，对有条件较好的盐场实行国家代管，集中生产，并逐步建立起7个地方国营盐场"。

1951—1952年，政府结合农村土地改革，在盐区开展民主改革，通过征收、没收将盐田土地收归国有，由盐务机关代管；交给盐工、盐民集体使用；在此基础上，筹建国营盐场和组织盐业合作社。

盐田的集体所有制改革，不仅针对土地的所有权本身，亦针对土地上的劳作者。根据海丰盐区1951年9月的工作报告，该区有90%的盐工或者盐民兼营农业，这部

---

① 转引自丁长清、唐仁粤主编：《中国盐业史·近代当代编》，人民出版社1999年版，第388-389页。

分盐民在1950年成立了工会，但在1951年阶级划分时仍然遇到困难，其租佃、自营、雇佣等经济关系非常复杂。①

1955年1月1日，省政府成立省直属的榆亚、昌感两个地方国营盐场；1956年1月1日成立乌石、电白两个省属的地方国营盐场。

第三节　新突破：海盐生产技术变革与产业转型

新中国成立初期对于海盐生产技术并没有本质性的变革。真正意义上的晒盐法生产技术改革发生于盐田私有制被废除之后。在盐田私有制的引导下，食盐生产仍然具有前述的竞争市场特征，规模化、标准化生产是"不经济"的，甚至连盐田围堤的维持都比较困难。新中国成立之初，莺歌海盐场筹建处处长何世庸指出，广东盐田非常分散，盐户对于维护堤围不感兴趣，堤围年久失修者甚多。

因此，盐田的集体化或者国有化为海盐生产变革奠定了基础。盐田的国有化和集体化改革在1953年基本完成，如此则重构了盐场的定义，是为专产盐的集体或者国营单位。这种由集体或者国家控制盐田的生产方式，彻底否定了旧有的食盐产业传统，随着偏远盐田废置的推行，国家方始全面掌控盐业土地。在此基础上，新型的技术变革成为可能。

初步的盐业技术改革仍然未脱离传统晒盐方式，其主要集中在规格化和规模化两方面。规格化，意味着从国家的角度统筹盐田的生产能力与劳动力分配，试图利用计划的方法寻求一个较优的生产比。这种方式的优势在于对生产要素进行集中管理，方便盐产的控制与调配；但其劣势在于否定了市场，事实上计划未必比市场更有利于要素分配。故此时规格化的改革常常遇到各地不符合要求的阻力。规模化的主要目的在于扩大盐田生产面积，以减少晒盐中资源的边际损耗，时人视为"提高劳动生产率"之举。

据载，1950—1956年间，各盐田通过群众性小改、小革，扩大盐田生产面积，以提高劳动生产率和产量、质量。主要手段包括：开始对旧有晒水盐田进行邻近二塥并一塥，三至四塥并一塥的"合塥、通卤"，以扩大生产规模和实现人员集中，以便于生产管理；对晒砂盐田实行晒砂改晒水的"小改、小革"。1953年10月至1954年7月，电白盐场三甲工区工会发动全工区工人、家属自筹资金1万元，在下甲108号塥夜以继日地展开建滩和改造旧盐田工程。该塥的改造工程由工人自行设计、施工，总面积9.10公顷，有效面积8.58公顷，其中，水塘占8.67%，蒸发池占84.35%，结晶池占6.98%；头幅与结晶池面积比为2.57:1，蒸发池总面积与结晶池面积比为12:1。并且从中级蒸发池开始设保卤设施；从高级蒸发池到结晶池均对池底进行硬化，以有效防止

---

① 《海丰盐区民主改革工作队一个半月工作总结报告》，1951年9月，《中国盐业公司广东省分公司档案》，案卷号9。

渗漏。自1954年7月投产以来，一直保持稳产、高产、优质。

然而，无论是规模化或是规格化的技术改良，都无法突破天气因素对于生产的限制。广东天气素来阴晴不定，如此对于盐产量难以核算，即使规格化与规模化也无法突破晒盐自身的技术难题。此外，改造旧盐田的工程也没有完全普及，只是局限在国营盐场的范围内进行。

真正意义上的技术突破在20世纪70年代才得以实现，主要是从纳潮、制卤、结晶和集坨四个工序实现全面突破。在纳潮方面采取机械扬水方式，其与天然涨潮相比，提高了纳入海水的效率。制卤、结晶的技术改进主要在于盐田规模和硬池化改造两方面。此外，针对天气因素，在制卤、结晶过程中应用专门制作的薄膜成为新的突破口。如此海盐生产终于逐步克服天气因素的干扰。在集坨方面也更为注重盐产的集中与保存，此时临时性的、常备性的盐仓已经普遍建立，克服了传统技术"天堆露屯"的弊端。此方面的政策记录主要见于《广东省志·盐业志》：

> 1977年11月28日至12月6日，轻工业部召开第二次全国盐业会议，提出海盐技术改造要继续把"盐田结构合理化、工艺科学化、生产机械化"当作主攻方向。1978年，轻工业部召开全国海盐技术改造会议，明确盐田改革目标是"工艺科学化、滩田结构合理化、生产机械化，扬水、制卤、结晶、集坨集中"（简称"三化、四集中"）。1978年8月8日，广东省制盐工业公司在广州召开盐业生产技改会议，要求生产企业做到"三高"（提高产量、提高质量、提高盈利），把质量管理摆在议事日程。推广"新、深、长"工艺，以新为主。及时搞好分级制卤，终止浓度30°Be'。并把制订的《广东省盐田设计要点》作为全省盐田技术改造和新、扩建盐田设计工作的依据。
>
> 贯彻盐田技术改造"三化、四集中"目标，全省盐区还针对连晴天少、结晶周期短和池底易渗漏的状况，产区（盐场）普遍推广结晶池铺缸瓦片（陶片），以加快结晶，提高盐质；试用塑料薄膜垫池，防止渗漏；还用塑料薄膜苫盖卤池（缸）和结晶池等等措施，起到了增产、优质的效果。另在盐业机械使用方面也得到进一步增强。青州盐场生物技术应用，既减少卤水渗漏，又有利于吸收太阳辐射热，促进蒸发，提高卤水浓度。①

我们看到技术的革新主要体现在两方面：其一是科学研究成果的引入。在传统时期乃至新中国成立初期，海盐生产主要依靠经验积累，没有有力的科研机构提供技术支撑。在盐田选址方面，主要依赖市场优胜劣汰式的筛选，没有对于海水浓度的精确监控；在盐田规模方面，也是以市场经济的方式自由买卖，没有科学的规划和设计；在制卤、结晶方面，较高的劳动生产率未必使生产者获益，而更加受限于阴晴不定的气候条件。此时，专业科学技术为以上方面提供了新的技术改良方向。其二是农业机

---

① 广东省地方史志办公室编：《广东省志·盐业志》，广东人民出版社2006年版，第82－83页。

械和塑料技术的引入。这主要提高了生产效率并降低了生产风险,在此无须赘述。更加重要的是,此时的盐产开始实现标准化生产,生产标准的可控降低了批次之间优劣不明所带来的困扰。

事实上,机械化制卤技术、归坨技术、塑料技术、科学观测的引入需要突破以农户为基础生产单位的产业特征。我们看到,国营盐场——省盐业公司属下的直营盐场,一直是技术革新的前沿;而集体盐场仍然保留着较为落后的生产力,主要依靠劳动力投入来获取产出。因此,国营企业与新兴技术是该产业组织与技术搭配的现代化现象。

海盐技术革新的同时,井矿盐的崛起则是盐业生产技术转型的革命性事件。从全国食盐生产发展的趋势看,由于水溶压裂法和真空制盐工艺的普及,井矿盐的产量在2010年超过了海盐的产量。广东省缺乏产量高的盐矿,海盐生产较为分散,成本较高,且大规模盐田的开发数量不足。井矿盐产量的攀升和市场份额的扩大,集中体现于生产量最大的十家企业的增长上。2013年,我国井矿盐的制盐生产能力已经超过了5000万吨,而产量最大的十家企业的产量有2048万吨,同比增长5.6%。井矿盐的质量也不断提升,氯化钠的平均含量为98.36%,多数地区所产的盐甚至达到99.4%及以上。同时,井矿盐的生产设备也不断升级,2013年国内已经拥有100万吨以上的生产设备7套。而同年井矿盐生产企业的收入也同比增长18.15%,远超一般食盐和工业盐生产企业的增长水平。

但是广东海盐生产并没有局限于传统的晒盐法框架内,而是逐步崛起一批品质较优的盐产,与低廉高产的井矿盐进行竞争。2017年6月7日,在以色列首都特拉维夫,广东盐业集团与以色列IDE公司签署了雷州半岛规模化生产优质海盐项目的战略合作协议。雷州半岛海盐是全国唯一通过生态原产地保护审核的海盐产品,但其产能低且占用大量土地资源。雷州半岛规模化海水制盐项目落地后,可以节约出99%以上、逾4万亩一线海景的土地,这些土地可以得到有效利用,用于推进产业转型升级,发展特色产业或旅游小镇建设,为我省区域协调发展做出贡献。这种集约化的生产与海水淡化技术的引入,以及盐业与旅游业经济之间的互通,为产业转型重新指明了方向。

第四节 走向安全管控:食盐加碘政策的实施

广东食盐加碘的推行肇始于20世纪50年代,在90年代末得到广泛推广。据1977—1978年的全省普查数据,碘缺乏病区包括梅州、河源、韶关、清远、肇庆、云浮及辖地等53个市县。这些地方普遍流行由缺碘引起的地方性甲状腺肿,病患人口达987万人。① 据1995—1996年的调查数据,沿海地区居民也普遍存在缺碘的情

---

① 广东省地方史志办公室编:《广东省志·盐业志》,广东人民出版社2006年版,第128页。

况。故食盐加碘的政策，实则针对部分地区缺碘的情状而言。① 食盐加碘政策的推行，标志着食盐成为国家提供的健康服务的起点，而非如同传统盐政从食盐专卖中获取资源和利益。

新中国食盐加碘政策的推行可以分为两个阶段。第一个阶段（1956—1995年）为地方性甲状腺肿流行区加碘，其余地方不加碘；第二个阶段为全面加碘（1996年至今）。第一个阶段，食盐加碘由销区分公司负责，针对个别销区加碘；第二个阶段则是在海盐产区建立专门的加碘厂，直接加碘。

食盐加碘在广东省全面实施始于1995年，当年广东省政府发出《关于1996年全省食盐加碘的通知》，规定从1996年始，广东供给的食盐全部加碘。其主要的方法是采取新的加碘技术，并对盐产品的碘含量进行指标管控。

加碘政策的推广主要体现于产区加碘盐厂的建立。产区加碘盐厂主要分布在各主要盐区，分别为雷州盐场加碘盐厂、徐闻盐场加碘盐厂、电白盐场加碘盐厂、广州精盐加碘盐厂、深圳盐业总公司加碘盐厂、汕头盐业总公司加碘盐厂六个主厂，其下还分别挂靠有八家厂。② 这类加碘盐厂，主要采取粉洗法或者精制法（前者应用更广泛）进行食盐加工。如此则保证广东省碘盐生产的覆盖率达到了95%以上。

碘盐的推广，仍然沿着专卖体制的配给制层层供应。由于新中国的盐法覆盖了盐的产运销各环节，故通过盐业公司的渠道，可以分销碘盐至各零售点。在此基础上，国家仍然采取工商管理的方法，由各地盐业、工商、技术监督部门进行市场检查，保证碘盐的全面覆盖。针对碘盐中碘的易挥发性，此类碘盐供应采取了新型的小包装形式，改良了包装袋，以利于碘盐的保存。③ 全省加碘盐厂、碘盐小包装厂的分布情况如表9-5所示。

表9-5　广东省加碘盐厂、碘盐小包装厂分布

厂名	厂址	备注
雷州盐场加碘盐厂（主厂）	雷州盐场马留工区	粉洗盐加碘大包装
粤西盐业总公司加碘盐厂（挂靠厂）	湛江市霞山区	全自动小包装机2台
徐闻盐场加碘盐厂（主厂）	徐闻盐场灯楼工区	粉洗盐加碘大包装
江门盐业总公司加碘盐厂（挂靠厂）	江门市河南盐仓	自动封口机
电白盐场加碘盐厂（主厂）	电白盐场场部	粉洗盐加碘大包装
茂名盐业总公司加碘盐厂（挂靠厂）	茂名市电白区水东	半自动封口机
阳江盐场加碘盐厂（挂靠厂）	阳江市江城区	全自动包装机1台
省盐业运销集团公司加碘盐厂（主厂）	广州市塞坝口盐仓	粉洗盐加碘，全自动小包装机3台

---

① 广东省地方史志办公室编：《广东省志·盐业志》，广东人民出版社2006年版，第128页。
② 广东省地方史志办公室编：《广东省志·盐业志》，广东人民出版社2006年版，第128页。
③ 广东省地方史志办公室编：《广东省志·盐业志》，广东人民出版社2006年版，第138页。

续表

厂名	厂址	备注
深圳盐业总公司加碘盐厂（挂靠厂）	深圳市南山区	全自动小包装机4台
东江盐业总公司加碘盐厂（挂靠厂）	惠州市惠城区	全自动小包装机1台
汕尾盐业总公司加碘盐厂（挂靠厂）	汕尾市海丰县城	半自动封口机
汕头盐业总公司加碘盐厂（主厂）	汕头市金平区	全自动小包装机2台
潮州盐业总公司加碘盐厂（挂靠厂）	潮州市湘桥区	半自动封口机
揭阳盐业总公司加碘盐厂（挂靠厂）	揭阳市榕城区	半自动封口机
梅州盐业总公司碘盐小包装厂	梅州市东山	全自动小包装机1台
韶关盐业总公司碘盐小包装厂	韶关市黄岗	全自动小包装机2台
肇庆盐业总公司碘盐小包装厂	肇庆市睦岗	半自动封口机
清远盐业总公司碘盐小包装厂	清远市清城区	全自动小包装机2台
中山盐业总公司碘盐小包装厂	中山市小榄	全自动小包装机2台
广州盐业公司碘盐小包装厂	广州市塞坝口盐仓	全自动小包装机5台
佛山盐业总公司碘盐小包装厂	佛山市禅城区	全自动小包装机3台
东莞盐业总公司碘盐小包装厂	东莞市莞城	全自动小包装机3台
珠海盐业总公司碘盐小包装厂	珠海市斗门	半自动封口机
河源头盐业总公司碘盐小包装厂	河源市源城区	全自动小包装机1台
云浮盐业总公司碘盐小包装厂	云浮市云城区	全自动小包装机1台

资料来源：《广东省志·盐业志》，第134—135页。

尽管如此，碘盐在市场上仍然受到许多非加碘盐的冲击。这种情况普遍发生在潮阳、惠来、徐闻、雷州、海丰、陆丰等县，即具有晒盐池的地方。非加碘盐假冒了加碘盐的包装，但其制作过程中没有加碘工序。此时的私盐，多数指非加碘盐。据载，1996年，全省出动执法人员5万余人次，检查市场1.3万余次，查出假冒碘盐、劣质盐11023吨。而在1999年的检查工作中，出动执法人员近10万次，检查市场2000余个，查出假冒、劣质盐18171吨。这些数字表明，市面上流通的非加碘私盐仍然具有相当规模，而国家对其的打击力度依旧相当大。[①]

近年来，随着社会经济的发展与科学研究的推进，食盐加碘的标准受到一定的质疑。主要的问题在于各地缺碘的情况难以统一，这种"一刀切"强制加碘的方式，可能会导致部分地区居民纳入过多的碘元素。针对此情况，国家采取调低碘含量标准与加碘标准市县化的政策予以细致处理。根据2012年国务院颁布的《食用碘盐含量标准》，选择加碘盐的权力下放至市县卫生部门，各级部门及盐业公司配合供应。今天，针对食盐加碘的政策仍然在灵活地进行调整，这意味着食盐安全已经成为新中国健康政策的重要组成部分。

---

① 广东省地方史志办公室编：《广东省志·盐业志》，广东人民出版社2006年版，第138页。

总之，食盐加碘昭示着传统盐法的现代化转型。在传统时期，国家对于盐产品的质量、食盐的安全并没有多少管控，仅仅依赖盐业市场配置的方式，由盐户自行生产，由市场选择标准。清初屈大均便有"海民好熟盐、山民好生盐"之说。但是食盐加碘政策使得盐脱离了商品的范畴，而成为一种关乎民生的重要物资，用以防治部分地区的碘缺乏症。食盐加碘的推行，以及近年出台的灵活选择加碘盐标准的政策，均把盐业生产、食盐运销推向了注重社会效益而非经济效益的发展方向，重新定义了盐业的目标——从追逐"盐利"走向"盐安全保障"。

这种国家通过管控物资干预社会生活乃至人民健康的方式，是新中国切入民生领域的独特路径。食盐加碘等安全政策也成为食盐专卖转型的底线。食品安全保障的问题，也把千年盐法推向了一个更为深刻的社会议题中。

第十章 盐业体制改革的广东实践：广东的盐改探索

2016年5月，国务院发布了《盐业体制改革方案》，拉开了新一轮的盐业体制改革序幕。2017年，盐业体制改革正式展开。广东作为全国第一大食盐消费市场，盐改后市场竞争空前激烈。广东省盐业集团有限公司（以下简称"省盐业集团"）通过改革创新、提质增效保持较好的经济效益，稳守广东食盐市场主渠道、主力军地位。

第一节 盐业体制改革方案出台

2016年5月，国务院发布了《盐业体制改革方案》（国发〔2016〕25号）。该方案的核心内容为：改革食盐生产批发区域限制，改革食盐政府定价机制，改革工业盐运销管理，改革食盐储备体系。

2016年12月30日，广东省人民政府根据中央文件的精神，发布了《广东省人民政府关于印发广东省盐业体制改革实施方案的通知》（粤府〔2016〕141号），是为广东省盐业体制改革的纲领性文件。[①]

该文件对食盐专营制度进行了调整，体现在以下方面。

第一，在食盐生产企业方面，要完善食盐定点生产制度。严格落实国家有关食盐定点生产企业数量只减不增的要求，以国务院《盐业体制改革方案》印发前已获得食盐定点生产许可证（含多品种食盐）的企业为基数，广东省内不再核准新增食盐定点生产企业。鼓励食盐生产与批发企业产销一体。鼓励社会资本进入食盐生产领域，与现有定点生产企业进行合作。

与此同时，食盐生产企业被允许直接参与批发运销，打破了食盐生产企业只能销售给批发（运销）企业的固定运销模式。允许已有的生产企业吸收社会资本，为生产企业参与运销增加了资金保障。

第二，完善食盐批发环节专营制度。坚持食盐批发专营制度，其他各类商品流通企业不得从事食盐批发。在食盐专营的基础上，允许已获得许可证的企业兼并重组，允许国有食盐批发企业在保持国有控股的基础上，通过投资入股、联合投资、企业重

[①] 《广东省人民政府关于印发广东省盐业体制改革实施方案的通知》，粤府〔2016〕141号，见：www.gd.gov.cn/gkm/pt/content/0/145/post_145719.html#7。

组等方式引入社会资本，开展战略合作和资源整合，增加了企业在资本市场的灵活度。

第三，完善食盐专业化监管体制。坚持政企分开的改革方向，盐业主管机构、食盐安全监管机构要与盐业公司分开。完善现有专业化食盐监管体制，由盐业主管机构依法负责食盐管理与监督。广东省经济和信息化委员会作为广东省政府盐业主管机构，主管全省盐业工作，负责制定盐业发展规划和产业政策，管理全省食盐专营工作，保证盐业发展稳定。县级以上经济和信息化部门作为当地的盐业主管机构，负责管理本行政区域内的食盐专营工作。企业与行政分离，一方面加强了监管机制的专业性和透明性，另一方面又减轻了企业管理的负担，促使企业进行专业性的经营和管理。①

在专营制度改革的基础上，该文件根据中央文件精神，提出盐业管理体制的四个重要方面的变革：

第一，改革食盐生产批发区域限制。2017年以前，定点生产企业只能销售给指定批发企业，生产企业不得进入流通和销售领域。此外，食盐批发企业只能在指定的范围内销售，不可跨区域经营。该文件提出，生产企业可自主确定生产销售数量并建立销售渠道，以自有品牌开展跨区域经营，实现"产销一体"，或者通过委托的方式由具有食盐批发资质的企业代理销售。批发企业允许跨区经营，省级食盐批发企业可以开展跨省经营，省级以下食盐批发企业可在省内开展跨区经营。该政策一方面破除了产销分离的局面，给予食盐生产企业更大的自主性，引进了市场机制，更大程度地保障了消费者的利益。另一方面，更为重要的是，破除了自食盐专卖制度建立以来始终无法摆脱的限定销售区域盐区制，尽管准入条件比较严格，但为未来在更大的空间范围内，利用市场机制进行盐产品资源配置的格局奠定了基础。

第二，改革食盐政府定价机制。盐改之前，食盐的出厂价、批发价和零售价都由政府统一制定。政府必须严格核算企业的成本与利润率，由此带来较高的政府与企业的管理成本。在严格的定价机制下，食盐的出厂价相对较低，食盐批发价难以根据市场行情灵活调整，企业自身的活力也受到一定限制。盐改后，广东省放开食盐出厂、批发和零售价格，由企业根据生产经营成本、食盐品质、市场供求状况等因素自主确定，以求达到降低管理成本，激活企业战略决策效率的目的。与此同时，广东省政府责令各级价格监管部门监控各地盐价，防止出现恶性竞争与哄抬盐价的现象。

第三，改革工业盐运销管理。严格执行国家放开工业盐运销管制政策，在1995年和2005年广东省分别放开小工业盐及两碱工业盐市场和价格的基础上，进一步清理对小工业盐及盐产品进入市场的各类限制，取消各地自行设立的两碱工业盐备案制和准运证制度，放开小工业盐及盐产品市场和价格。此外仍要防止工业盐进入食盐市场，导致出现食品安全问题。

---

① 《广东省人民政府关于印发广东省盐业体制改革实施方案的通知》，粤府〔2016〕141号，见：www.gd.gov.cn/gkm/pt/content/0/145/post_145719.html#7。

第四，改革食盐储备体系。建立由政府储备和企业社会责任储备组成的全社会食盐储备体系，确保自然灾害和突发事件发生时食盐和原碘的安全供应。按照企业承储、动态储备、费用包干、统一调度的原则，采取长期储备、动态轮换的经营和管理模式，政府储备量按不低于广东省 50 天食盐消费量确定，其中，省承担不低于 20 天的储备量，各地级市承担不低于 30 天的储备量。省级储备由省盐业集团承储，地级以上市储备由省盐业集团在当地的下属盐业企业承储，同级财政预算安排资金对食盐储备给予贷款贴息、管理费支出等支持。①

第二节　广东的盐改困境

广东省盐业集团利润占省属国企整体利润份额虽小，却涉及一亿多人口的生存消费。在国务院出台盐业改革方案及广东省出台配套的方案前后，省盐业集团将会面临较大的风险。当时广东省委、省政府及省属企业各级领导均对此有深刻的认识。

从社会效益的角度来看，食盐的质量安全和供应安全是盐业体制改革的首要顾虑。在食盐专营比较严格的时期，省盐业集团与省盐务局"政企合一"，面临的竞争较少，由广东省盐务局来保障食盐的质量和供应安全。盐改后，广东市场将会对已获得资格的盐业企业开放，这将导致多种产地、多种标准的食盐在市场上共存。在激烈的市场竞争（尤其是降价竞争）中，可能会出现品质低劣的食盐，这将直接威胁人民群众的生命健康安全，甚至酿成食品安全事故。此外，盐改前，广东省盐务局保障了偏远山区的食盐供应，这是保障偏远地区人民权益、保障民生的重要举措。市场放开后，这些地区的食盐供应可能出现困难。②

从经济效益的角度来看，省盐业集团在市场化竞争中的劣势明显。第一，2017 年市场放开后，可在广东市场销售食盐的企业多达 170 家，同时周边食盐生产企业大打"价格战"抢占市场，省盐业集团面临着激烈的市场竞争。第二，由于徐闻、雷州等传统盐场单产低、成本高，生产逐渐萎缩，广东地区 95% 以上的食盐需要从周边低成本井矿盐产区和北方低成本海盐产区调入。省盐业集团作为纯销售企业，极度缺乏上游资源。第三，改革前，"政企合一"的食盐专营制度导致集团内部极度封闭僵化，机构人员臃肿，企业运转效率低下，计划色彩浓厚，市场竞争基础、意识和能力极度短缺。③

省盐业集团面临的局面十分不利，处境十分艰难，行业内部对其发展预期较为悲

---

① 《广东省人民政府关于印发广东省盐业体制改革实施方案的通知》，粤府〔2016〕141 号，见：www.gd.gov.cn/gkm/pt/content/0/145/post_145719.html#7。
② 《庆祝改革开放四十周年大型系列报道 走进盐业集团：盐产业与盐文化》，载《南方财经报道》2019 年 17 月 18 日。
③ 吕永钟、林浩钧、杨晨晖：《我国盐业企业创新发展转型升级路径探析——以广东省盐业集团有限公司为例》，2019 中国企业改革发展峰会暨成果发布会，第 3 页。

观，甚至预言其"会在三个月内第一个倒下"①。

第三节 走高质量发展道路：广东省盐业集团的改革创新

面对政策和市场的双重"倒逼"，按照省委、省政府的部署要求，省盐业集团改革创新，开源节流，提质增效，经受了市场的洗礼，得到国家主管部门和全国盐业同行的高度评价。

一、坚持党建引领，明确发展方向

在改革推进过程中，省盐业集团高度重视抓好党建工作，坚定不移地将国有企业做强做优做大。一是强化党组织的政治核心作用。省盐业集团第一时间贯彻落实中央和省盐改的工作部署，出台改革实施方案，通过制定《改革负面言行清单》《改革责任承诺书》等有力措施，切实承担起盐改的政治责任、食品安全的社会责任、保值增值的经济责任和转型升级的发展责任。② 二是以党建充分凝聚改革共识。在推动二级企业大规模整合和人员岗位大幅度调整过程中，省盐业集团扎实开展"见面、见言、见心、见情"的思想政治工作，保持职工队伍思想稳定，保持整合过程平稳有序。③ 三是加大监督执纪问责力度。省盐业集团领导班子全面履行好党建工作责任制和党风廉政建设主体责任，进一步加强了依法依规决策、监督、执行等体制机制建设。同时，狠抓作风建设，大力开展"庸懒散拖推"专项整治，加大监督执纪问责力度，努力打造忠诚干净担当的职工队伍。④

二、转变经营模式，激发市场活力

盐改启动以来，省盐业集团聚焦主业主责，坚定践行"以盐为基，以盐带路，严把盐关，广开盐路"的发展思路，坚定实施"强品牌、增品种、提品质、优服务"的经营战略，积极转变经营模式，走高质量发展道路。一是坚决落实"政企分开"。彻底剥离企业承担的行政管理职能，将食盐质量安全管理与监管职能移交市场监管部门。二是积极调整经营方式。将专营的组织架构调整为完全市场化的组织架构，建立适应市场竞争的考核机制和薪酬体系，采取"直营入市、招牌上门、货架进店、营

---

① 李志文：《改革发展谋新路 奋力开拓谱新章 广东盐业在盐改与混改中涅槃重生》，载《羊城晚报》2021年1月20日第A05版。
② 李志文：《改革发展谋新路 奋力开拓谱新章 广东盐业在盐改与混改中涅槃重生》，载《羊城晚报》2021年1月20日第A05版。
③ 广东省盐业集团有限公司：《省盐业集团改革发展情况的报告》，2021年8月4日，第5页。
④ 吕永钟、林浩钧、杨晨晖：《我国盐业企业创新发展转型升级路径探析——以广东省盐业集团有限公司为例》，2019中国企业改革发展峰会暨成果发布会，第15页。

销上网、服务到家"等多种手段大力提升"粤盐"品牌的市场竞争力，在巩固省内市场的同时，成功将产品打入港澳和周边多个省份的食盐市场。三是聚焦主业做强做优做大。树立创建一流盐业企业的战略目标，围绕主业全面布局，补齐资源和产能短板，延伸产业链条。在上游，大力提升雷州半岛生态海盐品质和产能，研究布局海盐资源，努力将广东盐业资源这个最大短板变为最大潜力板；在下游，与食品加工行业进行资源共享和供需对接，率先在盐行业打造泛盐健康产品，申报30余项专利并向产业化方向推进。

三、优化内部结构，提升管理效能

自改革启动以来，省盐业集团推进机构整合和人才结构性调整。一是大幅精简二级企业。出清12家"僵尸企业"，高效整合地市公司，直属企业由42家大幅精简至2家直属二级企业，1家控股重要子企业。有效降低管理成本。二是大幅精简职工队伍。通过自然退休、自主择业、盐政执法人员转隶公务员等方式精简职工队伍，集团本部去机关化，深化"庸懒散拖推"专项整治和薪酬制度改革。三是大幅提升企业内部活力和战斗力。在思想观念、能力结构、经营行为、组织架构和工作作风等方面进行了系列改革和重塑。① 通过本部与下属单位"双向挂职"和珠三角与粤东西北"横向交流"干部，实施"百名优才"计划，招聘"双一流"大学毕业生补充新鲜血液等措施，解决系统封闭等"老大难"问题。建立了员工能进能出、职务能高能低、薪酬能升能降的管理机制，有效提升企业经营效率。②

四、推动科技创新，增强核心竞争力

省盐业集团坚持新发展理念，坚定走高质量发展道路，以"创新产品、创新模式、创新产业"为主线，③ 推动产业链向高端、高附加值、多元化方向延伸，有力促进企业转型升级，有效摆脱目前食盐行业同质、单一、低层次竞争局面。一是产品创新。开发数十款食盐新品种，差异化满足市场需求，徐闻、雷州盐场在业内第一个获得国家质检总局生态原产地产品保护认证，湛江生态海盐成为行业内公认的稀缺高品质食盐，市场反应良好。成立广东盐业健康产业发展有限公司，开发上市了30多款"妆、食、械"泛盐健康产品。设立研发中心并加大科技创新投入，经省人社厅同意设立博士工作站，与中山大学、华南理工大学、天津科技大学、广东海洋大学等高校加强校企合作。博士工作站的合作方向包括：开展减盐降压系列风味调味盐产品开发与食盐的基础性研究、健康用盐安全评估、食品安全风险评估等项目合作。④ 二是模

---

① 内部资料。
② 吕永钟、林浩钧、杨晨晖：《我国盐业企业创新发展转型升级路径探析——以广东省盐业集团有限公司为例》，2019中国企业改革发展峰会暨成果发布会，第18页。
③ 吕永钟、林浩钧、杨晨晖：《我国盐业企业创新发展转型升级路径探析——以广东省盐业集团有限公司为例》，2019中国企业改革发展峰会暨成果发布会，第5页。
④ 广东省盐业集团有限公司：《2020年企业社会责任报告》，第32页。

式创新。建立全国第一家食盐产品电子追溯系统，实现食盐来源可追溯、流向可查询、风险可防范、责任可追究，以现代信息技术手段保障产品质量；以"互联网+"创新升级经营模式，依托盐业渠道打造"食安云商"食材安全综合服务平台，构建食材安全认证和餐饮行业等级评定体系，获得广东省工信厅颁发的"第二十八届广东省企业管理现代化创新成果一等奖"等多个奖项。① 三是产业创新。在充分研究论证的基础上，拟引进先进技术规模化生产雷州半岛优质海盐，并集约盐田作为一线海景土地，积极布局发展海洋经济等多元业务。②

五、落实混合所有制改革，抢占发展先机

2017年，省盐业集团列入国家发展改革委第三批混改试点。2018年，广东省国资委明确将广东盐业集团列为集团层面混合所有制改革工作试点单位。2019年7月4日，省政府正式批复关于省盐业集团混合所有制改革总体方案。省盐业集团大力推进以广盐股份为主体的混改工作，通过主辅分离，集团将食盐主业资产进一步归集到广盐股份，在集团的领导下，对广盐股份实施混合所有制改革和市场化改造，创新体制机制，轻装轻快上阵，做强做优做大主业，建立粤盐在全国的领先地位。③ 此外，省盐业集团将以支持广盐股份发展为核心任务，同时"以地为基"，实现对现有土地资产的有效盘活，并积极开拓布局多元化业务，培养新的业务板块，积极开拓发展海洋新兴产业，培育新的收入和利润增长点，实现企业快速转型发展。④

在具体操作上，一是以广盐股份作为整合平台，以广盐股份所属与食盐生产经营直接相关的资产为基础，围绕食盐经营主业，整合集团下属与食盐生产经营直接相关资产；二是通过增资扩股方式，引入战略协同、优势互补的战略投资者，同步实施经营管理层、核心技术人员和业务骨干出资入股；三是对广盐股份进行治理结构与业务模式改造，实现企业体制机制创新，进一步提升盈利能力和核心竞争力，促进效率效益提升和可持续发展。⑤

2019年12月27日，广盐股份增资扩股项目顺利挂牌，公开征集战略投资者。省盐业集团克服时间紧迫、任务艰巨、疫情冲击等困难，集团领导带队多次赴省内外拜访多家意向投资者；制定"混改百日攻坚方案"，全员全力以赴落实混改各项任

---

① 吕永钟、林浩钧、杨晨晖：《我国盐业企业创新发展转型升级路径探析——以广东省盐业集团有限公司为例》，2019中国企业改革发展峰会暨成果发布会，第10页。
② 吕永钟、林浩钧、杨晨晖：《我国盐业企业创新发展转型升级路径探析——以广东省盐业集团有限公司为例》，2019中国企业改革发展峰会暨成果发布会，第11页。
③ 广东省盐业集团有限公司：《关于广东省盐业集团有限公司混合所有制改革总体方案的请示》，粤盐司〔2019〕43号，第10页。
④ 广东省盐业集团有限公司：《广东省盐业集团有限公司"十四五"规划》，第41页。
⑤ 广东省盐业集团有限公司：《关于广东省盐业集团有限公司混合所有制改革总体方案的请示》，粤盐司〔2019〕43号，第13页。

务。① 截至 2020 年 4 月 30 日挂牌，共 11 家企业缴纳保证金，在净资产溢价 57.61% 的情况下，意向投资金额超出募集金额近 30%，经过遴选成功引入 9 家具有较强的实力和战略协同性的战略投资者。② 8 月 31 日签订增资扩股协议，完成"混资本"的阶段性目标，进入改机制阶段。混改后，广东省盐业集团有限公司作为控股股东持股 45%，其他国有资本持股 24.2%，民营资本持股 25.3%，此外还有员工持股 5.5%。③ 引入的战略投资中，民营资本领投企业鼎晖投资在食品板块并购经验丰富，熟悉国有混改企业治理机制，国有资本领投企业云南能投是国内首家盐行业上市公司，与广盐股份可发挥各自优势，组成战略联盟。④

六、完善食盐储备体制，保障食盐质量与供应安全

2017 年，省盐业集团受广东省政府委托，建立全省食盐储备体系。省盐业集团制定了《食盐储备实施方案》，在全省范围内建立 7 个省级食盐储备库以及 21 个市级食盐储备库，集中管理和调度政府食盐储备，确保广东省食盐供应安全。2017 年以来，省盐业集团食盐库存总量稳定在 15 万吨以上，超过规定的政府储备和企业储备数量，较好地完成了省政府下达的食盐储备任务。⑤

此外，在食盐安全方面，省盐业集团也加强了食盐市场质量监督检测。自 2016 年以来，不断加大对广东食盐生产厂及市场环节的抽检力度，扩大抽样面，提高抽样频率，及时监控食盐质量。加强与市场监督管理局等相关部门沟通，加强与国家盐产品质量监督检验中心的合作，通过企业自检、第三方检测、政府监督抽测等方式，立体保障产品检验覆盖层面和力度，确保产品检测合格安全。⑥

在盐改过渡期，省盐业集团积极配合省经济和信息化委、省食药监局（后并入省市场监督管理局）等部门的广东省食盐市场监管工作。协助食药监部门查获违法盐产品，与外省同步处理"臭脚盐"等问题食盐。通过加强配合食盐市场监管，有效保证了广东省食盐市场的安全有序，确保了广东省食盐质量安全和供应安全。2018 年 12 月底，省盐业集团输送了 218 名优秀干部，转隶至全省各级盐业主管部门工作。⑦

七、改革成效显著，走在行业前列

省盐业集团的创新性举措收获了较好的经济效益和社会效益，形成了行业示范

---

① 钟宏武、杨文、张阳光：《广东省盐业集团有限公司：在盐改混改中涅槃重生，高质量发展走在行业前列》，见《粤港澳大湾区国有企业社会价值蓝皮书（2021）》，第 51 页。
② 广东省盐业集团有限公司：《2020 年企业社会责任报告》，第 34 页。
③ 广东省广盐股份有限公司：《广东省广盐股份有限公司信息公开》，2021 年 6 月 30 日。
④ 广东省盐业集团有限公司：《省盐业集团改革发展情况的报告》，2021 年 8 月 4 日，第 9 页。
⑤ 袁佩如：《盐改在粤落地一年 食盐库存总量稳定》，载《南方日报》2018 年 1 月 5 日第 A03 版。
⑥ 内部资料。
⑦ 内部资料。

效应。

经济效益方面，根据已经公开的经营数据，2017年盐改后，全国食盐批发企业的利润较2016年下降了八成，30%的省级盐业公司由盈利转为巨额亏损。① 省盐业集团渡过改革阵痛期，营业收入、利润总额稳中有增。2018—2020年营业收入保持在13亿元左右，利润总额保持在1.8亿～1.9亿元，营业毛利逐步攀升。② 小包装食盐销量保持稳定，省内市场份额保持在85%以上，产品全面覆盖粤港澳大湾区，成功开拓省外市场。③

社会效益方面，食盐产品出厂合格率始终保持100%，各时期食盐储备充足。④ "粤盐"高品质生态海盐系列新品种食盐和泛盐产品充分满足消费者差异化使用需求。科学补碘、减盐减钠等健康用盐与安全用盐知识持续广泛普及。2020年，在新冠肺炎疫情暴发后，除做好食盐保供稳价工作以外，主动为疫情防控和复工复产贡献力量。省盐业集团向抗疫一线医护人员捐赠97万元物资；各单位主动组织党员、团员支援车站、社区、校园防控关口；积极参与爱心助农与爱心义卖公益活动等，受到社会各界的广泛好评与充分认可。⑤

行业示范效应方面，思想理念、品牌产品、经营模式等方面的创新实践在全国盐行业形成良好示范效应，倡导高质量发展和合作共赢、摈弃低价无序恶性竞争的理念获得业内同行充分认可。主业混改高效有序推进，广盐股份公司顺利正式运作。⑥ 省盐业集团改革发展成效得到了上级主管部门和全国同行的高度评价，荣获"2019年中国企业改革发展优秀成果二等奖"等多项荣誉。⑦

---

① 吕永钟、林浩钧、杨晨晖：《我国盐业企业创新发展转型升级路径探析——以广东省盐业集团有限公司为例》，2019中国企业改革发展峰会暨成果发布会，第19页。
② 钟宏武、杨文、张阳光：《广东省盐业集团有限公司：在盐改混改中涅槃重生，高质量发展走在行业前列》，见《粤港澳大湾区国有企业社会价值蓝皮书（2021）》，第51页。
③ 钟宏武、杨文、张阳光：《广东省盐业集团有限公司：在盐改混改中涅槃重生，高质量发展走在行业前列》，见《粤港澳大湾区国有企业社会价值蓝皮书（2021）》，第51页。
④ 钟宏武、杨文、张阳光：《广东省盐业集团有限公司：在盐改混改中涅槃重生，高质量发展走在行业前列》，见《粤港澳大湾区国有企业社会价值蓝皮书（2021）》，第52页。
⑤ 钟宏武、杨文、张阳光：《广东省盐业集团有限公司：在盐改混改中涅槃重生，高质量发展走在行业前列》，见《粤港澳大湾区国有企业社会价值蓝皮书（2021）》，第52页。
⑥ 钟宏武、杨文、张阳光：《广东省盐业集团有限公司：在盐改混改中涅槃重生，高质量发展走在行业前列》，见《粤港澳大湾区国有企业社会价值蓝皮书（2021）》，第52页。
⑦ 钟宏武、杨文、张阳光：《广东省盐业集团有限公司：在盐改混改中涅槃重生，高质量发展走在行业前列》，见《粤港澳大湾区国有企业社会价值蓝皮书（2021）》，第52页。

第十一章 盐史经验与粤盐文化

在两千多年的广东盐政史上,粤盐的运销、生产和管理均富有创见和特色,在某些方面形成了独特的粤盐文化。这包括了在运销管理中,结合制度运作的灵活性,开创性地确立盐利银等地方性政策,极大地促进粤盐和两广社会经济的发展;在生产中,一方面盐场生产人群广泛运用人际关系网络,创造出生产、运销的融合贯通环境,一方面以盐为中心产业,发展多元生计模式,繁荣沿海盐业生产地的经济与文化。在近现代的盐业企业管理中,企业精神被极大地调动起来,融入粤盐产销新模式,开创新局面。本章将重点回顾广东盐政史上独具特色的盐场文化、管理文化以及物质和非物质文化,借以展示历史上粤盐独特的文化面貌。

第一节 粤盐生产的运营文化

珠江三角洲是传统时期广东盐业生产的重要基地。珠江三角洲盐场一直都是华南盐业中产量最大和制度最完善的地区,也是朝廷和地方政府的重点关注对象。明代珠三角盐场包括靖康、归德、东莞、黄田、香山、矬峒、海晏七处盐场,产量占广东盐课提举司的盐课总量的六成以上。[①] 这一地区经过长时期的历史沉淀,在盐业生产的组织和运营上形成了比较鲜明的地方组织方式,也能够在应对王朝制度变迁时,迅速做出反应,实现组织方式的变通。近世以来,随着海洋的开发和海外贸易的发展,沿海盐场居民从传统的以盐为生,也逐渐发展出从海洋养殖到海上贸易的多元经济模式。

一、盐场关系网络与多样的地方社会组织

靖康盐场是珠三角盐场中比较有代表性的一个。该盐场位于今东莞市西南端,它的盐业生产活动自宋代以来就被纳入王朝体系中,元明时期更是成为广东食盐供应的重要地区之一。作为盐场,其内部社会的组织和运作是一个充满文化智慧的举措。现今保存在东莞虎门怀德村的一块古碑,碑文记述了明清时期靖康盐场如何进行组织的故事。据称:

[①] 嘉靖《广州志》卷十七《贡赋》,见《广东历代方志集成·广州府部》第1册,岭南美术出版社2007年版,第351页。

天立神庙者，乃民之主也，所以圣王先成民而至事于神，凡都邑市井必立庙者，即此意也。稽查大坑医灵古庙，创自大宋年间，规模宽广，地势浑厚，四面山水旋绕。仁乡雾列，俊彩星驰，所以向来香裡素盛，以及盂水炉灰，皆成妙药，求者必验。此乃山川之形胜，地脉之钟灵者也。古无靖康社学，凡莲溪地方，分为六册，若有关于众事者，必齐集斯庙咸议焉。考究六册名目来由，缘为赋纳丁盐设立，凡人成丁者，迎年各皆输纳。于乾隆年间，屡遇岁歉荒凶，册内之人不胜税敛之苦，所以阖册绅士王文冕等乃爰集斯庙，酌议联名禀官求免丁盐之事，祈神呵护，若得事济，六册承戴。统属六册户丁若干，为求免丁盐，乞恩祥消。事即略，乃医帝倡首，史公不敢违背神意，于是准禀，亲自晋省代为画策，永远消征，卷存在案。此皆神圣显灵之所至也。兹因重修庙宇，六册杼诚乃志，顾未立石于庙以记医帝千秋不朽之功，而六册人人永荷帡幪之德。以为序。

根据碑文内容可判定，该碑大约刻于清嘉庆年间，其中求免丁盐之事应是发生在乾隆末年。① 碑文中提到一个重要的人物王文冕，他是靖康盐场海南栅人，字饬端，号象坡，乾隆庚辰（1760）联捷进士，后授湖北黄梅令，历署竹山、崇阳知县，襄阳郡丞。后罢归乡里，"家居以利济乡党，为此风俗为己任"。据《东莞县志》记载，居乡期间，王文冕有三件大事举于乡里，一则"邑滨洋海，盐场沙坦废置不常，有田没税存丁虚课累者，文冕力请豁免"；二则"俗悍好斗，尝有积资数千，誓决生死，汹汹然，官莫能禁，文冕奔驰劝解，不惮寒暑，顽狯者得其言辄帖息"；三则"倡建靖康社学以振文风，四乡有事则萃众建议，至今遵行之"。② 靖康社学，前身为东莞知县郭文炳和靖康盐场大使俞子麟倡建的靖康书院，嘉庆三年（1798），在王文冕的主持下重修为靖康社学。③ 王文冕不仅管理靖康场的事务，还支援当地官府，参与癸水渠的疏浚。癸水发源于壬峰下，"绕县东，经卫治前，合到涌之水，过德生桥，与南关水合，迤逦经市桥北关出"。后到涌一带经常堵塞，乾隆五十五年（1790），"渠渐羊埋塞"，知县史藻捐俸300两倡浚，得到邑人卢应④、黎溢海⑤、邓

---

① 参见李晓龙：《乾隆年间裁撤东莞、香山、归靖三盐场考论》，载《盐业史研究》2008年第4期，第34－45页。

② 民国《东莞县志》卷六八《人物略十五》，见《广东历代方志集成·广州府部》第25册，岭南美术出版社2007年版，第761－762页。

③ 民国《东莞县志》卷十七《建置略二》，见《广东历代方志集成·广州府部》第24册，岭南美术出版社2007年版，第210页。

④ "卢应，字锡垣，号梅关，城南。……应少聪慧精制艺。——《邓志稿》。为诸生时，学使吴鸿器之，偕赴湖南襄文衡焉。乾隆壬午领乡举第二。——采访稿。丙戌成进士，选庶常，旋授检讨入直武英殿，充国史馆纂修《四库全书》分校。念嫡母陈年臻八十，乞终养，归家。居谦和，非公事未尝干谒，大府雅重之，聘主粤秀书院，应恐违色笑辞不就，改主龙溪书院。——《邓志稿》。及宝安教席，凡二十余年，邑士出其门者甚众。——采访稿。性廉静，不求仕进，终于家，年七十三。子瓒，字襄最，嘉庆拔贡。——《邓志稿》。"（民国《东莞县志》卷六九《人物略十六》，见《广东历代方志集成·广州府部》第25册，岭南美术出版社2007年版，第764页。）

⑤ 黎溢海，字粲洋，乾隆乙酉科进士。

大经①、王文冕等的支持，担任渠工首事，耗时两年完工。②

有意思的是，碑文中指出，靖康盐场分有六栅，即明代广东盐场实行栅甲制度之后靖康盐场分设的六栅。关于六栅，据同治《广东图说》载：（东莞县）第七都，城南一百一十里，内有小村八，属缺口（巡检）司者六，曰金洲，曰小捷，曰大宁，曰龙眼，曰南海栅，曰涌头。③这六册有一个共同的议事空间，即医灵庙，亦即"若有关于众事者，必齐集斯庙咸议"。该材料称："考究六册名目来由，缘为赋纳丁盐设立，凡人成丁者，迎年各皆输纳。"实际上，这是明朝之初，朝廷为了加强对盐场灶户的管理而设立的一套制度，在广东被称为栅甲制。天顺六年（1462），明王朝开始在广东、海北二提举司编造盐册，"灶丁按册办课"，"按册征盐"，"与民间黄册一般编造"。④盐册"或三四年，或五六年一造"，"造册之费，尽出于灶丁"。⑤

栅甲制在明万历以后，由于社会经济的发展和王朝盐政制度的调整，实际上已经完全失去了作为地方基层组织的职能。在盐场管理方面，栅甲制的作用也就只剩下上述碑刻中所说的"为赋纳丁盐"。但在盐场社区中，栅甲的社会职能并没有因此消失，六册已经形成了固定的社区结构，而大坑医灵古庙因此也成为盐场社区的活动中心，"若有关于众事者，必齐集斯庙咸议"。上述碑刻就是记叙了乾隆年间，六册在大坑医灵古庙议事的经过。由于靖康盐场的盐产日益歉收，加之地方官为了扭转珠江三角洲盐场存在所带来的场私问题，在乾隆五十四年（1789）前后，经两广总督奏请，包括靖康盐场在内的珠江三角洲地区的盐场被尽数裁撤。这就是王文冕等联名禀请求免丁盐的背景。盐场既裁，而丁盐并没有随之废除，盐场百姓还要承受盐田已没而丁盐仍存的负担。从碑刻中我们可以知道，此次禀官求免，最终得到了落实，于是"立石于庙以记医帝千秋不朽之功"。碑刻中还透露了乾嘉之际盐场社区运作的变化。碑文提到，在没有靖康社学之前，莲溪地方的六册议事即是集于医灵古庙。

除了这种庙、社的社会组织之外，地区间的文人结社也在明清时期成为盐场士子与其他地区文人联络的重要方式。靖康场名士陈履的《悬榻斋集》中就反映出陈履及其家族与周边家族的交往史，透露了盐场社区的各种人际网络关系。首先是陈履在

---

① 邓大经，字敬敷，东莞人，乾隆癸未联捷进士，授河南内乡令。内乡地素，陋士鲜知学，大经甫下车，修建义学，召诸生讲贯文教，日兴复。革陋规，除蠹役，民赖以安。时值金川不靖，军役繁兴，有司或藉端科派，大经凡有需费，绝不取诸民，民益德之。莅官三载，引疾归，士民走送数百里。居家教授，奖诱不倦。邑令史藻知其贫，分俸资之，力辞不受，卒。年七十五，著有《倚云楼集》四卷。（道光《广东通志》卷二八七《列传二十》，见《广东历代方志集成·省部》第 20 册，岭南美术出版社 2007 年版，第 4608 - 4609 页。）

② 民国《东莞县志》卷二一《建置略六》，见《广东历代方志集成·广州府部》第 24 册，岭南美术出版社 2007 年版，第 247 页。

③ 同治《广东图说》卷四《东莞县》，见《广东历代方志集成·省部》第 28 册，岭南美术出版社 2007 年版，第 69 页。

④ 〔明〕林希元：《陈民便以答明诏疏》，见〔明〕陈子龙辑：《明经世文编》卷一六三，中华书局 1962 年版，第 1642 页。

⑤ 〔明〕陈履：《悬榻斋集》卷三《上司礏陈公祖书》，广东教育出版社 2005 年版，第 531 页。

这个珠江三角洲文化圈有良好的交际圈子,据同治版《悬榻斋集》记载:

> 《悬榻斋诗文集》二卷,陈定庵著。定庵宦绩,通志、府志、县志俱有传,浙江志亦有之。而袁茂文所作形状尤详实,循吏也。其服官多在江浙间,观集中《九日舟中独酌放歌》一首,当时鄞屠长卿(隆)、歙汪伯玉(道昆)、方定之(宏静),太仓王元美(世贞)、弟敬美(世懋)、宣城梅禹金(鼎祚)、沈君典(懋学),秀水冯开之(梦桢)、华亭莫云卿(是龙),长洲张伯起(凤翼)、弟幼于(献翼)、皇甫子安(涆)、弟子循(汸)、暨粤东从化黎惟敬(民表)、子君华(邦琰)、顺德欧桢伯(大任),皆其所师友。故所为诗文具有矩薙琅然雅正之音。及罢归,结浮邱诗社。与其间者则南海郭笃周(棐)、弟乐周(槃)、陈明佐(堂)、姚继昭(光洴)、邓价卿(于蕃)、杨肖韩(瑞云)、陈名翊(大猷)、王唯吾(学曾)、金持甫(节),番禺张伯璘(廷臣)、黄愚任(志尹)、梁思立(士楚)、黄用砺(鳌)、东莞袁茂文(昌祚),从化邓君肃(时雨),合之凡十六人。见《粤台征雅录注》。其为当时所推重如此。①

这比陈履传记中所称"独好与海内名士交"更为详细,不仅涉及当时江浙诸多著名学者,而且说明陈履在辞官归家"结社浮邱"后,与当时广东诸多名士交往甚密。结合《悬榻斋集》以及罗亨信《觉非集》和同治本《凤冈陈氏族谱》等文献,可以发现,以凤冈陈氏为中心,靖康盐场家族以及盐场周边地区的家族之间,通过姻亲建立了密切的联系。如陈履的祖姑丈为东莞厚街鳌台王西川(嘉靖二年任户部尚书的王缜的同宗),怀德邓某娶陈履从父陈廷简之女,赤岗何孔学、村头卢尧典等为陈履的莫逆之交,陈履之女嫁于靖康蔡某,南栅蒋一兰是陈履之弟陈益的祖岳丈,北栅陈坚与罗亨信为连襟,晚明名将张家玉也是凤冈陈氏家的女婿,另外如北栅钟氏、大宁谭氏、龙眼张氏等,也多与北栅凤冈陈氏为姻亲。

二、盐场灵活的经营方式和盐场多元生计的发展

盐场是一个在王朝体系之内,由中央王朝设立的管理食盐生产的地方机构,但又不完全是地方机构。长期以来,朝廷并没有对其投入最低限度的财力来维持其财政机器的运作,因为盐业也从来没有被认为是一种公共服务机构,而仅仅被看成是国家的一种收入来源。② 盐场的这种性质,使得它在地方治理中具有灵活性。尤其在明清时期,随着国家财政制度和赋役制度的演变,在与地方人群的互动中,盐场的经营方式常常具有区域文化特色。

在广东,宗族与盐场的结合十分紧密。在15世纪中后期盐场制度的调适中,随

---

① 陈伯陶:《〈悬榻斋集〉跋》,见〔明〕陈履:《悬榻斋集》,广东教育出版社2005年版,第719-720页。

② [美]黄仁宇:《十六世纪明代中国之财政与税收》,阿风等译,生活·读书·新知三联书店2001年版,第289页。

着栅甲制的推行，尤其是其带有赋役整合倾向的特点，给地方社会提供了新的运作空间。在栅甲制度下，盐场地方宗族通过修谱建祠的方式，将家族的财产越来越多地集中起来，而地方政府的制度改革则越来越明显地将赋役摊派固定到特定的户口之下。

实行栅甲制之后，与之前多选用盐场名士负责具体盐场事务一样，在盐场担任栅长者，也多选用地方上资产雄厚、能独力承担风险的人。但与蔡朝选担任盐场"从事"、陈彦辉举为"讥察"等不同，栅长不是吏而是役，栅长要承担该栅的场课催征，如果催征不力，栅长要一力赔补，即"灶甲既逃，则责赇于栅长代赇"。① 如正德甲戌年（1514）邝郊所撰《处士处静陈公墓表》亦称：

> 曾大父生业已饶，大父充拓益盛。……叔任皆产甲于乡邑，籍贯场县，两赋两役，公务缤纷。君阃辟张弛有法，缕分条析得宜，税粮办，盐课完，力役供，官司赖以成。②

"处静陈公"即陈富斌，归德场人，陈彦辉之孙，生于永乐癸巳（1413），卒于成化甲辰（1484）。陈在州县、盐场之中，既当里长，又充册（栅）长，将"人鲜能偿""繁且重"的徭役一身任之。结合前文成化碑刻及这里的族谱记载，我们看到，像里长、栅长这样的重役，是由陈富斌一个人担任。而陈富斌能够"税粮办，盐课完"的原因也在于其曾祖、祖父已经家业有成，能够支撑起"人鲜能偿"的场县两赋两役。

若我们进一步考察陈富斌的个人事迹，就会发现，燕川陈氏的宗族活动与他有着密切联系。据称"宣德庚午年"③ 陈让等所作的《初作族谱序》载：

> 时维九日，节届重阳。诸父率让等兄弟，往员头岭扫墓，祭毕序坐。让等侍侧。诸父顾而谓之曰：自朝举祖至尔兄弟盖十世矣，而未有谱，余心恧然，尔曹宜亟作之，无忘于前，以贻于后。……让等奉命唯谨，归扫闲新，焚香编就，呈诸父侧。④

该文献说明了燕川陈氏第一次编修族谱的缘由。修谱的人陈让、陈谟、陈谊等，根据族谱的记载，陈让字守愚，是陈荣斌的独子。陈荣斌为陈光堡的长子，上述陈富斌是陈光堡的第三子。而陈谟、陈谊皆陈富斌之子。据《处士处静公墓志铭》称："子男五，谟、谐、潛、谊、言。"那么，上引文献提到的"诸父"就应当是陈荣斌、陈富斌等。据称，"诸父"做了两件事，第一是带领子孙每年到员头岭祭拜祖先，第二是命儿子辈们编修族谱。

盐场中宗族承认灶役，就是说盐场灶户宗族打通了制度上盐业生产与运销的分

---

① 〔明〕陈履：《悬榻斋集》卷三《上司蹉陈公祖书》，广东教育出版社2005年版，第532页。
② 宝安《燕川陈氏族谱》（不分卷），康熙抄本，不分页。
③ 原文如此，而实际上宣德年间并无庚午年，只有庚戌年（1430）。
④ 〔明〕陈让等：《初作族谱序》，见《燕川陈氏族谱》（不分卷），康熙抄本，不分页。

离，实现盐业产销一体经营。一般的观点会认为灶户作为食盐的生产者，主要是在盐场从事生产，与进行运输和销售的商人之间似乎不可能并论。而本节试图说明，灶户并非盐场人群的唯一身份，暂且不论盐场盐业交易由来已久，就是在华南余盐政策的变革之中，盐场人群也完全有可能转化为盐商。这既有制度上的允许，也是地方社会发展使然。在普遍实现灶课折银之后，它实际上不仅改变了盐场上盐货的交易方式，也影响了盐户的生计经营。灶课折银最重要的意义在于，盐场灶户参与食盐运销自此具有了合法性。

香山盐场的前山徐氏，是香山盐场的重要家族。该家族流传下来的族谱就叙述了前山徐氏作为灶户参与食盐运销而富裕起来的故事。明初，该族祖先徐观成以户名徐建祥被编入香山盐场第二场第一甲十排任栅长，获得灶户户籍身份。到他的两个儿子徐法圣和徐义彰时，又于两个人的名字中各取一字，以户名徐法义注籍灶户。① 但是徐氏兄弟却并非完全只是海边煎盐的盐丁而已。据说徐法圣"生长海滨，自安田亩，持躬勤俭，家业克昌"②；而徐义彰则"既兼业盐，循前轨，发新硎，锐志经营，日增月盛"。徐义彰的"既兼业盐"指的是"公以盐艘往来海上，不及二十年，号称中富"③。显然，徐义彰就不是仅仅从事食盐生产，而是参与到商人的盐业贸易中去。

成化以后，始允许开中商人下场支盐，直接与灶户贸易。同时，广东盐法对于商人所能携带余盐数量并没有额度的限制，在制度上可谓十分宽松。到"弘治中年，每（正）引一道，许带正盐一引，余盐四引，纳军饷银六钱五分，则是每引一道照盐一千四百斤矣。此外盘出夹带多余盐斤，谓之'自首盐斤'，每二百斤谓之一引，抽分军饷银二钱"④。而在实际运作中，也多有"湖广之民，私贩场盐与商人交易"⑤。虽然制度上规定了"自卖"似乎只能在盐场进行，但又似乎没有限制灶户从事盐业贸易。由此可见，在明中叶灶课折银之后，有一部分灶户实际上变成了盐商，"以盐艘往来海上"。徐氏兄弟二人同注灶籍，而以一人经营田亩，一人贸盐海上，更表明了盐场制度下地方运作的灵活性。类似的例子还有很多，比如在粤东海丰县的石桥盐场，有一个被当地誉为"吴半县"的灶户。种种迹象表明，这个吴半县就是身兼盐商的灶户。⑥ 正是这种灵活性，也使得广东盐场常常出现"灶户或人丁百余，

---

① 〔清〕徐宗友等：《大宗祠记》（康熙五十九年），见珠海前山《香山徐氏宗谱》卷十一，光绪十年（1884）石印本，第1-2页。

② 珠海前山《香山徐氏宗谱》卷七，光绪十年（1884）石印本，第29页。

③ 〔清〕徐宗友等：《大宗祠记》（康熙五十九年），见珠海前山《香山徐氏宗谱》卷十一，光绪十年（1884）石印本，第1-2页。

④ 〔明〕吴廷举：《处置广东盐法疏》，载朱廷立：《盐政志》卷七《疏议下》，见《四库全书存目丛书》史部第273册，齐鲁书社1996年版，第590页。

⑤ 嘉靖《广东通志初稿》卷二九《盐法》，见《广东历代方志集成·省部》第1册，岭南美术出版社2007年版，第502页。

⑥ 叶良方：《石桥场春秋》，见《陆丰文史》第9辑，广东省陆丰市政协文史资料研究委员会2000年版，第66-67页。

田业数顷,名盐只纳三四引,或人只一二,家无宿粟,盐课反纳四五引"① 的局面。

清代盐场灶户的身份已经全然发生巨变,但盐场经营的灵活性并未由此受到限制。康熙五十七年(1718),两广总督杨琳等关于发帑收盐、裁撤场商的建议得到朝廷的允许。自此,广东"裁撤场商,发帑委员收买场盐"②。由运库出帑本银交给场员,发给灶户,灶户产盐均由官府收买并雇佣船户运送,只留埠商完课运盐。在这一制度下,广东盐场出产的食盐,只能通过官府收买的形式进入盐业运销体系,而不能再自己交易。

发帑收盐制度推行的前提是官府要掌握盐场的产盐人群,而交纳场课成为界定这一人群的身份凭证。在广东盐场,灶户场课的交纳实际上早已和晒盐户人身分离。明中叶盐场普遍折银以后,盐与课完全成了两个范畴,丁课以折银的方式交纳,并一直维持到清代。③ 清初广东的"迁海"导致了大量灶丁的流失。复界之后,盐场课额的征收和加增,则逐渐向盐田倾斜,如康熙二十一年(1682)广东巡抚李士桢主张的盐场增课便只针对盐田,每亩加增银2分至5分不等。康熙末年广东实行的"发帑收盐"加快了盐场的转型,其承认场课的流动,使灶户不再受盐场管理和食盐生产的束缚,盐田的垦作可以在灶户和民户之间开展。④ 新垦的盐田也只需"俟垦成之日,官给执照,计田纳课,永为世业"⑤。在这种情况下,乾隆三十七年(1772),朝廷停止对灶丁的审编,"归原籍各州县汇入民数案内开报"⑥。

明中后期以来盐场丁课性质的变化,加上盐场宗族在盐场社会运作中的地位,导致实际上清代的场课交纳已经集中在宗族中的少数"户"头上,并以祖尝的方式代纳。而该户头的使用权,由此成为盐场和食盐市场掌控权的化身,即将食盐交纳官府,换取帑本的权利。这也与发帑收盐之后,食盐运出盐场的事务改由官府雇佣船户专门运输有关。长期以来,盐场家族与"水客""场商"有着极深的渊源。盐场家族在其中扮演了重要的角色,甚至直接担任水客、场商。水客运盐的传统由来已久。明中后期以来,广东盐业运销的途径是先由水客赴场买盐,商人接买水客之盐转售盐埠。⑦ 发帑收盐并没有改变这一运销格局,而只是在源头上加强了管理。因此,这一系列制度也促进场课专纳和宗族控制盐场的进一步结合。

发帑收盐之后的广东盐场也迫切需要这样的代理人。发帑官收的本意是希望由官府代替资本微薄的场商。场商在盐场有两个主要的职能,即收买灶户盐斤和将盐斤运

---

① 〔明〕林希元《陈民便以答明诏疏》,见〔明〕陈子龙辑:《明经世文编》卷一六三,中华书局1962年版,第1642页。
② 《清盐法志》卷二一六《两广三·场产门三》,民国九年(1920)盐务处铅印本,第1页。
③ 李三谋:《清代灶户、场商及其相互关系》,载《盐业史研究》2000年第2期,第3—9页。
④ 参见李晓龙:《盐政运作与户籍制度的演变——以清代广东盐场灶户为中心》,载《广东社会科学》2013年第2期,第133—139页。
⑤ 《清盐法志》卷二一五《两广二·场产门二》,民国九年(1920)盐务处铅印本,第3页。
⑥ 周庆云:《盐法通志》卷四二《场产十八》,民国三年(1914)文明书局铅印本,第4页。
⑦ 参见黄国信:《明清两广盐区的食盐专卖与盐商》,载《盐业史研究》1999年第4期,第3—10页。

送省仓候配。发帑收盐之后，官府更主要的任务在于雇佣船户运盐，即运送盐斤的部分，至于盐场收盐则由场员发帑于盐户，并"俟海运船户到场领装，场员即亲督配兑，一经兑足，立即盖印，押令开行"①。在盐场交易中，场员起了主要的作用。监察盐户的生产，监督船户在盐场的买卖，都要委之场官。但裁汰场商之后，政府在盐场管理方面并没有制定出新的措施。广东沿海盐场历来由于地缘辽阔，海边尽可制盐，加上盐场员弁数量极其有限，在生产管理上常常顾此失彼。为此，盐场就必须由特定的户来承担供应盐斤的职责，他们同时也因此需要承担部分打击场私的责任。

盐场在这种灵活的经营方式之下，实际上盐场灶户也并不仅限于从事食盐的生产运销。盐场灶户从事农业生产是一直存在的。在粤东潮州府的小江场，盐场与半岛居民争夺的是水利。当地位于上里和大埔之间的水利设施陈百陂就常常引起两村之间的争斗，据称："往时二村民争水利，至于斗殴死伤。弘治中，知县张浚亲至陂所勘处，以息其争。正德初，乡官陈和斋复会二乡耆老，为之分班轮流，申张公之约，人始贴然。"②

而在珠江三角洲盐场，海洋养殖成为当地盐户的另一重要生计，养蚝业在当地最盛。养蚝最晚在宋代已经成为当地的一种产业。康熙《新安县志》收录了据说是北宋诗人梅尧臣所作的《食蚝》诗，诗中所指的就是这一地区。在《元一统志》中已经明确指出蚝产于东莞靖康场，其云："蚝，东筦〔莞〕县八都靖康场所产，其处有蚝，因生咸水中，民户岁纳税粮采取货卖。"③养蚝、收蚝之法在元代也已经非常成熟，《醒世一斑录》对此有详细的描述。④明中叶以后，蚝的生产环境转移到归德场附近。嘉庆《新安县志》载："蚝出合澜海中及白鹤滩，土人分地种之，曰蚝田。"据当地人称，嘉庆以后，原来的因盐业兴起的茅洲义和墟地区逐渐失去优势。⑤沙井陈氏在村内新凿一条横贯沙井的人工河，称永平河，该河接自茅洲，到下涌入海。⑥下涌逐渐成为沙井一带蚝船停靠地和出海的起点，并形成新的墟市，称沙井墟。⑦

而靖康场则转而成为水草的种植基地。据民国《东莞县志》记载："自双冈，历沙头，出咸西，接新安，迤逦数十里皆海岸，其利鱼盐蜃蛤，其产卤草，其民捕鱼之

---

① 乾隆《两广盐法志》卷九《奏议七》，见于浩辑：《稀见明清经济史料丛刊》第 1 辑第 36 册，国家图书馆出版社 2008 年版，第 170 页。
② 《东里志》卷一，饶平县地方志编纂委员会、汕头市地方志编纂委员会 1997 年版，第 27 页。
③ 《元一统志》卷九《江西等处行中书省》，中华书局 1966 年版，第 669 页。
④ 〔元〕郑光祖：《醒世一斑录》杂述卷三，见《续修四库全书》第 1140 册，上海古籍出版社 1995 年版，第 129 页。
⑤ 清初的盐课司衙门和盐藏均设在此地，燕川陈氏和山门文氏也在该处创建义和墟。并参见嘉庆二十五年（1820）《重建义和墟关圣大帝古庙碑》，碑原在宝安松岗墟武帝古庙，现藏于深圳市博物馆。
⑥ 赖为杰主编：《沙井记忆》，香港中国评论学术出版社 2004 年版，第 76 页。
⑦ 当地相传该墟形成于嘉庆年间。康熙《新安县志》不见记载，而始出现于嘉庆《新安县志》中，并标示为"新增"。

外,日采莞以为生。"① 盐业以外,一是捕鱼,一是采莞。卤草,亦即莞草。金武祥《粟香随笔》载:"东莞莞草出近海诸乡,潮田所种,土人以织席或染作五色。"② 到了清代,靖康的莞草业更加发达,围绕莞草,产生了织草席、编麦辫、织草帽、制绒伞等手工业部门。清中叶以后,在太平墟出现如"昌隆"等专门从事加工的大型草织作坊,国外也多来此采购。③

珠江口近海地区同时也是对外贸易的重要港口。东莞现存的两块明代嘉靖、万历年间的碑,证明了明中期东莞与东南亚的贸易往来。这两块碑分别是嘉靖二十年(1541)立、万历二十四年(1596)重修的《却金坊记》和嘉靖二十一年(1542)立的《却金亭碑记》。所记之事为嘉靖十七年(1538),"暹罗国人柰治鸦看等到港,有国王文引,自以货物亲附中国而求贸易"④,番禺知县李恺被派往东莞"抽分番舶",因其"丝毫不染,夷人请于藩司,于邑(东莞)教场建却金亭"。⑤ 当时"各国夷船或湾泊新宁广海、望峒,或新会奇潭,香山浪白、蚝镜、十字门,或东莞鸡栖、屯门、虎头门等处海澳,湾泊不一"⑥。嘉靖九年(1530),东莞人王希文也指出:"番舶一节,东南地控夷邦,而暹罗、占城、琉球、爪哇、渤泥(今文莱一带)五国贡献,道经于东莞。"⑦ 东莞成为外来商船进出广州的必经之道,更经常作为船只停泊和商品交易的场所。而据《凤冈陈氏族谱》记载,万历八年(1580)靖康场人陈履的弟弟陈益,曾随"客有泛舟之安南者"出海,"比至,酋长延礼宾馆",在当地留居两年,并见番薯味甘美,遂贿得其种,于万历壬午年(1582)返回抵家。⑧ 此外,明中叶以后,在归德盐场南部的南头逐渐"成为私商贸易的渊薮,形成与广州相配合的运作机制",在澳门开埠以前,这里是广州与西方商人进行私商贸易的重要地区之一。⑨

---

① 民国《东莞县志》卷九《舆地略八》,见《广东历代方志集成·广州府部》第24册,岭南美术出版社2007年版,第148页。
② 金武祥:《粟香随笔·粟香二笔》卷二《莞草》,谢永芳点校,凤凰出版社2017年版,第410页。
③ 参见邓慕尧:《虎门:自然资源的经济流通与社会人文发展》,见东莞展览馆、中山大学历史系编:《珠江三角洲盐业史料汇编——盐业、城市发展与地方社会发展》,广东人民出版社2012年版,第495—508页。
④ 《却金亭碑记》(1542年),该碑现存东莞市区光明路。
⑤ 民国《东莞县志》卷三一《前事略三》,见《广东历代方志集成·广州府部》第24册,岭南美术出版社2007年版,第334页;参见《却金坊记》(1541年),该碑现存于东莞市区光明路。
⑥ 嘉靖《广东通志》卷六六《外志三·夷情上》,见《广东历代方志集成·省部》第3册,岭南美术出版社2006年版,第1750页。
⑦ 崇祯《东莞县志》卷六《艺文志》,载《广东历代方志集成·广州府部》第22册,岭南美术出版社2007年版,第258页。
⑧ 《素讷公小传》,见东莞《凤冈陈氏族谱》卷七,同治八年(1869)刻本,第38页。
⑨ 李庆新:《明代屯门地区海防与贸易》,见《濒海之地:南海贸易与中外关系史研究》,中华书局2010年版,第202—219页。李庆新:《海外贸易与珠江三角洲经济社会变迁(1550—1640年)》,见叶显恩等主编:《"泛珠三角"与南海贸易》,香港出版社2009年版,第139—173页。

第二节　粤盐运销管理的制度文化

粤盐在历史上所发挥的重要作用，并不仅限于国家财政、经济、民生等方面。而在漫长的粤盐管理的历史中，主政官员面对这一重要的财政来源与民生必备物资，也常常会发挥充分的政治智慧，使粤盐成为实现其经政目标的重要手段和方法，并由此留下了大量足供后人学习与称道的历史经验。

一、以盐佐治：范成大、也儿吉尼的盐政思路

1. 范成大的盐马贸易思路

南宋孝宗年间担任广西经略安抚使的范成大就任后，对马政颇加留心，黄震《黄氏日抄》摘录了范成大四篇讨论马政的奏文，主要是讨论邕州买马官员与招马人、卖马蛮人之间的舞弊问题。① 在绍兴中期，原来由政府主导的盐马贸易被锦马贸易所取代，而商人成为锦马贸易的主导者。范成大的思路则是在承认广盐不再充当广马贸易的主要贸易品的基础上，让政府介入兴安商人主导的福建私锦贸易，重新夺取了广马贸易的主导权。

范成大上任后注意到，广西的博易场贸易存在一个由静江兴安人所操控的私下贸易。《黄氏日抄》节录范成大的上奏：

> 静江府兴安县客旅私贩水银入建阳、邵武买异色锦，私涉宜州蛮界，至邕州溪洞，邀蛮人教止易银，而以锦售易之（官价锦当银三十五两，私锦只十五两），致官锦无用。独一色银，易马不足，且诱省地民负荷而缚卖之，或夹带奸细，乞禁约于建阳、邵武出锦之源。②

范成大指出，兴安商人会私自贩卖水银到福建的建阳、邵武买异色锦，这些水银大概来自宜州与邕州的溪峒。《桂海虞衡志》记录了宜州的"宜砂"与邕州朱砂烧制水银的情况。③《岭外代答》更指出宜州所产丹砂可以与著名的辰砂媲美，而邕州溪峒发砂之年，晚上看上去就有如"火光满山"，可见其规模之大。④ 这些兴安商人将福建锦运到宜州蛮界，再转运到邕州溪峒。而这些私锦的来源是福建的建阳、邵武。北宋的丝织品贡额中，福建所占的比例很小，其中锦一年只有2匹，而京师、河北

---

① 〔宋〕黄震：《黄氏日钞》卷六七《读文集九·范石湖文》，大化书局1984年版，第16页。又参见孔凡礼辑：《范成大佚著辑存》，中华书局1983年版，第51–52页。

② 〔宋〕黄震：《黄氏日钞》卷六七《读文集九·范石湖文》，大化书局1984年版，第16页。

③ 〔宋〕范成大：《桂海虞衡志·志金石》，见范成大：《范成大笔记六种》，孔凡礼校点，中华书局2002年版，第89页。

④ 〔宋〕周去非著，杨武泉校注：《岭外代答校注》卷七《金石门·丹砂水银》，中华书局2006年版，第271页。

西、成都府等路都在千匹以上。① 不过，南宋以后，福建锦的数量似乎多了很多。南宋赵汝适《诸蕃志》提到了中国商人用建阳锦来与渤泥国交换番货。② 而元代汪大渊《岛夷志略》列举真腊国（今柬埔寨一带）用番货贸易的货物中也提到了"建宁锦"。③ 所以，福建锦是参与了海外贸易的，而兴安商人则通过水银来获取建阳、邵武的锦。从广马贸易对锦的巨大需求量来看，这些用来交换福建锦的水银数额也肯定不小，由于当地对水银的需求恐怕不会太多，这些水银很有可能又会从福建输出到海外。《诸蕃志》提到商人到阇婆国（大概在今爪哇一带）、苏吉丹（今东南亚加里曼丹岛一带）贸易所用货物中均有朱砂。④ 联想到唯一表态支持在宜州市马的广西经略安抚使张维正是福建剑浦人，而剑浦正好与建阳、邵武接壤。宜州市马背后由兴安商人串联起来的商业网络也给福建带来巨大利益，张维大概是明白这一点的，只是不会向皇帝说破。值得注意的是，这些兴安商人不走西江水路或者官方驿路到邕州，而是绕了一大圈从宜州到邕州，这大概是要避过广西当局的盘查。《宋会要辑稿》有一条淳熙十年（1183）四月五日的诏令："湖南、广西帅县相度其入溪洞小路，非旧有者，从宜窒塞。所有移置巡检，约束征税，各从长措置。"这条诏令颁行的背景是因为处于湖南、广西交界的全州有官员上奏，称朝廷禁止省民进入溪峒的法令虽然严密，但是客旅为了躲避征税，游手不逞之徒为了亡命，都"多取间道"，如静江府兴安大通墟就可以直通"杨兴旧峒"等。因此请求附近巡检司分差兵卒于路口屯戍，并移一员闲慢巡检于路口驻扎，专一把截溪谷山径间进行防备。⑤ 由此可见，与省地接壤的溪峒是很多商人为躲避征税而选择走的通道。当时全州官员就发现很多商人为了躲避纳税，选择通过兴安大通墟等地进入政府管不到的溪峒进行贸易。从淳熙十年的这则记载来看，仍然有很多商人取道溪峒参与贸易，这在范成大请求在建阳、邵武等出锦之源发出禁令之后恐怕仍然如此。那些贩卖水银、私锦的兴安商人，大概也是沿着这些溪峒，从全州入兴安大通墟，越过静江府、融州而直接进入宜州的。前来邕州卖马的蛮人的最终目的是要用马来交换宋朝的锦、盐和金银。而这些兴安商人教蛮人只肯收白银，再用自己的私锦和蛮人所收白银交换。当时的官价是锦当银35两，私锦只需要15两，兴安商人一转手就能赚取大量的差价，导致"官锦无用，独一色银，易马不足"。

最终，范成大请求朝廷在私锦的源头建阳、邵武进行查禁。从范成大的叙述可见，

---

① 陶绪：《论宋代私营丝织品的生产形态及地理分布》，载《中国经济史研究》1990年第2期，第19页。

② 〔宋〕赵汝适：《诸蕃志》卷上，中华书局1985年版，第24页。

③ 〔元〕汪大渊：《岛夷志略》，商务印书馆2013年版，第79页。

④ 〔宋〕赵汝适：《诸蕃志》卷上，中华书局1985年版，第8—9页。

⑤ 《宋会要辑稿·蕃夷五·西南溪峒诸蛮》，上海古籍出版社2014年版，第9899—9900页。又参见《宋史》卷四九四《蛮夷传二》，中华书局1985年版，第14193页。按：《宋史》该条系于"乾道十年"，而宋孝宗乾道年号只使用了九年。据《宋会要辑稿》该条全州官员的上言提到"近年"桂阳陈峒为乱之事，发生在淳熙六年，所以可以确定是淳熙六年以后的材料。

兴安人十分灵活地将其生意拓展到了战马贸易之中,连接起福建、广西与西南蕃落,构成以广马、水银、锦等为核心的一个长程贸易网络,其中的政治纠缠非常复杂,其商业利益无疑也相当丰厚。因为博易场是同时开放给政府和商人的,广西帅司也没有阻止兴安人参与贸易的权力,所以范成大希望朝廷能够堵住福建私锦的来源。对于邕州横山寨的广马贸易,范成大加以整顿,尤其是边吏在博马银中掺铜以及盐不足秤的问题,据说在范成大淳熙二年(1175)离任的时候得到解决:"市马乃六十纲,前此未有也。"①

《永乐大典》所抄录的《建武志》,有一条"买马钱",对广马贸易以及其所需资金的来源有十分详细的记载:

> 买马钱:绍兴以来,累降指挥,每岁取拨诸州上供钱七万贯、经制钱五万贯、转运司卖钞钱八万贯;石康仓盐二十万斤,计钱三万贯;成都运司锦二百匹,计钱二万贯;静江府合起湖南总领所上供折布钱,内截拨额外马价钱六万二百八十贯(随马数多寡截拨);本路提刑司合起发经制供内截拨襄阳府马价钱四万贯,内除拨诸州上供钱一万一千贯,充般盐脚钱;又拨还经制钱四千四百贯,充诸州养士钱;又减免贺州上供钱八千五百贯。岁计:实计见钱二十七万六千三百八十一贯文省、盐二十万斤(沿江横、宾、□、□、梧、高、化、□□林□□今四州每岁输委□州般□□横山寨盐仓)、川锦二百匹。经略司又遣水银往福建路发卖,买锦货回司,发赴横山寨博易添凑支遣。其见钱于前年预拨,就静江府置场收买银六万两,同回易锦,分为三纲,三冬月各团并一纲,差本司使臣一员、将校五人发下邕州买马库交纳。②

这则材料与绍兴到淳熙年间朝廷给广西市马的拨款可以基本对应,如所拨上供、经制、卖钞钱20万贯,盐20万斤,锦200匹,都与《宋会要辑稿》记载一致。而且盐、锦折银价也与《宋会要辑稿》及范成大奏状提到的官价基本相符,可见其可信度相当高。③ 这则记载中最值得注意的是,经略司会派人收购水银到福建出售,买入锦货后发到横山寨进行博易,这正是范成大当时禁止兴安商人去做的事情。于是经略司取代了兴安商人,把这一条原来的走私路线变成了公开合法的贸易路线。所以,范成大把原来由兴安商人控制的连接广西溪峒、横山寨和福建的三角贸易,变成了由经

---

① 〔宋〕李心传:《建炎以来朝野杂记》甲集卷十八《广马》,江苏广陵古籍刻印社1981年版,第427页。

② 《永乐大典》第14册卷八五〇七《南宁府二》,中华书局1986年版,第3939页。又参见马蓉等点校:《永乐大典方志辑佚》第5册,中华书局2004年版,第2856页。

③ 《宋会要辑稿》就绍兴三十二年"士庶封事"如此记载:"元法每盐一箩计一百五斤,算银五两,折与蕃蛮。"此处盐20万斤,计钱3万贯,则每105斤盐等于钱15.75贯,而绍兴三十二年时官价钱2贯足折银1两,这里每105斤盐折银6两,相差20%。而范成大提到官锦一匹折银35两,此处锦200匹,计钱2万贯,即锦1匹折银38.5两,相差10%。分别见《宋会要辑稿·兵二二·马政二》,上海古籍出版社2014年版,第9085页;〔宋〕黄震《黄氏日钞》卷六七《读文集九·范石湖文》,大化书局1984年版,第14页。

略司控制的广西溪峒、福建与静江府之间的三角贸易路线,从而解决了广马贸易的控制权问题。范成大在管理广马与广盐贸易上表现出了超凡的管理智慧。

2. 也儿吉尼的盐政思路

元末的也儿吉尼也是一位长期被忽视的政治家。在也儿吉尼主政广西期间,虽然元王朝已经陷入农民起义与滥发纸钞的困境之中,但广西的财政状况仍然良好,尤其是纸钞仍然能保持相当程度的购买力。对于这一点,此前的研究都未曾注意到。据此,对元末的钞法败坏的局面应该有一个重新评估,至少不能把各地情况一概而论。作为广西实际执政者的也儿吉尼对此功不可没,无怪乎危素会嘉许其"四方兵乱者十年,而广西之境晏然无虞"①。

在也儿吉尼赴任广西之时,广西一年公上之税大约 6200 石,钞课总数不详,其中静江一路钞课大约中统钞 5000 锭。海北盐额大约为 5 万引,朝廷每年另从湖南拨付军饷数万石及官本钱 30 万锭收息。在至正十二年(1352)红巾军扰乱湖广以后,朝廷从湖南接济的军饷及官本钱不再拨付,广西就面临着财政困难。也儿吉尼所采取的方法是出兵湖南、保全衡永等地,通过重修灵渠接通广西与湖南的交通线,此后再制定贸易海北盐规,以广西的海北盐与湖南贸易,获取巨额盐利。这笔盐利就成了元末广西最重要的财政收入,重修静江城池这样巨大的工程,其经费也是出自这笔盐利。在也儿吉尼所构建的这个新的财政收支体系之中,最值得注意的是如何平衡当时元代滥发纸钞造成的通货膨胀与广西本地物价水平的关系。至正十年(1350)十月,元朝变更钞法、发行新的中统元宝交钞(至正钞)之后,朝廷有意向市场投放更多的纸钞以舒缓中央财政压力,这些新印制的巨量纸钞,投向市场的主要方法就是作为文武官员俸禄及军队的军饷发放出去,如《南台备要》所记载的同年十一月朝廷给各地官员增加禄秩的诏令。当大量官员和军人将这些超量纸钞用来在市场购买商品,就自然而然地引发通货膨胀,货币投放量越大,通货膨胀的程度就越高。陈高华、史卫民概括至正变更钞法以后的地方物价飞涨情形时,提到元末江南"米粟斗直三十千"(王冕《江南民》),至正十五年时"二斤十贯新交钞,只直仓黄米四升"(顾瑛《乙未五月□号》)。也就是说,当时江南米价达到了 1 升 2.5～3 贯的水平。大都更出现了"京师料钞十锭,易斗粟不可得"的局面,也就是 1 升米需钞至少 50 贯。江南和大都之间的米价如此悬殊,陈高华、史卫民认为可能是时间稍后的情况。② 以上记载都是零星的记录,难以据此做进一步的比较。但时间先后不同恐怕不能完全解释这一差别,还需要考虑两地的纸钞投放量和粮食储量。

与江南和大都的情况相比,僻处西南一隅的广西却没有出现这么剧烈的通货膨胀。究其原因,应该包括以下几个方面。第一,至正十年变更钞法之后,新钞从大都

---

① 〔元〕危素:《新城记》,载宣德《桂林郡志》卷二七《文》,见《国家图书馆藏地方志珍本丛刊》第 754 册,天津古籍出版社 2016 年版,第 437 页。
② 陈高华、史卫民:《中国经济通史·元代经济卷》,中国社会科学出版社 2007 年版,第 433 - 434 页。

开始向各地推行是有时间差的。例如《元史》提到，至正十年十月在大都设诸路宝泉都提举司之后，至正十一年（1351）十月，才在河南行省及济南、冀宁等处设九所宝泉提举司，江浙、江西、湖广行省各一所。① 诸路宝泉都提举司是取代原诸路宝钞都提举司，负责鼓铸至正铜钱、印造交钞的。② 不过铜钱当然是少数，主要印造的自然还是至正钞。湖广虽然在至元十一年十月设置了一所宝泉提举司，随即就因为红巾军起义爆发而导致湖广大部分州县陷没，这一所宝泉提举司是否还能继续印造至正钞十分值得怀疑。广西本身应该是没有印造至正钞的权力的，所以当湖广路绝之后，朝廷或湖广增发的巨额至正钞要通过正常的商业贸易渠道进入广西流通大概也十分困难。更何况也儿吉尼似乎还有意识地控制广西与境外的货物与纸钞的流通。如前文邹鲁提到"自寇阻路绝，三岁不至，民用日艰，公严涩滞之令，遏越境之货，而兵食足焉"。又刘三吾提到"禁商贩之越境，而钞法以行"。这两个说法应该放在一起分析，才能明白也儿吉尼的用意所在。第二，所谓"严涩滞之令"，就是要保证灵渠的畅通，使得湖南粮食能够通过灵渠运到广西，保证粮食的充足。而"遏越境之货"与"禁商贩之越境"讲的应该是同一回事，是通过制定海北盐规垄断海北盐销往湖南的生意，同时禁止商贩私自把海北盐运往湖南销售。由于海北盐引的价值与当时广西纸钞的价值直接挂钩，只要保证盐引的价值就能使得钞法同行。在这种情况之下，广西获得的新造至正钞的主要来源，就只能是朝廷发给广西官员和军队的俸禄和军饷，这些俸禄和军饷在当时交通路绝的情况下要怎样发放下来，我们也不是很清楚。也儿吉尼的高明之处，是没有把这些作为俸禄发放的至正钞直接投放到广西的市场上使用，而是用来充当贸易海盐的钞本。由于盐引所具备的硬通货的性质，也儿吉尼所投放的至正钞与盐引挂钩，就稳定了至正钞的购买力，使得至正钞能够为市场所接受。第三，也儿吉尼又通过至正钞来支付重修静江城以及各处桥梁、学宫等大型公共工程的开支，让民间消化了至正钞投放过程中带来的部分通货膨胀。因此，在元末各地将大量印造的至正钞"视之若弊楮"的情况之下，广西的至正钞居然能够继续流通，而且没有引发剧烈的通货膨胀，甚至能够兴修大量公共工程和赈济饥荒，也儿吉尼的政策功不可没。

至于元末广西纸钞的实际购买力，我们只能做大概的推断。首先是盐引价格，据杨舜民《碑阴记》记载，当时修城墙所用开支，"盐以引计，九千九百有奇，折缗钱三十九万一千七百有奇"③，平均每引折至正钞约 40 贯，合中统钞 400 贯，较之元中期的海北引价增加了 167%。比较而言，这一盐引折钞价相对来说并不算很败坏。因为朝廷在至正十年（1350）变更钞法之后，各地钞法大乱。据说至正十二年（1352）

---

① 《元史》卷四二《顺帝本纪五》，中华书局 1976 年版，第 889、892 页。
② 白寿彝总主编，陈得芝主编：《中国通史》第八卷《中古时代·元时期（上）》，上海人民出版社 2004 年版，第 906 页。
③ 〔元〕杨舜民：《碑阴记》，见杜海军辑校：《桂林石刻总集辑校（上册）》，中华书局 2013 年版，第 409 页。

一些地方至正钞1贯只值钱14文,以致"京师料钞十锭,易斗粟不可得"。① 如果按食盐1引(每引盐400斤)折至正钞40贯计算,则1斤盐折至正钞100文,即使换算为旧中统钞,也不过1000文。周去非《岭外代答》提到宋孝宗淳熙(1174—1189)初年范成大任广西经略安抚使时,广西盐价是1斤140文。② 可见广西盐价的波动也不算非常剧烈。

由此可见,素以贫瘠著称的广西在至正二十一年(1361)修静江城时,居然还能使作为硬通货的盐引保持在每引至正钞40贯的水平,已经是相当不容易了。由此看来,元末广西的财政并没有崩溃,反而颇有盈余,并且能够实施重修静江城墙这样巨大的工程,这无疑得益于也儿吉尼主政下的财政政策。

二、化私为公、移课作饷:叶盛、韩雍的盐利银策略与两广盐政布局

中央与地方的财政关系历来十分微妙。周飞舟的研究曾指出,中央和地方的财政关系的变化推动了地方政府行为的变化。③ 实际上,明代中叶,叶盛巡抚两广时所实行的盐利银策略,就是地方政府想方设法开辟新的、比过去更为有效的财源的过程。这种制度文化同时推动了粤盐运销规模和管理模式的发展。

天顺初年,叶盛被任命为两广巡抚。当时两广地方面临着平息动乱并急需大量军饷的局面。正统十四年(1449),广东发生黄萧养之乱,朝廷由广西征调的土司狼兵却成了广东地方的祸害。景泰年间,大藤峡地区又爆发了侯大狗瑶乱。

两广的动乱同时也激化了两广官员之间的矛盾。两广各自为政,互相推诿,使得地方动乱长期不断。叶盛在给皇帝的奏疏中指出:"两广将官,各无统摄。东省惟约广西流贼贻害广东,失机之罪广东受之;西省则言,各守地方,止能本处剿贼,不能照管别境。东省若谓广西扑剿致贼流劫,西省则言界内贼徒如何不剿?甚至广东以西省将为放贼,广西以东将为怯懦。"④ 两广之间的搪塞如此,导致制度和政令难以施行。

受干扰的事务中,最重要的一项就是盐法。明初,广西在军事上的军饷主要依赖广东食盐的开中来维持。但是正统以后,随着开中法的败坏,商人对于开中的热情减少,导致广西军饷常常是"帑藏殚虚"。更让地方官员头疼的是私盐的盛行。广东和广西在军政上的互不统摄,导致财政上也有所分歧。为了从盐的运销中捞取利益,广西地方官员和两江土司开始介入盐的运销,与商人勾结起来走私私盐。这严重影响了

---

① 白寿彝总主编,陈得芝主编:《中国通史》第八卷《中古时代·元时期(上)》,上海人民出版社2004年版,第907页。
② 〔宋〕周去非:《岭外代答校注》卷五《财计门·广西盐法》,杨武泉校注,中华书局2006年版,第184页。
③ 参见周飞舟:《以利为利:财政关系与地方政府行为》,上海三联书店2012年版。
④ 〔明〕叶盛:《叶文庄公奏疏·两广奏草》卷十二《地方事疏》,见《四库全书存目丛书》史部第58册,齐鲁书社1996年版,第618页。

两广的财政收入。天顺年间丘濬就有"严立私贩之禁"的建议,因为私贩导致的开中法的败坏已经严重影响到两广军饷保障。

天顺初被任命为两广巡抚的叶盛,借着自己总管两广事务的职权,向朝廷提出了广东盐越境贩卖的政策建议:"令见在支盐客商人等,今后支出官盐有愿装往江西南安、赣州并广西梧州等府地方发卖者,先将盐数备开状赴布政司报名,每盐一引定于沿河缺粮仓分纳米若干,取获实收至日,布政司给与印信文凭付照,听其过境发卖。"① 叶盛奏请朝廷准许商人将"例不出境"的广东盐贩运至广西和江西南部。这一政策,实际上是用官方的手段促成私盐流通的合法化,同时将商人控制在广东政府手中,以此来对抗广西土官和地方官员的贩私,最终目的是将盐的利润重新收回地方政府手中,丰裕地方军饷。

叶盛还想进一步奏请朝廷重设两广总督,节制两广军务,却遭到广西官员的强烈反对。天顺六年(1462),朝廷不得不再次将两广事务分开,任命吴祯巡抚广西,叶盛改为巡抚广东。但很快,朝廷又任命韩雍为两广总督,合两广军力平定地方瑶乱。韩雍莅任以后,继承了叶盛的抽盘政策,并且展开了进一步的改革。韩雍先是扩大了抽盘的范围,奏请在肇庆、梧州、清远、南雄等地设立抽盐厂,再是确立官盐一引"许带余盐四引"的政策,将当时广东盐场大量囤积的余盐,以 1∶4 的比例搭配,允许盐商贩运,从而大大增加了官府抽盘的收入。再者,韩雍以"见得收积米多",议定"官盐一引纳银五分","余盐每引纳银一钱",将纳米改为纳银,"名为便宜盐利银,以备军饷"。②

经过历任官员的改革,抽盘的盐利银策略基本稳定下来,成为两广军门最为重要的军饷来源。成化三年(1467),韩雍在梧州设立了总督府,将梧州抽盐厂与两广总督衙门联系在一起。盐利银政策"相沿行三四十年,通融府库,充实地方,逐年用兵剿贼,量粮赏功等项,甚为有赖"③。

叶盛和韩雍的盐法改革,使大量的广东盐尤其是余盐进入广西,打进了原本由土官和广西官员垄断的食盐市场,一方面,使贩卖私盐的土官和广西官员的利益受到了强烈的冲击;④ 另一方面,通过这一策略,将原本归入中央的盐利部分地转化为地方经费。

广盐越境行销,是对明初开中法下不太合理的两广销盐格局的突破。这一部分越境行销的广盐,最初以私盐的形式流入商人和地方官员尤其是广西土官的口袋。而叶盛和韩雍等人利用开中法败坏之后的制度空间,将变为商人或地方官私利的盐利,以

---

① 〔明〕叶盛:《叶文庄公奏疏·两广奏草》卷八《巡抚等事疏》,见《四库全书存目丛书》史部第 58 册,齐鲁书社 1996 年版,第 586 页。
② 《明武宗实录》卷一四七,正德十二年三月庚午条,中华书局 2016 年版,第 2878 页。
③ 〔明〕黄佐:《两广盐利疏》,见〔清〕汪森编:《粤西文载》第 1 册卷七,黄盛陆等校点,广西人民出版社 1990 年版,第 180 页。
④ 麦思杰:《"瑶乱"与明代广西销盐制度变迁》,载《广西民族研究》2008 年第 2 期,第 125 – 132 页。

抽盘的形式转化成为地方公费。这是一种在明代盐法框架下化私为公的灵活手段。明代的盐课按例是要解交户部的，但是盐课只是针对官盐而言，而在抽盘政策中，官盐一引许带余盐若干引的做法，并未作为王朝制度纳入王朝财政体系，因此留出地方运作的空间。这一部分余盐的市场空间，原本是明初用于开中的份额，在开中法败坏之后，却成了地方灵活支配盐利的重要突破口。韩雍等的抽盘政策，是结合了地方情况创造出新的灵活政策，移课作饷，将开中的盐课额转化成为地方军饷，从而形成独具特色的制度文化。在两广的盐政史上，这种利用中央与地方的张力，灵活地进行制度创造的故事不在少数，这同时也凸显了传统时期盐法运作的灵活性以及广东盐政的制度创造性。

第三节　粤盐的物质文化与非物质文化

粤盐的物质文化与非物质文化，与中国悠久的盐业文化相始终。粤盐非物质文化的呈现，主要在于岭南的独特海盐生产技术，以及海盐制作居民的独特生计方式。物质文化的呈现，主要在于历史上保存至今的粤盐生产遗址、海盐制作居民的生活聚落、盐商的活动场所、与盐政相关的建筑物，等等。

就海盐生产技术而言，海盐的制作一般要经过四道工序，即：晒灰取卤、淋卤、试卤和煎晒成盐。卤水的浓度决定了煎盐的时间长短、所需燃料的多寡以及成盐的斤数。① 大体而言，取卤与煎晒是其中最重要的两大环节。而在粤盐的漫长岁月之中，其生产技术在不同时期有其不同的特色。

秦汉之前的情况，限于历史记载与考古资料的缺乏，难以细考。最晚在西汉中后期的盐官设置中，位于今日广东境内的就有南海郡（今广东广州）和苍梧郡（今广东肇庆）。盐官的设置，表明了汉代广东已经有了较大规模的食盐生产。

魏晋到隋唐时期，广东地区的制盐技术愈发成熟。唐人刘恂的《岭表录异》所描述的岭南地区制盐的过程，反映了作为非物质文化的唐代岭南制盐技术的独特之处："将人力收聚咸池沙，掘地为坑，坑口稀布竹木，铺蓬簟于其上，堆沙，潮来投沙，咸卤淋在坑内，伺候潮退，以火炬照之，气冲火灭，则取卤汁。"② 从这一描述可知，当时制盐，充分运用了潮汐的作用来进行海水的灌注以及食盐的生产。至于煎盐之法，岭南创造了独具岭南特色的"竹盘"作为煎熬工具。据裴渊《广州记》记载："东官郡煮盐，织竹为釜，以牡蛎屑泥之，烧用七夕一易。"③ 这些都是粤盐的生产技术作为非物质文化的重要体现。

---

① 刘淼：《明代海盐制法考》，载《盐业史研究》1988 年第 4 期，第 58－72 页。
② 〔唐〕刘恂撰，商璧、潘博校补：《岭表录异校补》，广西民族出版社 1988 年版，第 205－206 页。
③ 《永乐大典》第 7 册，卷一四九一二《釜·竹釜》，中华书局 1986 年版，第 6701 页。

宋代是粤盐生产的第一个高峰期，而且形成了与江淮沿海有别的岭南独特的海盐生产技术。与唐代的制盐技术相比，宋代的海盐生产技术更为丰富。大体来说，海盐的生产分为取卤和煮煎两个步骤。取卤的方法有三种：一是"刮咸淋卤法"（包括晒沙淋卤法），二是晒灰取卤法，三是海潮积卤法三种。第一种方法主要盛行于淮河南北、浙西以及福建，第二种方法则流行于浙东，第三种方法则在两广有所推行。① 也就是说，粤盐的取卤办法延续了唐代的利用潮汐原理的取卤技术，这是岭南食盐生产技术的独特标志。至于煮煎之法，则发展出用铸造盐盘进行煎煮。盐盘在其他地区以铁锅为主，但广东地区仍然继续使用以牡蛎壳等烧灰涂抹的竹盘作为煎煮工具。② 依赖这些独特而行之有效的海盐生产技术，宋代粤盐的生产规模大为增加。以南宋绍兴三十二年（1162）为例，两广额定产盐总数达到了56.3万石，相当于2815万斤，是南宋时期两广买纳盐额的高峰。③ 这些海盐不仅足以保证两广地区居民的日常消费，而且往往还有大量积压剩余，表明粤盐的生产技术已经十分高效。元代经历了早期的食盐生产的低谷之后，到了中后期，粤盐的生产中心逐渐由珠江三角洲向粤东、粤西沿海地区转移，其产量也可以与宋代相埒。

明代的粤盐生产，是通过特定户籍之民来负责的，这些专设以从事盐业生产的编民，被称为灶户。明初在全国推行"配户当差"的括户制度，濒海产盐者则被定为灶籍，灶籍的人户即为灶户。灶户的户役即为朝廷煎办盐课，朝廷为保障足够的盐课供应而通过盐场对灶户进行管制。而明清粤盐的生产技术则经历了从煎到晒的技术革新。在明朝前期还主要以煎盐为主，而到了明朝后期，粤盐的生产已转变为以晒盐为主。明清时期的煎盐技术，有的沿用了独特的竹盘技术。明代著名科学家宋应星的《天工开物》记载："南海有编竹为者，将竹编成阔丈深尺，糊以蜃灰，附于釜背，火燃薪底，滚沸延及成盐，亦名盐盘。"又如乾隆《两广盐法志》记载：靖康等场，"所用竹锅，以薄篾编成，锅口阔六七尺，或八九尺不等，以黄泥炼坚，架垒作灶"。④ 这种以竹子、牡蛎、黄泥为原料制作而成的盐盘，具有成本低、取材制作便利，且不易受官府管制的特点。道光《两广盐法志》十分详细地记载了以上川司为代表的珠江三角洲煎盐技术的生产过程。大致可以归纳为五个步骤：①晒沙②沥卤③贮卤④试卤⑤煎煮成盐。⑤

至于到了明后期运用更为广泛的晒盐，其技术在元末就已经在福建沿海地区形成规模。而广泛运用到粤盐地区，则要到明中叶左右。晒盐法的第一阶段是采用盐卤晒

---

① 郭正忠：《宋代盐业经济史》，人民出版社1990年版，第4—12页。
② 郭正忠：《宋代盐业经济史》，人民出版社1990年版，第19—20页。
③ 《宋会要辑稿·食货二三·盐法二》，上海古籍出版社2014年版，第6496页。
④ 乾隆《两广盐法志》卷十八《场灶下》，见于浩辑：《稀见明清经济史料丛刊》第1辑第37册，国家图书馆出版社2008年版，第499页。
⑤ 刘淼将制盐过程概括为晒灰取卤、淋卤、试卤和煎晒成盐四道工序，本文为更详细地和生产工具结合起来，故改为五道工序，实与刘淼所述过程相同。参见刘淼：《明代盐业经济研究》，汕头大学出版社1996年版，第23页。

盐，制度盐卤的方法与煎盐相同，仍是刮土淋卤。第二阶段则是直接用海水灌注卤池，分层曝晒取卤，然后引入晒盐池成盐。晒盐法可分为晒水法和晒沙法，晒水法即对海水反复提纯的过程：于蓄水池中屯蓄海水，转入晒水池中曝水，后再转入咸水田，渐成卤液，最后将卤液引入盐池曝晒成盐。这个过程的生产要素包括蓄水池、晒水池、咸水田和盐池。晒沙法取卤的过程与煎盐法类似，即：放水晒田，收沙上埔，沥卤于池，最后曝晒成盐。与煎盐法相比，晒盐不但免去柴薪的成本开销，而且还不用受到海水含盐度和制盐工具的限制，成本低而产量高，相较煎盐更具有市场竞争力。

就海盐制作者的独特生计方式而言，这是与海盐生产技术密切联系的，不少文献对此有所反映。有一些在明初被编入灶户的家庭，随着沿海地理环境的变迁，生活发生了巨大的变化。明末清初的番禺僧人成鹫（1637—1719）所作的《烧畲歌》提到，盐场地方以前"出门咫尺无旷土"，如今"斥卤变桑田"，"丁男始识农与圃"。盐丁迫于生态变迁，从煮盐改学农耕。① 不过在诗的作者听来，"斥卤变桑田"之后，虽然灶户生计从业盐转向耕稼，但给盐丁带来的负担却更甚于前。除了农耕之外，在有些沿海食盐生产地方，养蚝也逐渐成为当地居民补贴生计的重要副业。

至于粤盐的物质文化，在如今日新月异的社会经济发展变化的大潮之中，大量传统技艺在逐渐消失。粤盐的生产早已告别手工时代，进入工业化大生产的阶段。然而，历史上的盐民、盐商、盐官等与粤盐生产密切联系的物质文化，仍然有不少在现代社会保存下来。如在深圳大鹏半岛的咸头岭沙丘遗址的考古中，发现了古人留下煮制盐用的陶罐和上下盐仓遗迹。位于深圳沙井镇沙四老村河涌边建于南宋嘉定十三年（1220）的龙津石塔，则见证了归德古盐场的沧桑，附近的古村落里还有历史上海盐生产居民的生活痕迹。又如惠州的盐洲岛，是古代粤盐的重要生产场所。虽然随着当地社会经济的发展，广东大量盐场已经消失，但是如今当地还保留了小块的盐场，就是采用明清时期粤盐流行的晒盐法进行生产。游客们还能用非常实惠的价钱，向当地从事海盐生产的农民买到以古法制作完成的海盐。此外，汕头、雷州、徐闻等地，如今仍是粤盐的重要生产基地，古老的盐场在现代化的今天仍然焕发生机。而作为粤盐物质文化中社会地位与文化水平较高的盐商，也有不少相关的古建筑、古聚落保存下来。如位于广州越秀区的高第街"拜庭许大夫家庙"，是清代"广州四大盐商"之一的许拜庭家庙。许拜庭在依靠经营粤盐发家之后，在广州高第街购买屋宇，定居于斯。随着家业逐渐兴旺，许拜庭长子许祥光于道光二十九年（1849）兴建了这座祭祀其父许拜庭的家庙。这座家庙完整的形制、精良的做工和讲究的用料，彰显了许氏家族鼎盛时的繁华，2002年8月被广州市人民政府列为文物保护单位。又如今日佛山市南海区西樵镇百西村的潘氏家族，是清代著名盐商潘进的家族。百西村保存了大量古建筑群，具有重要的历史价值。这

---

① 〔清〕释成鹫：《咸陟堂诗集》卷三，见《四库禁毁书丛刊》集部第149册，北京出版社1997年版，第261页。

一建筑群中最宏伟的是"潘氏大宗祠"，始建于清朝乾隆二十六年（1751），穿斗与抬梁瓜柱混合式木结构，建筑青砖外墙，正面有砖雕，花岗岩基座，博古屋脊，镬耳封火山墙，碌筒瓦面。前面还保存了一排科举时代的旗杆石，气势雄浑。如今是佛山市第五批文物保护单位。此外，广东各地还有不少与粤盐相关的古遗迹保存下来，如位于南雄市境内、作为岭南地区与江西之间重要通道的梅岭盐商古道，位于梅州市梅江区城北镇的玉水村盐商古道，位于韶关市乳源县的西京盐商古道，等等。古老的石板路，默默地展示了当年粤盐贸易的繁华。

结语　资源控制、盐政运作与广东的社会经济民生

一部广东盐业史就是一部广东的政治、社会、经济、文化史。如前文所述，盐在广东历史上有着举足轻重的地位。广东食盐的生产、运输和销售，不仅关系到并受制于中央与地方的财政关系，而且因其与市场的紧密联系而影响着各地区的经济发展。同时，海洋环境、生产技术以及交通方式的变迁，也成为广东盐业格局变迁的重要影响因素。而人的因素在整部广东盐业史中更具有突出的地位，无论是官商贤能、地方精英还是普通盐户，其主观能动的一面都从盐业史的进程中折射出来，推动了制度和社会经济的变化。

一、粤盐治理与广东的政区演变

从历史演化的脉络来说，广东的政区演变与王朝对粤盐的治理有密不可分的关系。众所周知，传统时期，王朝国家在帝国边缘地区设立新的行政单位，并没有像现在一样十分清晰的辖区概念，而是基于交通线和聚居点的概念。[①] 秦汉时期，南海郡也并不像现在的广东省政府一样能够管辖到每个地方，而仅是控制以广州（番禺）为中心的几个据点以及几条重要的交通线。当时王朝已经在番禺设置盐官，管理食盐的生产与供应。盐的生产与管理直接使番禺沿海超越点与线的概念，以地区的形式被纳入汉王朝的直接控制之下。到了三国时期，番禺东部的东莞地区虽然在地图上仍可以视为南海郡属地，其实际情况我们却知之甚少，但是，据南朝宋人何承天所著《宋书》记载，吴末帝孙皓甘露元年（265），始置"司盐都尉"于东莞场，管理盐的生产与贸易，这等于直接将东莞作为一个地区纳入王朝的控制体系。晋初，废东官郡，其地分属番禺、增城。东晋成帝咸和六年（331），分南海郡地复立东官郡，其治所在东莞盐场，领宝安、安怀、兴宁、海丰、海安（今惠来县地）、欣乐（今惠阳县地）六县。从一个盐场或盐官辖区分出诸多州县，是岭南历史的基本特征之一。在华南的历史中，地区的开发其实是通过增设郡县的方式来体现的，其直接后果就是行政区域越设越小，府州县的建制越设越多。[②] 而这一过程，与王朝为了控制而设置

---

① 刘志伟：《从建置沿革看"东莞"的地理区位优势》，见东莞市政协、暨南大学历史系主编：《明清时期珠江三角洲区域史研究》，广东人民出版社2011年版，第237页。
② 刘志伟：《从建置沿革看"东莞"的地理区位优势》，东莞市政协、暨南大学历史系主编：《明清时期珠江三角洲区域史研究》，广东人民出版社2011年版，第239－244页。

盐官，进而强化对该地区的实际有效管理，从而导致当地的开发与人口增加有密切关系。所以，在特定意义上，我们可以说，广东地区尤其是珠江三角洲的政区演变，与王朝对食盐生产的控制有莫大关系。

这一情况在宋代特别典型。今天珠江三角洲最密集的行政中心，在宋代不是州县而是盐场。北宋初年已有静康（后改名靖康）、大宁、东莞三大盐场和归德、黄田二盐栅。北宋中期新设官富场，归德、黄田二盐栅亦皆升为盐场。北宋末年至南宋初年，又增设叠福场。之后，官富场一度被裁并进叠福场，北宋末年又复设。此外，宋代在香山地区还设有金斗盐场——香山场的前身。① 成书于北宋元丰三年（1080）的《元丰九域志》称："静康、大宁、东莞三盐场，海南、黄田、归德三盐栅。"② 这样，今天珠江三角洲或称为粤港澳大湾区的这一片地区，布满了盐场而不是州县。随着地方的不断开发，盐场和人群聚落的规模也在逐渐扩大。盐业的发展，一方面，带动了珠江三角洲地区的经济发展，尤其以渔盐业与海外贸易为重；另一方面，随着盐场的壮大，政府的缉私工作越来越难开展，朝廷只有通过逐步建州立县来加强管理。这些新分出来的行政单位，后来逐渐成为今天珠江三角洲的重要城镇。清代以后，随着环境变迁，广东盐产中心迁往粤东和粤西两翼，宋代珠江三角洲的这些盐场，基本都已经被州县取代。今天的香港、澳门、中山、珠海、深圳、东莞等城市所管辖的地区，就是在盐场的基础上发展而形成的，它们以及广州南部地区的早期历史，几乎无一例外都是以盐场的历史为主体展开的，不少城市都是因盐业而发展成为城市。盐业的发展带动了广东沿海地区的社会、经济、文化的发展与地域的开发和拓展。

粤西地区也在南宋时期开始出现盐场的建置，这些盐场主要分布在粤西南地区以及环北部湾地区。如南恩州，北宋年间并未置场，一直到了南宋绍兴元年（1131）三月十五日，工部尚书上言："提举广南路茶盐公事司申：检踏委官相视到南恩州阳江县管下海陵朝林乡地名神前等处，各有盐田，咸潮阴浸，堪以置场。" 由此可见，绍兴元年之前，阳江县下的海陵朝林乡就分布有一些盐田，但并没有置场，直到此时，由于食盐产量的增加，才由广南路茶盐司申请置场。到了南宋，随着宋室南渡，南方的开发进程加快，曾一度被废置的广南西路诸盐场也逐渐恢复，并且创建了新的盐场，其规模也较北宋前期更大。这与广西盐的销路因为湖南南部市场的开辟而扩展有很大关系。仅《宋会要辑稿》所记录的，除了原有的琼州感恩、英田场之外，廉州白石场，高州博茂场、那陇场，钦州白皮场，化州茂晖场、零绿场，雷州蚕村场等相继出现，由此呈现出广南西路所属盐场数量的高速增长，以及随之而来当地经济的迅速发展。

从某种程度上看，明代两广总督的设立，同样与盐业有密切关系。明景泰朝之后，瑶乱由广西而及广东，明政府从军事调度统一的角度考虑，逐步将两广事体一统

---

① 〔清〕杜臻：《粤闽巡视纪略》卷二，《四库全书》第 460 册，上海古籍出版社 1987 年版，第 992 页。
② 〔宋〕王存：《元丰九域志》卷九《广南路》，中华书局 1984 年版，第 409 页。

并设立总督。当时，政府军事力量的不足，使明政府不得不大量倚用狼兵，但大量狼兵的东迁戍守，使西江流域以及一些交通要点为土司所控制。而土司在东扩后，与广西地方官员勾结，大肆贩卖私盐，从中获取暴利。土司贩卖私盐，使作为两广军费主要来源的开中法日趋败坏，加上频繁的军事行动，导致了两广军费捉襟见肘。为确保军费的来源，从叶盛开始，总督两广军务的官员对盐法采取了抽盘制度，鼓励广东商盐越境贩卖。① 而后，盐税抽盘收入在很长一段时间内成为两广总督衙门的重要收入来源。迄明中叶，因治理盐业而不断调整的广东政区格局也基本奠定了下来。

明中叶以后，广东的政区虽没有大的调整，但随着明清之际政府对盐业市场格局的优化，珠江三角洲的煎盐场逐渐退出历史舞台，而产量更大、销路更广的粤东盐业逐渐兴起。粤东盐业，无论是生产还是运销，均受到省级政府的重视。而由此带来的是以潮州府为中心的韩江流域沿岸聚落的迅速发展。近代以来，随着航船业的发展，粤西盐业也重新受到重视，广州湾（今湛江）在近代则是广东沿海贸易最繁荣的地区之一。

二、粤盐生产技术与区域社会组织的演变

粤盐的生产技术直接影响到区域的社会组织演变，显示出食盐生产在区域社会演变中的重要价值，并促进盐产总量的提高。唐宋以来，粤盐生产技术不断改进，唐人刘恂的《岭表录异》所描述的岭南地区制盐的过程，反映了作为非物质文化的唐代岭南制盐技术的独特之处："将人力收聚咸沙，掘地为坑，坑口稀布竹木铺蓬簟于其上，堆沙，潮来投沙，咸卤淋在坑内。伺候潮退，以火炬照之，气冲火灭，则取卤汁用。"② 当时制盐充分运用了潮汐作用来进行海水的灌注以及食盐的生产。至于煎盐之法，岭南创造了独具岭南特色的"竹盘"作为煎熬工具。③ 宋代粤盐的取卤办法，延续了唐代的利用潮汐原理的取卤技术，这是岭南食盐生产技术的独特标志。同时，粤盐的生产规模也有了较大的提升。以南宋绍兴三十二年（1162）为例，两广额定产盐总数达到了56.3万石，相当于2815万斤，是南宋时期两广买纳盐额的高峰。④

从南宋开始，盐业生产就通过"亭户"的方式进行管理，《熬波图》曾描述过元代盐场设"团"煎盐的方式，而明代则有确切记载，通过划地集中灶户进行生产。明初在全国推行"配户当差"的括户制度，濒海产盐者则被定为灶籍，灶籍的人户即灶户。明代前中期，广东盐业生产的基层组织方式经历从"团"到"栅"的变化。栅甲是明清广东盐场基层最重要的组织制度。栅甲制在盐场之下设栅，栅设置栅长，

---

① 麦思杰：《"瑶乱"与明代广西销盐制度变迁》，载《广西民族研究》2008年第2期，第125－132页。
② 〔唐〕刘恂撰，商璧、潘博校补：《岭表异录校补》，广西民族出版社1988年版，第205页。
③ 《永乐大典》第7册，卷一四九一二《釜·竹釜》，中华书局1986年版，第6701页。
④ 《宋会要辑稿·食货二三·盐法二》，上海古籍出版社2014年版，第6496页。

"督盐丁办纳盐课"。① 栅的数量并不固定，每栅内分十甲，栅设栅长。每甲又设有排户一户，称为"盐排""灶排"，一般的盐户则被称为灶甲。

明朝前期广东仍以煎盐为主，而到了明朝后期，粤盐生产方法已经转为以晒盐为主。明清时期的煎盐技术，有的沿用了独特的竹盘技术。明代著名科学家宋应星的《天工开物》记载："南海有编竹为者，将竹编成阔丈深尺，糊以蜃灰，附于釜背，火燃薪底，滚沸延及成盐，亦名盐盘。"又如乾隆《两广盐法志》记载：靖康等场，"所用竹锅，以薄篾编成，锅口阔六七尺，或八九尺不等，以黄泥炼坚，架垄作灶"②。明后期运用更为广泛的晒盐法，其技术在元末就已经在福建沿海形成规模，而广泛运用到粤盐地区则要到明中叶左右。与煎盐法相比，晒盐法不但免去柴薪的成本开销，而且还不用受到海水含盐度和制盐工具的限制，成本低而产量高，相较煎盐更具有市场竞争力。

明清之际，广东盐业生产的管理机构——盐场虽然没有发生大的变化，但实际的组织形式已经发生转变。随着生产技术、经济结构和生产关系的变化，明代的盐场组织到清代纷纷崩坏，清代中央政府也并没有明确的制度设计，各地只能因地制宜，寻找合理有效的管理模式。广东盐业结合区域特点和自身的情况，逐渐发展出以围埠为核心的管理运作模式。盐灶、盐埠等作为盐场的生产场所，和晒盐法直接相关，又便于官府对盐斤产量的掌控，符合官府禁绝私盐的需求。为实现对盐灶、盐埠的管理，盐场也适时发展出"围""厂"等基层组织单位。③

近代以来，盐业生产的组织方式逐渐突破官方治理的盐场的模式，私人集资筹建的盐场开始出现在粤西和海南等地区。如咸丰四年（1854），承德埠由股东投资、投工创建。同治八年（1869），广东电白人李隆村与崖县陈某等人，合资在三亚港兴办润和埠。光绪三十四年（1908），福建华侨胡子春在三亚建筑大盐田。进入民国，一些现代化的盐产机构开始得到重视。如1933年，墩白、乌石、三亚、三洲、电茂、石桥等盐场开始建置第一批食盐检定所。

莺歌海盐场的建设是近现代广东盐业生产改革中的一个重要案例。在日本侵华时期，日本人曾试图在莺歌海筹建盐场。1942年日军入侵海南岛之后，三井洋行开始组建"日本东亚盐业株式会社"，筹备开发"东亚第一大盐场"，并在日本海军特务部主持下，会同盐业株式会社，对该片地面开展大规模勘测，计划年产34万～41万吨。抗日战争胜利后，日本人的莺歌海盐场建场计划失败。但这也显示出当时开发莺歌海盐场对经济的重要性。所以，1946年，南京国民政府下属的中国盐业公司也提出开发莺歌海盐场的设想，财政部专门设立莺歌海盐场筹建组织。盐务总局关允副局

---

① 天顺《东莞县志》卷三《合属衙门·盐场》，见《广东历代方志集成·广州府部》第22册，岭南美术出版社2007年版，第33页。
② 乾隆《两广盐法志》卷十八《场灶下》，见于浩辑：《稀见明清经济史料丛刊》第1辑第37册，国家图书馆出版社2008年版，第499页。
③ 参见李晓龙：《从生产场所到基层单位：清代广东盐场基层管理探析》，载《盐业史研究》2016年第1期，第3-18页。

长和郑丰等带领工程技术人员曾两次专程到海南，但因未做实地勘测，而只提出几个脱离实际的设计方案。1947年，宋子文回海南老家时曾向海外集资建场，但最终盐务总局以该地区"治安动荡，无法开发"为由，中止了建场计划。

新中国成立后，在时任中共中央华南分局第一书记陶铸的指示下，海南启动莺歌海国营盐场筹建计划，由当时的两广盐务局主持。1957年，经广东省政府批准，莺歌海盐场占地56895亩，该年12月开始对盐田施工。1958年下半年，盐场开始试产。1976年，经国家批准，盐场计划规模由20万吨生产能力扩大到40万吨，计划投资3611万元。1955—1980年，莺歌海盐场的建设经历了三个时期，累计完成投资4229.49万元，完成生产面积2981.78公顷，计划产能为16万～20万吨原盐。1976—1980年年均产量18.39吨，1988年达到最高年产量29.1万吨。莺歌海盐场是新中国成立后广东盐业发展的一个重要表现，它是广东盐业历史中国有企业生产食盐的重要代表，标志着广东食盐生产的区域社会组织由栅、墩等形式进入企业阶段。

三、粤盐运销网络变迁与广东经济发展

广东盐业在传统时期主要有东、北、西三条销售路线。在传统运销模式下，市场的流动带来的常常是生产场所的变动，即盐场产额的流动，其总体趋势是由珠三角向粤东和粤西流动。同时，食盐的市场流动，又带动了与长途运输沿线的其他经济作物的交流，乃至带动了海外产品和内地山区产品之间的交换，形成长途的市场路线，带动沿线重要经济中心、沿海经济中心的兴起。

早在宋代，食盐就是朝廷处理与西南羁縻州县溪峒，以及西南诸蕃、南洋诸国贸易的一种重要资源与贸易工具。对南宋的广马贸易、博易场贸易，以及宋元时期对西南边疆地区的控制政策等都有很大的影响。北宋后期，两广的官营食盐生产，以广南东路的珠江三角洲及粤东为主。在政府食盐专卖，以及与西南诸蕃和南洋诸国的食盐贸易过程中，盐业经济繁荣，不仅集聚了人口，同时也打开了珠江口食盐的贸易市场。一条因盐运而开辟、沿珠江支流而上的运输线路，沟通了珠江三角洲与内地乃至与西南地区的经济往来。以东莞为例，宋代东莞出产的食盐，产量已经占了全省产量的大部分，而其供应地也几乎遍及全省，成为"全广盐仓"。陈伯陶指出："宋初莞盐销路极广，计广东全省不食莞盐者，高、雷、廉、琼四府而已"，"而又兼给广西北境、江西南境"。[①] 广袤的盐销售区带动了省内河流船运业的发展。王希文即称："海民以盐为生，而海盐以船为便。"[②] 运盐船由珠江口顺流而上，而返程常常不会空船而回。王希文指出："回船运米，克济饥荒。"[③] 汪砢玉的《古今鹾略》也明确道明

---

① 民国《东莞县志》卷三〇《前事略二》，见《广东历代方志集成·广州府部》第24册，岭南美术出版社2007年版，第316页。

② 〔清〕王希文：《上方伯东湖吴公苏民十二策》，见张澂祥、杨宝霖编：《石屏遗集·壮其遗集》，乐水园2002年版，第569页。

③ 〔清〕王希文：《上方伯东湖吴公苏民十二策》，见张澂祥、杨宝霖编：《石屏遗集·壮其遗集》，乐水园2002年版，第569页。

了广东与广西、湖南等地的米盐贸易往来自宋代起就已经十分繁荣。

明初,食盐的运销被置于开中法的制度之下。开中法是明代影响食盐运销最主要的国家制度。明初,明王朝为筹备边储,用官府控制的"官盐"将内地所产的粮食与边军所需的军饷联结起来,"招商输边而与之盐"。商人把粮饷运到边境,官府根据商人所运粮食的多少给予相应数量的盐引,商人凭此盐引赴指定的盐场支盐,并运到指定的地区销售。

朝廷划定食盐的销售区,在华南,主要是区分广东提举司和海北提举司的销售范围。据洪武《诸司职掌》记载,明初广东盐课司的行盐地方主要在广东省内,包括广州、肇庆、惠州、韶州、南雄、潮州、德庆七府,而海北盐课司则行销远离沿海的湖广和广西各州县,其行盐地方除了广东省内的雷州、高州、廉州、琼州四府之外,主要包括广西的桂林、柳州、梧州、浔州、庆远、南宁、平乐、太平、田州、思明、镇安等府,龙州、泗城、奉议、利州等州,以及湖南的永州府、桂阳州和郴州。① 这基本规定了明清粤盐的销售范围,不同时期地方政府也是在此基础上进行微调,或是改变二提举司的行销市场。在这个销售范围内,明清时期广东逐渐形成了西江、东北江和韩江三条主要的食盐贸易路线。

西江盐贸线。在开中法之下,广东和海北两个提举司的盐,主要通过海运或陆运,经珠江口进入珠江支流,沿西江而上,运抵广西的梧州和桂林。如洪武二十八年(1395)的开中,便是"令广东布政司运盐至梧州,命广西官员于梧州接运,至桂林召商中纳"②。而后,"梧州盐于田州、龙州、柳州、南宁、浔州、庆远、思恩、太平鬻卖;广西(桂林)盐于长沙、宝庆、衡州、永州、道州、桂林鬻卖。"③ 到了天顺五年(1461),叶盛以"海北地方连年不宁,江西南、赣二府去淮弯远"为由,实行广东盐纳米跨境销售的政策,即广东盐装往梧州发卖,"每引定于梧州府仓加纳米二斗",往江西南、赣二府"每引于南雄封仓加纳米一斗"。④ 成化初,都御史韩雍又奏准于肇庆、梧州、清远、南雄等地设立抽盐厂,对过往盐商"每官盐一引抽银五分,许带余盐四引,每引抽银一钱","名为便宜盐利银",以备军饷。⑤ 在这一系列改革的基础上,广东盐业形成了一直影响到民国的西江盐业贸易线。据万历年间两广总督刘尧诲称,广东"东、西二路所产生、熟二盐",运至省河,赴盐课提举司纳饷,"听商人各照引目行盐地方转运发卖","一至南雄度岭以达于吉安,一自梧州如桂林

---

① 《诸司职掌·户部·盐法》,见《玄览堂丛书初辑》第12册,台湾正中书局1981年版,第235—236页。
② 《明太祖实录》卷二四一,洪武二十八年九月辛酉条,中华书局2016年版,第3502页。
③ 《明太祖实录》卷二四四,洪武二十九年二月丙申条,中华书局2016年版,第3545页。
④ 〔明〕叶盛:《叶文庄公奏疏·两广奏草》卷十《措置军饷疏》,见《四库全书存目丛书》史部第58册,齐鲁书社1996年版,第602页。
⑤ 《明武宗实录》卷一四七,正德十二年三月庚子条,中华书局2016年版,第2878页。

至全州以达于衡、永"。①"自梧州如桂林至全州以达于衡、永"便形成了粤盐的西江贸易线。到清代中期的"改埠归纲""改纲归所"所形成之"六柜"中的"西柜"仍延续了这一贸易。"西柜"基本涵盖广西全省,在广西桂林府、柳州府、庆远府、思恩府、泗城府、平乐府、梧州府。西柜起初由李念德经理。李念德是李宜民行盐的商号,自乾隆二十三年(1758)开始,一直经营临全埠,到道光二十四年(1844)告退埠务,由潘仕成接办。李念德承充广西临全埠商,成为两广盐业巨富。西江盐贸线带动了广东沿海经济与广西、湖南等地的经济交流。

东、北江盐贸线。"至南雄度岭以达于吉安"和"自韶州至乐昌县平石村"等,则是沿着北江而上,至于乐昌和南雄等地,并由此进入湖南和江西。在叶盛的抽盐改革中,南雄设立了盐关,对原来在广东境内行销的粤盐收税后放行,由此进入江西南部销售。这一改变反过来也引起了南雄地方收入方式的多样化,南雄官员也借此利好形势在大庾岭路上设立通济镇以取利。在这些收入的支持下,南雄地方有更多的资金用于维修道路、修筑桥梁、建立学校,甚至还可从盐关甚至整个税关提取部分收入来抵补一直以来令南雄地方官和士绅们极为头疼的巨额虚粮。②之后,随着粤东盐业产区的兴起,盐商"到招收场照引几道买盐若干,由海运至南雄,逾岭接卖南商。从西关而下,直抵三姑滩,谓之南盐"③。南盐成为明代中后期销往江西的粤盐的主要来源。到了清中期,六柜制度形成,其中"北柜"即分布在广州府北部、韶州府、南雄直隶州、江西赣州府、南安府湖南桂阳直隶州、郴州直隶州,包括广东北部的乐昌等地与湖南南部、江西南部行销省河盐各埠。北柜在清代"号称畅销,递年可融销别柜悬引"④,成为清代盐税收入的主要来源。嘉庆十年(1805),北柜"陈建业、梁萃和等人复无力,先后顶与该商孔文光,合力办埠"⑤。自此,孔文光经理北柜乐桂埠的局面一直维持到民国时期。

韩江盐贸线。韩江位于广东东部,为省内第二大河流,自广东的潮州等地直达江西内地。韩江盐贸线的兴起,也是伴随着粤东盐业生产的兴盛。当时盐商"到东界等场买盐,听管桥官挈秤上桥,领户部引目,至三河接卖汀商。逾岭过赣州、袁、临等府,瑞金、会昌、石城等七县"⑥。"桥"即广济桥。嘉靖十六年(1537)以后,广东盐政更是在广济桥设置佐贰官,专管潮桥榷盐厂。"广济桥厂"作为榷盐厂,在

---

① 〔明〕刘尧诲:《议疏通韶连盐法疏》,载万历《粤大记》卷三一《政事类·盐法》,见《广东历代方志集成·省部》第 26 册,岭南美术出版社 2006 年版,第 516 页。
② 张素容:《食盐贸易与明清南雄地方社会》,载《盐业史研究》2007 年第 1 期,第 3–13 页。
③ 顺治《潮州府志》卷二《赋役部·盐政考》,见《广东历代方志集成·潮州府部》第 1 册,岭南美术出版社 2007 年版,第 202 页。
④ 〔清〕陈铨衡:《粤醝蠡测编·六柜论》,清光绪刻本,第 29 页。
⑤ 英国外交部档案,F. O. 931/181。
⑥ 顺治《潮州府志》卷二《赋役部·盐政考》,见《广东历代方志集成·潮州府部》第 1 册,岭南美术出版社 2007 年版,第 202 页。

粤东盐业的地位越来越重要。"盖广济桥乃盐船所必经者"①，由此成为掣挚的重要关卡。潮桥在清代更是专设盐政分司，成为与广东省河分立的盐政体系。万历时期，户部主事鹿善继曾指出，"潮商桥饷复二万四千有奇"，盐饷收入不在少数，当时省河的"引行六万，饷逾七万"。②

在粤东盐业兴起和韩江盐贸线发展的同时，宋代以来一直作为粤盐生产中心的珠江三角洲盐场则受到自然环境和盐业生产技术的影响，而开始走下坡路，并在乾隆五十四年（1789）被两广总督下令裁撤盐场。在进入现代社会以前，影响沿海盐业生产社区和人群发生变化的主要因素包括：第一，沿海的海洋环境，尤其是海水的含盐度和近海地区的开发（比如沙田）等的影响。它一方面影响了盐业的生产方式、生产规模和生产质量，另一方面也改变了沿海人群的生计选择。第二，盐业技术的改革。在很长一段时间里，海盐的生产技术并没有太大的改变，这也使得盐场的格局相对稳定。第一次较大的变化是从煎盐法到晒盐法的转变，第二次是现代化技术的引入、公司化生产模式的建立等。技术的改变不仅可以克服上述海洋环境和生产成本的影响，而且还可以从品质上提升市场竞争力。但与此同时，也会影响盐业从业人员的流动（进入或退出）。

在珠江三角洲盐场的衰退过程中，原来从事食盐生产和食盐运输人群的生计陷入了困境。如陈一教称："在灶户则煮海无益，徒坐困于饥寒，在商民则生理无路，而待毙于旦夕"，"载盐之船千艘，若无用而停泊于内河，驾船之夫数万人，皆无靠而流离于外海"。③ 在产盐无利可图的困境之下，盐场人群也开始从盐业生产转向海洋采集和加工，在珠江口，养蚝业和织草业逐渐代替盐业成为主要的产业。与此同时，"驾船之夫"也开始向海外发展。珠江口靠近盐场的虎门，成为外来商船进出广州的必经之道，更经常作为船只停泊和商品交易的场所，盐场某些人群被卷入海外贸易中也是情理之中。此外，明中叶以后，在归德盐场南部的南头逐渐"成为私商贸易的渊薮，形成与广州相配合的运作机制"（即李庆新所称之"南头体制"）。南头成为澳门开埠以前，广州与西方商人进行私商贸易的重要地区之一。④ 近代以来食盐生产与贸易体系的改变，尤其沿海盐业地区从海洋采集转向海上贸易，逐渐通过参与日益繁荣的中西贸易，被纳入世界经济体系。

除此之外，随着近代粤西盐业生产的发展，从海南、粤西经海上而运抵广州省城

---

① 〔明〕杨琠：《请留公项筑堤疏》，载乾隆《潮州府志》卷四〇《艺文上》，见《广东历代方志集成·潮州府部》第4册，岭南美术出版社2007年版，第988页。

② 〔明〕鹿善继：《鹿忠节公集》卷十《粤东盐法议》，见《续修四库全书》第1373册，上海古籍出版社1995年版，第224页。引文中的"粤东"专指广东省。

③ 〔明〕陈一教：《复通盐路疏》，载崇祯《东莞县志》卷六《艺文志》，见《广东历代方志集成·广州府部》第22册，岭南美术出版社2007年版，第270页。

④ 参见李庆新：《明代屯门地区海防与贸易》，见《濒海之地：南海贸易与中外关系史研究》，中华书局2010年版，第202-219页；李庆新：《海外贸易与珠江三角洲经济社会变迁（1550—1640年）》，见叶显恩等主编：《"泛珠三角"与南海贸易》，香港出版社2009年版，第139-173页。

盐仓的食盐运输路线变得繁忙。光绪三十一年（1905），广东盐政招商设立两广盐务有限公司集股承办盐务。该公司在省城设立总局，并电茂、博茂、茂晖、双恩、大洲、硇白、淡水、碧甲、海靖石桥九处分局，"收买场盐运赴省局，转发各商行销"，"每年除原日行销之正余盐一百万包，仍归还运库不计外，其余无论行销若干，核其每包应由盐商缴纳饷杂之数，悉数作为余利"，"六成归官，四成归商"。① 光绪三十三年（1907），南洋侨商胡国廉"招集华股回国兴办实业，设立侨丰公司，开办琼崖各属盐田，晒成盐斤，运至省河销售"，并将所得价银，"提出三分之一缴库，抵补埠商拆引应完饷杂各项"。② 雷州的盐塙承商李福安也"援照侨丰公司成案"，运省盐包，并"将售得盐价亦提三分之一解库，作为饷项"。③ 在非常时期，在外国注册的大型商船也会被广东盐商投入到食盐运销中，从而有效地打通了海南、粤西直通广州的经济航线。如运商王有德雇佣日商"丹拿伊丸"轮船前往三亚场运盐7000包，侨丰公司雇佣英商"律都拿"轮船往三亚场运盐5000包回省城。④

四、粤盐对财政的贡献

盐业生产与运销的管理，其重要意义在于给国家和地方提供税收。广东的盐业，从宋元以来一直都在税收体系中占据重要的位置。

广东濒临南海，海岸线长5211公里（含岛屿），滩涂土质宜产盐的约2万公顷，气候适宜，全年皆可产盐。自汉武帝时期起，朝廷在番禺、高要设盐官，至今已有2000多年。三国时期，孙吴在东莞置司盐都尉，管理海盐产制。历南北朝至唐，广东海盐产区逐步扩大。唐代潮、广、恩、琼、振诸州均设有盐场，宋代以后，制盐业成为广东社会生产的重要部门。⑤

北宋天圣年间，广东东西十三盐场岁煮盐513686石，以给东西二路。庆历间，转运使李敷、王繇请运广州盐于南雄州，以给虔、吉。继三司判官周湛复请运于虔州。嘉祐末年，令广南盐入虔、汀。⑥ 粤盐的销区较以往扩大。与此同时，朝廷还规定了粤盐各盐场的产量和销售区域，东莞靖康等13场，岁煮盐24000余石以给本州即封、康、英、韶、端、潮、连、贺、恩、新、惠、梅、循、南雄，以及西路之昭、桂州，江南之南安军等。⑦

自南宋开始，由于中央政府的南移，大量北方土地和税收的丧失，朝廷将赋税的

---

① 《两广盐务有限公司章程》，载《东方杂志》1904年第1卷第11期，第137－138页。
② 邹琳编：《粤鹾纪实》第五编《征榷》，华泰印制有限公司1922年版，第11页。
③ 邹琳编：《粤鹾纪实》第五编《征榷》，华泰印制有限公司1922年版，第11页。
④ 《据运商王有德禀为承运琼盐请发水程并咨关发给免照由》，载《粤鹾月刊》1919年第20期，第106－107页；《据侨丰公司司理胡子春禀为赓续轮运请领水程并咨关发给免照由》，载《粤鹾月刊》1919年第21期，第98－99页。
⑤ 唐仁粤主编：《中国盐业史·地方编》，人民出版社1997年版，第554－556页。
⑥ 邹琳编：《粤鹾纪实》第一编《总说》，华泰印制有限公司1922年版，第1页。
⑦ 邹琳编：《粤鹾纪实》第一编《总说》，华泰印制有限公司1922年版，第1－2页。

重心转移到了南方。这也促进了朝廷对于盐业的深入治理，并与此同时促进了广东行政区划的进一步建制。食盐专卖作为政府财政收入的重要组成部分，自然受到格外重视。南宋时期，广东盐场增加到 26 处：广州 10 场，潮州 3 场，惠州 3 场，南恩州 3 场，高、雷、化、钦各 2 场。① 南宋绍兴二年（1132），广东产盐各州盐仓所收课利在 48 万贯以上，绍兴末年广东与广西的买纳盐额合计约为 56.27 万石，2813 万余斤，以每斤 47 文折算，计约 132 万贯以上。②

元代广东盐场有 13 处：广州靖康、归德、东莞、黄田、香山、矬峒、双恩 7 场，惠州咸水、淡水、石桥 3 场，潮州隆井、招收、小江 3 场。部分地区已经改煎盐为晒盐，生产力提高较快。③ 朝廷先是依照宋代旧例办课，后逐渐增加。元世祖至元十六年（1279），办盐 621 引；二十二年（1285），岁办 10825 引；二十三年（1286），增为 11725 引。元成宗大德四年（1300），增正余盐引至 21982 引；十年（1306），又增至 30000 引；十一年（1307），增至 35500 引。元武宗至大元年（1308），又增余盐 15000 引。延祐五年（1318），定岁煎 50500 引，同年增为 50552 引。④ 元代"国用所出，盐利居其十之八。惟（后）至元五年，以广海额盐岁有积欠，于一万五千引内减去五千引，以舒民困"⑤。大德《南海志》所载元成宗大德年间广州一路的赋税财政比例⑥显示，食盐盐课的收入对广州地区的财政收入贡献仍然相当高。而在粤东、粤西的田赋、商税等更低的地区，盐课比重更高。在潮州路的盐、酒、茶三大税课之中，盐课占绝对多数，超过 90%。⑦

明清时代，盐税是仅次于田赋的国家财政收入大宗，广东盐税也常常居于全国盐税收入的第二位，仅次于两淮。进入明朝以后，广东盐场增至 29 个，成为全国主要的产盐区之一。洪武年间，广东盐课提举司岁办盐课大引 46800 余引，海北 27000 余引。弘治四年（1491），广东、海北各场盐课改征白银，产盐"听灶户自卖"。⑧ 弘治年间，广东盐课提举司岁办小引盐 93710 引，海北 38966 引。此后，由于盐丁不堪官府压榨，逃亡不断，额引逐步减少。嘉靖年间，广东盐课提举司岁办小引盐 67149 引，海北办大引盐 12782 引；万历年间，广东盐课提举司岁办小引 46820 引，海北提举司岁办小引 12486 引。⑨

清代初期广东盐业基本沿袭明代的格局，由盐课提举司督管盐务，每年行盐 27400 道，征收盐课 141246 两有奇。顺治十二年到康熙十四年（1656—1675），朝廷

---

① 唐仁粤主编：《中国盐业史·地方编》，人民出版社 1997 年版，第 557 页。
② 梁庚尧：《南宋盐榷：食盐产销与政府控制》，东方出版中心 2017 年版，第 299–300 页。
③ 唐仁粤主编：《中国盐业史·地方编》，人民出版社 1997 年版，第 557 页。
④ 《新元史》卷七一《食货志四》，吉林人民出版社 1995 年版，第 1610 页。
⑤ 邹琳编：《粤鹾纪实》第一编《总说》，华泰印制有限公司 1922 年版，第 2 页。
⑥ 大德《南海志》卷六《税赋·盐课》，见《广东历代方志集成·广州府部》第 1 册，岭南美术出版社 2007 年版，第 7–8 页。
⑦ 参见马蓉等点校：《永乐大典方志辑佚》第 4 册，中华书局 2004 年版，第 2616 页。
⑧ 唐仁粤主编：《中国盐业史·地方编》，人民出版社 1997 年版，第 558 页。
⑨ 周琍：《清代广东盐业与地方社会》，华中师范大学 2005 年博士学位论文，第 15 页。

先后五次颁布"禁海令",对广东的沿海盐场造成了比较大的打击。广东除琼州府外,迁移灶丁15147丁,迁弃灶地557530亩,缺征丁银和课银13563两,一方面造成了民间食盐困难,另一方面造成地方财政困难。康熙二十三年(1684)复界以后,广东盐业生产逐渐恢复。乾隆时期,许多盐场改熟为生,产量大大提高。① 到道光元年(1821),广东盐场产盐1628914包(每包150斤),其中生盐1584561包,熟盐仅44351包。②

鸦片战争以后,埠务疲敝,积欠饷款、息价数额甚巨,清政府财政危机加深,国用支细,又大大加重了盐课、盐饷的负担。民国《顺德县志》卷六记载:"总计以上递加饷价,每包共银二两一钱六分九厘,并原额饷银合计,每包成本须洋银二两六钱二分有奇。旧志载每引饷费银五钱七分九厘三毫零,每引行盐二百三十五斤,今以包计,每配盐一百七十斤,照此折算比较,是今日(光绪三十四年)饷费增道光时五倍有奇矣。"③ 光绪年间,为了尽快恢复咸同年间荒废的埠盐,广东改办官运盐业,仅有个别县如海丰、陆丰仍是商办。潮桥于"光绪十五年奏准改章,委员设局官运,平柜、东江、恩平、新春、新阳等埠,亦先后收回官办以资整顿"。宣统三年(1911)实行了"通纲包饷",盐商"孔法徕等统承全纲,组织盐商公所,……认饷五百八十万两"。广东将全省的一切盐税项目汇总为一个数额,由专商包承。清代后期盐业经营的一个新趋向是洋商、侨商开始插手广东盐业。如琼崖各属向无埠商,光绪三十三年(1907),由南洋侨商胡国廉招集华股,设立侨创公司,开辟琼各属盐田,运售省河,接济埠销。④

五、粤盐产运销市场的地方行政特色

历史上,粤盐常常面临的主要问题是自身既是产区又是销区,这种模式严重影响了粤盐的销售市场。据称,"广东地广民稀,盐课无商中纳,军民多食私盐"⑤。传统王朝国家也充分认识到这一点,因此通常不会在产盐地设置官盐销售点。如明清时期最重要的两淮盐场,其产盐基地在江苏沿海,而销售区则以湖南、湖北、江西等地为主。而广东产销格局与之不同,所以长期以来,广东盐政运作的最大问题是如何开拓盐业市场,保障食盐的出售以获得稳定、充足的盐税收入。

传统中国对盐业市场的调节,更多的是通过机构和制度的改革。总体而言,明清时期,广东盐政在维持和拓展市场的政策方面,可以概括为三点,即:运销上从开中法到商纲法的转变;生产上从依靠灶户到倚重商人;治理上从设卡收税到缉私,再到近代稽核制度的建立。

---

① 周琍:《清代广东盐业与地方社会》,华中师范大学2005年博士学位论文,第18-24页。
② 唐仁粤主编:《中国盐业史·地方编》,人民出版社1997年版,第559页。
③ 民国《顺德县志》卷六《经政略二·盐法》,见《广东历代方志集成·广州府部》第18册,岭南美术出版社2007年版,第112页。
④ 周琍:《清代广东盐业与地方社会》,华中师范大学2005年博士学位论文,第18-24页。
⑤ 《明太宗实录》卷二八,永乐二年二月戊子条,中华书局2016年版,第509页。

在开中法之下，明朝官府通过招募商人纳粮开中，在完成边区粮食供应的同时，促成食盐的跨地区运销。这一时期，官府完成粤盐运销所依赖的是不固定的商人。到了天顺年间，在叶盛等官员的主持下，粤盐开始运用抽盐厂制度逐渐渗透到广西、湖南、江西等地区。与此同时，余盐抽银制度开始让更多盐商自主选择收盐、买盐路线，通过市场选择盘活自己的盐业生意。这一制度在正德以后又通过"纳堂"制度得以维持。明清之际的动乱打乱了盐商的致富之道，清初的广东地方政府只能转而采用"里排承充，三年一换"的排商方式，来确保盐课征收，但很快又为"殷实良商""永远充商"①的长商制度所替代，而逐渐走向依赖商人完成盐业运销经营的模式。终于在雍正元年（1723），在两广总督杨琳的主持下，粤盐实行"发帑收盐"。乾隆五十四年（1789），福康安等又将省河的150埠合并为一，官府停止发帑，选举商人10名出资本，设局经营，在扣除课税和成本外，经营利润由公局商人均分。商人成为促进粤盐经销的主要力量，政府退而成为监督机构。

　　在生产方面，从唐宋以来，盐场制度逐渐完善。明代前期，基本形成以灶户户籍管理为基础的，通过盐场官员和地方富户互相配合而进行盐业生产的组织模式。明中期，广东盐场建立起栅甲制度，进一步完善了盐场的税收管理和监督。而官方对灶户的生产监管似乎随着栅甲制度的形成而减弱，栅长成为盐场最重要的角色之一。盐场场课输纳更重要的是依赖于栅长、灶排这些角色，他们可能不仅仅要承担催征场课，"代赈"机制将场课输纳的责任完全包纳给了栅长。而随着明中叶的灶课折银和正德以后盐场管理方式的变化，栅甲制逐渐失效，栅长也因成为一种重役而被避而远之。到清代康熙中后期，栅甲制终于被政府摒弃，开始采用"以商养灶"的方式经营盐场。"广东生、熟各盐场，向系场商自备资本，雇养灶晒各丁，所收盐斤交与场商"，"倘遇阴雨不能收盐，或风潮冲决围垫，亦系场商发银培养、修筑"。② 场商在场收盐，有些盐场还由场商认增场课。到了雍正元年，两广总督杨琳认为盐场"场商无力养灶"，宣布裁撤场商，改为"发帑委官收买场盐"，③ 即由官府发放帑本在盐场收买场盐，再雇船运盐至省河盐仓，转卖给埠商。发帑收盐由此成为清代中后期广东盐场的主要经营方式。需要说明的是，粤盐生产管理的制度调整，只有结合运销策略才能得到更好的理解。

　　除了历史过程中粤盐自身的制度改革外，地方盐政官员还时刻注意运用合法的国家制度以维护粤盐销售市场的秩序稳定。明代中叶叶盛的余盐抽银制度，就是地方政府想方设法开辟新的更为有效的财源的方式。通过抽盐厂，广东地方政府在开中法之后发展出一套既不违背国家制度，又能增加地方军饷收入的新措施。这套措施拓展了

---

① 乾隆《两广盐法志》卷三《奏议一》，见于浩辑：《稀见明清经济史料丛刊》第1辑第35册，国家图书馆出版社2008年版，第249页。
② 《乾隆元年八月户部议准两广总督鄂弥达题为遵旨密议具奏一疏》，载乾隆《两广盐法志》卷四《奏议二》，见于浩辑：《稀见明清经济史料丛刊》第1辑第35册，国家图书馆出版社2008年版，第367－368页。
③ 《清盐法志》卷二一六《两广三·场产门三》，民国九年（1920）盐务处铅印本，第1页。

粤盐的市场，活跃了商人经贸的动力，最终也将盐的利润重新收回地方政府手中，丰裕地方军饷。清中叶，粤盐在湖南、江西南部的"淮粤之争"旷日持久。两淮盐区的官员以引地被粤盐严重侵灌，开始通过朝廷向周边盐区施加压力，但当时的几任两广总督巧妙地运用了国家制度，充分利用"各守疆界、自固藩篱"的观念以及既有的盐区边界，保住了粤盐在这些地区的销售市场。

在历史长河中，经历不同时代的地方人群的努力，粤盐在面对税收危机、市场压力时，总是能够通过制度调适以更好地实现食盐运销目的，从而形成广东独具特色的盐业运销制度运作方式。这种审时度势、因地制宜的制度运作原理，正是粤盐长久不衰的关键所在。

六、盐业现代化进程与粤盐焕发生机

广东盐业从传统的专卖时期走来，到晚清民国终于开启近代化，从此近代化成为广东盐业发展的主旋律。刘佛丁等学者认为民国初年，中国盐政管理在稽核所制度等的推行之下，开启了盐政的近代化——当然，这种变革是在有损中国主权的被动形势下进行的。[①] 甚至有人认为广东是这次改革的先行者。如当时人曾如此评价："民国成立之初，自由制度之实行，以粤为始"[②]；"主张此制（自由贸易）者，实以丁恩氏为最力，倡行此制者，则以两广为最先"[③]。但若回到历史上看，民国时期广东盐务的一系列改革均有其时代局限性。历史也表明，近代的盐务改革最终还是失败了。

粤盐第一次提出"自由贸易"是在辛亥革命广东光复之后，当时广东库银被两广总督张鸣岐席卷潜逃，库空如洗。最初，军政府只能依靠捐款、发行公债及纸币来维持财政开支。在当时诸多税收来源中，唯有盐税尚在广东政府可控范围之内，因此，整顿盐务成为军政府的首要任务。起初，广东仍然继承宣统三年（1911）施行的办法，以盐商公所"统承全纲"。但很快发现，民国成立之后，这些盐商已"不敢续承"。[④] 面对既无大商人认饷包承，自身又财政紧缺的窘境，时任广东盐政公所监督沈颐清提出如下应对之策：除部分盐埠有商人愿意包承仍准其认饷承办外，将中、西、北三柜"开放自由售卖"[⑤]；"凡省河配盐，每包收饷三元，无论何人，缴饷后均准其指定地方领照，运往中、西、北三柜界内，自由售卖"[⑥]。此办法经沈颐清提交省议会议决，并呈请代理广东都督陈炯明批准，于1912年1月1日开始实行。[⑦] 广东地区盐业"开放自由售卖"的政策的提出，其实只是地方政府迫于财政的压力而无奈试行的新办法，其目的在于获取财税。1912年8月11日，香港总督梅含理在致莫

[①] 刘佛丁：《论中国盐务管理的近代化》，载《南开经济研究》1991年第4期，第44—51页。
[②] 蔡光锐：《两广盐政概论》，载《民钟季刊》1936年第2卷第3期，第93页。
[③] 邹琳编：《粤鹾纪实》第一编《总说》，华泰印制有限公司1922年版，第11页。
[④] 邹琳编：《粤鹾纪实》第一编《总说》，华泰印制有限公司1922年版，第6页。
[⑤] 邹琳编：《粤鹾纪实》第一编《总说》，华泰印制有限公司1922年版，第10页。
[⑥] 邹琳编：《粤鹾纪实》第一编《总说》，华泰印制有限公司1922年版，第11页。
[⑦] 邹琳编：《粤鹾纪实》第一编《总说》，华泰印制有限公司1922年版，第11页。

理循的函中曾指出当时广东的形势:"广东形势很不稳定。实际上,政治的号令不出广州城和它的郊区。他们收不到税。"①

1913年,袁世凯聘请英国人丁恩为盐务顾问,开始在中国实行盐务改革。丁恩改革的主要思路是破除中国传统盐业的专商引岸制度,实行就场征税、自由贸易。丁恩对广东盐务的改革,可以归纳为两个方面:一方面,是取消包商制度,推行自由贸易;另一方面,也是其在广东的主要措施,即建立稽核分所的有效运作,包括对税款的有效征收、支配,对盐务官员的任用,全面接管盐运使的职权。但随着1916年袁世凯称帝失败以后,中央政府控制能力的式微和地方军阀势力的兴起,地方又展开对盐税的新一轮争夺,广东盐务改革的成果也逐渐被破坏。丁恩的做法固然是为了维持列强在盐税上的利益,但也由此进行了一场中国盐业自由贸易的改革尝试——尽管改革最终失败了。

在宋子文担任两广盐务稽核所经理时期,其对广东盐务的接管和改革,主要是为了增加当时孙中山革命政府的财政收入,并使得广东得以脱离北京政府的税收控制,并为孙中山革命、北伐的军费来源奠定了基础。宋子文的改革将传统的盐运司体制和丁恩等引入的稽核体制结合起来,完善了盐务体制。而这一体制对南京国民政府成立后,出任财政部长的宋子文所主持的全国盐务改革有着深远的影响。宋子文主持下的财政部同时任命了其在广东主持盐务改革时的得力助手、编有《粤醢纪实》一书的邹琳为盐务署长,由此逐步在全国实现稽核制度的改革,使得中国盐务从传统的运司体制转向西式的稽核体制。但是,这一改革的目的还是在于增加中央财政收入,因此,宋子文并没有完全放弃与垄断盐商的合作,加上日本侵华战争的全面爆发,所以虽然有《新盐法》的颁布,但其执行程度并不理想。

尽管近代以来广东盐务进行了许多改革,但在新中国成立以前,盐务机构虽然一直努力实现向现代化转变,但最终都受限于当时的政局和政权的组织模式,尤其是各地方势力与中央的貌合神离,所以并未能够完全实现盐务的有效管理。

盐务制度现代化的实现和发展完善主要发生在新中国成立后。1950年,政务院发布了《关于盐田收归国有的决定》:"广东沿海滩田零乱,盐业生产大多为一家一户的小规模民营盐滩,大盐田将收归国有后,对有条件较好的盐场实行国家代管,集中生产,并逐步建立起7个地方国营盐场。"至1966年,广东逐渐形成电白、海康、徐闻、榆亚、东方、阳江、莺歌海7个直属国营盐场,其盐产量占全省总量的60%以上。之后受到历史因素的影响,全省盐业生产管理机构变化较大,对生产也有所影响。

1980年,广东省政府决定将省制盐工业公司改为广东省盐业公司和广东省盐务局,一个机构,两个名称,并直接领导下属的7个国营盐场。1983年,省政府又决定将广东省盐业公司(广东省盐务局)单独设置为直属省政府领导的厅级单位,既

---

① 骆惠敏编:《清末民初政情内幕——〈泰晤士报〉驻北京记者、袁世凯政治顾问乔·厄·莫理循书信集》下册,刘桂梁等译,知识出版社1986年版,第17页。

是省管盐业的行政机构，又是产、供、销、人、财、物六统一的经济组织。

1993年，广东省盐业总公司提出在现有基础上向"海矿盐并举、工商业兼营、内外贸结合、跨行业发展"，通过改革提高全行业整体素质和综合能力。盐业生产也实行了两个转变，即从小而分散的粗放型转变为规模化经营，从单纯追求产量转变为注重质量效益。1996年，盐业总公司党组提出盐与非盐收入之比达到1:1的目标，把发展非盐经济作为关系盐业前途的大事来抓。1999年，在广东省第八次党代会所提出的"建设海盐经济强省"目标和全国盐业"以盐为基础，多种经营，全面发展"方针的指导下，省盐业总公司对盐区海域与海水资源开发利用做了全面调整，以加快产品结构调整步伐，促进产业结构优化。至2000年，非盐经济收入919万元，比1999年同期增长61%，全行业实现利税1.09亿元，比1999年同期增长6.8%。

2016年5月，中央发布了《国务院关于印发盐业体制改革方案的通知》，拉开了新一轮盐业改革的序幕。2016年12月30日，广东省政府根据中央文件的精神，发布了广东省盐业改革的纲领性文件《广东省人民政府关于印发广东省盐业体制改革实施方案的通知》。在中央精神和广东省委的指导下，广东省盐业集团提出"三品一优"的战略，在食盐专营体制的架构内，引进社会主义市场机制的灵活性，升级和优化市场资源的配置，形成能够兼顾社会效益和经济效益的现代盐业国企。2016年，全省盐业实现营业收入23.92亿元，同比增长7.4%。其中，盐产品销售收入21.2亿元，同比增长2.9%；非盐商品销售收入2.4亿元，同比增长71.4%。2017年，集团实现营业收入16.15亿元，同比下降32.5%；利润总额2.42亿元，同比下降43.8%；净利润1.52亿元，同比下降51.6%。虽然同比有所下降，但已远远优于2016年底的预期目标。在盐改形势下，国内众多省级盐业公司生产经营均面临重大压力，经济效益大幅下降。对比其他省级盐业公司，广东盐业经济效益处于较好水平。

在2016年以来的新一轮改革中，广东省盐业集团董事长吕永钟所带领的团队聚焦食盐主业，实施"以盐为基，以盐带路，严把盐关，广开盐路"的经营方针和"强品牌、增品种、提品质、优服务"的经营战略。广东省盐业集团通过一系列措施成功度过改革的阵痛期，包括深挖"粤盐"品牌价值，培育出国内第一批获得国家"生态原产地"认证的湛江生态海盐，开发了与盐相关的一系列食品、日用品新产品，改进生产技术和质量管理体系，对传统食盐商业模式进行数字化升级和互联网创新，优化人员队伍、革新管理机制等。2018—2021年，广东省盐业集团年营业收入保持在12亿~13亿元，年利润总额保持在1.6亿~1.9亿元，群众口盐省内市场份额保持在85%以上。广东省盐业集团对食盐主业实施混合所有制改革，目标为将广盐集团股份有限公司打造成粤港澳大湾区唯一、南方最大、全国一流的食盐与食品协同发展的现代化企业集团。

在制度化与市场化的过程中，粤盐已经逐渐成为广东文化的一部分，与盐相关的文化和文化产业在广东有着悠久的历史。如考古人员在深圳大鹏半岛的咸头岭沙丘遗址中，发现了古人留下煮制盐用的陶罐和上下盐仓遗迹。又如惠州的盐洲岛，是古代粤盐的重要生产场所，如今仍然保留着清代盛行的晒盐法作业的盐田。作为粤盐物质文化中社会地位与文化水平较高的盐商，也有不少相关的古建筑、古聚落保存下来。广州越秀区的高第街"拜庭许大夫家庙"，是清代"广州四大盐商"之一的许拜庭家庙。佛山市南海区西樵镇百西村的潘氏家族，是清代著名盐商潘进的家族。粤北梅岭盐商古道、玉水村盐商古道、西京盐商古道等等，都曾承载当年粤盐贸易的繁华，而如今依然是广东文化不可或缺的一部分。

总之，各地虽有多种版本的地区盐业史著作出版，但往往侧重于典章制度、生产技术、盐税和私盐等问题，甚少关注盐业与区域政治、经济的关系，不重视生产者的社会组织演变，也鲜有讨论食盐贸易者的经营方式，缺乏以总体史的视角思考盐业史的维度。而本书的写作团队在以往盐业史著作以政书、正史、文集为主要史料的基础上，大量参考了民间文书、档案等文献，最终呈现出这一部《广东盐业史》。它系统地展示了广东盐业从传统到现代演变的脉络，总结了盐业与广东政区演变的关系，探讨了生产技术变化与盐业地区社会组织变迁之间的内在逻辑，分析了食盐在传统时期以及现代化初期对财政的意义，研究了食盐贸易与市场发展之间的关系，揭示了盐业生产与贸易过程中透过盐业经营所展现的地方行政以及文化特色。因此，我们可以说，一部广东盐业史，不仅仅是广东盐业的发展史，也是广东地区政治、经济与文化的历史，更是国家财政、军事以及地方文化的缩影，还是了解沿海经济繁荣的历史渊源，以及广东之所以成为华南经济重心的重要历史资源。

附录一　近代港澳地区的盐政与盐业状况

香港和澳门地区至晚在宋代就已经被纳入广东盐政体系。历史上,香港地区曾长期设立盐场或盐栅进行食盐生产的管理;澳门则作为香山盐场的一部分,尤其在清代前中期成为香山盐场的主要盐业生产基地。而在乾隆五十四年(1789)的珠江口盐场裁撤中,香港和澳门的盐业机构也相应被撤销。进入近代以后,因为一系列不平等条约而被割让的香港和澳门,逐渐在英国和葡萄牙殖民当局的"自由港"政策主导下,形成有别于广东的另一套盐政制度和市场体系。

第一节　从产地到销地:港澳盐业的前世

香港地区初属东莞县,后属从东莞县析出的新安县,是岭南早期主要的盐业生产基地之一。宋代曾经在此设置多个盐场进行盐业生产的管理,其先后从属于海南栅、官富场、黄田场、东莞场等。后受沿海海洋环境和盐业作业环境变迁的影响,沿海盐场屡经裁并,香港地区逐渐成为东莞场的主要生产区。澳门一直以来都是香山盐场的属地,在清代由于香山盐场的南迁,澳门栅更是在香山场的盐业生产中占据重要地位。乾隆五十四年的珠江口盐场裁撤,也使得这几个地区的官方盐业生产活动暂时被迫停止。

一、宋代大屿山私盐治理与盐场建置

近代以前,香港长期是东莞县的辖地。万历年间,朝廷从东莞县析出部分地区设立新安县,其中也包括现在的香港地区。而在宋明更长的历史中,香港地区一直都是珠江口盐场的重要辖区。

随着南宋朝廷对岭南盐税的重视,作为重要盐产地的珠江口两岸地区也受到朝廷的重点关注。东莞大奚山事件就是这个时期官方禁止私盐的一个体现。成书于南宋中期的《舆地纪胜》记载了此事:

>《南海志》:(大奚山)在东莞县海中,有三十六屿,居民以鱼盐为生。《朝野杂记》云:大奚山者,在广东岛中。庆元三年,提举徐安国捕盐,岛民啸聚为盗劫,万登为首,杀平民百三十余人。[①]

---

① 转引自〔宋〕王象之编著:《舆地纪胜》卷八九《广州·古迹》,赵一生点校,浙江古籍出版社2012年版,第2196页。

大奚山，即今香港大屿山一带。当时大奚山"孤峙海中，去州一潮汐，民煮盐，自业渔采"①，"不事农桑，不隶征徭，以鱼盐为生"②。关于此次事件，《建炎以来朝野杂记》中记载："庆元三年，提举徐安国捕盐，岛民啸聚为盗劫，万登为首，杀平民百三十余人。"据记载，南宋绍兴年间（1131—1162），为了管理远在海中的大奚山岛民，"朝廷招降朱佑等，选其少壮为水军，老弱者放归，立为外寨，差水军使臣一员弹压，官无供亿，但宽鱼盐之禁，谓之腌造盐"③。似乎朝廷通过立为水军和立为外寨两个办法成功招安了大奚山居民，并让外寨居民自由从事鱼盐生产。乾道元年（1165），有广州布衣容寅上书朝廷，言大奚山私盐兴贩之弊，于是宋廷以"大奚山私盐大盛"，"令广东帅臣遵依节次已降指挥，常切督责弹压官并澳长等严行禁约，毋得依前停着逃亡等人贩卖私盐。如有违犯，除犯人依条施行外，仰本司将弹压官并澳长、船主具申尚书省"④。严私盐之禁，是朝廷保障税收的重要举措。宋廷对大奚山贩私的重视正说明了东莞地区的盐税受到了威胁。淳熙十二年（1185）又命令："广东水军统领兼以巡察海道私盐带衔，每考批书，必会盐司有无透漏纵容大奚山私贩事节，方与放行。如有捕获私盐数目，却与依格推赏。"⑤以水军统领兼理稽查私盐，朝廷想通过禁私来节制东莞盐场之心昭然可见。庆元三年（1197），"峻行禁戢"终于引发了岛民的反抗。此次大奚山暴动规模不小，惊动了地方。宋廷出兵，"悉夷灭之"，然后"差摧锋水军三百名往戍"⑥，"列栅山上，分兵戍之"⑦。朝廷直接派遣军队驻扎到岛上，对贩私活动进行实时监管。之后，由于"兵戍孤远，久亦生事"，庆元六年（1200）才"复请减戍卒之半，屯于官富，宋季悉罢"⑧。

　　为方便控制当地，裁并盐场是官府的另一重要措施。隆兴二年（1164）十一月十五日，提举广东茶盐司上言，以广州博劳场、官富场等"各系僻远，所产盐货微薄，所收课利不足以充监官俸给"，请求将其"废罢，拨附邻近盐场所管"，其中东莞之官富场拨附叠福场，"仰逐场通认盐额，催煎、买纳盐货。其监官亦行减罢"⑨。

　　大奚山产盐地，据说在宋神宗元丰以前，已经开始设栅产盐。绍兴末年曾于大奚

---

① 〔宋〕叶适：《叶适集》卷一八《华文阁待制知庐州钱公幕志铭》，中华书局2010年版，第346页。
② 民国《东莞县志》卷三〇《前事略二》，见《广东历代方志集成·广州府部》第25册，岭南美术出版社2007年版，第318页。
③ 天顺《东莞县志》卷一《山川》，见《广东历代方志集成·广州府部》第22册，岭南美术出版社2007年版，第14页。
④ 《宋会要辑稿·食货二八·盐法七》，上海古籍出版社2014年版，第6614页。
⑤ 《宋会要辑稿·食货二八·盐法七》，上海古籍出版社2014年版，第6617页。
⑥ 天顺《东莞县志》卷一《山川》，见《广东历代方志集成·广州府部》第22册，岭南美术出版社2007年版，第14页。
⑦ 〔宋〕叶适：《叶适集》卷一八《华文阁待制知庐州钱公墓志铭》，中华书局2010年版，第346页。
⑧ 天顺《东莞县志》卷一《山川》，见《广东历代方志集成·广州府部》第22册，岭南美术出版社2007年版，第14页。
⑨ 《宋会要辑稿·食货二七·盐法六》，上海古籍出版社2014年版，第6589页。

山西北一带，设立海南盐场。与此同时，在今香港新界一带，北宋时期也曾设立黄田盐栅，后升格为黄田盐场。

除了海南场和黄田场，香港更重要的一个盐场是位于今九龙一带的官富场。据康熙《新安县志》载："盐场在县境内者，旧有四场，曰东莞，曰归德，曰黄田，曰官富。"① 据佛堂门宋咸淳十年（1274）严益彰的摩崖题记，南北佛堂均在官富场管辖范围内，盐场设置盐官，由州管千官充任。官富场在宋代的建置并不稳定，与南宋政府对待大奚山的目的相似，为了更好地控制食盐生产，珠江口的盐场在有宋一代不时发生机构裁并。官富场就一度裁归叠福场管辖。如据《宋会要》记载，隆兴二年十一月十五日，"提举广东茶盐司言：'广州博劳场、官富场，潮州惠来场，南恩州海陵场，各系僻远……欲将四场废罢，拨附邻近盐场所管……官富场拨附叠福场……'从之。"② 也就是说，香港产盐区在宋代的某些时候也被划入叠福盐场的范围。

经历南宋初年的整顿，广东盐场业已形成一定的规模。据《乾道会要》（1165—1173）的记载："广州一十六万一百八十六石三斗四升。静康、大宁、海南场三万三千五百二十八石三斗四升。东莞场三万一千二百四十八石。香山金斗场一万一千五百石。广田场七千石。归德场二万四千九百八十石。叠福场一万五千石。都斛场九千六百石。矬岗场八千五百石。"《乾道会要》所列的珠江口盐场中，涉及香港地区盐业的至少有海南、叠福二场。而"广田场"疑为黄田场之误。当然，海南场和叠福场的大部分地区还是位于今天的东莞市和深圳市境内。

二、东莞场属盐厂：明中叶以降香港盐场的建置变迁

宋代与香港相关的几个盐场，在元明之交逐渐进行了裁并。如海南栅被裁撤，成为东莞盐场的一部分。元至正年间，官富场改设屯门巡检司监管，原有的盐课册籍归入黄田盐场，后屯门巡检司又改为官富巡检司。宋代的叠福盐场，在明代的时候也降格为黄田场的辖区。据天顺《东莞县志》记载："黄田场，在十都，四栅，岁办盐七百三十八引二百二十六斤八两。"叠福栅即为黄田场四栅之一。

黄田盐场在明代嘉靖二十一年（1542）也被裁革并入东莞场。至此，香港地区的盐产地均归入东莞场的管辖。据康熙《东莞县志》记载："东莞场盐课司，管辖七栅半，南头、辛甲、海北上、海南、巷头、市心、海北下、叠福半栅。"即将原来的东莞场四栅和黄田场四栅合并，并将叠福减为半栅。其中，原属东莞场的是南头、辛甲、巷头、市心四栅，而属黄田场的是海北上、海南、海北下、叠福四栅。

据彭全民的考证，黄田场四栅中，海南栅即宋时大奚山的海南场，在今香港大屿山沿海一带。海北上栅，因在海南栅之北而得名，在今香港桂角山沿海一带。海北下栅，在今香港霞渡山沿海一带。唯有叠福栅，即原来的叠福场，在今深圳市大鹏新区

---

① 康熙《新安县志》卷六《田赋志·盐课》，见《广东历代方志集成·广州府部》第 26 册，岭南美术出版社 2007 年版，第 73 页。

② 《宋会要辑稿·食货二七·盐法六》，上海古籍出版社 2014 年版，第 6589 页。

叠福村一带。由此可见，明中叶以后，东莞场的海北上、海南、海北下三栅俱在今香港境内。

清代以后，广东盐场的管理制度逐渐发生变化。由于经济结构和生产关系的变化，明代的盐场组织到清代纷纷崩坏，清代中央政府也并没有明确的制度设计，各地只能因地制宜，寻找合理有效的管理模式。在清初一系列改革措施的促进下，盐灶、盐厰等作为盐场的生产场所，由于和食盐生产直接相关，又便于官府对盐斤产量的掌控，符合官府禁绝私盐的需求，逐渐演变成盐场产量计算的基本单位和盐场管理的基层单位。具体来讲，厂和厰实际上成为盐场除盐署外的主要基层机构。

香港所在的东莞盐场也从原来下辖七栅半变成专管各盐厂。我们从乾隆《两广盐法志》中的"东莞场图"（见图1）可以清晰地了解到，东莞盐场的大部分盐厂位于现今的香港地区，至少包括了九隆厂、横洲厂、屯田厂和大澳厂等。九隆厂在九龙城附近，横洲厂在今元朗区西北，屯田厂靠近屯门，而大澳厂即在大屿山西部。

在刊刻于嘉庆十六年（1811）的青城子撰《亦复如是》一书中，对大澳厂有较为详细的介绍。据该书"大屿山"条记载：

> 大屿山在广东新安县之南，周围大海环绕，内有盐厂，名大澳厂。余尝因公至其地，于厂内停宿。夜静无事，偕司事闲步盐田上，偶以小技激回中水，见金光万道，异之。司事曰："惟盆水有光，淡水则无。"堤外即系淤水，试之果无。因思前奉公至大埔海旁——大埔亦新安地也。——是夜二更渡海，云阴月晴，惟见船头之能如水晶明澈，当忆海中有"阴火"之说，犹以为阴火使然。今见盐田，始知咸水自有光也。①

《亦复如是》明确指出了大澳厂即在大屿山，主管官员为司事，而且从"厂内停宿"可知，"厂"应是一个建筑物，并建于盐田边。乾隆《两广盐法志》也称："督收西乡、鳌湾、屯门等五厂管事四名，每名每月给工食银二两"，"在场羡项内支领"。②《亦复如是》一书作者青城子即宋永志，生于乾隆二十二年（1757），从嘉庆五年（1800）起，先后署任广东香山县分篆之小榄村、番禺县之慕德里，嘉庆八年（1803）又分篆于广东新安县之官富。因此，上述所见应该是嘉庆八年至嘉庆十年的情况。嘉庆十年（1805）秋，宋永志即离开官富。

宋永志还详细描述了当时所见的大澳厂的盐田情形：

> 细阅晒盐之法：傍海平陂处四周筑堤，外防海水快进，内防淡水搀入。堤内有沟洫以通海水。选段作盐田，以海水灌浸。堤内闸启闭，需海水则启，不需则闭。盐田旁逐段作晒田，所谓"池"也，较盐田地稍高。盐田大，池小，皆极

---

① 〔清〕青城子：《亦复如是》，重庆出版社1999年版，第49-50页。
② 乾隆《两广盐法志》卷十九《经费》，见于浩辑：《稀见明清经济史料丛刊》第1辑第37册，国家图书馆出版社2008年版，第552页。

图1 东莞场图（乾隆《两广盐法志》绘图）

平坦；惟池用石子筑成，云非石子不结盐也。盐田中又作一堤，名曰"塥"。塥顶掘一井，深五六尺，名曰"瓮"。漏长约数丈，宽约数尺，高约二三尺，两傍及两头用泥筑固，中垫柴草、粗石，其一头近瓮处则留一窍与瓮暗通。盐田中用铁齿钯，钯松泥土二三分深，以沟洫中海水浸透，俟日光晒干后，将泥刮取铺漏上，仍用海水浇泥。其水浸贯入瓮。此水极咸，名曰"老水"。漏上已浇过之泥仍散于盐田，预备再用。将瓮中老水取入池中，水约六七分深，日色好，一日即结成盐；北风大，一日可结两次；其老水亦可煮盐。司事曰："淡水轻，咸水重。"余曰："何以知之？"曰："每逢天雨，则瓮中老水上面尽属淡水，岂非轻者浮而重者沉乎？"余曰："何以别其为淡水？"曰："以鸡蛋试之。"盖鸡蛋入淡水则沉，入咸水则浮；如上面有一尺淡水，则鸡蛋必沉一尺深。去尽淡水方可晒盐也。余以鸡蛋向淡水、咸水中各试之，果然。①

从这里我们也可以知道，清中叶以后，晒盐法已经普遍在东莞场应用。宋永志的记载也说明了，乾隆以后，东莞盐场并没有停止生产，至少嘉庆年间大澳厂的晒盐作业尚在进行。

清代广东盐的品种有生盐和熟盐之分，生盐又自晒盐得来，而熟盐则是煎盐所得。清代香港所产的食盐均为生盐。按照清代的食盐运销制度，东莞场所产的生盐，除在盐场就地配运外，需要运赴省城省仓等候配送。雍正十二年（1734）六月，两广总督鄂弥达在奏疏中提到"各场递年收买余盐除拨西省运销外，所余盐斤应分别易销各埠情形通融酌拨，或令正引搭配，或拨边海渔埠与易销各埠领销，或拨帑埠搭销，随时斟酌，因地制宜，总期余盐不致壅滞，则帑本便可转输等语"，而且也规定了"所收余盐，内广东广州府属东莞场之大澳、杨公二栅，生盐每包加价共银二钱七分三厘零，……屯门、鳌湾等栅，生盐每包加价共银二钱五分三厘零，……九隆等栅，生盐每包加价共银二钱七厘零"。② 乾隆朝以后，进一步核定东莞场生盐运省，"横洲、屯门、仓前三厂每包羡银四分七厘五毫；大澳、杨公洲二厂每包羡银一分二厘三毫；隆岐、九隆二厂每包羡银四分二厘"。而在场配送盐埠部分，则是"横洲、屯门、仓前三厂每包计不敷银八厘；大澳、杨公洲二厂每包计不敷银四分四厘；隆岐、九隆二厂每包羡银二分三厘八毫"。③

三、香山场澳门栅的盐田开发

宋元至明初，珠江口盐场的食盐产量在广东盐产总量中占据很大的比例。因其靠近省城广州，又有珠江的水路之便，一直为广东重要的食盐出产地和供应地。但明初以来，由于珠江三角洲沙田的开发，沿海地区海水的含盐度逐渐降低。海水含盐度低直接影响到盐场的盐业生产，降低了单位海水的盐业产量。明中叶以后，由于咸淡水分界线的南移，盐业生产的作业区也被迫南移，同样地，盐业管理机构也屡次迁移。最为明显的地区是当时地处珠江口西岸的香山盐场。

香山场属香山县。宋朝时，香山县主要由海上的岛屿和山丘群组成。虽然有珠江带来的泥沙淤积，但成陆速度缓慢，香山县到明初时仍是一个孤岛，《永乐大典》

---

① 〔清〕青城子：《亦复如是》，重庆出版社1999年版，第50页。
② 乾隆《两广盐法志》卷四《奏议二》，见于浩辑：《稀见明清经济史料丛刊》第1辑第35册，国家图书馆出版社2008年版，第357页。
③ 乾隆《两广盐法志》卷十五《价羡》，见于浩辑：《稀见明清经济史料丛刊》第1辑第37册，国家图书馆出版社2008年版，第182–183页。

载:"香山为邑,海中一岛耳,其地最狭,其民最贫。"明嘉靖年间到清康熙年间,香山的水陆发生很大的变化。据称,嘉靖年间,县城石岐之外长洲山、紫马岭、东林山、小榄、黄圃、凤凰山等尚孤悬海中,到康熙年间,"县城石岐以南直至五桂山南、凤凰山以及前山寨一带已全部成陆,原在海中孤悬的岛屿和山丘已由陆地相连,尤其是石岐东南面,已淤积出大量的沙洲"①。

与此同时,香山场出现了无盐可卖的情况,据记载:

> 明初原额引一百四十三道,续增引九道,共行引一百五十二道,正加额引纸价共一百六十七两六钱五分六厘,许商人径赴盐课提举司承纳,另纳水客引饷银两,告给旗票印烙,船只往东莞、归德等处场买盐运回,经县盘验,嗣派发龙章都、大小榄、黄旗都、灯笼洲等处水陆地方散卖。万历末年,灶户因场灶无盐,告承崖口小埠引十五道,续加引五道共行引二十道,正加饷引纸价银场饷共银二十两六分,商人径赴盐课提举司承纳,同大埠事例往别场买盐,运回场内,灶丁挑往沙岗、南蓢、平岚、下围等墟贩卖,办纳丁课,与大埠商盐并行通济。②

由此可见,到了万历末年,香山盐场已经出现盐场无盐的局面,商人买盐需要"往别场买盐",再运回香山盐场,分配灶丁挑卖以办纳丁课。这种局面在经过清初广东的"迁海"和"展界"之后逐渐发生变化。首先是对食盐的县内运销做出调整。据称:

> 顺治初时埠商杨福、梁从兴告承,犹分大小二埠。康熙元年迁折边界,海禁森严,埠商于香山场买盐自此始。康熙六年奉文禁革,灶户谭公试又以排商兼承两埠。康熙八年民户张业兴承顶,始禁灶丁不得挑贩。康熙九年埠引张业兴具呈在县通详准改场引纳饷。康熙十年民户黄汝久、邓履道分承两埠,民户煎盐、民户承贩,灶户只办纳丁课。③

在香山盐场的产盐危机面前,地方政府一方面承继明代往别场买盐的做法,如康熙三十一年,"行盐场引四千二百八十六道一分八厘七毫一丝,赴香山、东莞、归德三场配运官收胬盐每引捆征饷费五钱八分四厘有奇"④;另一方面主要变化在于放弃原来的食盐产区,于香山县南端重新开辟盐田,进行食盐生产。据乾隆《香山县志》载:

---

① 黄健敏:《伶仃洋畔乡村的宗族、信仰与沿海滩涂——中山崖口村的个案研究》,中山大学2010年硕士学位论文,第4页。
② 乾隆《香山县志》卷三《盐法》,见《广东历代方志集成·广州府部》第35册,岭南美术出版社2007年版,第77页。
③ 乾隆《香山县志》卷三《盐法》,见《广东历代方志集成·广州府部》第35册,岭南美术出版社2007年版,第77页。
④ 道光《香山县志》卷三《盐法》,见《广东历代方志集成·广州府部》第35册,岭南美术出版社2007年版,第346页。

自康熙二十三年展复，本邑及南新顺各县里民陆续呈承退筑，共池塮一百六十三口零，例以九亩五分为一塮，递年所产盐斤，供配香山埠额引六千零四十六道一分八厘七毫零，每塮一口，岁输饷银二钱三分一厘一毫零，饷户自备赴县领批，解赴盐法道投纳。①

这则材料提供了三个重要的信息。其一，在原香山盐场沧海变桑田的过程中，香山县以南180里外的黄梁都、高澜、三灶等地区开始"垦筑制盐池"。其二，这些盐池并非原来香山盐场的灶户所开垦的，而是"香山、南海、新安、顺德各县里民"。其三，黄梁都出产的食盐至少已经足够配送香山埠的6000多引。

随着三灶等地盐业生产的发展，为了更好地管理场务，乾隆三年（1736），两广总督鄂弥达奏请添设香山盐场大使，他称："香山场向无大使，历系委员督收，查该场地方灶座甚属零星，必得专员料理方无贻误，应请添设大使一员以专责成。"② 乾隆十三年（1746），经香山场大使沈周详所请，香山场署又从原来恭常都迁到了黄梁都的三灶。③ 之后，三灶盐业迅速成为香山场的主要产盐区。

当时的三灶地区包括今天澳门的大部。而且，根据乾隆《两广盐法志》"香山场图"（见图2）所示，澳门栅是乾隆十三年以后香山场两个盐栅之一，另一个是三灶栅。而且场图也表明了澳门拥有数量不菲的盐田。在乾隆十三年（1746）的盐场建置调整后，澳门成为香山场重要的产盐基地之一。

四、乾隆末年珠江口盐场的裁撤

珠江口的盐业生产在乾隆五十四年（1789）发生了一次重大的制度变化。该年，时任两广总督福康安向皇帝上了一道奏折，请求将丹兜、东莞、香山、归靖等四个盐场裁撤，据《清盐法志》记载：

乾隆五十四年，议准裁撤丹兜、东莞、香山、归靖四场。户部议覆两广总督福康安筹办省河盐务事宜折，言：各场收盐旧有定额，而场产情形今昔不同，其在歉收场栅不过虚报充数，而旺产之场栅遂至私盐泛滥，所有查明歉收之丹兜、东莞、香山、归靖四场，即行裁撤，其裁撤盐额摊入旺场分运配督收，将池塮改为稻田，准令场丁照例承耕升科等语，应如所奏办理。④

根据福康安的说法，裁场是由于"场产情形今昔不同"，"歉收场栅不过虚报充

---

① 乾隆《香山县志》卷三《盐法》，见《广东历代方志集成·广州府部》第35册，岭南美术出版社2007年版，第78页。
② 道光《香山县志》卷三《盐法》，见《广东历代方志集成·广州府部》第35册，岭南美术出版社2007年版，第347页。
③ 道光《香山县志》卷三《盐法》，见《广东历代方志集成·广州府部》第35册，岭南美术出版社2007年版，第347页。
④ 《清盐法志》卷二一四《两广一·场产门一》，民国九年（1920）盐务署铅印本，第2页。

图2 香山场图（乾隆《两广盐法志》绘图）

数"。"歉收"是裁场的主要理由。嘉庆《新安县志》对这次裁场也有较为详细的记载：

> 乾隆五十四年，奉行改埠归纲，其归靖、东莞场俱奉裁撤，饬将盐田池漏拆毁净尽，养淡改作稻田，升科起征银两以补场课，如不敷，归于纲局，羡余缴足。经前县胡□会同东莞县史□查勘，东莞、归靖二场盐田无几，本系沙石之区，咸水泡浸已久，难以养淡改筑稻田；况照斥卤升科，每亩征银四厘六毫四丝，统计征银有限。若以此些微田税割补丁课，多寡悬殊，有名无实，不若全在局羡完纳等由，禀奉各宪。饬佛山同知陈□亲临，确勘情形，实难养淡升科，仍照县议，请将额征场课银两全归局羡完纳在案。①

---

① 嘉庆《新安县志》卷八《经政略一·盐课》，见《广东历代方志集成·广州府部》第26册，岭南美术出版社2007年版，第321—322页。

这段文献提供了歉收的另一种解释,即"东莞、归靖二场盐田无几"。同时它还指出很重要的一点,东莞、归靖二场"本系沙石之区,咸水泡浸已久,难以养淡改筑稻田",这与前文提到的珠江三角洲的成陆,滨海之地悉成稻田显然是矛盾的。嘉庆《新安县志》接着解释道:

> 国朝自康熙五十五年归隶制府,嗣后因埠贾势所不能行者,济以官运,场灶力所不能偿者,贷以帑金,变通裁酌,莫此为良。复于乾隆五十四年饬将课饷归纲局羡余完缴,其优恤盐民,惠为更厚焉。①

这里全然不提盐场歉收,而强调是康熙五十五年(1716)以来解决"埠贾势所不能行","场灶不能偿"解决的结果,是一种"优恤盐民,惠更厚焉"的做法。

若结合沿海的环境变迁和当时的盐政环境,我们就可以理解何以会出现以上对于同一事件的不同表述。其实,乾隆中后期,整个广东盐政已经再度陷入困境。为解决这种种困难,地方官员一直尝试各种各样的解决办法,如康雍时期东莞县的"盐入粮丁"改革。将盐课摊入丁粮其实是试图改变盐引囤积的困境,目的在于使得应征盐课得到完纳。同时,沿海地方"无地非盐,小民就便取食","官引每多壅积",盐引囤积、盐课难完的局面可见一斑。②

盐政的困境,最受困扰的是地方督抚。清代的盐法考成制度迫使兼任盐政的地方督抚要对盐课缺征负主要责任。乾隆三十九年(1774),两广总督李侍尧想出了"捉拿殷户充商填饷"的办法,他在《奏报筹办广东盐务事》折中称:

> 年来一切正余引饷奏销报拨(拨)年清年款,并无遗误。惟是……资本不继者尚不无一二……当届限征,情形拮据,或向殷户通拿,或请总商假贷,在所不免,此种无力之商,通计虽止二十余人,若不及早设法厘剔,则窃恐将贻误国课,并累殷商,有碍盐政。臣查粤东地方素称富庶,各属士民家拥厚赀习于贸易者所在多有,与其姑容无力之流寓,何如召募土著之殷商,……饬州县出示晓谕,两月以来陆续报充,人情欣跃,择其实在身家殷实者,已得李昌彩等二十余人。③

其中最重要的一点是改流商为土商,此前两广盐商多为"流商",即江浙寄寓之人,李侍尧以"粤东地方素称富庶,各属士民家拥厚赀习于贸易者所在多有"为由,"召募土著之殷商"报充。据称,"粤商资本微薄,不特迥两淮可比,即较之两浙、

---

① 嘉庆《新安县志》卷八《经政略一·盐课》,见《广东历代方志集成·广州府部》第26册,岭南美术出版社2007年版,第322页。
② 民国《东莞县志》卷二三《经政略二》,见《广东历代方志集成·广州府部》第24册,岭南美术出版社2007年版,第263页。
③ 乾隆三十九年七月十六日李侍尧奏文,转引自黄国信:《清代乾隆年间两广盐法改埠归纲考论》,见《中国社会经济史研究》1997年第3期,第39-49页。

长芦亦屡不及。商人备本数千金即可认完运盐,迨本银消乏又不久旋即告退"①。由于商力困乏,常有盐商倒革、盐埠无人承盐的现象。乾隆年间,"粤东已革疲商三十余埠"②。资本微薄的广东商人被卷入销引之中,受到的伤害较前"江浙寄寓之人"必然尤甚。

到了乾隆五十三年(1788),两广总督孙士毅再上《筹办省河盐务令众商各出己资通力合作折》,云:

> 截至五十二年冬间奏销为止……实尚未完银六十九万八千六百九十余两……致支发场帑运脚动辄愆期,场丁船户人等在在俱形竭蹙。查粤省发帑收盐,俟运埠行销始完饷课,虽当日立法之初自必因地制宜,而行之日久积成亏帑大弊。其中不肖商人恃有官帑作本,不须自己出资,任意花用,迨欠日重,势不得不将旧商革退,查产监比,另招殷民接办,骤膺埠务,长途远贾,处处生疏,商伙且视为弱肉可啖,资本更易耗费,充商未久,辄已负欠累累,是以竟视盐务为畏途,一闻招顶,百计逃避,非绳之以法不肯认办,即出身承认之人亦不过甘心亏累于盐务,毫无补救计。惟有令众商各出己资,合成一局,俾其利公众均沾,弊亦互相觉察,庶可力挽颓风,振兴盐务。③

这就是后来的"改埠归纲"改革,时人龙廷槐指出,"乾隆五十三年,孙制军以军覆安南,自知卸任在迩,又素属和党,不谐于众,深虑盐库亏空百余万为累,欲照三十九年拿捉殷户充商填饷"④。一语道出了孙士毅的阴谋。孙士毅试图仿照李侍尧的方法来解决欠课问题,地方士绅深知李侍尧"捉拿殷户充商填饷"的后果,自然不肯答应,亦正如龙廷槐所言:"奈人已窥破诈局,抗不肯承。"⑤但孙士毅的继任者福康安经过一番努力,最终还是顺利地促成了"改埠归纲"的实施。

盐场裁撤是"改埠归纲"主要内容的一部分。乾隆五十四年(1789)十一月,福康安上《筹办省河盐务事宜折》,条议改埠归纲章程八款,获得户部的允准而推行。其中一款就是详议裁场事宜,现将该款全文内容抄录如下:

> 场产今昔情形不同,请将原额变通,核定场员考成也。查各场收盐旧有定额,而今昔情形实有不同,其在歉收场栅尚不过虚报充数,而旺产之场栅遂至私

---

① 道光《两广盐法志》卷二〇《转运七》,见于浩辑:《稀见明清经济史料丛刊》第 1 辑第 41 册,国家图书馆出版社 2008 年版,第 733 页。

② 宫中档,孙士毅乾隆五十二年正月二十八日奏。转引自黄国信:《清代两广盐区私盐盛行现象初探》,载《盐业史研究》1995 年第 2 期,第 26 页。

③ 道光《两广盐法志》卷二〇《转运七》,见于浩辑:《稀见明清经济史料丛刊》第 1 辑第 41 册,国家图书馆出版社 2008 年版,第 609 - 611 页。

④ 〔清〕龙廷槐:《敬学轩文集》卷二《初与邱滋畲书》,见杨健主编:《北京师范大学图书馆藏稀见清人别集丛刊》第 12 册,广西师范大学出版社 2007 年版,第 415 页。

⑤ 〔清〕龙廷槐:《敬学轩文集》卷二《初与邱滋畲书》,见杨健主编:《北京师范大学图书馆藏稀见清人别集丛刊》第 12 册,广西师范大学出版社 2007 年版,第 415 页。

盐泛溢，所有查明歉收之白石东、西及茂晖三场，应请将年额量为核减，其丹兜、东莞、香山、归靖四场，即请裁撤，所有量减及裁撤之盐额，均摊入旺产场分运配督收，将池埠改为稻田，准令场丁照例承耕升科，并将裁撤之场员拨令于旺产处所分栅管理，现饬运司转饬各府，再加确查妥议，到日造册咨部查考。至场员向例按额督收，如额外多收一分至三分者，分别记功议叙，缺额三分以下至四分以上者，分别记过斥革。其实缺收一分之官盐即多留一分之私盐，私贩充斥未必不由于此。今商攒盐本较之从前不啻加倍，则场产即使于足额之外犹有余盐，亦不患其收买之不速，而杜私之法与其严处分于沿途不如专责成于本场，且同一责成，与其据本场月报之空文，不如核该商报运之实数。应于设立公局并将场额通盘核定为始，凡场栅额收盐斤，俱已业经配运开行者，方准作为收数入于旬月报之内，每半年由运司会核一次，如实较定额多配盐若干，即予记功奖赏；实较定额少配盐若干，即查照分数参处。庶考成俱归确实，而各场员不敢仍前虚报，致留走私地步。①

材料中，两广总督福康安认为"各场收盐旧有定额，而今昔情形实有不同"，"其在歉收场栅不过虚报充数，而旺产之场栅遂至私盐泛滥"，他提出解决的办法是"所有查明歉收之白石东、西及茂晖三场，应请将年额量为核减，其丹兜、东莞、香山、归靖四场，即请裁撤"。在福康安看来，由于"场产情形今昔不同"，所以应该"将原额变通，核定场员考成"。他所强调的"虚报充数"与"场员考成"与清代盐法有关。

两广总督阮元也曾经说过：

> 夫产盐者场，办课者商，商盐不销，而饷课成绌者，私为之害也。私盐肆行而商埠受充者，场为之漏也。欲场之无漏，必先优恤灶丁，生计足而余盐收，场漏自息。②

要解决场私问题，就必须从盐场本身入手，这个道理大概地方官员都是懂得的，乾隆十九年（1754），两广总督班第就曾上奏称："灶丁，滨海穷民以煎晒为业，当春季夏初雨水过多，煎晒之功倍加劳瘁，应令各该府确查情形，详请酌核加价收买，轸恤穷丁。"③ 类似的抚恤灶户的措施确有不少，却几乎收不到成效，以致虽有严厉的灶丁卖私的处罚条例规定，灶丁仍不惜冒死走私，以致私盐屡禁不止。历史经验表明，通过优恤灶户来解决场私问题是不太可能实现的。

---

① 道光《两广盐法志》卷二〇《转运七》，见于浩辑：《稀见明清经济史料丛刊》第1辑第41册，国家图书馆出版社2008年版，第638—641页。
② 道光《两广盐法志》卷四《六省行盐表》，见于浩辑：《稀见明清经济史料丛刊》第1辑第39册，国家图书馆出版社2008年版，第500页。
③ 道光《两广盐法志》卷十二《价羡二》，见于浩辑：《稀见明清经济史料丛刊》第1辑第40册，国家图书馆出版社2008年版，第667页。

阮元纂修的道光《两广盐法志》提供了一条相当重要的材料：

> 乾隆五十五年设立纲局，局商因东莞、香山、归靖三场逼近省河，防有私盐充斥，且所产盐包多系附近之埠坐场配运，所收场价有亏场美，将此三场及高州府石城县境内之丹兜场一并裁汰，所有应完场课在于纲商局羡缴完。①

至此可知，他们采取了裁撤盐场以杜绝场私的办法来解决这个难题。材料中，阮元明确指出裁场是"局商"的意见，而且原因是"东莞、香山、归靖三场逼近省河，防有私盐充斥"，这样一来，就解决了产盐之地卖盐难的问题，解除了地方官员和商人的担忧。《清盐法志》中也记载道："乾隆五十六年二月覆准东莞、香山、归靖、丹兜四场裁撤应征场课银两俟养淡升课后计税抵补。……而应征前项场课，并据该局商陈元章等吁请，情愿归于局羡缴完以足原额，应请俟东莞等四场养淡升课之后，计税若干割为抵补，如有不敷，归局缴足等语，应如所咨办理。"② 这更加有力地说明了商人参与裁场策划并通过裁场保护自己的利益。

但是，盐场的裁撤并不意味着该地区盐业生产的结束。在裁场之后，局商请求在东莞设埠销引，乾隆五十七年（1792）东莞县民冯元福等却"复请吁停止设埠"，其理由是"滨海地方斥卤成盐，从前该县盐饷奏请摊入民粮征输，免销埠引，未必非顺从民便，今据呈莞邑无地非盐就便民食，相安已久"，"海滨斥卤无地非盐，其获自然之利，着已相安至百余年之久，一旦驱之买盐，既于民情不甚称便"。乾隆五十九年（1794），东莞知县彭人杰刚一上任就继续上书讨论此事，他认为"小民趋利若鹜，不肯弃随地无价之盐反向官店售买，以致官引仍然壅滞"，接着补充："本邑居民百余年来未曾买食官引，谁肯向店买盐，必致坐亏成本，纵欲设店亦无人承开，况查裁场后历今数载，县民无淡食之虞，则额引难销更可概见"。③ 不管是县民还是地方官，都反复强调该地"无地非盐"，邑民不肯买食官盐。这让我们看到，裁场前后情形似乎没有多大变化。

此外，殆至嘉庆二十年（1815），两广总督蒋攸铦在《东莞场盐田改为稻田疏》中提到，东莞场灶户姜京木请将原筑盐塸改筑稻田，其理由是"盐漏咸淡交侵，不能晒煎"④。此时距离东莞场裁撤已有数十年，仍有东莞场名号。而上引文集《亦复如是》也表明嘉庆十年（1805）前后，东莞盐场的大澳场仍然在生产生盐。

到了道光二十二年（1842），在鸦片战争战败的清政府，被迫签订《南京条约》，割让香港岛给英国。1860年的《北京条约》又使清政府割让了九龙半岛界限街以南

---

① 道光《两广盐法志》卷九《引饷五》，见于浩辑：《稀见明清经济史料丛刊》第1辑第40册，国家图书馆出版社2008年版，第375-376页。
② 《清盐法志》卷二三三《两广二十·征榷门八》，民国九年（1920）盐务处铅印本，第5页。
③ 民国《东莞县志》卷二三《经政略二》，见《广东历代方志集成·广州府部》第24册，岭南美术出版社2007年版，第268页。
④ 《清盐法志》卷二三三《两广二十·征榷门八》，民国九年（1920）盐务处铅印本，第6页。

地区。1898年，英国再次强迫清政府签订了《展拓香港界址专条》，强行租借了九龙半岛界限街以北、深圳河以南的地区。通过以上三个条约，原属东莞场的几个产盐区也同时落入英国人手中。清朝盐法素来有禁止洋盐入境的规定，如此一来，香港的盐业就被隔绝在广东的盐业体系之外，在当时的香港内部形成自产自销的市场格局。当然，在晚清民国时期，香港的食盐还不时以私盐的形式流入东莞、广州等内地盐业市场。

第二节　近代港澳盐业运销制度的运作①

1842年前后，由于《南京条约》及后续一系列不平等条约的签订，香港长期处于英国的殖民统治之下。1888年的《中葡友好通商条约》签订之后，被葡萄牙人攫取了对澳门的"永驻管理权"。自此至香港、澳门回归祖国之前，这两个地区的盐业事务和盐业制度基本上也和中国内地脱离，自成系统。但香港、澳门与广东沿海的地理关系，也决定了这两个地区的盐业经济不可能完全脱离与内地的市场联系。其实，近代港澳的盐业运销制度对广东地区也是影响颇大的。

一、鸦片战争后香港的"牌照法"与盐业管理

英国人侵占香港岛后，便开始干预当地的食盐专卖制度。1841年2月1日，占领香港岛的英国殖民当局发布了一条告示，称："凡属华商与中国船舶来港贸易，一律特许免纳任何费用赋税。"6月7日，大英帝国驻华全权钦使兼商务总监查理·义律为推动香港的贸易发展，宣布香港为"自由港"，允许各国商船自由进出香港。②自由港对进出港的商船免税的优惠，开始吸引众多中外商人前往香港经商、开业和投资。③

殖民当局对香港盐业的管理，最早是以招募"盐头"的方式来实现的。据载：

> 大英钦奉全权公使、总理香港地方军务、兼领五港英商贸易事宜德，为晓谕严禁事。照得前于本月十一日出示、招殷实人当盐头之职，在案。兹于七月十九日后，如有人未奉宪牌照，胆敢擅自称盐通商，一经查出，即每次罚银五百大员，决不宽贷。各宜凛遵毋违。特示。④

---

① 本节所引用的近代香港盐业的档案和史料，除特别注明详细出处者外，大多参考叶婉怡：《港英政府的盐业管理与香港的食盐贸易》，中山大学2016年硕士学位论文。
② 张晓辉：《略论近代香港的货币制度》，载《广东史志》2000年第3期，第8—13页。
③ 张彬：《香港税制现状及发展趋势》，载《经济评论》1992年第1期，第58—61页。
④ 卜永坚：《香港早期文书——英国国家档案馆藏F.O.233/185号档案释文》（上），载《田野与文献：华南研究资料中心通讯》2011年第63期，第2页。

该告示表明，殖民当局对于香港盐业的管理是通过招募财力殷实的商人来充当"盐头"一职。被招募之后，似乎当局会发给牌照，因为里面提到，如若没有牌照而进行食盐通商贸易的，"一经查出，即每次罚银五百大员"。"盐头"是怎样一种角色？在另外一则档案中有所说明，据称：

> 立甘结人郭亚安，为蒙宪准当盐头之职。自英国一千八百四十四年九月初一日起，至明年九月初一日止，共纳洋银柒伯［百］大元。现纳洋银三百五十大元，其余限六个月后清交，又邀保主一名，担保银一千大元，以凭交纳七百员［元］之项。至所赴本港之各盐船只，为郭亚安责成，管束各买卖盐客，以便安分，凛遵海防各章程而守持地方律例。设不遵所谕、并不按甘结办行，则当革去盐头之职，又罚担保银一千大员［元］。恐言无凭，缮修此结，即同保主均押名字交英官收执为据。
>
> 甲辰年七月十九日、一千八百四十四年九月初一日亲笔①

1844年9月，一名叫郭亚安的人经过招募成为"盐头"，任期是1844年9月1日到1845年9月1日，刚好是一年。获得"盐头"这一职位，需要交纳洋银700元，其中先行支付一半，剩下的350元在六个月后清交，同时需要保人一名，保人需交纳担保银1000元。"盐头"的职责是对"所赴本港之各盐船只"进行管理，同时，"盐头"还要"管束各买卖盐客，以便安分，凛遵海防各章程而守持地方律例"。一旦出现违法行为，不仅革去盐头职位，还将1000元担保银罚去。显然这主要是一种通过官府对当地的一些贸易权利予以认定，依靠地方人员进行盐业管理的办法。到1844年底，香港立法局于11月15日颁布了《售盐鸦片烟当押业拍卖商营业牌照税条例》，并规定从1844年7月19日开始，在香港贩卖食盐者必须持有牌照。据称："甲辰年十一月十五日，在第二十一条谕内，本大臣督同议官，业经立条谕，以便在香港等处并所属洋面发卖盐、鸦片□荖□槟萎，设立当铺，开夜冷馆，投卖货物等事，又将官宪押名、出牌照、开列规银等由在案。"第二十一条谕即《售盐鸦片烟当押业拍卖商营业牌照税条例》。

1845年，港英当局又颁布了《另订贩盐鸦片烟当押及拍卖营业牌照条例》，即该年第五号条例。该条例的颁布，也同时宣告了《售盐鸦片烟当押业拍卖商营业牌照税条例》的废止，即"承办盐务须要遵依一千八百四十五年所出之例第五则，此则是将一千八百四十四年所出第弌十一则废除削正，以便港内贩卖盐斤、鸦片、莿喳、槟榔、萎叶等物，并给发典当、出授货物等牌照，内纪明饷项，并官衙盖印图章等规"②。

至此，香港受英国殖民统治早期的以"盐头"承包的方式组织食盐贸易的模式

---

① 卜永坚：《香港早期文书——英国国家档案馆藏F. O. 233/185号档案释文》（上），载《田野与文献：华南研究资料中心通讯》2011年第63期，第5页。

② 香港历史档案馆藏档案。

基本确立。1848（道光二十八）年的一则禀文中提到："逢宪台治下开港以来，所有盐头、石厂已经定例归一人办理。"①"盐头"实行每年一次招标。据1945年7月的一份告示称：

> 宪示：现所有包办称盐之务将废，是以于七月三十日午十二点钟时，招人赴巡理署，投卖一年包办称盐之务。以出最高价者得。特示。
> 一千八百四十五年七月初九日、乙巳年六月初五日②

告示中的"将废"二字并非指的是废除该制度，而是前一年"包办称盐"的盐头任期将至，例如前文郭亚安的任期截止时间为1845年9月1日。随后，在该年7月30日，"巡理署派罗先当一年称盐头目之职"③。根据一份呈请承担盐头的禀文所描述的，当时港英当局的目的在于"着令本港殷实商民承办盐头事务，以祈饷项有归，不致奸民漏税"④。具体的操作是每年定期"赴巡理署投卖一年包办称盐之务"⑤，大致以价高者得。中标的"盐头""备足饷项呈缴"后，即由政府"给发牌照"。⑥

罗先从1845年9月开始，连续几年均获得"盐头"的职权，据说其"荷蒙大宪给照，承办阖港盐务，经纪历有多年"⑦。香港历史档案馆所藏的一份1846年6月的保结文献也称："保结得罗先承办香港盐务经纪，壹年纳饷银四千大员。"

1847年，罗先的一份禀文还透露了"盐头"的日常职责运作。据称：

> 具禀盐头罗先，禀为款抗盐务、乞恩追给事。切民等荷蒙大宪给照，承办阖港盐务，经纪历有多年，仍遵旧例，照式征收，毫无过取，往来船户买卖，俱各禀遵，并无违抗。讵料未士添臣载来白盐两船，约计数千。民等向取用钱，欺抗不交，殊属恩不畏法，早经禀请贵差到船查确，现有船主钟竹周知证，似此抗违，饷项奚补？迫得赴禀台前，乞恩追给，俾得课得早完，民得有赖，沾恩切赴。

---

① 卜永坚：《香港早期文书——英国国家档案馆藏F. O. 233/185号档案释文》（下），载《田野与文献：华南研究资料中心通讯》2011年第65期，第50页。

② 卜永坚：《香港早期文书——英国国家档案馆藏F. O. 233/185号档案释文》（上），《田野与文献：华南研究资料中心通讯》2011年第63期，第25页。

③ 卜永坚：《香港早期文书——英国国家档案馆藏F. O. 233/185号档案释文》（上），载《田野与文献：华南研究资料中心通讯》2011年第63期，第27页。

④ 卜永坚：《香港早期文书——英国国家档案馆藏F. O. 233/185号档案释文》（下），载《田野与文献：华南研究资料中心通讯》2011年第65期，第31页。

⑤ 卜永坚：《香港早期文书——英国国家档案馆藏F. O. 233/185号档案释文》（上），载《田野与文献：华南研究资料中心通讯》2011年第63期，第25页。

⑥ 卜永坚：《香港早期文书——英国国家档案馆藏F. O. 233/185号档案释文》（下），载《田野与文献：华南研究资料中心通讯》2011年第65期，第31页。

⑦ 卜永坚：《香港早期文书——英国国家档案馆藏F. O. 233/185号档案释文》（下），载《田野与文献：华南研究资料中心通讯》2011年第65期，第26页。

计开:十月初八日沽盐一载,未交用钱计十千零二十文,今载来盐两船,仍复不交用钱。

一千八百四十七年十二月　日①

据说有两艘来自"未士添臣"的盐船进入港埠,"盐头"罗先便去向其收取用钱,结果对方不给,罗先便将此事禀告港英当局。由此可知,"盐头"实际上是一种包税的形式:先向政府支纳饷银,然后再由盐头对来港售卖的盐船收钱。所以才有"似此抗违,饷项奚补"的说法,一旦来港盐船拒不交钱,那么"盐头"交出去给政府的饷银就无法收补得回来。在此制度之下,对于运销进港的盐船似乎并无其他制度限定,任何人均可运盐来港,只要向"盐头"交钱即可。如1847年香港的一起案件就反映了有一"澳门下环街贸易人"新远记,"雇有西洋华艇第十三号,艇主㗎唎啤,载盐往各埠发卖,向来奉公守法,输纳规银",该船一次运盐可达15万斤。②

1848年的又一则政府告示,说明了这一"投卖"制度一直在实行。据载:

宪示:现在香港全岛所有包办盐,并管石塘等务,均于本月八月初三日即英八月三十一日一齐裁废。如有人欲当此务,自本日起及本月二十一日午时,可以开明出银若干,标封呈进地方经历署问览。若不准该呈标者,则于本月二十四日即英八月二十二日下午一点钟,在巡理署投卖。自本年八月初四日即英九月初一日起,至英明年八月三十一日止,限一年为期,以价高者得之。凡要投买届期赴到巡理署可也。特示。

一千八百四十八年八月初三日、戊申年七月初五日③

1860年年底,港英当局又颁布了《征收商行税费条例》,全面推行"牌照法"。该条例规定凡在香港经商的商人都必须领取牌照,缴交牌照费。食盐实际上被列入一般商品,不再有专门的贩盐牌照,经商人员只要领取牌照,便可贩卖商品,包括食盐。故此时食盐的经营权不再如开埠之初那样集中在少数人的手中。持牌垄断这种局面在19世纪七八十年代已不复出现,最明显的表现就是1876年,有大量贩卖食盐商

---

① 卜永坚:《香港早期文书——英国国家档案馆藏 F.O.233/185号档案释文》(下),载《田野与文献:华南研究资料中心通讯》2011年第65期,第26页。
② 卜永坚:《香港早期文书——英国国家档案馆藏 F.O.233/185号档案释文》(下),载《田野与文献:华南研究资料中心通讯》2011年第65期,第21页。
③ 卜永坚:《香港早期文书——英国国家档案馆藏 F.O.233/185号档案释文》(中),载《田野与文献:华南研究资料中心通讯》2011年第64期,第2-3页。

人在油麻地开业经营,而之前是没有发生过这种情况。① 在香港从事食盐贸易也没有太多的限制,港英当局对食盐的管理不再像内地的专卖制度一样,实行严厉的缉私和处罚办法。据报告称:"钟嵘负贩之流也,鬻盐于道,并未领有牌照为官差拘究审讯得实,判罚银一圆,不能完缴,则系狱作苦工三日。"② 可见,私盐贸易被捕获后的罚银为一元,在无法完缴的情况下,可以通过入狱做苦工三日来代替。对于被列入一般商品的食盐,港英当局在此后基本都是按照一般商业法和营业法来管理,如1880年的《修正商航条例》、1887年的《营业牌照条例》和1896年的《修正牌照条例》,等等。

二、香港的食盐运销制度

盐业生产以及管理也是香港盐业很重要的内容。香港作为东莞盐场的一部分,官方的盐业生产在1789年之后随着东莞盐场的裁撤也基本宣告结束。但事实上,到了1847年,即有港人郑福生"乞批盐程",此人在"红香炉庙下、海墘为路内畔咸湿海地有几十亩",向当局请求"批赐给照,以造盐田,晒盐生理"。③ 根据香港《申报》的报道,直到1939年,香港仍然在进行盐业的生产。据载:"香港是有自己的盐田,每天都有盐出产,还有许多大盐幼盐运往别地推销";"香港的盐田,有的在大屿山下,有的在新界青山,在大屿山下的比在青山的多一点"。④ 根据香港历史档案馆的HKR. S. No. 156档案,直到1948年,也仍有港英当局对大澳地区盐场征税的记录。⑤ 这一部分盐产构成了香港食盐的来源之一。

根据1904年上海《申报》的一则记载,似乎当时香港的食盐甚至可以远销海参崴。据报纸报道:"李家鏊所陈等二十七条,大意谓海参崴附近向不产盐,系由广东香港等处运崴,盐劣价昂,不如东盐质美色白。"⑥ 我们暂且不去深究李家鏊对香港盐"盐劣价昂"的评价是真实的反映,还是带着某种其他的意图,至少它已经充分告诉我们香港食盐的销路。

香港食盐来源除前面提到的大屿山、新界等地的本土出产外,还有从各地输入香港的食盐。由于香港的自由港条件,再加上当时中国内地广东地区的食盐专卖制度对

---

① "Report by the Commissioners" (September 1, 1883), *Report of the Commissioners Appointed by His Excellency W. H. Marsh, C. M. G., The Officer Administering the Government of Hongkong, to Enquire into the Circumstances Attending the Alleged Smuggling from Hongkong into China of Opium and Other Goods, Together with an Appendix Containing Minutes of Evidence Taken before the Commission, Official Correspondence, Returns, &c.* (以下简称 *Smuggling from Hongkong into China of Opium and Other Goods*), Hong Kong: Noronha & Co., 1883, p. 6.
② 《私贩被拘》,载《循环日报》1881年05月11日,第3页"中外新闻"。
③ 卜永坚:《香港早期文书——英国国家档案馆藏 F. O. 233/185 号档案释文》(下),载《田野与文献:华南研究资料中心通讯》2011年第65期,第19页。
④ 《盐田在新界 大屿山下和青山都有盐出产》,载《申报》(香港)1939年5月22日。
⑤ 见香港历史档案馆的 HKR. S. No. 156 档案。
⑥ 《山东巡抚周奏推广海参崴盐务折二十一日》,载《申报》(上海)1904年1月7日。

食盐价格的影响，香港地区的低价盐势必会成为侵入广东地区的私盐来源。据称，从国外输入香港的食盐，一般来自东南亚地区，有越南归仁和西贡、泰国布吉和蒙通。从这些地方输入香港的食盐价格是每元350～400斤，每年输入的数量估计有200万斤。而从中国内地输入香港的食盐，一般来自金门、汕尾和电白。从这些地方输入香港的食盐是每元300斤，它们会在北方缴纳关税，再从香港北部的港口进入九龙关。所有输入香港的食盐都会贮存在油麻地储存盐的仓库里，在香港以每元260斤的价格卖掉，或者再次运出香港，以洋货性质贩卖。在广州，每包从香港输入的盐重量是220斤，每100斤食盐以1.20元的价格出售，每包可以收税12钱。①

直至1911年为止，从中国内地输入香港的食盐一般来自广东省平海、汕尾、大州、细布等地，此外也有来自山东的盐在香港市场流通。除了中国内地的食盐，香港居民也已经习惯使用由越南产的上等盐。② 1911年后，台湾食盐开始进入香港市场，但因为越南盐、中国内地广东盐和山东盐早已占据整个香港市场，以至于晚来的台湾盐销况一直不理想，该年输入香港包括在香港贩卖及透过香港这一中转站输往华南地区及菲律宾的台湾盐只有1002吨。③ 直到1914年6月，香港福明鸿记盐务公司代理人接手台湾盐输往香港的业务后，才扭转局面。④

三、澳门的食盐运销制度

根据1888年中葡两国政府签订的《中葡友好通商条约》，葡萄牙人攫取了对澳门的"永驻管理权"。而这一变化也影响了原来作为广东盐区一部分的澳门的食盐运销制度。1905年的澳门商船运盐案就是因两地制度差异而引发的一场旷日持久的争论。⑤

案件发生于1905年10月，当时，一艘满载食盐的澳门商船由香港驶往澳门。当它即将到达澳门口岸的时候，被广东盐运司的巡船拿获，广东盐运司遂以走私盐为由将该船扣留并押至省城。葡方通过海关总税务司赫德向主持广东盐务的两广总督进行交涉。双方意见久久不能达成一致。

两广总督从清朝的盐法出发，认为"澳门设立盐公司，私贩囤积，四处潜运。此次运澳之盐，确系粤盐，与洋盐质色不同。该船前往各处走私，业经多次，已据船

---

① *Smuggling from Hongkong into China of Opium and Other Goods*, Hong Kong: Noronha & Co., 1883, p. 69.
② [日] 井出季和太：《香港の港势と贸易》，台湾总督府官房调查课1922年版，第63页。
③ 张绣文：《台湾盐业史》，台湾银行经济研究室1955年版，第60-69页。
④ 林敏容：《日据时代台湾盐对香港、澳门的输出》，载《海洋史研究》2014年第6期，第194-209页。
⑤ 案件的详细经过可参见艾群：《晚清时期澳门档案文献探微——析葡国盐船被扣案》，见米健、李丽如主编：《澳门论学：澳门回归一周年纪念文集》第1辑，法律出版社2001年版，第218-240页。

上管事华人供认明确"①。两广总督坚持认为该船所运为私盐。

而赫德和葡方坚持认为："该船由香港经过海面，以赴澳门，系由外国运赴外国之地。"葡国驻华公使阿梅达也在给外务部总理大臣庆亲王奕劻的照会中说："查该船如确系本国盐艘，有本国商旗、护照，并在澳门挂号有案，且有本国船主可为证据。此次系由香港开船，行赴澳门。路经中国洋面，并非运选中国口岸销售。"

两广总督处理此案的依据除了大清律法历来不允许外国人运销食盐之外，还有《中英通商章程》所规定的："凡有违禁货物，如火药、大小弹子炮位、大小鸟枪、并一切军需等类及内地食盐，以上各物概属违禁，不准贩运进出口。"②内地食盐赫然在列。广东盐运司运用清朝禁止私盐贸易的律条，对运经中国海域的食盐实行稽查。而在葡萄牙一方看来，"该船由香港经过海面，以赴澳门，系由外国运赴外国之地，即确有船牌旗帜可凭，按照约章，中国即无扣拿之权"③。

所以，双方的争议就在于，路经中国海域的盐船所要遵循的是哪国的盐法。一直以来，中国对于食盐始终恪守专卖制度，即使在近代签订的一系列不平等条约中，也一再坚持中国政府对食盐运销的控制权。如前述的《中英通商章程》，又如光绪二十年（1894）的《中英续议滇缅条约》规定："食盐不准由缅甸运入中国。"④《中美续议通商行船条例》也规定："盐斤系中国政府专办之事。"⑤

澳门的盐业制度与1845年葡萄牙当局擅自宣布澳门为"自由港"有很大关系。葡方宣称清朝的港口制度妨碍了澳门的贸易优惠条件，因此单方宣布澳门为自由贸易港，向所有国家开放，允许各国商船利用这一港口，并在这一港口停留和经营各种贸易，同时声称任何一国到澳门口岸的所有物品完全免征进口税。⑥随着这一改变，澳门海关关闭，进口税停征。

与此同时，澳葡当局由于面临财政危机，开始以"承充"的模式来运作各种商品贸易，其中也包括食盐。19世纪70年代，澳葡当局逐渐将承充对象扩展到经济、社会等领域，包括猪肉、牛肉、鸦片、盐业等，均以承充的方式进行经营。⑦如1883年8月25日的一则盐业专卖章程声称：

---

① 《外务部为澳门盐船案请电饬领事先与粤督会商办法事复署葡国公使阿梅达照会稿》，见中山市档案馆编：《香山明清档案辑录》，上海古籍出版社2006年版，第587页。
② 《通商章程：海关税则》（1865），见王铁崖编：《中外旧约章汇编》第1册，生活·读书·新知三联书店1957年版，第238页。
③ 转引自《晚清时期澳门档案文献探微——析葡国盐船被扣案》，见米健、李丽如主编：《澳门论学：澳门回归一周年纪念文集》第1辑，法律出版社2001年版，第221页。
④ 《清盐法志》卷九《通例九·杂记门》，民国九年（1920）盐务署铅印本，第2页。
⑤ 《清盐法志》卷九《通例九·杂记门》，民国九年（1920）盐务署铅印本，第3页。
⑥ [英] 马儒翰：《中国贸易指南》，1848年广东中国陈列室印，转引自郭小东主编：《澳门财政研究》，广东经济出版社2002年版，第43－44页。
⑦ 《近代澳门经济发展特征述论——〈澳门宪报〉与澳门经济史研究之一》，见林广志、吕志鹏主编：《卢九家族与华人社会学术研讨会论文集》，澳门民政总署文化康体部2011年版，第255页。

大西洋澳门公物会书记亚宋生奉公物会命。

四、所有带来澳之盐，其应交于承充人规银每百若干，均照合同定章。

五、该承充人不得向带盐入澳之人强定卖盐之价钱。

六、不论何人，可以着人带盐来澳氹仔、过路湾，或到运盐来之船上卖盐为腌鱼，或转卖，但转卖之盐至少须值银十元；如不值十元者，不得转卖。①

澳门的承充制度逐渐规范化。获得承充权的人必须与澳门公物局签订合同，在合同中明确规定当局与承充人的权利与义务。这一时期，很多内地商人也是通过在澳门承充盐业而发家的。如澳门近代著名商人何桂就曾于1873—1877年连续五年承充澳门盐业生意，其后连同其他生意"积财产至百万"。②何桂的儿子何连旺又于1883—1884年以每年缴10900元竞投获得盐业专营权，从事澳门、氹仔、过路湾的卖盐生意。1886—1887年，又以每年缴8530元，再次竞投获得盐业专营权。③

盐业的专营是澳葡当局推行的众多特许经营权中的一种。特许经营权就是一种包税专营专卖制度，即当局将某一产业产品的经营或贸易的总税额与专营或专卖权一并交给包税商，包税商按与政府签订的合同交足税额后，即换取了对该商品或贸易的生产或经营的垄断权。这也构成了一直到20世纪初的澳葡当局的主要财政收入来源。④不过，在澳门当时的包税专营项目中，主要的大宗是洋药专营、赌博专营和彩票专营，鱼、盐等专营尚属较小部分。到1921年，澳葡当局拟定的盐业包税额为"每年缴纳柒万零六百六十六元"⑤。

澳门的"自由港"政策使得当地的盐价也远远低于内地，由此不仅带来盐业的走私，同时也促进了澳门当地渔业的发展。据拱北海关1912—1921年的十年报告称："此间大约有一千八百艘澳门船只从事渔业，船员及在岸上从事相关贸易的男女人员共约四万人。本十年间，从澳门出口的鱼类总值平均每年超过三百万元。"该报告还指出，澳门能够成为中国的第二大产鱼港，主要是因为澳门可以买到价格低廉的进口洋盐，"每担盐价仅售一元，中国官盐每担售价则为三元半"⑥。

与此同时，澳门低廉的盐价也吸引了某些不法商人铤而走险，将澳门的食盐走私到内地以获取暴利。据说近代澳门是广东贸易进口的大本营。从澳门走私商品到江门一带，主要选择从澳门经拱北，过白蕉口、大六沙、睦州、百顷沙，抵达江门一带。由此也形成几个雄霸一方的走私巨头，如广东堂的傅老板，新会河塘的容沃垣，新会外海的陈七、五哥湛，广东堂的老板、中山海州的袁巩，军阀魏邦平的弟弟魏成弟，

---

① 《澳门宪报》1883年8月25日第34号。
② 《镜海丛报》1894年9月26日第10号。
③ 黎细玲编著：《香山人物传略》（一），中国文史出版社2014年版，第538页。
④ 查灿长：《转型、变项与传播：澳门早期现代化研究（鸦片战争至1945年）》，广东人民出版社2006年版，第184页。
⑤ 莫世祥等编译：《近代拱北海关报告汇编》，澳门基金会1998年版，第104页。
⑥ 莫世祥等编译：《近代拱北海关报告汇编》，澳门基金会1998年版，第9596页。

新会天马"大天二"陈成、中山斗门地霸赵沃林等。走私的办法多是利用各种舰艇拖带，经拱北关进口，然后抵达各自的目的地。私盐的销售，则多通过固有的贸易关系，用肩挑或小艇转运的办法分销各地。私盐售价通常比官盐便宜1/3左右，因此销路甚畅，遍及新会、中山、鹤山数县农村乃至城镇。①

在这种盐业制度下，在外国注册的商船具备更多走私的便利条件，因此也才有了本节开头的1905年的澳门商船运盐案。这种利用外国商船走私食盐的做法，自咸丰朝起开始在各口岸出现，外国轮船、商人常常在通商口岸乃至非通商口岸、长江流域私贩盐斤。其走私的手段也各不相同，有的夹带私盐，有的在船上悬挂外国洋旗，并以武力相护。这种情况在广东沿海也并不鲜见。广东沿海各盐场时常会将食盐私贩到香港，再向港英当局取得放行单，然后运到东南亚各地销售，或再由香港转售回内地。②

---

① 连心豪：《清季民初粤港澳走私述略》，见珠海市委宣传部、澳门基金会、华中师范大学主编：《韦卓民与中西方文化交流："第二届珠澳文化论坛"论文集》，社会科学文献出版社2011年版，第253－270页。
② 艾群：《晚清时期澳门档案文献探微——析葡国盐船被扣案》，见米健、李丽如主编：《澳门论学：澳门回归一周年纪念文集》第1辑，法律出版社2001年版，第225页。

附录二 广东盐政大事记

汉 代

元封元年（公元前 110）

汉朝廷在南海、苍梧二郡设盐官，管理盐务。

三国时期

甘露六年（256）

东吴在东莞郡置司盐都尉，管理海盐产制。

唐 代

宝应元年（762）

朝廷设置岭南监院和巡院，主办销盐，兼理场产。

宋 代

雍熙四年（987）

旧潮州有松口等四盐场，岁煮以给本州及梅、循二州，是年废。

天禧元年（1017）

春，诏免潮州各项拖欠盐斤 370 万有余，盖通所属各县予以赦免。

元祐元年（1086）

是年起至元符三年（1100），场官李前组织群众，自澄海程洋岗北畔至神山（冠山），开凿山尾溪 15 里，上通韩江，下至神山会水溪入海，以通运盐斤。

建炎四年（1130）

广南东路首先于部分地区实施钞盐法，其后逐步扩大。

绍兴元年（1131）

朝廷下令重新设置广西茶盐司，绍兴四年（1134）四月罢设。

绍兴五年（1135）

正月七日，朝廷诏高州创置博茂盐场。

绍兴八年（1138）

两广盐以十分为率，二分产盐州县零售，八分行钞法。其后变革甚多，广东行钞法，广西行官般（官专卖）。

绍兴九年（1139）

罢广东官卖，行客钞法。

绍兴二十六年（1156）

二月二十二日，朝廷委派左朝奉郎林一飞责监高州盐税。

乾道元年（1165）至四年（1168）

将广西盐司并入东路；淳熙十年（1183）两路提举盐事官共同措置盐务。

淳熙十年（1183）

并广东、广西盐事为一司。

淳熙十三年（1186）

广南东西路盐事司合并，设一提举官，称"都提举广南事"。是年，广南东路盐场有：广州九，潮、惠州各三，南恩州二；广南西路有：廉州一，高、钦、雷、化州各二。

元　代

至元十三年（1276）

初立广海盐课提举司，办盐 24000 引。

至元十六年（1279）

广东盐课提举司隶属于江西盐铁茶都转运司。

至元二十二年（1285）

分江西盐隶广东宣慰司，岁办 10825 引。

至元二十三年（1286）

并广东盐司及市舶提举司为广东盐课市舶提举司，每岁办11725引。

至元三十年（1293）

又立广西石康盐课提举司。

大德四年（1300）

改设广东盐课提举司。

延祐二年（1315）

正余盐为50165引。

元统三年（1335）

广东提举司所办余盐，量减5000引。

明　代

洪武二年（1369）

置广东、海北盐课提举司。

洪武二十五年（1392）以后

再次正式设置盐场盐课司大使管理盐场。

洪武二十六年（1393）

《诸司职掌》称：广东盐课提举司，岁"办盐四万六千八百五十五引一百斤零"。

建文元年（1399）

二月，改广东盐课提举司为广东都转运盐运使司，海北盐课提举司为海北分司，永乐初年规复洪武旧制。

景泰五年（1454）

广西按察司副使甘泽"奉命巡两广并湖广衡州府盐"。

景泰七年（1456）

令广西按察司各道分巡官兼催督各该盐课司盐课。

天顺年间（1457—1464）

广东郡县以广济桥为盐船所必经，始榷取盐税，每岁所入解制府以助军饷。

弘治六年（1493）

添设广东按察司佥事一员专理盐法。

正德二年（1507）

江西赣州、南安、吉安改行广东盐。

正德四年（1509）

潮盐行销南雄、赣州等地，广商自招收场买盐，由海运转卖南商，运汀、赣系由桥商自东界等场买盐，至广济桥领户部引目，运三河接卖汀商，转瑞金、会昌、石城等七县。

正德十六年（1521）

命巡按广东御史兼管盐法，赐之敕。

嘉靖元年（1522）

设屯田盐法道于郡西武安街。

嘉靖十八年（1539）

东里环居海滨，地皆斥卤，人专晒曝，每挑载盐斤于乡村埠头贩卖，银两以赡家、完课。广济桥盐税通判罗士实听信豪商专利，将产盐之地一概禁阻，不许私卖，民不聊生，于是知县罗胤凯毅然请当道弛其禁以便民。

嘉靖三十一年（1552）

改令巡按御史兼理盐法。

隆庆四年（1570）

从广东抚按官议，裁革屯盐佥事，并其事于清军副使。

万历十四年（1586）

潮盐外销滞塞。自嘉靖四十五年（1566）广商侵卖过界，潮盐乃销路塞，隆庆二年（1568），重开销路；万历十一年（1583）复塞，饷增路塞至是年尚有积饷在库1.5万两而未上盐，影响商户之经营。

万历二十五年（1597）

裁海北提举司，电白盐务归高州府海防同知兼理。

万历四十五年（1617）

官不收盐，实行商专卖制。

清 代

顺治四年（1647）

顺治帝颁"恩诏"，规定"本省盐课，照万历四十八年旧额，按引如数征解，其天启、崇祯年间加派，尽行蠲免"。

顺治六年（1649）

尚可喜率清军进入广东，次年，广东大体平定。尚可喜随即留镇广州，受封为平南王，占据广东，开始了其在广东握有权柄的时期。

康熙元年（1662）

由于清王朝发觉王商在广东盐政中危害太大，遂改行"排商"之法。

是年，清廷为封锁台湾郑成功抗清武装，推行"迁海"政策，强迫沿海居民内迁50里。翌年五月、八月，又派大臣到电白县督迁，电白盐业生产陷于瘫痪。

康熙七年（1668）

广东巡抚王来任病危时遗疏奏请裁粤东兵，苏民困，复迁界，弛其禁，招来迁民复耕、晒盐。

康熙九年（1670）

丘辉在招收开埠置市，渔盐民往做买卖，但盐运广济桥，须丘签发证件，否则不能出港。

康熙二十一年（1682）

正月，李士桢到任广东巡抚；同年，康熙帝平定"三藩之乱"。李士桢将盐饷派诸田亩。

康熙二十七年（1686）

四月二十五日，朱弘祚抵达广州接任广东巡抚，八月遂上书请整顿广东盐法，在东莞等地实行减引。

康熙三十年（1691）

沙拜任巡盐御史驻广东，设置盐院，掌管盐政，主持了改排商为长商、革除水客等改革。

康熙三十二年（1693）

广东执行清廷大引改小引，原核定之每引行盐14包，每包150斤，每引加盐

262.5 斤，征加斤银每引 1.05 两，并且 1 引改为 10 引。

康熙三十四年（1695）

改广东驿盐道为盐运使司，改广东盐课提举为潮州运司，并设广惠分司。

康熙三十七年（1698）

广东盐场采取以商养灶的方式经营盐场。"广东生、熟各盐场，向系场商自备资本，雇养灶晒各丁，所收盐斤交与场商。"

康熙四十五年（1706）

广东巡抚范时崇上疏直陈两淮盐法积弊，提议发帑收盐。

康熙四十六年（1707）

清廷命由广东巡抚兼理盐课，开始削弱巡盐御史（盐政）的权限。

康熙四十八年（1709）

户部提议"收回帑本，另募场商"。

康熙五十六年（1717）

巡盐御史的常保（又写作昌保）以盐课积欠太多，将积欠 91 万余两归结于"场商无力养灶，不能收盐，埠商无盐可运，不能完饷"，再次题请在广东实行发帑收盐，称"动帑银六万两收买灶盐"。同时还题请了"土商外商并用"。

康熙五十九年（1720）

常保以"臣力不能任，请将臣撤回，交督抚管理"为由，被允准调回，"将两广盐务，并新旧钱粮，交与广东广西总督杨琳专理"。

雍正元年（1723）

杨琳关于继续发帑收盐、裁撤场商的建议，得到朝廷的允许。自此，广东"裁撤场商，发帑委员收买场盐"。

雍正二年（1724）

二月二日谕旨：盐法"或用钦差专辖，或令督抚兼理"，两广总督所带"兼理盐法"职衔成为定例。

乾隆五十四年（1789）

两广总督孙士毅向户部奏称："不肖商人，恃有官帑作本，不须自出己资，任意花用，追负欠日重……"于是奏请"改埠归纲"。

乾隆五十五年（1790）

广东正式设立纲局，两广食盐运销自始"改埠归纲"。

嘉庆十七年（1812）

户部清查盐务，两广总督蒋攸铦以局商经理不善为理由，裁去局商，改盐商公局为盐务公所，称为"改纲归所"。

嘉庆二十四年（1819）

两广总督阮元奏准潮桥 29 埠盐价，每斤增价银 7 厘 5 毫。

道光二十一年（1841）

韩江水涨，广济桥东面桥溃 9 座，嘉应、平远、镇平盐商及潮桥海运盐户捐资修建 5 墩。

光绪十三年（1887）

奏准由潮州府知府朱丙寿兼署潮州盐运分司运同，办理潮桥之盐务。

光绪十五年（1889）

潮桥拨运本 6 万两，设局委员试办官运，大河 9 埠由局赴场收盐回桥，分拆各埠销售，为官运官销；小河 12 埠亦局运局销，内有批商承办。

光绪三十一年（1905）

东、平、南三柜及中柜沿海各埠复经收回官办。

宣统二年（1910）

潮桥实行"通纲包饷"，即由商包饷。将官办各埠改由运商组织盐商公所，认饷承办盐的营运。

是年，奏设两广盐政公所，仿税差例设置正副监督。

宣统三年（1911）

全省由商认饷 580 万两。两广引地全为包商制，商收、商运、商销。

中华民国

民国元年（1912）

5 月，广东执行全国统一税率，每司码秤一担，征收 1.5 元。

6 月，每担盐税增至 2 元。后又执行财政部颁布盐税条例 13 条，每百斤税率 2.5 元及以 16 两 8 钱的司码秤为课税衡量。各商配盐一向准先盐后税，10 月 1 日起须先缴税领取放盐准单后始能配盐。

是年，广东设盐务稽核分所，以华洋助理领之。

民国四年（1915）

广东政府不承认北京政府对广东盐务的管理权，裁撤盐务稽核分所。

民国五年（1916）

两广盐运署与稽核分所合并为盐务总处，潮桥、平南改为支处，广西仍旧。

民国七年（1918）

3月2日，广东执行财政部公布盐税修正条例，每斤税率为3元。对耗斤做出新规定：每斤以16两为正盐，其余8钱为耗盐。

10月，因广东督军莫荣新宣布撤销惠潮梅督办署，援闽粤将领邓铿等陈词，指出撤惠潮梅督办、取消矿捐以及军政府提取盐款，将使援闽粤军饷源立断，要求莫荣新收回成命。

民国八年（1919）

盐务总署裁撤，两广盐运使在潮桥支处仍设潮桥运副，直辖于财政部；平南支处改为平南盐务总局，归两广运使直辖，同时恢复稽核机关，掌税收放盐。

民国十一年（1922）

1月，孙中山派宋子文充任两广盐务经理，开始收回广东盐税征收权。

5月，广州盐业工人1000多人因要求增加工资，举行罢工。后遭省长伍廷芳的压迫而失败，工会被迫解散。

民国十二年（1923）

大本营派员收管广东稽核分所，改称两广稽核所。

民国十三年（1924）

4月25日，孙中山委派张民达兼理盐务缉私主任。

是年，潮桥继琼崖招商承包之后，将自由贩运改包商制，开始包商承办。

民国十四年（1925）

3月下旬，东征军右路军占领汕头，接管当地盐政，另委盐务稽核员，有关各国领事提出"抗议"，稽核所所长唐之省前往接管工作，被原任外籍所长卢列所拒绝。

宋子文任广东商务厅长，两广盐务稽核经理，开始整顿盐政。

民国十五年（1926）

两广盐务使署及两广稽核分所裁并改组为盐务总处，设正副处长。

民国十八年（1929）

广东盐务总处改为两广盐运使。

复置运署稽核机构，行政与收税分任制复旧，各场恢复秤放。

民国二十二年（1933）

陈维周任第一集团军总部少将总务处长，两广盐运使。陈维周称泰利公司已经容纳了原有上河盐商（赴湖南卖盐部分）的80%，最终得到财政部允许试办包销粤北湖南食盐，泰利公司垄断粤盐销湘。

民国二十三年（1934）

包商期满，不复续招新商，改行自由贩运。

民国二十五年（1936）

秋，稽核分所与盐运使合并成立两广盐务管理局。所属20个盐场合并为8个盐场公署，其下设分场与盐务所，恢复一元制管理体制。

民国二十六年（1937）

4月，中央财政部内设盐政司，另设盐务总局。广东成立管理局，置正局长及聘任洋员为副局长，掌管产、运、销、税、缉查五要政。

民国二十七年（1938）

10月，广州沦陷，两广盐务局迁至遂溪县麻章。

东区办事处取道香港搬至龙川。

裁撤博茂场，归并入电茂场，改称电博场，成立电博场署，署址设在梅菉。

是年，广东省政府在南雄成立汕韶督运专员办事处抢运官盐及战备物资。年底，东区办事处并入，改组为粤东盐务管理局，辖东区各场及粤北、东江销区。

是年，两广盐务管理局改为粤西盐务管理局，办公地点设在桂林，辖南路各场及西江、广西销地。由此，粤盐一分为二。

民国二十八年（1939）

汕头沦陷，潮桥场署迁往梅县松口。惠来、陆丰场划出成立陆惠场。

民国二十九年（1940）

3月，惠州运输处与蔡隆运输站合并改组为惠阳官运处。

秋，取消专卖制及引岸分区限制。

民国三十年（1941）

3月，日本侵略军在电白水东港一带登陆。骚扰七天，电博盐场遭受严重破坏。

3、4月，日军第二次入侵惠州，惠阳盐场公署及官运处先撤至横沥，后迁河源。

7月，惠阳官运处在河源办理结束，移交给惠阳盐场公署。

民国三十一年（1942）

广东执行中央颁布《盐专卖条例》，实行民制、官收、官运、官销。潮桥等场因战时官资不足，实施民制、官收、商运、商销。

民国三十二年（1943）

10月，广东执行财政部开征食盐战时附税，每担30元，公益费2元，管理费20元；渔农工业用盐除征管理费外，其他免征；陆上成鱼店依法不得请购渔盐，苦卤免征。

是年，全省产盐692万担，创历史最高纪录。

民国三十三年（1944）

7月，盐警队归还盐务机关管辖，成立闽、粤、湘、赣盐务督运处，蒋经国兼任督运专员。两广局设场警管理处。本年度起，实行贷款官收，场盐归坨管制。

民国三十四年（1945）

1月起，广东执行中央颁布的食盐战时附税由每担300元增至1000元，3月增至6000元，各种专款征率：偿本费由每担14元增至25元；管理费每担50元增至150元，4月增至300元。

4月，食盐税由每担2295元增至7295元。

8月，粤东盐务局派员至广州成立分局，接收广东盐务管理处，随后迁回广州。

9月，财政部核定广东收复区盐税每担2443元。

民国三十五年（1946）

2月，广东执行行政院通过盐政纲领，以民制、民运、民销为原则，由政府管理。执行中央对全国各工厂所需工业盐及盐副产品统由本年10月1日起至民国三十八年底一律免税供应的规定。

是年，粤东盐务局改组为两广盐务管理局，将粤西盐务局所辖双恩、电博、乌石、白石、三亚、茂晖6场及肇庆、都城两支所划归两广局，裁撤粤西局，设广西盐务分局，隶两广局。

中华人民共和国

1949年

10月23日，广东省军事管制委员会派军事代表接管旧两广盐务局，成立广东省人民政府盐务局，任命唐民为局长。

12月12日，华南盐业公司成立，分管盐业运销。

1950 年

1月，政务院发布《中央关于全国盐务工作的决定》文件，广东省执行该规定，盐税由各级盐务机关征解、管理。

4月，两广盐务管理局成立，受盐务总局及华南财委双重领导，负责广东、广西两省盐业生产管理、产品收购及分配、盐税征收和查缉私盐等工作。

8月，国家实行对盐场产盐统一收购。

1951 年

两广盐务局在汕头、粤西等产盐区核价公收全部的盐田，进而控制了全部盐源，有计划地全面实行场盐核价公收配销。

1953 年

10月16日，实行产销合并。从新中国成立初期的产销分管（生产和分配由两广盐务管理局管理，销售由华南盐业公司管理）改变为两广盐务管理局统一管理盐的产销（广东省盐业公司并入两广盐务管理局）。

是年，两广盐务管理局成立工作队，分赴各盐区进行盐田征收、没收。所有征收没收盐田，统一由盐务机关代管，无偿交给当地盐工、盐民使用。

1955 年

1月1日，广东省地方国营榆亚、昌感盐场成立。

1956 年

1月1日，乌石、电白两个省属地方国营盐场成立。

11月，两广盐务管理局取消，分别成立广东省盐务局和广西省（后成立壮族自治区）盐务局。

1957 年

广东省盐务局成为广东省食品工业厅（后为广东省轻工业厅）下属的一个处级单位，由全能机构改为职能机构，只管理盐的生产管理、技术指导、基建工作。

1958 年

1月1日，根据广东省人民委员会《关于改进盐业运销体制方案》，全省各地盐业运销的职能移交给各地商业部门领导。

6月19日，广东执行财政部、轻工业部联合发文，决定从7月1日起，盐税的稽征移交给税务部门管理。

7月，广东省化学工业厅（以下简称"广东省化工厅"）成立，盐业亦归其管理。

1959 年

1 月，广东省化工厅下成立制盐工业局，主要负责对盐的归口管理、生产技术指导、产品分配调拨及组织干线运输等工作。

1960 年

广东省盐的分配调拨计划由国家计委核定下达。

1961 年

1 月 1 日，广东省委决定回收电白、乌石、榆亚、东方四个盐场，由广东省化工厅直接管理，成为直属企业。

6 月 1 日，乌石盐场分成海康、徐闻两个盐场。

1962 年

7 月 1 日，恢复盐业系统产销合一的管理体制，把 1958 年下放到各地区的一级产销机构收回广东省化工厅领导。

1964 年

国家经委令中国盐业公司试办盐业托拉斯，该年盐务从广东省化工厅独立，恢复广东省盐务局，同时成立中国盐业公司广东省公司，两个单位合署办公，主管省盐业的生产和运销。

1965 年

6 月 10 日，广东省人民委员会办公厅批复《广东省盐业专款收支管理暂行办法》。

8 月 1 日，合浦专区划归广西，合浦、北海、钦县、东兴四个县市的盐业划给广西盐业部门领导。

1966 年

1 月 1 日，阳江县的沙扒、双鱼、溪头盐场收归省管，广东省地方国营阳江盐场成立。

1967 年

各地盐业管理机构再度下放地方管理。盐业运销业务并入当地商业部门。

1968 年

9 月，广东省盐务局革命委员会成立。1969 年 9 月裁撤。

1969 年

9 月，广东省盐务局并入省轻化公司，在省轻化公司生产组下设第三办公室管理盐业生产。后勤组下设盐业运销总站，管理盐业运销业务。

1973 年

3月2日，省轻工局成立广东省制盐工业公司，并成立各地区盐务局、盐业公司，盐业重归省盐业部门直接管理。

1980 年

1月，广东省轻工局下成立广东省盐业公司、广东省盐务局。

7月1日，将1976年下放到地区和自治州的榆亚、东方、徐闻、海康、电白、阳江等盐场收归广东省盐业公司直接管理。

1981 年

4月，广东省人民政府批准在广东省盐业公司下成立广东省盐业进出口公司。

11月，在深圳经济特区成立深圳盐业公司，管理关闸以内的盐业运销和盐政。

1983 年

1月，广东省盐业公司（广东省盐务局）从广东省第一轻工业厅分出，成为直属广东省人民政府的厅级单位，对广东省盐的产供销和内外贸进行统一管理，既是管理盐业的行政机构，又是负责产供销资源调配的经济组织。

5月，在中山成立中山盐业公司。

是年，广州精盐厂建成，生产能力年产精盐2万吨，验收后投产，当年产精盐9016吨，1985年产14400吨。

1985 年

3月22日，广东省盐业资源开发公司成立。

4月，广东省盐业工会工作委员会成立。全省各地盐业工会以地方总工会领导为主，广东省盐业工会工作委员会对他们进行业务指导。

4月，在珠海经济特区成立珠海盐业公司，由广东省盐业公司直接领导，在珠海挂靠市财政办公室。

5月，在肇庆地区成立肇庆盐业公司，在清远市成立清远盐业公司。

1987 年

1月1日，广东省人民政府实行盐业减税提价。盐税调整由1987年1月1日起实行。

4月11日，广东省盐业公司（盐务局）同意湛江盐业公司（盐务局）改为粤西盐业公司（盐务局）。

1988 年

4月30日，广东省盐业运销公司党委成立。

1989 年

3月25日，广东省盐业运销公司进行机构改革。

4月1日，广东省盐业运销公司、广州盐业公司成立。

11月6日，广东省政府办公厅印发《关于省盐业公司等12家省属公司实行政企分开的通知》，原则同意省清理整顿公司领导小组关于省盐业公司等12家省属公司实行政企分开的意见，保留省盐业公司等5个单位的行政管理权，撤销经营权，公司名称暂不改变，不发营业执照，原有的经营业务下放给所属企业经营。

11月8日，国家物价局、轻工业部决定从1989年11月25日起提高盐的价格。

1991 年

5月10日，广东省盐业公司成立党委办公室（处级建制），成立开发办公室，与广东省盐业资源公司一套人马、两个牌子。

8月26日，广东省人民政府以粤办〔1991〕54号文确定全省各级盐业行政主管部门。

1992 年

7月2日，广东省政府同意广东省盐业公司更名为"广东省盐业总公司"。

1993 年

1月12日，广东省盐业运销（企业）集团公司成立。

2月，在全省盐业会议上，提出《广东省盐业综合改革方案》，并组织全面实施。

2月12日，广东省盐业资源开发公司更名为"广东省盐业开发总公司"。

3月31日，广东省盐业物资公司升格（副处级）。

3月，组建广东省矿盐公司。广东已探明具有开采价值的盐矿有：广州龙归盐矿、三水盐矿和东莞中堂盐矿。

4月15日，广东省盐业总公司（广东省盐务局）重新设置机构。

4月30日，广东省盐业科技开发公司成立。

6月28日，广东省盐业房地产开发总公司成立。

7月24日，各市盐务局属下分公司统一增挂盐务分局牌子。

1994 年

5月25日，广东省委、省政府公布《广东省省级党政机构改革方案》和《广东省省级党政机构改革方案实施意见》，提出"撤销盐务局"；同时"考虑盐业管理的特殊性，赋予盐业总公司食盐专营权和相应的管理职能"。

7月，广东省盐业总公司制定《广东省盐业加强内部管理暂行规定》。

12月16日，广东省人民政府同意广东省盐业总公司增挂"广东省食盐专卖局"牌子。各地盐业公司相继挂起了"食盐专卖局"牌子。

12月27日，任命郑睦鑫为广东省盐业总公司（食盐专卖局）总经理（局长）。

1997年

6月19日，广东省人民政府发布第18号令，《广东省食盐专营管理实施细则》从8月1日起施行。

9月24日，广东执行中国轻工总会盐业管理办公室、中国盐业总公司颁布《关于加强多品种食盐管理的若干规定》。

1998年

2月17日，广东省人民政府发布第33号令提出"关于修改《广东省盐业管理实施办法》的决定"。

6月15日，把广东省盐业进出口公司、广东省盐业开发总公司、广东省盐业包装公司、广东省盐业物资公司、广东省盐业银海房地产开发公司并入广东省盐业运销（企业）集团公司。

7月14日，广东省盐业开发总公司、广东省盐业物资公司和广东省盐业包装材料供应公司撤销。

11月23日，广东省制盐工业设计研究所、广东省盐业成人中专学校以及广东省盐化机械总公司划归广东省粤西盐业总公司管理，组建广东省粤西盐业集团；广东省盐业成人中专学校与广东省制盐工业设计研究所合并，实行"两块牌子，一套人马"；新成立广东省粤西盐业资源开发公司、广东省粤西盐业集团公司财务结算中心，均为副处级单位。

12月9日，广东省食盐专卖局决定对跨行政区域供应的销区从1999年1月1日起进行调整。

1999年

7月14日，广东省盐业科技开发公司撤销。

11月27日，广东省第九届人大常委会第十三次会议通过《广东省盐业管理条例》，自2000年1月1日实施。

2000年

4月7日，广东省盐业总公司本部实行"三项制度"（内设机构、人事制度和分配机制）改革。

7月17日，广东省盐业总公司布置在全行业开展"三项制度"改革。通过改革，全省直属单位机构总数由原来153个减至126个。

9月，广东省和洋包装材料有限公司成立。该公司是全省盐行业首家全省性股份制企业，以生产复合膜小包装袋为基础产品。

2005年

广东省盐业总公司改组为广东省广盐集团有限公司，建立以资本为纽带的母子公司体系。

2007年

广东省广盐集团有限公司增挂省盐务局牌子,承担盐业行政管理和执法职能。

2010年

广东省广盐集团有限公司改制为广东省盐业集团有限公司。

2016年

5月,国务院公布了《盐业体制改革方案》(国发〔2016〕25号)。方案的核心内容为:改革食盐生产批发区域限制,改革食盐政府定价机制,改革工业盐运销管理,改革食盐储备体系。

12月30日,广东省人民政府根据中央文件的精神,发布了《广东省人民政府关于印发广东省盐业体制改革实施方案的通知》(粤府〔2016〕141号),是为广东省盐业体制改革的纲领性文件。

12月,全省定点生产企业完成食盐产品电子追溯改造。

2017年

1月1日,全国盐业体制改革正式开始实施,主要内容包括:放开盐产品价格,取消食盐准运证,允许现有食盐定点生产企业进入流通销售领域,食盐批发企业可开展跨区域经营。

5月,广东省盐业集团有限公司成立广东食安云商科技有限公司,促进食盐传统业务与信息产业板块协同发展,致力于打造一站式健康食材交易服务平台。

5月,广东省盐业集团健康大厨房连锁有限公司更名为广东盐业健康产业发展有限公司,专注于经营由盐衍生的泛盐健康产业链。

2018年

1月,广东省盐务局被撤销,移交盐政执法权,配合省内各级食品药品监督管理部门落实食盐辅助执法政府购买服务。

7—10月,广东省盐业集团有限公司实施片区整合工作,直属二级企业由42家压缩至12家。

2019年

7月4日,广东省人民政府正式批复同意广东省盐业集团有限公司混合所有制改革总体方案。此混改项目是国家发展改革委第三批混改试点项目之一。

9月,广东省多品种盐股份有限公司更名为广东省广盐集团股份有限公司(以下简称"广盐股份公司"),下含21个地级市盐业公司。

12月27日,广盐股份公司增资扩股项目挂牌。

2020 年

4 月 30 日,广盐股份公司成功引入 9 家战略投资者,意向投资金额超出募集金额 28.4%。

12 月,以广盐股份公司为混改主体的广东省盐业集团有限公司混改试点被列入《广东省贯彻落实〈关于新时代加快完善社会主义市场经济体制的意见〉重要任务分工方案》。

2021 年

3 月,广东省全面取消食盐辅助执法政府购买服务。

4 月,广盐股份公司实施片区整合工作,直属二级企业由 10 家压缩至 5 家,实行全省 5 大片区公司管理地市公司的模式。

6 月,广东省盐业集团有限公司开始实施国企改革三年行动。

参考文献

一、古籍

[1] 司马迁. 史记 [M]. 北京：中华书局，1982.
[2] 班固. 汉书 [M]. 北京：中华书局，1962.
[3] 范晔. 后汉书 [M]. 北京：中华书局，2000.
[4] 陈寿. 三国志 [M]. 裴松之，注. 北京：中华书局，2011.
[5] 魏收. 魏书 [M]. 北京：中华书局，1997.
[6] 魏徵，等. 隋书 [M]. 北京：中华书局，1997.
[7] 刘昫，等. 旧唐书 [M]. 北京：中华书局，1975.
[8] 萧子显. 南齐书 [M]. 北京：中华书局，1972.
[9] 欧阳修，宋祁. 新唐书 [M]. 北京：中华书局，1975.
[10] 脱脱，等. 宋史 [M]. 北京：中华书局，1977.
[11] 宋濂，等. 元史 [M]. 北京：中华书局，1976.
[12] 柯绍忞. 新元史 [M]. 长春：吉林人民出版社，1995.
[13] 张廷玉，等. 明史 [M]. 北京：中华书局，1974.
[14] 赵尔巽，等. 清史稿 [M]. 北京：中华书局，1977.
[15] 董诰，等. 全唐文 [M]. 北京：中华书局，1983.
[16] 徐松. 宋会要辑稿 [M]. 刘琳，刁忠民，舒大刚，等，校点. 上海：上海古籍出版社，2014.
[17] 明实录 [G]. 影印本. 北京：中华书局，2016.
[18] 清实录 [G]. 影印本. 北京：中华书局，1985—1987.
[19] 广东省地方史志办公室. 广东历代方志集成·广州府部 [G]. 影印本. 广州：岭南美术出版社，2006—2007.
[20] 广东省地方史志办公室. 广东历代方志集成·惠州府部 [G]. 影印本. 广州：岭南美术出版社，2007.
[21] 广东省地方史志办公室. 广东历代方志集成·潮州府部 [G]. 影印本. 广州：岭南美术出版社，2007—2009.
[22] 广东省地方史志办公室. 广东历代方志集成·琼州府部 [G]. 影印本. 广州：岭南美术出版社，2007—2009.
[23] 广东省地方史志办公室. 广东历代方志集成·廉州府部 [G]. 影印本. 广州：

岭南美术出版社，2007．

[24] 广东省地方史志办公室．广东历代方志集成·肇庆府部［G］．影印本．广州：岭南美术出版社，2007．

[25] 广东省地方史志办公室．广东历代方志集成·省部［G］．影印本．广州：岭南美术出版社，2006—2007．

[26] 吴九龄．乾隆梧州府志［M］//中国地方志集成·广西府县志辑：43．影印本．南京：凤凰出版社，2014．

[27] 刘瀚芳．康熙赣县志［M］．影印本．北京：新华出版社，1991．

[28] 定祥，特克绅布．光绪吉安府志［M］//中国地方志集成·江西府县志辑：60．影印本．南京：江苏古籍出版社，1996．

[29] 江恂．乾隆清泉县志［M］//中国地方志集成·湖南府县志辑：37．影印本．南京：江苏古籍出版社，2002．

[30] 孔兴浙．乾隆兴国县志［M］．台北：成文出版社，1976．

[31] 童范俨．同治临川县志［M］//中国地方志集成·江西府县志辑：48．影印本．南京：江苏古籍出版社，1996．

[32] 张奇勋，周士仪．康熙衡州府志［M］//北京图书馆古籍出版编辑组．北京图书馆古籍珍本丛刊：36．影印本．北京：书目文献出版社，1990．

[33] 陈琏．宣德桂林郡志［M］//傅璇琮，编．国家图书馆藏地方志珍本丛刊：第753-754册．影印本．天津：天津古籍出版社，2016．

[34] 彭泽．万历广西通志［M］//明代方志选：6．影印本．台北：学生书局，1965．

[35] 林富．嘉靖广西通志［M］．南宁：广西人民出版社，2018．

[36] 谢启昆．嘉庆广西通志［M］．影印本．南宁：广西人民出版社，1988．

[37] 刘坤一．光绪江西通志［M］//中国地方志集成·省志辑·江西．影印本．南京：凤凰出版社，2009．

[38] 金鉷．雍正广西通志［M］//中国地方志集成·省志辑·广西．影印本．南京：凤凰出版社，2010．

[39] 全文炳．光绪平乐县志［M］．影印本．台北：成文出版社，1967．

[40] 谢沄．道光义宁县志［M］．影印本．台北：成文出版社，1975．

[41] 林烴，等．福建运司志［M］//玄览堂丛书初辑：第11册．影印本．台北：正中书局，1981．

[42] 周庆云．盐法通志［M］．铅印本．上海：文明书局，1914（民国三年）．

[43] 张茂炯．清盐法志［M］．铅印本．北京：盐务署，1920（民国九年）．

[44] 广东省地方史志办公室．广东省志·盐业志［M］．广州：广东人民出版社，2006．

[45] 白居易．白居易集［M］．北京：中华书局，1979．

[46] 虞世南．北堂书钞［G］．影印本．北京：学苑出版社，2015．

[47] 财政部财政年鉴编纂处．财政年鉴［M］．上海：商务印书馆，1935．

[48] 阿桂，等. 大清律例［G］. 北京：中华书局，2015.
[49] 四川大学古籍整理研究所. 宋集珍本丛刊［G］. 北京：线装书局，2004.
[50] 李昉，等. 太平广记［G］. 北京：中华书局，1961.
[51] 李昉，等. 太平御览［G］. 北京：中华书局，1960.
[52] 翟善，等. 诸司职掌［G］//玄览堂丛书初辑：第12册. 影印本. 台北：正中书局，1981.
[53] 孛兰盼，等. 元一统志［M］. 北京：中华书局，1966.
[54] 毕自严. 度支奏议［G］. 影印本. 上海：上海古籍出版社，2008.
[55] 蔡献臣. 清白堂稿［M］. 厦门市图书馆，校注. 厦门：厦门大学出版社，2012.
[56] 曾国藩. 曾国藩全集［M］. 石家庄：河北人民出版社，2016.
[57] 常璩. 华阳国志校补图注［M］. 任乃强，校注. 上海：上海古籍出版社，1987.
[58] 陈履. 悬榻斋集［M］. 影印本. 广州：广东教育出版社，2005.
[59] 陈铨衡. 粤嶅蠡测编［M］. 清光绪刻本.
[60] 陈仁锡. 皇明世法录［G］. 影印本. 台北：学生书局，1965.
[61] 陈天资. 东里志［M］. 饶平：饶平县地方志编纂委员会，1997.
[62] 陈子龙. 明经世文编［G］. 影印本. 北京：中华书局，1962年.
[63] 杜春和，等. 荣禄存札［G］. 济南：齐鲁书社，1986.
[64] 范成大. 桂海虞衡志［M］//范成大. 范成大笔记六种. 孔凡礼，校点. 北京：中华书局，2002.
[65] 葛士浚. 清经世文续编［G］. 清光绪石印本.
[66] 顾祖禹. 读史方舆纪要［M］. 北京：中华书局，1955.
[67] 解缙，等. 永乐大典［G］. 影印本. 北京：中华书局，1986.
[68] 广东财政清理局，编订. 广东财政说明书［M］. 广东省财政科学研究所，整理. 广州：广东经济出版社，1997.
[69] 郭柏苍. 海错百一录［M］. 清光绪刻本.
[70] 郭嵩焘. 养知书屋集［M］. 清光绪刻本. 1892（光绪十八年）.
[71] 贺长龄，魏源. 皇朝经世文编［G］//魏源全集编辑委员会. 魏源全集：13-19册. 长沙：岳麓书社，2004.
[72] 桓宽，著. 王利器，校注. 盐铁论校注［M］. 北京：中华书局，1992.
[73] 黄震. 黄氏日钞［M］. 影印本. 台北：大化书局，1984.
[74] 金武祥. 粟香随笔［M］. 谢永芳，点校. 南京：凤凰出版社，2017.
[75] 黎翔凤. 管子校注·地数［M］. 梁运华，整理. 北京：中华书局，2004.
[76] 李焘. 续资治通鉴长编［M］. 影印本. 北京：中华书局，1985.
[77] 李心传. 建炎以来朝野杂记［M］. 影印本. 扬州：江苏广陵古籍刻印社，1981.
[78] 李曰涤. 竹裕园笔语集［M］//四库全书存目丛书：子部，第165册. 影印本.

济南：齐鲁书社，1995.

[79] 郦道元,著. 陈桥驿,校证. 水经注校证[M]. 北京中华书局，2007.

[80] 梁廷枏. 粤海关志[M]. 广州：广东人民出版社，2002.

[81] 林有席. 平园杂著内编[M]//《清代诗文集汇编》编纂委员会. 清代诗文集汇编：三三七. 影印本. 上海：上海古籍出版社，2010.

[82] 刘锦藻. 清朝续文献通考[M]. 影印本. 杭州：浙江古籍出版社，1988.

[83] 刘恂,著. 商璧，潘博，校补. 岭表录异校补[M]. 南宁：广西民族出版社，1988.

[84] 应槚，凌云翼，刘尧诲. 苍梧总督军门志[M]. 影印本. 北京：全国图书馆文献缩微复制中心，1991.

[85] 龙廷槐. 敬学轩文集[M]//杨健. 北京师范大学图书馆藏稀见清人别集丛刊：第12册. 影印本. 桂林：广西师范大学出版社，2007.

[86] 吕鉴煌. 文澜众绅录[M]. 刊本. 广州：西关文澜书院，1891（光绪十七年）.

[87] 马端临. 文献通考[M]. 北京：中华书局，1999.

[88] 马蓉，陈抗，钟文，等. 永乐大典方志辑佚：第4册[G]. 北京：中华书局，2004.

[89] 潘斯濂，潘斯澜. 潘氏家乘[M]. 桂林：广西师范大学出版社，2015.

[90] 青城子. 亦复如是[M]. 重庆：重庆出版社，1999.

[91] 屈大均. 广东新语[M]. 北京：中华书局，1985.

[92] 广东省立中山图书馆，中山大学图书馆. 清代稿钞本[G]. 影印本. 广州：广东人民出版社，2007.

[93] 沈德符. 万历野获编[M]. 北京：中华书局，1959.

[94] 沈书城. 则例便览[M]//四库未收书辑刊：第2辑，第27册. 影印本. 北京：北京出版社，1997.

[95] 昆冈，李鸿章，等. 光绪清会典事例[G]. 影印本. 北京：中华书局，1991.

[96] 申时行，等. 万历明会典[G]. 北京：中华书局，1989.

[97] 汪大渊. 岛夷志略[M]. 北京：商务印书馆，2013.

[98] 汪森. 粤西文载校点[G]. 黄盛陆，等，校点. 南宁：广西人民出版社，1990.

[99] 汪兆镛. 微尚老人自订年谱[M]. 广州：汪敬德堂，1949.

[100] 王存. 元丰九域志[M]. 北京：中华书局，1984.

[101] 王守基. 盐法议略[M]. 北京：中华书局，1991.

[102] 王铁崖. 中外旧约章汇编[G]. 北京：生活·读书·新知三联书店，1957.

[103] 王象之. 舆地纪胜[M]. 杭州：浙江古籍出版社，2012.

[104] 王钟翰. 清史列传[M]. 北京：中华书局，1987.

[105] 吴震方. 岭南杂记[M]. 上海：商务印书馆，1936.

[106] 萧奭. 笔记小说大观[M]. 影印本. 扬州：江苏广陵古籍刻印社，1982.

[107] 徐珂. 清稗类钞[M]. 北京：中华书局，1984.

[108] 叶适. 叶适集 [M]. 北京：中华书局，2010.
[109] 袁枚. 随园诗话 [M]. 杭州：浙江古籍出版社，2011.
[110] 张之洞. 张文襄公奏议 [M]. 民国刻张文襄公全集本.
[111] 赵承禧，等. 宪台通纪（外三种）[M]. 王晓欣，点校. 杭州：浙江古籍出版社，2002.
[112] 赵汝适. 诸蕃志 [M]. 北京：中华书局，1985.
[113] 邹琳. 粤醝纪实 [M] 上海：华泰印制有限公司，1922（民国十一年）.
[114] 周去非，著. 杨武泉，校注. 岭外代答校注 [M]. 北京：中华书局，2006.
[115] 左宗棠. 左宗棠全集 [M]. 长沙：岳麓书社，2009.

二、档案

[1] 广州截留盐款事：03 – 04 – 008 – 02 – 005 [A]. 1918 – 06 – 25. "中央研究院"近代史研究所档案馆.
[2] 广州盐务进款事：03 – 04 – 008 – 01 – 008 [A]. 1918 – 06 – 04. "中央研究院"近代史研究所档案馆.
[3] 国家图书馆藏民国税收税务档案史料汇编 [G]. 北京：全国图书馆文献缩微复制中心，2008.
[4] 海丰盐区民主改革工作队一个半月工作总结报告 [A]. 1951 – 09. 中国盐业公司广东省分公司档案. 案卷号9.
[5] 马尔泰. 题报调任广西驿盐道黄岳牧任内收支羡余节省西税船头等银数目事：02 – 01 – 04 – 13250 – 003 [A]. 乾隆五年八月初十日. 中国第一历史档案馆. 户科题本.
[6] 外务部为澳门盐船案请电饬领事先与粤督会商办法事复署葡国公使阿梅达照会稿 [G] //中山市档案馆. 香山明清档案辑录. 上海：上海古籍出版社，2006.
[7] 中国盐业公司首届全国盐务会议结论、决定、意见 [A]. 中国盐业公司广东省分公司档案. 案卷号7.
[8] 策楞. 奏请原任归靖场解深仍留粤东酌量题补事：04 – 01 – 12 – 0053 – 088 [A]. 乾隆十二年三月十五日. 中国第一历史档案馆. 宫中档.
[9] 中国第一历史档案馆. 康熙朝汉文朱批奏折汇编 [G]. 北京：档案出版社，1984.
[10] 中国第一历史档案馆. 雍正朝汉文朱批奏折汇编 [G]. 南京：江苏古籍出版社，1989.
[11] 韩文琦. 奏为拏获□□□补枪伤官兵要犯审拟具奏仰祈圣鉴事：4 – 0506 – 007 [A]. 道光八年八月二十一日. 中国第一历史档案馆. 朱批奏折.
[12] 蒋攸铦，吴光悦. 奏为会折奏恳圣恩事：4 – 0507 – 011 [A]. 道光十年三月初一日. 中国第一历史档案馆. 朱批奏折.
[13] 魁保. 奏为川粤二盐越境，淮盐不能畅销之盐丁埠头通同舞弊缘由仰祈圣鉴事：3 – 1782 – 20 [A]. 嘉庆十九年六月十八日. 中国第一历史档案馆. 军机

[14] 来保, 阿克敦. 题为会审广东新安县民陶亚上因批盐未允争角伤毙鲁亚清案依律拟绞监候请旨事: 02 - 01 - 07 - 04958 - 017 [A]. 乾隆十四年六月二十一日. 中国第一历史档案馆. 刑科题本.

[15] 李鸿宾. 奏为楚省一年期内销过淮盐引数按额有盈无绌恭折具奏仰祈圣鉴事: 4 - 0505 - 008 [A]. 道光五年正月十一日. 中国第一历史档案馆. 朱批奏折.

[16] 琦善, 韩文琦, 张青选. 奏为酌量地势移设卡隘以资缉私恭折奏祈圣鉴事: 4 - 0505 - 008 [A]. 道光七年四月二十五日. 中国第一历史档案馆. 朱批奏折.

[17] 钱臻. 奏为县令玩视蓰务恭折参奏请旨革职事: 4 - 0497 - 022 [A]. 嘉庆二十三年十一月十一日. 中国第一历史档案馆. 朱批奏折.

[18] 钱臻. 奏为遵旨审明定拟具奏仰祈圣鉴事: 3 - 1784 - 3 [A]. 嘉庆二十四年闰四月十六日. 中国第一历史档案馆. 军机处录副.

[19] 钱臻. 奏为遵旨审明定拟具奏仰祈圣鉴事: 4 - 0497 - 048 [A]. 嘉庆二十四年闰四月十六日. 中国第一历史档案馆. 朱批奏折.

[20] 庆保, 张映汉. 奏为实力堵缉邻私并陈楚省引地实在情形恭折奏明圣鉴事: 4 - 0496 - 044 [A]. 嘉庆二十三年四月十八日. 中国第一历史档案馆. 朱批奏折.

[21] 庆复. 奏报广东分委各场栅人员稽察杜私情由事: 04 - 01 - 35 - 1388 - 053 [A]. 乾隆七年十二月二十日. 中国第一历史档案馆. 宫中档.

[22] 庆复. 奏请拣发人员以资广东盐场委任之用事: 04 - 01 - 35 - 0446 - 038 [A]. 乾隆元年十一月十一日. 中国第一历史档案馆. 宫中档.

[23] 阮元. 奏为江西南安赣州宁都三府行销粤省引盐难以核定融销等项数目恭折具奏仰祈圣鉴事: 4 - 0500 - 011 [A]. 道光元年五月初四日. 中国第一历史档案馆. 朱批奏折.

[24] 阮元. 奏为粤盐融销数目实难预定具奏仰祈圣鉴事: 4 - 0503 - 051 [A]. 道光五年六月二十日. 中国第一历史档案馆. 朱批奏折.

[25] 松筠, 韩崶. 奏为拿获广东东莞县袁果等私自贩盐一案事: 03 - 2308 - 020 [A]. 嘉庆十六年八月初五日. 中国第一历史档案馆. 军机处录副.

[26] 孙玉庭, 阿霖. 奏为酌议变通堵缉邻私章程并严定考核功过以收实效恭折奏祈圣鉴事: 4 - 0501 - 030 [A]. 道光二年十月十三日. 中国第一历史档案馆. 朱批奏折.

[27] 孙玉庭, 毓岱. 奏为遵旨查明江西盐务情形会议杜弊缉私章程恭折奏祈圣鉴事: 4 - 0502 - 057 [A]. 道光四年闰七月十七日. 中国第一历史档案馆. 朱批奏折.

[28] 托津, 等. 奏议驳御史唐鉴奏请将江西湖南等府改行粤盐事: 3 - 1784 - 13 [A]. 嘉庆二十三年五月二十五日. 中国第一历史档案馆. 军机处录副.

[29] 倭什布. 奏明审明埠商并无私增盐价越境冲赚缘由恭折复奏事: 4 - 0484 - 018 [A]. 嘉庆八年九月初一日. 中国第一历史档案馆. 朱批奏折.

[30] 延丰. 奏为湖广江西道光元年销盐总数循例奏闻仰祈圣鉴事: 4 - 0500 - 043

[A]．道光二年闰三月初四日．中国第一历史档案馆．朱批奏折．

[31] 佚名．为遵旨确查湖南各属食盐情形据实复奏事：3－1782－42 [A]．嘉庆十九年十一月初一日．中国第一历史档案馆．军机处录副．

[32] 袁树勋．奏为特参两广盐运使丁乃扬不能称职请即行开缺事：04－01－12－0681－096 [A]．宣统元年十一月二十八日．中国第一历史档案馆．朱批奏折．

三、报刊

[1] 澳门宪报 [J]．澳门：澳门印刷所，1838．
[2] 砭群丛报 [J]．广州：阜成实业研究所，1909．
[3] 东方杂志 [J]．上海：商务印书馆，1904．
[4] 华北日报 [J]．北平：华北日报社，1929．
[5] 镜海丛报 [J]．澳门：镜海丛报社，1893．
[6] 军政府公报 [J]．广州：军政府公报处，1917．
[7] 陆海军大元帅大本营公报 [J]．广州：陆海军大元帅大本营文官部政务处第三课，1922．
[8] 谈盐丛报 [J]．上海：谈盐丛报社，1913．
[9] 循环日报 [N]．香港：循环日报社，1874．
[10] 粤醝月刊 [J]．广州：两广盐运使公署编辑处收支所，1917．
[11] 政府公报 [J]．北京：电话东局，1912．
[12] 中央政治会议广州分会月刊 [J]．广州：中央政治会议广州分会秘书处编辑股，1927．
[13] 申报 [N]．上海：申报馆，1872．
[14] 大公报 [N]．天津：大公报馆，1902．
[15] 申报（香港版）[N]．香港：申报馆，1938．

四、专著

[1] 蔡万进．尹湾汉墓简牍论考 [M]．台北：台湾古籍出版有限公司，2002．
[2] 曾小萍．州县官的银两：18世纪中国的合理化财政改革 [M]．董建中，译．北京：中国人民大学出版社，2005．
[3] 陈高华，史卫民．中国经济通史：元代经济卷 [M]．北京：中国社会科学出版社，2007．
[4] 陈梦家．西汉都尉考 [M] //陈梦家．汉简缀述．北京：中华书局，1980．
[5] 陈伟．秦简牍合集：释文注释修订本 [M]．武汉：武汉大学出版社，2016．
[6] 陈衍德，杨权．唐代盐政 [M]．西安：三秦出版社，1990．
[7] 陈直．两汉经济史料论丛 [M]．北京：中华书局，2008．
[8] 池田温．中国古代籍帐研究 [M]．龚泽铣，译．北京：中华书局，2007．
[9] 戴裔煊．宋代钞盐制度研究 [M]．北京：中华书局，1981．
[10] 丁长清，唐仁粤．中国盐业史：近代当代编 [M]．北京：人民出版社，1999．

[11] 丁长清. 民国盐务史稿［M］. 北京：人民出版社，1990.

[12] 东莞市博物馆. 东莞市博物馆藏碑刻［M］. 北京：文物出版社，2009.

[13] 东莞市政协，暨南大学历史系. 明清时期珠江三角洲区域史研究［M］. 广州：广东人民出版社，2011.

[14] 杜海军. 桂林石刻总集辑校［M］. 北京：中华书局，2013.

[15] 渡边信一郎. 中国古代的王权与天下秩序：从日中比较史的视角出发［M］. 徐冲，译. 北京：中华书局，2008.

[16] 佛山地区革命委员会《珠江三角洲农业志》编写组. 珠江三角洲农业志［M］. 佛山：佛山地区革命委员会《珠江三角洲农业志》编写组，1976.

[17] 冈田宏二. 中国华南民族社会史研究［M］. 赵令志，李德龙，译. 北京：民族出版社，2002.

[18] 高桥弘臣. 宋金元货币史研究：元朝货币政策之形成过程［M］. 上海：上海古籍出版社，2010.

[19] 谷口建速. 長沙走馬楼吴簡の研究：倉庫関連簿よりみる孫吴政権の地方財政［M］. 东京：早稻田大学出版部，2016.

[20] 顾颉刚. 古史辨［M］. 上海：上海书店，1926.

[21] 郭沫若.《周官》质疑［M］//郭沫若. 金文丛考. 北京：人民出版社，1954.

[22] 郭正忠. 宋代盐业经济史［M］. 北京：人民出版社，1990.

[23] 郭正忠. 中国盐业史：古代编［M］. 北京：人民出版社，1997.

[24] 侯旭东. 近观中古史：侯旭东自选集［M］. 上海：中西书局，2015.

[25] 黄国信. 区与界：清代湘粤赣界邻地区食盐专卖研究［M］. 北京：生活·读书·新知三联书店，2006.

[26] 黄国信. 市场如何形成：从清代食盐走私的经验事实出发［M］. 北京：北京师范大学出版社，2018.

[27] 东莞展览馆，中山大学历史系. 珠江三角洲盐业史料汇编：盐业、城市发展与地方社会发展［M］. 广州：广东人民出版社，2012.

[28] 黄仁宇. 十六世纪明代中国之财政与税收［M］. 阿风，等，译. 北京：生活·读书·新知三联书店，2001.

[29] 黄正建. 隋唐辽宋金元史论丛［M］. 上海：上海古籍出版社，2012.

[30] 鞠清远. 唐代财政史［M］. 上海：商务印书馆，1940.

[31] 科大卫. 皇帝和祖宗：华南的国家与宗族［M］. 卜永坚，译. 南京：江苏人民出版社，2009.

[32] 赖为杰. 沙井记忆［M］. 香港：中国评论学术出版社，2004.

[33] 李庆新. 濒海之地：南海贸易与中外关系史研究［M］. 北京：中华书局，2010.

[34] 李治安. 行省制度研究［M］. 天津：南开大学出版社，2000.

[35] 梁方仲. 梁方仲经济史论文集补编［M］. 郑州：中州古籍出版社，1984.

[36] 梁庚尧. 南宋盐榷：食盐产销与政府控制［M］. 台北：台湾大学出版中心，

2010.

[37] 刘复生. 西南史地与民族：以宋代为重心的考察［M］. 成都：巴蜀书社，2011.

[38] 刘淼. 明代盐业经济研究［M］. 汕头：汕头大学出版社，1996.

[39] 刘志伟. 在国家与社会之间：明清广东地区里甲赋役制度与乡村社会［M］. 北京：中国人民大学出版社，2010.

[40] 骆惠敏. 清末民初政情内幕：《泰晤士报》驻北京记者、袁世凯政治顾问乔·厄·莫理循书信集［M］. 刘桂梁，等，译. 北京：知识出版社，1986.

[41] 马非百. 管子轻重篇新诠［M］. 北京：中华书局，1979.

[42] 梅尔清. 清初扬州文化［M］. 朱修春，译. 上海：复旦大学出版社，2004.

[43] 蒙文通. 蒙文通文集［M］. 成都：巴蜀书社，1995.

[44] 明清广东省社会经济研究会. 明清广东社会经济研究［M］. 广州：广东人民出版社，1987.

[45] 南开大学经济研究所经济史研究室. 中国近代盐务史资料选辑［M］. 天津：南开大学出版社，1991.

[46] 彭海铃. 汪兆镛与近代粤澳文化［M］. 广州：广东人民出版社，2004.

[47] 彭林. 《周礼》主题思想与成书年代研究［M］. 北京：中国人民大学出版社，2009.

[48] 彭信威. 中国货币史［M］. 上海：上海人民出版社，1958.

[49] 施家顺. 两广事变之研究［M］. 台北：复文图书出版社，1992.

[50] 寺田隆信. 山西商人研究［M］. 张正明，等，译. 太原：山西人民出版社，1986.

[51] 谭棣华，曹腾騑，冼剑民. 广东碑刻集［M］. 广州：广东高等教育出版社，2001.

[52] 谭棣华. 清代珠江三角洲的沙田［M］. 广州广东人民出版社，1993.

[53] 唐仁粤. 中国盐业史：地方编［M］. 北京：人民出版社，1997.

[54] 王仲荦. 金泥玉屑丛考［M］. 郑宜秀，整理. 北京：中华书局，1988.

[55] 吴景平. 宋子文评传［M］. 福州：福建人民出版社，1998.

[56] 西嶋定生. 前汉的社会经济史［M］//崔瑞德，鲁惟一. 剑桥中国秦汉史：公元前221年—公元220年. 杨品泉，等，译. 北京：中国社会科学院出版社，1992.

[57] 冼庆彬. 广州：海上丝绸之路发祥地［M］. 香港：中国评论学术出版社，2007.

[58] 萧国健，沈思. 深圳碑刻集［M］. 深圳：显朝书室，2003.

[59] 徐复观. 中国经学史的基础·《周官》成立之时代及其思想性格［M］. 北京：九州出版社，2014.

[60] 严耕望. 中国地方行政制度史：秦汉地方行政制度［M］. 上海：上海古籍出版社，2007.

[61] 岩井茂树. 中国近代财政史研究［M］. 付勇, 译. 北京: 社会科学文献出版社, 2011.
[62] 叶显恩. 徽州与粤海论稿［M］. 合肥: 安徽大学出版社, 2004.
[63] 臧知非. 秦汉赋役与社会控制［M］. 西安: 三秦出版社, 2012.
[64] 长沙市文物考古研究所, 中国文物研究所, 北京大学历史系. 长沙走马楼三国吴简·嘉禾吏民田家莂［M］. 北京: 文物出版社, 1999.
[65] 曾仰丰. 中国盐政史［M］. 上海: 上海书店, 1984.
[66] 赵宠亮. 行役戍备: 河西汉塞吏卒的屯戍生活［M］. 北京: 科学出版社, 2012.
[67] 赵希涛. 中国沿海环境变迁［M］. 北京: 海洋出版社, 1994.
[68] 郑俊彬. 明代广东沿海经济发展之研究［M］. 台北: 花木兰文化出版社, 2012.
[69] 中山市地方志办公室, 珠海市地方志办公室, 澳门历史文物关注协会. 香山设县850年［M］. 广州: 广东人民出版社, 2003.
[70] 钟建星. 桂林山水传说续集［M］. 南宁: 广西人民出版社, 1961.
[71] 周飞舟. 以利为利: 财政关系与地方政府行为［M］. 上海: 上海三联书店, 2012.
[72] 周育民. 晚清财政与社会变迁［M］. 上海: 上海人民出版社, 2000.
[73] 朱志元. 商界精英: 长江流域的金融与巨家［M］. 武汉: 长江出版社, 2014.

五、论文

[1] 淮盐越盐竞销下粤盐销路衰落［J］. 海事（天津）, 1935, 8 (9).
[2] 近代澳门经济发展特征述论:《澳门宪报》与澳门经济史研究之一［C］//林广志, 吕志. 卢九家族与华人社会学术研讨会论文集. 澳门: 民政总署文化康体部, 2011.
[3] 盐政处会奏广东盐务拟请仍令旧商办理折［J］. 华商联合会报, 1910 (11).
[4] 藤井宏. 明代灶田考［M］//小野武夫博士还历纪念论文集: 东洋农业经济史研究. 东京: 日本评论社, 1948.
[5] 白彬. 四川地区与盐业有关的道教遗迹研究［J］. 宗教学研究, 1998 (2).
[6] 白广美. 中国古代海盐生产考［J］. 盐业史研究, 1988 (1).
[7] 卜永坚. 香港早期文书: 英国国家档案馆藏 F. O. 233/185 号档案释文（上）［J］. 田野与文献: 华南研究资料中心通讯, 2011 (63).
[8] 蔡光锐. 两广盐政概论［J］. 民钟季刊, 1936, 2 (3).
[9] 李凤鸣. 清代盐业管理论略［J］. 盐业史研究, 2011 (4).
[10] 陈必芳. 从食盐专卖到"自煎自卖": 明清海南盐场的盐业生产与销售［D］. 广州: 中山大学, 2013.
[11] 陈嫦娥. 明清珠江三角洲燃料问题研究［D］. 广州: 暨南大学, 2011.
[12] 陈锋. 清代盐法考成述论: 清代盐业管理研究之一［J］. 盐业史研究, 1996

(1).

[13] 陈锋. 清代盐运使的职掌与俸银、养廉银及盐务管理经费：清代盐业管理研究之四［J］. 盐业史研究，2016（4）.

[14] 陈诗启. 明代的灶户和盐的生产［J］. 厦门大学学报（哲学社会科学版），1957（1）.

[15] 董春林. 以盐制夷：宋代西南民族地区羁縻政策管窥［J］. 广西民族研究，2015（4）.

[16] 渡边信一郎. 中国古代帝国的中心和周边：从财政史的观点出发［J］. 台湾政治大学历史学报，2008（30）.

[17] 段雪玉. 乡豪、盐官与地方政治：《庐江郡何氏家记》所见元末明初的广东社会［J］. 盐业史研究，2010（4）.

[18] 方志远. 明代的户口食盐与户口盐钞［J］. 江西师范大学学报（哲学社会科学版），1986（3）.

[19] 何亮. 清末盐政改革：以中央与各省关系为视角［J］. 华中师范大学研究生学报，2009（4）.

[20] 侯旭东. 皇帝的无奈：西汉末年的传置开支与制度变迁［J］. 文史，2015（2）.

[21] 侯旭东. 三国吴简所见盐米初探［M］//北京吴简研讨班. 吴简研究：第1辑. 武汉：崇文书局，2004.

[22] 胡家聪. 管子·轻重作于战国考［J］. 中国史研究，1981（1）.

[23] 胡平生. 长沙走马楼三国孙吴简牍三文书考证［J］. 文物，1999（5）.

[24] 黄国信. 藩王时期的两广盐商［J］. 盐业史研究，1999（1）.

[25] 黄国信. 明清两广盐区的食盐专卖与盐商［J］. 盐业史研究，1999（4）.

[26] 黄国信. 清代两广盐区私盐盛行现象初探［J］. 盐业史研究，1995（2）.

[27] 黄国信. 清代乾隆年间两广盐法改埠归纲考论［J］. 中国社会经济史研究，1997（3）.

[28] 黄国信. 盐法变迁与地方社会的盐政观念：康熙年间赣州盐法所见之市场、考成与盐政关系［J］. 清史研究，2004（3）.

[29] 黄国信. 盐法考成与盐区边界之关系研究：以康熙初年江西吉安府"改粤入淮"事件为例［J］. 中山大学学报（社会科学版），2005（1）.

[30] 黄凯凯. 明代"盐法道"建置考论［J］. 中国历史地理论丛，2018（4）.

[31] 黄启臣，黄国信. 清代两广盐区私盐贩运方式及其特点［J］. 盐业史研究，1994（1）.

[32] 冀满红，刘文军. 清末广东谘议局与禁赌［J］. 历史档案，2006（2）.

[33] 赖彩虹. 清代两广盐法改革探析［D］. 武汉：华中师范大学，2008.

[34] 李吉奎. 宋子文与中央银行的设立［J］. 广东社会科学，2015（5）.

[35] 李珂. 明代开中制度下商灶购销关系脱节问题三探：从官盐流通的壅滞到灶盐的私煎私卖［J］. 历史档案，2004（3）.

[36] 李珂. 明代盐政经济的剥削机制及其形式上的演变[J]. 历史档案, 2005(3).

[37] 李三谋. 清代灶户、场商及其相互关系[J]. 盐业史研究, 2000(2).

[38] 李细珠. 晚清地方督抚权力问题再研究：兼论清末"内外皆轻"权力格局的形成[J]. 清史研究, 2012(3).

[39] 李晓龙. 《乌石盐场纪略》所见民国时期广东的盐场制度[J]. 兰州学刊, 2016(5).

[40] 李晓龙. 承旧启新：洪武年间广东盐课提举司盐场制度的建立[J]. 中国经济史研究, 2016(3).

[41] 李晓龙. 从生产场所到基层单位：清代广东盐场基层管理探析[J]. 盐业史研究, 2016(1).

[42] 李晓龙. 环境变迁与盐场生计：以明中后期广东珠江口归德、靖康盐场为例[J]. 中国社会经济史研究, 2015(2).

[43] 李晓龙. 康乾时期东莞县"盐入粮丁"与州县盐政的运作[J]. 清史研究, 2015(3).

[44] 李晓龙. 明代中后期广东盐场的地方治理与赋役制度变迁[J]. 史学月刊, 2018(2).

[45] 李晓龙. 乾隆年间裁撤东莞、香山、归靖三盐场考论[J]. 盐业史研究, 2008(4).

[46] 李晓龙. 清初迁海前后的沿海盐场与地方宗族：以广东归德、靖康诸盐场为例[J]. 安徽史学, 2015(5).

[47] 李晓龙. 清代广东发帑收盐的地方运作与盐场宗族：以东莞《凤冈陈氏族谱》为中心[M]//温春来. 区域史研究：总第1辑. 北京：社会科学文献出版社, 2019.

[48] 李晓龙. 生产组织还是税收工具：明中叶广东盐场的灶册与栅甲制新论[J]. 盐业史研究, 2018(4).

[49] 李晓龙. 市场流动与盐政运作：明代两广盐业运销布局的重构过程研究[J]. 中山大学学报（社会科学版）, 2020(5).

[50] 李晓龙. 宋以降盐场基层管理与地方社会：以珠江三角洲地区为中心[J]. 盐业史研究, 2010(4).

[51] 李晓龙. 宋元时期华南的盐政运作与区域社会：以东莞盐场地区为中心[J]. 四川理工学院学报（社会科学版）, 2013(1).

[52] 李晓龙. 盐政运作与户籍制度的演变：以清代广东盐场灶户为中心[J]. 广东社会科学, 2013(2).

[53] 李晓龙. 灶户家族与明清盐场的运作：广东靖康盐场凤冈陈氏的个案研究[J]. 中山大学学报（社会科学版）, 2013(3).

[54] 李振武. 袁树勋与清末广东禁赌[J]. 广东社会科学, 2014(1).

[55] 连心豪. 清季民初粤港澳走私述略[C]//珠海市委宣传部, 澳门基金会, 华

中师范大学. 韦卓民与中西方文化交流：第二届珠澳文化论坛论文集. 北京：社会科学文献出版社，2011.

[56] 林京海. 李宜民承充广西临全埠商述略［J］. 社会科学家，1998（1）.

[57] 林敏容. 日据时代台湾盐对香港、澳门的输出［J］. 海洋史研究，2014（6）.

[58] 林汀水. 略论珠江三角洲变迁的特点［J］. 厦门大学学报（哲学社会科学版），1993（3）.

[59] 林永匡. 清初的两广运司盐政［J］. 华南师范大学学报（社会科学版），1984（4）.

[60] 刘佛丁. 论中国盐务管理的近代化［J］. 南开经济研究，1991（4）.

[61] 刘复生. 宋代西南地区的"盐马贸易"［M］//姜锡东，李华瑞. 宋史研究论丛：第9辑. 保定：河北大学出版社，2008.

[62] 刘寒. 略述1925年广东革命政府的两次东征［J］. 历史教学，1983（8）.

[63] 刘淼. 明朝灶丁免田制考［J］. 文史. 1995（39）.

[64] 刘淼. 明朝灶户的户役［J］. 盐业史研究，1992（2）.

[65] 刘淼. 明代海盐制法考［J］. 盐业史研究，1988（4）.

[66] 刘淼. 明代盐业土地关系研究［J］. 盐业史研究，1990（2）.

[67] 刘起釪. 《洪范》成书时代考［J］. 中国社会科学，1980（3）.

[68] 刘志伟. 地域空间的国家秩序：珠江三角洲"沙田—民田"格局的形成［J］. 清史研究，1999（2）.

[69] 刘志伟. 珠三角盐业与城市发展（序）［J］. 盐业史研究，2010（4）.

[70] 卢瑞琴. 汉代河西地区的食盐问题：居延简牍读后记［M］//甘肃省文物考古研究所，西北师范大学文学院历史系. 简牍学研究：第2辑. 兰州：甘肃人民出版社，1998.

[71] 麦思杰. "瑶乱"与明代广西销盐制度变迁［J］. 广西民族研究，2008（2）.

[72] 宓汝成. 国际银团和善后借款［J］. 中国经济史研究，1996（4）.

[73] 潘灯. 抗战时期广东国统区的食盐运销研究1937—1945［D］. 广州：暨南大学，2010.

[74] 齐涛. 魏晋南北朝盐政述论［J］. 盐业史研究，1996（4）.

[75] 钱穆. 《周官》著作时代考［J］. 燕京学报，1932（11）.

[76] 邱捷. 广州商团与商团事变：从商人团体角度的再探讨［J］. 历史研究，2002（2）.

[77] 任建敏. 南宋广西市马的货物流动与长程贸易［J］. "中央研究院"历史语言研究所集刊，2016，87（3）.

[78] 任建敏. 元末广西的财政能力与钞法流通［J］. 中国社会经济史研究，2017（4）.

[79] 容肇祖. 驳马非百"关于管子轻重篇的著作年代问题"［J］. 历史研究，1958（1）.

[80] 沈刚. 吴简所见孙吴县级草刺类文书处置问题考论［J］. 文史，2016（1）.

[81] 苏俊林. 走马楼吴简から見た孫吳の塩政[M]//伊藤敏雄, 关尾史郎. 後漢·魏晋簡牘の世界. 東京: 汲古書院, 2020.

[82] 汤开建. 元明之际广东政局演变与东莞何氏家族[J]. 中国史研究, 2001(1).

[83] 陶绪. 论宋代私营丝织品的生产形态及地理分布[J]. 中国经济史研究, 1990(2).

[84] 王小荷. 清代两广盐商及其特点[J]. 盐业史研究, 1986(1).

[85] 王毓铨. 明朝徭役的审编与土地[J]. 历史研究, 1988(1).

[86] 王子今. 走马楼许迪案文牍所见盐米比价及相关问题[M]//王子今. 长沙简牍研究. 北京: 中国社会科学出版社, 2017.

[87] 吴榕青.《三阳志》、《三阳图志》考辨[J]. 韩山师范学院学报, 1995(1).

[88] 冼剑民, 王丽娃. 明清珠江三角洲的围海造田与生态环境的变迁[J]. 学术论坛, 2005(1).

[89] 冼剑民. 清代广东的制盐业[J]. 盐业史研究, 1990(3).

[90] 谢桂华. 汉简与汉代西北屯戍盐政考述[M]//谢桂华. 汉晋简牍论丛. 桂林: 广西师范大学出版社, 2014.

[91] 徐国洪. 清代广西盐法及临全商埠考略[J]. 广西金融研究, 2008(S1).

[92] 徐靖捷. 盐场与州县: 明代中后期泰州灶户的赋役管理[J]. 历史人类学学刊, 2012, 10(2).

[93] 杨国强. 太平天国的起落和清代国家权力下移[M]//钱伯城. 中华文史论丛: 第57辑. 上海: 上海古籍出版社, 1998.

[94] 杨久谊. 清代盐专卖制之特点: 一个制度面的剖析[J]."中央研究院"近代史研究所集刊, 2005(47).

[95] 杨联昇. 中唐以后税制与南朝税制之关系[J]. 清华学报, 1937(3).

[96] 杨向奎.《周礼》内容的分析及其制作时代[J]. 山东大学学报, 1954(4).

[97] 杨远. 西汉盐、铁、工官的地理分布[J]. 香港中文大学中国文化研究所学报, 1978, 9(1).

[98] 叶锦花. 亦商亦盗: 灶户管理模式转变与明中期泉州沿海地方动乱[J]. 学术研究, 2014(5).

[99] 叶锦花. 雍正、乾隆年间福建食盐运销制度变革研究[J]. 四川理工学院学报(社会科学版), 2013(3).

[100] 于广, 柯伟明. 孙中山大元帅府时期的盐税改革[J]. 盐业史研究, 2014(4).

[101] 余永哲. 明代广东盐业生产和盐课折银[J]. 中国社会经济史研究, 1992(1).

[102] 袁丁. 东莞却金亭碑小考[M]//钟剑辉, 钟百凌, 李炳球. 东莞文史: 第30期. 东莞: 中国人民政治协商会议东莞市委员会文史资料委员会, 1999.

[103] 张彬. 香港税制现状及发展趋势[J]. 经济评论, 1992(1).

[104] 张江华. 明代海北盐课提举司的兴废及其原因 [J]. 中国历史地理论丛, 1997（3）.

[105] 张俊义. 南方政府截取关余事件与英国的反应（1923—1924）[J]. 历史研究, 2007（1）.

[106] 张立杰. 南京国民政府盐税整理与改革述论 [J]. 民国档案, 2008（1）.

[107] 张荣生. 从煮海熬波到风吹日晒：淮南盐区制盐科技史话 [J]. 苏盐科技, 1995（3）.

[108] 张素容. 食盐贸易与明清南雄地方社会 [J]. 盐业史研究, 2007（1）.

[109] 张晓辉. 略论近代香港的货币制度 [J]. 广东史志, 2000（3）.

[110] 赵贞. 论唐代《图经》的编修 [J]. 史学史研究, 2013（4）.

[111] 郑建明. 关于清中叶江西食盐销售的几个问题 [J]. 盐业史研究, 1998（1）.

[112] 郑志章. 板晒海盐技术的发明与传播 [J]. 中国社会经济史研究, 1984（3）.

[113] 周琍. 清代广东盐业与地方社会 [D]. 武汉：华中师范大学, 2005.

六、其他

[1] 东莞圆沙王氏族谱 [M]. 写本. 1774（乾隆三十九年）.

[2] 吴天炳. 香山延陵吴氏族谱 [M]. 刻本. 1842（道光二十二年）.

[3] 香山山场吴氏族谱 [M] 刻本, 1938 年（民国二十七年）.

[4] 东莞凤冈陈氏族谱 [M] 刻本. 1969（同治八年）.

[5] 韦勋表, 韦猷炎. 香山翠微韦氏族谱 [M]. 刊印本. 1908（光绪三十四年）.

[6] 沙井步涌江氏家谱 [M] 抄本, 时间不详.

[7] 却金亭碑记 [M]. 碑刻. 1542.

[8] 却金坊记 [M]. 碑刻. 1541.

[9] 张其淦. 东莞张氏如见堂族谱 [M]. 铅印本. 1922（民国十一年）.

[10] 李氏支谱 [M]. 刊本. 1835（道光十五年）.

[11] 宝安燕川陈氏族谱 [M] 抄本, 康熙年间.

[12] 徐润立. 珠海前山香山徐氏宗谱 [M]. 石印本. 碑刻. 1884（光绪十年）.

[13] 重建义和墟关圣大帝古庙碑 [M]. 1820（嘉庆二十五年）.

[14] 段雪玉. 从幕客到盐商李念德：清代两广地区盐商翘楚 [N]. 中国社会科学报, 2017-11-10（5）.

[15] 叶良方. 古代汕尾的黄金水道 [N]. 汕头日报. 2018-01-14（07）.

[16] 广东省政协学习和文史资料委员会. 广东文史资料存稿选编 [G]. 广州：广东人民出版社, 2005.

[17] 深圳市政协文史资料委员会. 深圳文史：第 4 辑 [G]. 深圳：海天出版社, 2002.

[18] 政协广东省委员会办公厅, 广东省政协文化和文史资料委员会. 广东文史资料精编 [G]. 北京：中国文史出版社, 2008.